早稲田大学学術叢書——053

# 日本占領下の中国ムスリム

華北および蒙疆における民族政策と女子教育

## 新保敦子
Atsuko Shimbo

早稲田大学出版部

**Muslims in China under Japanese occupation:**
The ethnic minority policy and women's education in the North China and
Mongol Military Governments

Atsuko Shimbo is professor of Faculty of Education and Integrated Arts and Sciences, Waseda University, Tokyo.

First published in 2018 by
Waseda University Press Co., Ltd.
1-9-12 Nishiwaseda
Shinjuku-ku, Tokyo 169-0051
www.waseda-up.co.jp

© 2018 by Atsuko Shimbo

All rights reserved. Except for short extracts used for academic purposes or book reviews, no part of this publication may be reproduced, stored in a retrieval system or transmitted in any form whatsoever—electronic, mechanical, photocopying or otherwise—without the prior and written permission of the publisher.

ISBN978-4-657-18701-7

Printed in Japan

# まえがき

　出会いとは不思議なものである。人、地域、民族、そして研究者としては、研究テーマとの出会いもあろう。筆者の専門領域は教育学であるが、腰を据えて文献を読むというよりも、いろいろな所に出向き人との出会いからテーマを発見し、モチベーションを高めるのが、自身の研究スタイルであった。

　そうした筆者が、日本軍の回教工作といったいわば領域の異なる、お門違いにも思われるような分野に関心を持ったのは、自身が属していた NPO である宋慶齢日本基金会による中国の回族女児への教育支援がきっかけであった。教育学を研究しているという理由で、筆者は 1994 年に中国の寧夏回族自治区に派遣されることになったものの、お恥ずかしいかぎりであるが、当時は寧夏のことも知らなければ、回族に関する知識もほとんど皆無だった。ただ中国の中では経済的に貧しく、女児の就学率が低い地域という認識しかなかったのである。

　しかしながら教育支援をするからには、まず彼ら・彼女らのことを知りたいと思い、筆者の所属する早稲田大学の図書館蔵書検索で、キーワードとして、「回族」「回民」「回教」「教育」を入力してみた。そうしたところ、意外にも多くの文献がヒットした。そして早稲田大学中央図書館特別資料室（イスラム文庫）には「大日本回教協会関係資料」があり、戦前期の回教工作に関する雑誌や一次資料、写真資料が大量に収蔵されていることを知った。

　大日本回教協会関係の資料の中で、写真は強烈な印象を与えるものであった。特に忘れられない 1 枚がある。本書でも取り上げている善隣回民女塾の関係者が、日本を訪問したときのもので、ムスリムの女子青年たちが、皇居に向かって横一列になり一斉に宮城遥拝をしている写真である。

　ムスリムにとっては、アッラーが唯一の神である。そのためイスラームを信仰している回民の女子青年たちが、天皇に対して一斉に頭を下げる写真に違和感を持った。おそらくムスリムにとっては、反宗教行為そのものであり、また

それが写真に撮影され、後世に残されているということに、やるせない思いを抱いたというのが正直なところである。

　それではなぜ日本軍は中国のムスリムと関わるようになり、回教工作を行ったのか、写真に写っていた彼女たちはどのような教育を受けてきたのか、日本占領下で何を考え、その後、いかなる運命をたどるのであろうか、ということに関心を抱くようになった。

　この1枚の写真は、筆者にとってのどに刺さった棘のように、機会があるごとに、想起されていった。彼女たちの人生に関心を寄せ、関係者を捜したものの、その後については、結局、消息を得ることはできなかった。

　一般的に戦時下のことについては、軽々しく聞くことも、また語ることもできないものである。筆者は、自分の研究関心から満洲からの引き揚げ体験を聞くこともあるが、話をしてくれる方もいる一方、語ってくれない方も少なくない。特に女性の引き揚げ者は、同じ女性という立場から体験を聞いてみたいと思ってはいるものの、インタビューに応じてくださらない方も多い。語り得なかったことの中に、事実の重さは隠されているのかもしれない。

　おそらく、早稲田大学に残された写真に写っていた回民女性たちにとって、日本の敗戦、中華人民共和国の建国、反右派闘争、文化大革命といった激動の時代の中で、戦前の体験はとても語ることができるような状態ではなかったのであろう。

　こうした事実の重さを、丁寧に資料を掘り起こしながら、歴史として残しておきたい。そういった思いから、本書は書かれている。

　本書では、匿名とした人物も少なくない。中国において親日派は対敵協力者として、厳しい審判が下されてきたからにほかならない。

　また本書においては、日本占領下の動員および戦争協力の実態を明らかにするため、一部を除いて、活用できる写真については掲載することにした。写真の中の人物やその子孫に、親日派の烙印が押され影響を受けることはないのかという危惧や迷いを抱きながらも、美化された写真の裏にある日本の軍事占領が中国の少数民族にもたらした苛酷な運命の跡をたどっていきたいと考える。

iii

**contents**

まえがき　i

凡例　viii

**序　章**　……………………………………………………………………………**001**

 1　本研究の目的　001
 2　分析の視角　005
 3　従来の研究動向および本研究の意義　007
 4　構成および基本資料　013

---

## 第1部　日本軍のアジア侵攻と回教工作

---

### 第1章　日本占領下における宗教政策と
### 　　　　日本国内での回教工作……………………………025

 はじめに　025
 1　日本軍のアジア侵攻と宗教政策　027
 2　日本のイスラーム政策──日本国内における回教工作の動向　033
 3　大日本回教協会の成立と事業の展開　039
 まとめ　046

### 第2章　日中戦争時期における中国の回民と
### 　　　　日本の回教工作……………………………………053

 はじめに　053
 1　中華民国期における少数民族観と教科書に表れた
 　大漢族主義の登場　054
 2　民国期教科書に表れた人種観・民族観　059
 3　国民党のイスラーム政策 vs. 共産党のイスラーム政策　061
 4　日本軍の回教工作の背景　065

5　中華民国臨時政府＝傀儡政府と中国回教総聯合会　072

まとめ　079

## 第2部　中国回教総聯合会による回教工作と教育

### 第3章　日本占領下の北京における回民教育 …………………089

はじめに　089

1　近代的回民教育の胎動　090

2　日中戦争の勃発と北京のイスラーム系小学校　096

3　イスラーム系学校の日本語教育　100

4　西北中学における思想工作の挫折　105

5　小学校におけるイスラーム化の試み
　　——回民知識人による小学校の設立　108

6　イスラーム化をめぐる中国回教総聯合会の思惑と回民　112

7　中国回教総聯合会指導者の独自の動き　114

まとめ　117

### 第4章　日本占領下の華北におけるイスラーム青年工作
——中国回教青年団をめぐって ………………………123

はじめに　123

1　日本における青年工作——青年訓練重視の社会教育　124

2　新民会と民衆工作　126

3　中国回教青年団の組織化　132

4　青年団における訓練　135

5　勤労奉仕と青年団の活動停止　142

6　ある青年の回想をめぐって　146

7　回教工作挫折の要因　149

まとめ　151

## 第5章　蒙疆政権下の回教工作と教育
### ──西北回教聯合会を中心として……159

はじめに　159

1　蒙疆政権と少数民族　161

2　西北回聯の設立および事業　163

3　回民青年に対する教育活動　169

4　西北回聯における小村不二男の活動　172

5　回教工作関係者のその後　175

6　西北回聯の回教工作が残したもの　177

まとめ　181

---

## 第3部　日本占領下の少数民族女子中等教育

---

## 第6章　日本占領下の北京での回民女子中等教育
### ──実践女子中学に焦点をあてて……189

はじめに　189

1　民国期における近代少数民族女子教育の胎動　190

2　新月女子中学　192

3　実践女子中学　196

4　1941年度における定員の拡大方針と困難を極める学生募集　201

5　教育内容──家政教育および体育の重視　204

まとめ　208

## 第7章 蒙疆政権における回教工作と女子教育
——善隣回民女塾を中心として ‥‥‥‥‥‥‥‥‥‥‥‥‥213

はじめに 213
1 善隣回民女塾の設立 213
2 女塾における教育と生活 220
3 塾外における積極的な活動 227
4 蒙疆女子回教訪日視察団の派遣 235
5 ある塾生をめぐって 245
6 女塾関係者のその後 249
7 中華人民共和国での評価 253
まとめ 259

## 補 論 満洲国におけるモンゴル人女子青年教育
——興安女子国民高等学校を中心として ‥‥‥‥‥‥‥271

はじめに 271
1 興安省について 272
2 清末から民国期にかけての東部内モンゴル地域における
  モンゴル人教育 273
3 満洲国の教育 279
4 興安女学院 281
5 興安南省省立興安実業女学校 288
6 興安南省省立興安女子国民高等学校 291
7 『満洲日日新聞』に紹介された二人の女性教師 294
8 山根喜美子とモンゴル人女子学生の文通 299
9 デレゲルマと興安女高 308
まとめ 312

## 結 章 ......................................................... 321

    1 問題の所在 321

    2 各章のまとめ 323

    3 考察 329

    4 今後の課題 335


主要参考文献一覧 340

あとがき 357

事項索引 362

人名索引 367

英文要旨 370

## 凡例

・戦前においては「回教」あるいは「イスラム」が使用されていた。現在、一般的には「イスラム」が、アカデミックな場合では「イスラーム」と表記されることが多い。本書では、固有名詞、あるいは当時の文献の引用・翻訳等については原則的に「回教」「イスラム」をそのまま使用する。それ以外は「イスラーム」を用いるものとする。

・「回教工作」については、「回教対策」「回教政策」「回教徒工作」「対回教徒工作」「イスラーム教徒工作」「イスラーム工作」などの用語が、論文で使用されていて定訳がない状況である。本研究では、現在、比較的に多く用いられている「回教工作」を使用する。

・アラビア語で「ムスリム（Muslim）」の女性形は、「ムスリマ（Muslima）」である。ただし、アラビア語圏以外では、イスラーム教徒については、一般的に「ムスリム」と呼称されている。本著では、女性を含めてイスラーム教徒について、「ムスリム」を使用する。

・「○○族」という概念は、現代中国、とりわけ中華人民共和国において、政府に公認され、多民族統一国家の下で一定の政治的役割を果たすことが期待されるエスニック集団のことである。そのため、本論文が主な対象とする 20 世紀前半のエスニック集団については、一般的に「○○人」という呼称を使用する。漢族については、中華人民共和国との連続性の観点から、「漢族」を用いる。

・地名については、原則として、当時、その地域を支配していた政権のもとで、使用されていた地名を用いるものとする。たとえば中国の東北部は日本の軍事占領下では「満洲国」という名称が、日本側の政治的な意図の下に使用されていた。本来ならばかっこをつけて表記すべきであるが、煩雑となるため本

文の中では、かっこを省略した。

・都市名については、原則として当時の現地での呼称を用いるものとする。たとえば「北京」は国民政府（国民党政権）成立後、南京への首都移転にともない、「北平」と名称変更された。日本軍の華北侵略後、日本側は「北京」を用い、中国側は「北平」を引き続き使用していたが、「北京」で表記する。

・本書で対象としている中華民国期（1912-1949）に、元号として中国では「民国」、日本では「大正」「昭和」、満洲国では「康徳」、蒙古聯合自治政府では「成吉思汗」が用いられていた。本書では、基本的に西暦に統一して使用する。

・数字の表記は原則としてアラビア数字を基本とする。ただし書籍のタイトルなどの固有名詞の場合には、漢数字を用いる。

・注は各章章末に添付する。各章末の注記においては、前出については、原則として「著者名＋前掲」と記載する。ただし、同一著者について複数の文献がある場合、あるいは第一次資料の場合等、本や文献のタイトルを表記する。著者名不明の場合も「前掲＋本タイトル」と表記する。「前掲」が示す範囲は、同一の章内とする。図表も、章ごとの番号である。

・文中の氏名は敬称略とする。

・表記は現代仮名遣いとする。たとえば、引用文献においても、「ゐ」を「い」と表記している。

・中国の簡体字については、読みやすさを考慮して日本語の漢字で相当するものがある場合には、日本語漢字を当てる。

・引用文献中、解読不能の箇所は、「□」で表記した。

## 序　章

### 1　本研究の目的

　本書は、日中戦争時期（1931-1945）の日本占領下において、中国少数民族の青少年が教育を通じていかなるかたちで戦時動員体制に組みこまれていったのかを考察するものである。そして日本側の占領政策が、個々人の人生やアイデンティティの形成に与えた影響を解明するとともに、中華人民共和国建国に向かう激動の時代に中国社会にもたらした変化の諸相を描いていく。とりわけ、日本軍が中国に居住するムスリムである回民に組織的に行った回教工作に焦点をあてて論じるものとする。

　歴史的に見れば中国ではアヘン戦争（1840-1842）以来、それまで国家を支えてきた伝統的な王朝システムが崩壊し、帝国主義諸国の侵略にともなう自給自足経済の破綻、土地所有関係の不平等などのために、人口の大部分を占める農村社会の窮乏化が進んでいた。

　20世紀に入り辛亥革命によって清朝が倒れ、漢族による統一政権である中華民国が1912年に成立した。しかしながら政権は不安定で、特に1910年代後半から1920年代にかけては、軍閥混戦による農村破壊が著しく、それに加えて自然災害も深刻であった。1927年には南京国民政府が樹立されるものの、共産党との内戦を抱え、不安定な状況が継続していた。

　一方、1931年の満洲事変以降、関東軍は「満洲国」を建国（1932年）し、華北分離工作を発動して中国における分割統治を進めていた。1936年には内蒙古の中国からの分離を画策した内蒙工作によって蒙古軍政府が成立した。そして内蒙古（察哈爾省、綏遠省）を軍事占領下に置き、察南自治政府、晋北自治政府、蒙古聯盟自治政府（3政権を統括するものとして蒙疆聯合委員会）が発足し、

1939 年には張家口を首都とする蒙古聯合自治政府が誕生した（これらの政権を一般的に蒙疆政権と呼称）。さらに、新疆に至るまでの中国西北部を支配下に治めることを企図していた。

　中国西北部は中央アジアから続く、ムスリムの居住地域である。新疆にはウイグルが、また甘粛や寧夏には「回民（あるいは回、回回、漢回）」が住んでおり、かなりの勢力を誇っていた。

　回民は、漢語を母語とするムスリムであるが、主に中国の領土が西方まで拡大し東西交流が活発化したときに、中東から中国に流入したアラブ系、ペルシャ系のムスリムを起源とする。長期にわたる中国への定住の過程でアラビア語、ペルシャ語といった本来の母語を失い、漢語を母語としているが、イスラームの強烈な信仰心が彼らの民族としてのアイデンティティの根拠である。日中戦争当時、回民は中国の西北部のみならず、華北や蒙疆に居住していた。回民は、中華人民共和国建国後、共産党の政権のもとで、独自の少数民族である「回族」として認定されている。ただし本書では当時の名称から、原則的に「回民」を使用していくものとする。

　日中戦争から太平洋戦争に連なる一連の戦争は物資や人材の裏づけもなく始めた戦闘行為である。そのため現地での民衆の動員は必然的な帰結であり、民心の収攬のための民衆工作、とりわけ青年層への工作が重点的に進められたといってよい。

　日本軍部はまず、民族分断政策により漢族を牽制するため、次に中国西北部への軍事侵攻にムスリムを利用しようと企図して、主に華北、蒙疆といった日本占領下において「回教工作」を発動した。回教工作とは、日本が満州事変以降、中国への軍事的侵攻にともないイスラームへの関心の高まりの中で実施した日本軍主導の対イスラーム宣撫工作である。同工作は、宗教や生活習慣の違いに由来する漢族とムスリムとの確執を利用しながら、漢族を牽制し民族分断を押し進めようとした政策でもあった。中国に居住するムスリムには、主にトルコ系と回民がいるが、回教工作は主に回民を対象としているため、本書では回民をめぐって論じていく。

　当時の中国において、回民はムスリムとしての生活習慣の違いから、漢族との関係に多くの矛盾をはらみ、社会的な地位が低かった。しかしながら、回民

の知識人の中には清末にメッカ巡礼を果たし、あるいは日本に留学してイスラームの近代化に目覚めた知識人がおり、帰国後、中国国内でイスラーム改革運動を進めようとしていた。ムスリムとしてのアイデンティティとともに、伝統に固執するのではなく、中国社会に生きる民としてのアイデンティティを強めようとするうねりが始まっていたといえる。そのため、回教工作は、当初から矛盾をはらむものであった。

明治維新以降、日本は文明開化の流れの中で、国外に目を向けることになるが、その関心は、一貫して西洋に偏っていた。また国内的には、天皇制のもとで近代学校教育を装置として国家の文化統合を急速に進めてきた大日本帝国において、少数民族への配慮や関心は無縁のものであり、日本にとって、とりわけイスラームやイスラームを信仰する諸民族は、地理的な理由もあって、疎遠な存在であった。

しかし帝国の拡大と日本軍の中国侵攻、「大東亜共栄圏」建設に向けての軍事的策謀が直接の契機となって、異民族との接触が生まれ、イスラームという未知の世界に対する関心が高まっていくのである。東洋に位置し、西洋を意識して近代化を進めていた日本が、はじめて東洋と西洋との中間に位置するイスラーム世界に目を向けるようになった点は注目すべきであろう。

本書の課題は、日本占領下での中国少数民族の教育と動員に焦点をあて、回教工作の果たした逆機能ともいえるその役割を考察し、結果的に中国の国民統合にいかなる作用を及ぼしていくのかを明らかにすることにある。また占領という特殊な状況のもとで、異なる宗教的文化的背景を持った人間が出会うことの意味について検討したいと考えた。このようなテーマを設定するにあたって、4つの相互に関連した問題意識があった。

第1は、日本軍はどのようなかたちで、回民を中心とする少数民族の青少年を教育し、戦時動員しようとしたのか、つまり日本占領下にある中国少数民族の教育および戦時動員の実態を究明することである。

占領下においては、「軍が植民地支配のハードウエア、学校がソフトウエア」としての役割を果たすが[1]、本書においては、この植民地支配におけるソフトウエアとしての学校および青年団体・組織について考察し、教育装置としての学校、青少年団体などの組織の機能について検証していくものとする。

具体的には、日本占領下の北京におけるイスラーム系の小学校、中学校、あるいは日本的な社会教育を導入するかたちで北京に設立された中国回教青年団、蒙彊政権のもとでの回教青年学校について考察する。また占領下に設置された少数民族女子中等教育機関である、北京の実践女子中学、張家口の善隣回民女塾などについて、教育内容、戦時動員の実態などを検証していく。

　第2に、占領下に生きる人々が、日本側の策動に対して、いかに対峙し生き抜いていったのかを検討することである。

　日本の侵略は、近代中国にとって決定的な転換点である。社会を支えてきた旧来の枠組みが土台から崩れ、多様な動きが簇生し新たなる統合を求めて模索が繰り返されていた。日中戦争、その後の共産党と国民党との内戦といった状況は極めて混沌としており、その中で、人々は多くの選択を迫られてきた。またダイナミックな社会の変動にともない、従来、社会の周縁部に置かれてきた少数民族、あるいは女性が社会の表舞台に出るようになったと言えよう。こうした占領下、かつ複雑に錯綜する時代の中で、ある部分では日本側の施策を受容しながらも、一方では回避したり、拒絶する部分もある。そうした諸相の一端を、本研究では明らかにし、従来は「対日協力」というかたちで片付けられてきたものを、丁寧に繙いていきたい。

　第3は、日本軍の占領政策との拮抗関係と対抗、そうした積み重ねが彼ら自身のアイデンティティの形成や総体としての中国社会にどういった変化をもたらしていくのかを、検証することである。

　民国期における中国の社会は、村落共同体としてのまとまりや統制も希薄で、むしろ個人主義によって特徴づけられていた。中華民国建国の父である孫文（1866-1925）は、中国人を「ばらばらの砂」と称していた[2]。

　その意味で、中国全土が戦場となり膨大な数の犠牲者を出した日中戦争は、中国の民衆が中国という国家に帰属する国民としてのナショナル・アイデンティティを形成し、「中国人」としての一体感を持つうえで、扇の要として極めて重要な役割を果たしていく[3]。そして日本占領下におかれた回民の場合も、決して例外ではなかった。

　それでは、イスラームという固有の宗教を持ち独自の生活習慣を持つ回民に対する日本側の回教工作が、逆説的にどういった作用を及ぼすのか、回民がム

スリムでありながら中国国民であるというダブル・アイデンティティをいかに確立し、それが結果的に中華人民共和国の建国にどのようにつながっていくのか、その道筋を本書では明らかにしていきたい。

　第4には、占領政策にともなう日本人との個々の出会いが占領下を生きる人々のその後の人生に、どのような影響を与えているのか、回教工作者－回民、教師－生徒といった人間の出会いが果たす作用を、解き明かすことである。

　日本の回教工作に直接に関わった人々の記録を読むと、それまではイスラームに関してはまったく無縁であったにもかかわらず、ムスリムとの交流を通じて、イスラームに深い関心を持つようになった人もいる。また、真摯にムスリムの地位向上のために尽力したり、教え子と深い人間的な絆で結ばれた者もいる。

　それにもかかわらず回民の側に目を向ければ、日本の敗戦後、日本に関わったことから対日協力者と糾弾され、茨の道を歩まざるを得なかった者が少なくない。日本の軍事占領のもとで善意の文化交流が変容を余儀なくされ、少数民族を手段として利用することで、結果的に彼らに苛酷な運命をもたらす、その有り様を描いていきたい。

　総じて本書は、日本占領下の少数民族に焦点をあてながら、戦時動員の諸相を多角的に明らかにしていく。受容、協力、反発の複雑なプロセスを経ての中国人ムスリムとしてのダブル・アイデンティティの形成、あるいは占領下における個々人の交流とそれがもたらす負の遺産という戦争の実態を、中国少数民族の視点から論じていきたい。ミクロの視点から、新たなる中国植民地・占領地教育史研究を構築するための一つの試みと言えよう。

## 2　分析の視角

　本研究では、第1に、戦争の拡大にともなう日本とイスラーム世界との出会いと回教工作について、その経緯を踏まえながら、日本の回教工作はなぜ企てられ、その内実はいかなるものであったのか、また日本側のイスラームに対する認識はどの程度のものであり、日本とは異質な独自の世界に、いかなる形で関与しようとしたのかについて検証していく。

そのために、まず東アジア地域における帝国の拡大と日本側の宗教政策について論じ、日本の回教工作の発動および日本国内における動きに関して考察する。さらに、中国における国民党の少数民族政策、少数民族教育、および国民党・共産党のイスラーム政策を検証する。どういった時代状況の中から、日本軍が回教工作を発動したのかを検討したい。

また中国における日本軍による回教工作に焦点をあて、中国回教総聯合会の実態がいかなるもので、その事業がムスリムにどのような影響を及ぼしたのかを論じる。

第2に、本書では、日中戦争時期の日本の回教工作の実態を、回民の青少年層に対する教育・訓練、青年団体の組織化という側面から解明する。軍政の政治的・文化的側面として青年の動員という各種のプログラムが、彼らによってどう受け止められ、受容と反発を振り子のように繰り返しながら、結果的に中国国民としての意識の形成にいかなる影響を与えたのかを分析していきたい。

日本軍は戦時動員の手段として、当時、華北占領地に日本型の青年中心・団体中心の社会教育を持ち込んだ。回教工作においても、青年団、青年学校、あるいは塾を通じての教育を重視した。回教工作の重点としての青年団について、プログラム、参加者、教員、卒業後の進路などの実態を検証する。

また同じ占領地といっても華北と蒙疆とでは、歴史的・社会的状況が異なるため、回教工作においても、基本的な政策や事業内容の面で同一ではなく、地域により多様性がある。本書では、両者の違いを浮かび上がらせながら検討していく。

第3に、日本占領下の回民の女子中等教育について論じる。民国期は、中国の少数民族女子教育の黎明期にあたっている。初等教育を終了した中国の少数民族女子に対する中等教育が注目され、一部の地域で開始されていく。こうした時期に日本は少数民族地域を占領し、少数民族女子に対する中等教育を行っている。

少数民族女子の中で学校教育を受ける者が極めて限られている状況のもとで、中等教育は、いわばエリート教育にあたる。しかしながら、日本は日本流の良妻賢母教育を中国に持ち込もうとしており、少数民族側の期待とは齟齬を来していた。また、少数民族女子学生を、様々な場面で利用し動員しようとし

た。

　本研究においては、日本占領下の少数民族に対する女子中等教育のカリキュラム、教員、生徒、集団生活の実態とはどういったものであったのか、いかなるかたちで学外への戦時動員が行われたのか、軍隊への慰問活動や訪日団の諸活動を含めて、明らかにしていきたい。

　また、回民と比較検討するため、満洲国におけるモンゴル人の女子中等教育を取り上げ検証する。満洲国北部のモンゴル人民共和国との国境の広大な地域にはモンゴル人が居住しており、日本軍はモンゴル人優遇政策を進め、満州国政府はモンゴル人の教育を重視した施策を行った。その中で、モンゴル人の中等教育機関が設立された。本書では、こうしたモンゴル人の女子国民高等学校を取り上げ、彼女たちが日本占領下の教育に対して、どのように対峙していくのかを、解明することをめざす。

　戦時下は、ある意味で、女性が歴史の表舞台に出る時代でもある。本書では、占領下における植民地とジェンダーという視点から、論じるものとする。

## 3　従来の研究動向および本研究の意義

　それでは、これまで本研究に関連する領域では、どのような研究成果が蓄積され、また残されてきた課題とは、いかなるものであっただろうか。本研究は先行研究とどのような点で異なり、それらを補足しようとしているものなのかを述べたうえで、本研究の意義について触れていきたい。

### （1）　植民地教育史研究

　本研究は植民地史研究、とりわけ植民地教育史研究に位置づけることができる。まず植民地教育史研究の立場から述べていこう。

　これまで植民地史研究の分野においては、植民地経済史の研究が先行し、植民地教育史はどちらかというと立ち後れた分野であった。しかしながら、1990年代以降、植民地教育史について、精力的な研究が行われてきた。これは日本においては戦後50年を契機とするものであった。たとえば阿部洋（1994）、渡部宗助（1998、2002）、槻木瑞生（2001）らが、それぞれ科研の共同研究として、

成果を発表している[4]。渡辺学・阿部洋（1987～）や、「満洲国」教育史研究会（1993）、竹中憲一（2000、2002、2005）、槻木瑞生（2011、2012、2014）の資料集も研究の土台を形成した[5]。

　植民地教育史研究会が1997年に組織され、『植民地教育史研究年報』が出版されるようになったのも、特筆すべきことであろう。

　一方、中国側は植民地教育史研究が多数あり、研究者も多いが、ここでは満洲研究として斉紅深（2005）、華北占領地の研究として宋恩栄（2005）の名前をあげておきたい[6]。

　日本における植民地教育史研究の動向を概観すれば、第1に、従来、地域としては、満洲、朝鮮、台湾が多かった[7]。その一方で、中国（華中、華北、蒙疆）の植民地・占領地研究は十分なものではなかった[8]。

　これまで華北および蒙疆政権における研究が手薄であった背景としては、満洲国関係のように資料がまとまったかたちで遺されていないことがある。概して華北や蒙疆においては日本軍の占領期間が短く、政権としての体制固めができなかった。そのうえ太平洋戦争が始まり日本の敗色が濃くなるにつれて、出版事情もままならず資料自体も少ないことに加えて蒙疆政権の場合、敗戦時のソ連との防衛戦で多くの資料が焼失したといわれている。

　しかし日本の占領政策は、満洲国、華北、蒙疆といった地域ごとに、かなり異なる点があり、その意味でも満洲とは違う特質を持った華北、蒙疆占領地における教育の実像を明らかにすることは重要と思われる。

　ただし、近年、写真などの画像を使った研究が、華北占領地研究においても開始していることは注目すべきであろう。たとえば京都大学人文科学研究所が秘蔵していた華北交通写真が発掘・整理され、貴志俊彦・白山眞理（2016）『京都大学人文科学研究所所蔵　華北交通写真資料集成』として、一部が公開されることになった[9]。華北交通は、満鉄とならぶ国策鉄道会社である。新しい資料の発掘にともない、華北の占領地の教育史研究についても、今後の進展が期待される。本書でも、一部、華北交通の写真を使いながら分析している。

　第2に、占領地における少数民族については、日本側が積極的に彼らの存在を利用しようとし、日本の統治下でキーパーソンとしての役割を果たしながらも、必ずしも研究が十分とは言えなかった[10]。

これまでの先行研究としては、たとえば、蒙疆政権における日本の宗教政策やモンゴル人に対する教育政策を論じたリ・ナランゴア（Li Narangoa）（2003）の研究がある。また蒙疆政権におけるモンゴル人の近代教育普及と日本による占領政策とを関連づけながら考察した宝鉄梅（2005）や、満洲国における対モンゴル人の文化・教育政策について具体的な教育機関を取り上げて検討した娜荷芽（2012）の研究（ともに博士論文）もあげておきたい。漢語文献だけでなく、モンゴル語文献を使用した留学生による確かな実証研究が生まれ、日本で博士論文として結実していることは注目できる。

　しかしこの方面の研究は、まだまだ蓄積が不十分であり、戦前、戦後をトータルに検証するような研究が期待される分野である。

　第3に、従来の植民地教育史研究は、学校教育を中心とするものであり、それ以外の社会教育からの研究が少ない点である[11]。中国の植民地・占領地下における教育に関する研究として、山本一生（2012）の研究成果がある。山本は、東アジアにおいて教育の近代化が形成された過程を、青島という都市に焦点をあてて、ドイツ統治下、日本統治時代、北京政府期といった様々な時代、あるいは日本人学校や現地人学校といった多様な教育機関、あるいは教員ネットワークの構造という視角から解明しようとしている点で興味深い。

　このように学校教育に関しては、研究成果の蓄積が進められている。その一方、占領下においては社会教育を中心とする団体訓練や動員が大きな役割を果たしてきたものの、学校教育のようには資料が残されていないこともあり、研究は必ずしも進展していない。また日本占領下の中国において、宗教活動は教育との関連で重要なテーマであり、小島勝・木場明志（1992）や槻木瑞生（2012）の研究成果があるが、未開拓の領域も多い。

　本書では、社会教育に視線を向け、青年団体、あるいは学校教育における校外教育活動、神社参拝などの宗教活動を視野に入れながら分析することに注意を払った。

　第4に、従来の植民地教育史研究においては、ジェンダーという視点からの分析が不足している。戦時動員の過程において、男性同様に女子青年も動員がされているが、この点に関する検証は、かなり立ち後れていると言わざるを得ない。

近年、植民地におけるジェンダーに関して、いくつかの優れた研究も生まれている[12]。敬和学園大学戦争とジェンダー表象研究会編（2008）による占領下における映画、雑誌を使ったジェンダーに関する表象研究はこの分野に先鞭をつけた。また日本占領下で教育を受けた朝鮮族女性のライフヒストリーを駆使しながら、戦前、戦後を生きた女性たちの実像を明らかにしようとした花井みわ（2015）の研究、あるいは日本占領下における日本人のモンゴル人女性観について論じた劉迎春（2015）の論文があるが、いっそうの研究の進展が待たれている。

とりわけ日本占領下において、少数民族女性は様々な機会に利用され動員されてきたが、この方面に関して正面から扱われることはほとんどなかった。戦後、女性たちの声はかき消され、聞かれない。日本の軍事支配という苛酷な時代状況の中で、少数民族女性がどのように戦時動員されていったのか、その客観的な事実をまず明らかにする必要があろう。

本書では、先行研究の成果に依拠しつつ、少数民族女子中等教育の実像を解明しようと試みている。また教師－生徒の関係性を歴史の中で浮かび上がらせ、教育という人間同士の交流が戦争という現実の中で、それぞれの意図とは相反するかたちで戦争に動員されていく現実を検証していく。さらに、占領下で教育を受けた女性たちが、その後の人生をどのように歩んでいくのかについても、目配りをしながら論じている。人々の声に耳を傾け歴史を再構築することを重視した点で、本書は、よりミクロな教育史研究への一つの試みである。

## （2） 日本占領下の回教工作

つぎに、日本占領下における回教工作に関して言及しておきたい。日本軍は、日中戦争時期に占領政策を遂行するために積極的な回教工作を展開し、関係したムスリムに与えた被害は多大なものがあった。しかしながら、戦後、中国でも日本でもこうした回教工作は歴史の中に埋没してしまい全貌が明らかにされることはなかった。それは中国側にとってはあくまでも弾劾の対象であり、研究に値しないと見なされてきたためであるし、日本側にとっては隠蔽したい事実であり、消し去りたい記憶だったからである。

たとえば中国側の少数民族史研究、あるいは少数民族研究において、日中戦

争時期を対象とする研究はそもそも十分なものではないが、数少ない研究の中では、日本軍と交戦した回民の事績の賞揚が中心であった[13]。その一方、日本の占領下の回民に対する認識は厳しく、特に占領政策への協力者は「回奸」（回民の漢奸、裏切り者）として厳しく断罪されている[14]。抗日戦争を中国共産党の側に立って協力した回民という図式にあてはまらないためであろうか。

　また、日本国内においては、民国時期の回民および回教政策に関する論文としては、中田吉信（1971）、片岡一忠（1980）、松本ますみ（1999）の研究がある[15]。日本軍の回教工作に関して、研究は限定されたものであったが、ただし、この10年の間に回教工作に関する研究が紡ぎ出されてきた。とりわけ、回教工作に関する坂本勉（2008）、あるいは基礎的なデータを発掘しながら執筆された西北回教聯合会に関する澤井充生（2016）、中国回教総聯合会についての安藤潤一郎（2014）、中国回教総聯合会で主要な役割を担った唐易塵に関する山崎典子（2011）、大日本回教協会に関する島田大輔（2015）、ユーラシア政策という広がりの中で回教政策について論じたシナン・レヴェント（2014）など、注目すべき研究が生まれている[16]。

　また、資料の整理についても、臼杵陽、店田廣文の尽力によって、早稲田大学中央図書館特別資料室収蔵の大日本回教協会関係の写真（大日本回教協会旧蔵写真資料）の整理が進み、インターネットでも公開されるようになった[17]。

　このように近年、実証的な研究が積み上げられているものの、戦中、戦後を通して人々に与えた影響力の大きさから考えると、回教工作に関する研究の蓄積は必ずしも十分とは言えない。とりわけ、占領政策の具体的な道具としての教育は、植民地研究にとっては重要であるが、具体的な占領下での教育政策が、どのように個々人のアイデンティティの形成や、その後のライフコース、あるいは中国社会全体の変化に影響を与えていったのかについての研究は、まだこれからという段階である。

　また事実を丁寧に掘り起こしていくと、中華人民共和国において対日協力者とされる人々であっても実は積極的なかたちであれ消極的なかたちであれ日本軍の占領政策に抵抗していた部分もあり、単なる「漢奸」として片づけることはできない。さらに占領地における教育の実態を少数民族、特にムスリムの側から考察する試みは、日本軍による支配の実態を新しい角度から浮き彫りにし、

日本的近代の総体とその遺産とを問い直すうえで、意義があると考えられる。日本とムスリムとの関わりを歴史的に明らかにすることは、忘却された過去の記憶をとり戻す作業にほかならないと言えよう。

日中戦争時期はマージナルな存在であった少数民族が、脚光を浴びた時代でもあり、少数民族研究にとって見過ごすことができない時期である。その意味で本論は少数民族史研究や、少数民族教育史研究の重要な一角をなすものと思われる。

### （3）　日中教育交流史

日中教育交流史に関しては、古典的名著として、中国人の日本留学について論じた実藤恵秀（1939）、あるいは清末における近代学校制度の成立と日本との関連を論じた阿部洋（1993、2004）の研究がある[18]。

日中両国の教育近代化の軌跡は、連鎖的あるいは雁行的に進行してきた。たとえば日本は明治維新後、西欧をモデルとして近代教育の導入を図ったが、こうした日本をモデルとして、中国においては清末から民国初めにかけて教育改革が推進された。そして各地の教育機関では、教師役として日本人教習が教鞭を執ることも少なくなかった[19]。

その後、日本の「対華21ケ条要求」および、それにともなう中国民衆の抗日行動の激化に象徴されるような日中間の対立の深まりを背景として、1920年代に入ると、中国は日本モデルを脱して米国をモデルとした教育改革を進めることになった[20]。

また社会教育についても、清末民初は日本の社会教育に倣うかたちで中国における近代社会教育は始動したが、のちにアメリカの影響を受けながらも独自の発展を遂げるようになる。

しかし日本軍部の中国への侵攻を背景として、1930年代になると植民地や占領地（植民地：宗主国による長期的支配、主権の剥奪、占領地：軍による一時的な統治）において、日中の教育は衝突と交錯を始めることになる。そして近代化へと複雑な動きを始めた中国の教育界に、近代化の矛盾を抱えた日本がその矛盾を転嫁するかたちで、支配者として君臨していったのである[21]。たとえば日本の軍事占領下においては、青年対象の事業が重視され、日本型社会教育の典型

と言える青年団や青年学校、青年訓練所、あるいは塾が多数設立され、中国の青年が強制的に動員されることになった。

　本研究は、日本占領下における日本型教育の移入の実態を明らかにし、日中の教育の衝突と交錯を丁寧に跡づけながら、絡み合ってきた日中の教育近代化の糸を紐解く一つの試みである。それは過去の植民地や占領地における教育を理解するためだけでなく、日本や中国、さらにアジア全体の教育の未来を見通すうえで重要な作業であり、本書は日中教育交流史研究の一翼を担うものと考えることができる。

## 4　構成および基本資料

### （1）　本研究の構成

　本書は序章と終章を除き、3部7章と補論からなる。第1部は日本軍のアジア侵攻と回教工作について論じる。第2部は中国における回教工作の中心機関である中国回教総聯合会と回民に対する教育について取り上げる。第3部は日本占領下の少数民族女子中等教育について検証する。

　まず第1部第1章において、日本の軍事支配下におかれた占領地での日本の宗教政策について検討していく。それとともに、日本の帝国拡大にともなうイスラームへの関心の高まりと、日本国内における回教工作の動向に焦点をあて論じる。

　第2章では、なぜ日本軍は回教工作を発動したのか、その時代背景を探るため、まず国民党政権における少数民族認識、教科書に現れた少数民族認識を取り上げ、さらに民国期に中国ムスリムが置かれた状況、国民党のイスラーム政策を、中国共産党のイスラーム政策と比較しながら考察していく。そのうえで、日本軍が回教工作を企てた国際的な状況、日本の軍事的な戦略について検証する。

　また日本の回教工作はどのように行われ、その内実はいかなるものであったのかを日本軍の回教工作の中心機関となった中国回教総聯合会について探っていきたい。

　第2部第3章においては、華北の傀儡政権下における回民教育に注目し、日

本の軍事支配がイスラーム改革運動の中で進められていた回民教育の近代化への取り組みに与えた影響について分析する。日本軍による回教工作に対して、回民はどのように立ち向かい、いかなるかたちで自分たちの信仰を守り、後代を育てるための試行錯誤をしたのかについても考察していきたい。

　ここでは日本軍による少数民族教育政策や占領下の回民教育の全体像に迫るための基礎作業として、主に学校教育について論じるものとする。

　第4章においては、中国回教総聯合会の主な事業の一つであった中国回教青年団を取り上げる。同青年団は、青年幹部を養成してムスリム青年の指導に当たらせることを企図していた。また将来的にはムスリムの軍隊を作る意図があったと言われている。

　まず中国回教青年団が設立された時代状況を明らかにするため、日本軍の軍事侵攻にともなう華北の社会教育の破壊の実態や華北占領下における民衆工作を概観する。そして、中国回教総聯合会の設立した中国回教青年団について、カリキュラムや活動内容、訓練修了生の進路などから、訓練の実態に迫り、中国回教総聯合会の主要な事業として進められた青年団が、なぜ終焉に向かったのかを明らかにする。こうした考察を通じて日本軍が軍事占領下のムスリム青年を、どのような形で利用しようとしたのか、さらに青年団における回教工作の失敗がいかに青年たちを共産党の側に近づけていったのかを跡づけていく。

　第5章においては、蒙疆政権下における西北回教聯合会による回教工作、特に青年に対する教育活動を中心として取り上げる。また回教工作を推進した日本人指導者に焦点をあて、蒙疆政権下で進められた回教工作は何を企図し、どのような経緯をたどって終焉に至ったのかを論じるものとする。

　第3部では、日本占領下の女子中等教育に焦点をあてて、植民地とジェンダーという視点から検証していく。

　第6章は、北京に設立された回民の女子中等教育機関である実践女子中学についての考察である。実践女子中学は、日本的な良妻賢母の育成をめざし家政教育に力を入れていたが、そのカリキュラムや、学生募集の困難といった側面から分析する。

　第7章では、蒙疆政権下で特に回民の女子青年のため張家口に創設された善隣回民女塾に焦点をあてる。善隣回民女塾については、当時、日本側から高く

評価され、見学者も多数に上った。その一方、人民共和国における回族史研究においては、厳しく批判されてきた。本書では女塾の実像を明らかにするとともに、蒙疆政権における日本軍の回教工作が、その後、回民に何をもたらしたのかについて踏み込んで解明していきたい。

補論では、回族女子青年との比較を視野に入れながら、満洲国におけるモンゴル人女子に対する中等教育について検討する。モンゴル人の場合、必ずしも従順な女子青年として教育を受けただけではなかった。日本によってもたらされる近代教育、あるいは日本語を道具として利用しながら、その後、社会で活躍していった者も少なくない。こうした日本敗戦、人民共和国建国後も視野に入れながら論じていくものとする。

最後に終章の中で、まとめとして結論を述べる。

### （2） 基本資料

本書は歴史研究であるため、当時の文書、調査資料、新聞、雑誌などの文献を読み解くことを、基本的な方法として用いている。

第1に、当時の文献、特に現地で発行された第一次資料を利用した。とりわけ回教工作については、早稲田大学中央図書館特別資料室に所蔵されている大日本回教協会関係資料に依拠した[22]。また華北政務委員会教育総署関係資料（南京の中国第二歴史档案館所蔵）や、臨時政府、華北政務委員会関係の公文書（北京市档案館所蔵）などを利用している。

『中国近代学制史料』（1983）、『中華民国史檔案資料匯編』（1991、1994）など、政府の公文書などを含む第一次資料を収録した貴重な資料集も出版されるようになっている[23]。さらに1990年代以降、中国において地方レベルでの教育史資料の編集が進められるようになり、たとえば『北京近代教育行政資料』（1995）、あるいは『内蒙古教育史志資料』（1995）などの一連の地方教育史資料集が出版された[24]。本書は、こうした資料集に収録されている第一次資料も利用している。

第2に、新聞や雑誌は、重要な資料である。まず日本語資料としては『月刊回教圏』、『蒙古』、また傀儡政権の下で発行された『北支』、『蒙疆新聞』、中国語資料としては傀儡政権の下で発行された『回教月刊』（表紙には『回教』とされ

ているが、奥付に回教月刊とあるため、本書では『回教月刊』と記載）、『回教週報』などの雑誌や新聞に依拠するところが大きい[25]。近年来、民国期における新聞や雑誌の復刻版が出版されるようになってきたのは幸いなことである。また、民国期に発行された雑誌のデータベース（『民国時期期刊全文数据庫 1911-1949』）も利用が可能となっており、同データベースを活用して、民国期に発行された雑誌についても利用している。

　その他の民国期の基本文献としては、たとえば『中華民国二十四年度全国教育統計簡編』などの統計資料がある[26]。これらの多くはスタンフォード大学フーバー研究所の東アジア図書館に所蔵されている。

　こうした資料に基づきながら、本書では地方レベル、あるいは学校や教室レベルといったミクロ的分析にこだわりつつ、カリキュラムや学校運営の実態を明らかにし、歴史像を再構成することに重点を置いた。

　第3に、文献と並んで重要なのは、現地調査によって得られるインタビューである。本書の執筆に関わって、北京、呼和浩特（フフホト）、広州、東京などで、当時の関係者、あるいはその家族約20人以上に話を聞いた。中国人もいれば、当時中国で生活をし、引き揚げてきた日本人もいる。

　これまでの歴史研究においては、公文書、雑誌、新聞など書かれた資料が主に使用されてきた。しかしながら、本研究の特色として、書かれた文献だけでなく、口述史や手紙を使いながら、当時の時代状況を明らかにしようとしていることがある。

　たとえば実際の教育現場では何が教えられており、教師と学習者との関係はどうであったのか、教育者はどういった意図から教育にあたっていたのか、学習者はそこで何を学びどう感じていたのか、といった教育者や学習者の内面に一歩踏み込み、彼らの心の軌跡を明らかにすることに留意した。その意味で、可能なかぎり個人に迫り、教育者や学習者の内面に迫ることをめざした研究である。

　歴史において、インタビューや手紙、伝記などを使うライフヒストリー研究は、1990年代以降研究手法として注目されている。たとえば、蘭信三（2009）の満洲からの引揚者に関する研究がある。また、「満洲の記憶」研究会では、若手研究者を中心として、満洲引揚者のライフストーリーを収集しし、一橋大学に

「満洲の記憶」機関リポジトリを構築している[27]。

インタビューによって語られる口述史は極めて貴重な資料であり、やや無味乾燥とも思われる歴史的事実に、当時の関係者の息吹を吹き込むものである。

歴史的な事実と記憶とは異なるということは当然あろう。また、インタビュイーが中国人の場合、外国人である著者によるインタビューという語学的な制約がある。あるいは抗日戦争時代のことについて日本人に語ることから来る遠慮や配慮といった要素があり、事実とは異なることが語られ、記録されているという危惧もあるかもしれない。しかしながら、口述史という要素を加えることで、歴史研究はリアリティを獲得し、現在、そして未来にとって意味を持つものとなるのではなかろうか。特に、蒙疆政権下での教育については、終戦直後の張家口におけるソ連との防衛戦で資料が焼失したといわれており、聞き書きによって補うことは重要と思われる。

## 注

1）磯田一雄「皇民化教育と植民地の国史教科書」大江志乃夫・浅田喬二・三谷太一郎・後藤乾一・小林英夫・高崎宗司・若林正丈・川村湊『統合と支配の論理』（岩波講座　近代日本と植民地4）岩波書店、1993年、113頁。

2）孫文著、島田虔次訳『三民主義』（世界の名著64）中央公論社、1972年、150頁。孫文によれば「外国人はいつも中国人はばらばらの砂だ、と申します。中国人の国家に対する観念はもともとばらばらの砂であって民族という団体がありません」としている。

3）リンダ・コリー著、川北稔監訳『イギリス国民の誕生』名古屋大学出版会、2000年、397頁参照。

4）①阿部洋（研究代表）『戦前日本の植民地教育政策に関する総合的研究』平成4・5年度科学研究費補助金研究成果報告書、1994年、353頁、②渡部宗助（研究代表）『日本植民地教育史研究』平成9年度文部省科学研究費補助金研究成果報告書〈日本占領下の中国教育に関する日中共同研究企画〉1998年、232頁、③渡部宗助（研究代表）『日中教育の回顧と展望』平成12年度文部省科学研究費補助金研究成果報告書、2002年、224頁、④槻木瑞生（研究代表）『「大東亜戦争」期における日本植民地・占領地教育の総合的研究』平成10・11・12年度科学研究費補助金研究成果報告書、2001年、283頁。

5）資料集としては、以下がある。①渡部学・阿部洋編『日本植民地教育政策史料集成（朝鮮篇）』（全69巻＋別巻）龍渓書舎、1987-1991年、②阿部洋編『日本植民地教育政策史料集成（台湾篇）』（全119巻）龍渓書舎、2010-2017年、③「満洲国」教育史研究会『満洲・満洲国」教育資料集成』（全23巻）エムティ出版、1993。竹中憲一編の資料集としては、①『「満州」における教育の基礎的研究』柏書房、2000年、②『「満州」植民地日本語教科書集成』緑蔭書房、2002年、③『「満州」植民地中国人用教科書集成』緑蔭書房、2005

年。また槻木瑞生『アジアにおける日本の軍・学校・宗教関係資料：第1期〜第4期』龍渓書舎、2011年、2012年、2014年がある。『植民地教育史研究年報』（植民地教育史研究会、晧星社）も1998年から出版されている。

6）　斉紅深編著、竹中憲一訳『「満州」オーラルヒストリー──〈奴隷化教育〉に抗して』晧星社、2005年、524頁。宋恩栄他編著『日本侵華教育全史』人民教育出版社、2005年（うち華北について、『日本の中国侵略植民地教育史 2 華北編』明石書店、2016年、716頁、として翻訳書が出版）。

7）　槻木前掲『「大東亜戦争」期における日本植民地・占領地の総合的研究』283頁。本報告書に添付されている文献リストには、台湾、朝鮮、南方などを含めて植民地・占領地教育関係の文献が収録されており有用である。1990年代以降、満洲国を中心とする植民地研究が着実に進められてきたことを示している。また朝鮮については佐藤由美、佐野通夫の実証的研究がある。佐藤由美『植民地教育政策の研究──朝鮮・1905-1911』龍渓書舎、2000年、332頁。佐野通夫『日本の植民地教育の展開と朝鮮民衆の対応』社会評論社、2006年、540頁。

8）　浅田喬二「まえがき」大江志乃夫・浅田喬二・三谷太一郎・後藤乾一・小林英夫・高崎宗司・若林正丈・川村湊前掲、まえがきXⅧ頁。満洲国に関して日本語で書かれた概説書は数多いが、ここでは特に『キメラ──満洲国の肖像』（山室信一著、中央公論社、1993年、330頁）を挙げておきたい。同書には巻末に参考文献が添付されている。また井村哲郎「『満洲国』関係資料解題」（山本有造編『「満洲国」の研究』緑蔭書房、1995年、535-605頁）は、日中の満洲国関係の膨大な文献についての緻密な解説である。

　　管見の限りでは、華中および華北傀儡政権の教育に関する日本語文献には、以下のものがある。①佐藤尚子「汪兆銘傀儡政権下の教育」『大分大学教育学部紀要』（第16巻第2号）1994年、389-398頁、②大塚豊「日本占領下の中国における教職員と学生」『戦前日本の植民地教育政策に関する総合的研究』（平成4・5年度科学研究費補助金研究成果報告書、研究代表者：阿部洋）国立教育研究所、1994年、165-174頁、③島善高「国立新民学院初探」『早稲田人文自然科学研究』（第52号）早稲田大学社会科学部学会、1997年、1-58頁、④石剛『植民地支配と日本語──台湾、満洲国、大陸占領地における言語政策』三元社、1993年、231頁。

　　また駒込武『植民地帝国日本の文化統合』（岩波書店、1996年、293-353頁）も華北占領地について一つの章を当てて取り扱っている。

9）　これまで満洲国関係においては満洲映画協会関連の写真や動画が発見され、公開されてきた。たとえば『映像の証言・満州の記録』（Ten Sharp）があり、貴重な満洲国での映像を提供してきた。近年の研究成果として、華北交通写真の整理出版がある。貴志俊彦・白山眞理編『京都大学人文科学研究所所蔵　華北交通写真資料集成』（写真編、論考編）、国書刊行会、2016年。同書（論考編）に収録された松本ますみ論文「華北交通写真にみる日本の「回教工作」と中国ムスリム表象」174-192頁参照。

10）　蒙疆政権および日本占領下のモンゴル人に関する研究には以下がある。①鈴木健一「内蒙古における日本の教育政策」『近畿大学教育論叢』（第5巻第2号）1994年、15-25頁、②鈴木健一「善隣協会と内蒙古教育」『アジア教育史体系成立への理論的基礎的研究』（文部省科研調査報告）、1990年3月（鈴木健一『古稀記念 満洲教育史論集』山崎印刷出

版部、2000 年、477 頁、うち 282-291 頁に所収）、③祁建民「蒙疆政権の教育政策」『日本
植民地教育史研究——日本侵華植民地教育史国際学術研討会報告』国立教育研究所、
1998 年、113-119 頁、④祁建民「占領下の蒙疆の教育」植民地教育史研究会編『植民地教
育史認識を問う』（植民地教育史研究会年報 2）晧星社、1999 年、83-91 頁、⑤祁建民「蒙
疆政権における旗県郷村教育の実際」渡部宗助・斉紅深編『日中教育の回顧と展望』（第
3 回日本侵華殖民教育国際学術研討会報告書）国立教育研究所、2000 年、139-150 頁、⑥
Li Narangoa and Robert Cribb, *Imperial Japan and National Identities in Asia, 1895-1945,*
London: New York : Routledge, 2003, p. 371、などがある。さらに、⑦宝鉄梅「満洲国およ
び蒙疆政権におけるモンゴル人教育に関する研究」（新潟大学大学院現代社会文化研究科
博士論文〔文学〕、2005 年）、⑧娜荷芽（ナヒヤ）「近代内モンゴルにおける文化・教育政
策研究：1932-1945」（東京大学総合文化研究科博士論文〔学術〕2012 年）など日本に留学
した留学生による優れた研究も生まれている。また中国で出版された研究としては、金
海『日本在内蒙古植民統治政策研究』社会科学文献出版社、2009 年、365 頁、あるいは、
孫懿『民国時期蒙古教育政策研究』黒龍江教育出版社、2013 年、342 頁などがある。

11)　　山本一生『青島の近代学校——教員ネットワークの連続と断絶』晧星社、2012 年、310
頁。小島勝・木場明志編著『アジアの開教と教育』（龍谷大学仏教文化研究叢書 3）法蔵
館、1992 年、325 頁。占領下における宗教工作に関しては、槻木の資料集や研究がある。
①槻木瑞生編『日本佛教団（含基督教）の宣撫工作と大陸』（第 1 巻）龍渓書舎、2012 年、
69 頁、②槻木瑞生「アジアにおける日本宗教教団の活動とその異民族教育に関する覚書」
『同朋大学佛教文化研究所紀要』（第 22 号）2002 年、1-21 頁。

12)　　花井みわ「満洲移住の朝鮮人女性」生田美智子編『女たちの満洲——多民族空間を生
きて』大阪大学出版会、2015 年、254-278 頁。敬和学園大学戦争とジェンダー表象研究会
『軍事主義とジェンダー——第二次世界大戦期と現在』インパクト出版会、2008 年、206
頁。劉迎春「1930-40 年代の日本人の記録から見るモンゴル人女性観——蒙疆地域の日
常生活を中心に」『女性学年報』（第 36 号）日本女性学研究会、2015 年、106-137 頁。

13)　　少数民族教育史の研究において、日本占領下に関する研究はけっして十分なものでは
なかった。たとえば中国で出版された少数民族教育史のまとまった研究として、『少数民
族教育史』（1998 年）があるが、民国期の回族については、国民党統治区および共産党の
革命根拠地の教育についての記述が中心であり、日本占領下については、触れられてい
ない（粟洪武・李景蘭・田建栄・朱智斌「回族教育史」中国少数民族教育史編集委員会編
（韓達主編）『少数民族教育史』（第 1 巻）広東教育出版社、雲南教育出版社、広西教育出
版社、1998 年、1-181 頁）。

　　抗日戦争時期の少数民族に関しては、①中国抗日戦争史学会・中国人民抗日戦争紀念
館編『抗日戦争与中国少数民族』北京出版社、1997 年、343 頁、②張懐武主編『近現代回
族愛国闘争史話』寧夏人民出版社、1996 年、199 頁参照。また回族史の専門家である余振
貴の研究でも、通史の中の一部として日本占領下の回民について取り上げている（余振
貴『中国歴代政権与伊斯蘭教』寧夏人民出版社、1996 年、410-428 頁）。

14)　　日本の占領下の回民に対する認識は厳しく、特に占領政策への協力者は「回奸」（回民
の裏切り者）として厳しく断罪されている。彭年「日寇控制下的偽「回聯」」中国人民政治
協商会議北京市委員会文史資料研究委員会編『日偽統治下的北平』北京出版社、1987 年、

299-302 頁。

15) 中国の回民に関する先行研究としては、中田吉信や片岡一忠、松本ますみの一連の研究がある。それぞれの著者の論文のうち、本論では以下を主に参照した。①中田吉信『回回民族の諸問題』アジア経済研究所、1971 年、194 頁、②片岡一忠「日本におけるイスラーム研究小史」『大阪教育大学紀要』（第Ⅱ部門、第 29 巻第 1 号）1980 年、21-42 頁、③松本ますみ『中国民族政策の研究——清末から 1945 年までの「民族論」を中心に』多賀出版、1999 年、359 頁。

16) ①坂本勉編著『日中戦争とイスラーム——満蒙・アジア地域における統治・懐柔政策』（慶應義塾大学東アジア研究所叢書）慶應義塾大学出版会、2008 年、297 頁、②澤井充生（研究代表）編著『日本の回教工作とムスリム・コミュニティの歴史人類学的研究』（平成 25～27 年度科学研究費補助金基盤研究（c）・研究成果報告書）2016 年、③安藤潤一郎「日本占領下の華北における中国回教総聯合会の設立と回民社会——日中戦争期中国の「民族問題」に関する事例研究へ向けて」『アジア・アフリカ言語文化研究』（第 87 号）2014 年、21-81 頁、④山崎典子「日中戦争期の中国ムスリム社会における「親日派」ムスリムに関する一考察——中国回教総連合会の唐易塵を中心に」『中国研究月報』（第 65 巻第 9 号〔763 号〕）2011 年、1-19 頁、⑤島田大輔「昭和戦前期における回教政策に関する考察——大日本回教協会を中心に」『一神教世界』（第 6 号）同志社大学一神教学際研究センター、2015 年、64-86 頁、⑥シナン・レヴェント『戦前期・戦中期における日本の「ユーラシア政策」——トゥーラン主義・「回教政策」・反ソ反共運動の視点から』（早稲田大学モノグラフ 107）早稲田大学出版部、2014 年、238 頁、などは注目すべき研究であろう。また澤井の科研プロジェクト報告書に収録されている「日本の回教工作と中国ムスリム研究」（第 1 章）は、この分野に関する先行研究のレビューとして有益である。

17) 大日本回教協会旧蔵写真資料。平成 17 年度日本学術振興会科学研究費基盤研究「日本・イスラーム関係のデータベース構築」（研究代表者・臼杵陽）。店田廣文（早稲田大学）作成の「大日本回教協会関係写真資料目録」（XLS 版）参照。

18) 実藤恵秀『中国人日本留学史稿』日華学会、1939 年、368 頁（さねとう　けいしゅう『中国人日本留学史』くろしお出版、1960 年、590 頁）、あるいは阿部洋の研究（1993、2004）がある（『中国近代学校史研究 清末における近代学校制度の成立過程』福村出版、1993 年、479 頁。『「対支文化事業」の研究 戦前期日中教育文化交流の展開と挫折』汲古書院、2004 年、1097 頁）。

19) 国立教育研究所編「お雇い日本人教習の研究——アジアの教育近代化と日本人」『国立教育研究所紀要』（第 115 集）、1988 年、185 頁。

20) 阿部洋『米中教育交流の軌跡——国際文化協力の歴史的教訓』霞山会、1985 年、471 頁。

21) 槻木瑞生「書評 鈴木健一著『古稀記念 満洲教育史論集』について」『アジア教育史研究』（第 10 号）アジア教育史学会、2001 年、78 頁。

22) 大日本回教協会旧蔵写真資料（早稲田大学中央図書館特別資料室）。

23) 朱有瓛編『中国近代学制史料』華東師範大学出版社、1983 年。中国第二歴史档案館編『中華民国史档案資料匯編』（第 3 輯教育）江蘇古籍出版社、1991 年、934 頁。中国第二歴史档案館編『中華民国史档案資料匯編』（第 5 輯第 1 編教育（1）（2））江蘇古籍出版社、

序　章 021

1994 年、1437 頁。

24)　鄭菊英・高瑩編『北京近代教育行政資料』北京教育出版社、1995 年、1199 頁。鄭菊英・李誠編『北京近代小学資料』（上）（下）北京教育出版社、1995 年、1718 頁。《内蒙古教育志》編委会編『内蒙古教育史志資料』（第 1 輯・第 2 輯）内蒙古大学出版社、1995 年、820 頁、592 頁。

25)　『月刊回教圏』（第 1 巻第 1 号〔1938 年 7 月〕～第 8 巻第 9 号〔1944 年 10 月〕）回教圏研究所。『蒙古』（前身は『善隣協会調査月報』）（第 1 号〔1939 年 4 月号〕～第 11 巻第 8 号〔1944 年 8 月〕）善隣協会。『蒙疆新聞』1942 年 10 月 2 日～1944 年 8 月 5 日、蒙疆新聞社。『回教月刊』（第 1 巻第 1 期〔1938 年 4 月〕～第 2 巻第 4 期〔1940 年 3 月〕）中国回教総聯合会華北聯合総部。『回教週報』（第 1 期〔1940 年 8 月〕～第 194 期〔1945 年 3 月〕）回教週報社。

26)　教育部統計室『中華民国二十四年度 全国教育統計簡編』商務印書館、1938 年、73 頁。

27)　蘭信三編『中国残留日本人という経験――「満洲」と日本を問い続けて』勉誠出版、2009 年、720 頁。満州の記憶研究会『満洲の記憶』一橋大学機関リポジトリ参照。

**第 1 部**

# 日本軍のアジア侵攻と
# 回教工作

第1章

# 日本占領下における宗教政策と
# 日本国内での回教工作

## はじめに

　明治維新後の日本においては、近代天皇制をナショナル・アイデンティティの紐帯とする国家が成立していた。駒込武の言説によれば、「近代天皇制は、教育勅語の文言に象徴される〈教義〉と神社参拝に代表される〈儀式〉の両面を備えた疑似宗教として機能していた」のである[1]。そして日本は学校教育を通じて天皇制イデオロギーの浸透によって、国内の統一に成功し、そのことが日本帝国の発展と拡大に繋がっていった。

　またアジアに対する軍事侵略と日本帝国の拡大にともなって、台湾、樺太、朝鮮、満洲、中国、南洋諸島をその支配下に収めることになった。これらの植民地・占領地には日本人移民の増加とともに、神社が創建されていった[2]。中には官幣大社（国家の経営による社格が最上位の神社）もあり、台湾神社（台北）、樺太神社（豊原）、朝鮮神宮（京城）、関東神宮（旅順）、南洋神社（パラオ諸島コロール島）がその代表的なものである（写真1-1)[3]。

　当初は、神社の建立は、日本人の居住民の参拝を意図してのものであったが、次第に現地の人々への参拝も義務づけるようになった。そして、「植民地にも天皇制の輸出が試みられる」ことになった際に、神社の参拝や宮城遙拝といった〈儀式〉戦略が大きな比重を占めた。日本への忠誠心を、神社に参拝するというかたちで示すことを、求めたためである。

　しかし、こうした植民地・占領地においては、もともと仏教、儒教、道教、キリスト教、あるいはイスラームなどの宗教が広く信仰されていたため、矛盾や反発を現地では引き起こした。

　一方、1931年の満洲事変以降、日本軍の中国大陸侵攻とともに、日本陸軍は、

写真1-1　旅順　関東神宮

出典：https://commons.wikimedia.org/wiki/File:Kanto_Jingu.JPG?uselang=ja

イスラームに大きな関心を寄せるようになった。満洲から、蒙古、中国の西北部、中央アジアにかけての地域は、ムスリムの居住する地域であり、彼らを中国の西北部への侵攻や民族分断政策に利用しようとしたのである。こうして、日本陸軍はイスラームへの関心を高めていった。

とりわけ1938年は、日本のイスラーム界にとって画期的な年であった。同年4月には、イスラームについての本格的な研究機関である回教圏研（攷）究所が誕生した。また同年5月、東京に東京回教礼拝堂（モスク）が完成する。さらに東京回教礼拝堂の建設にかかわった軍、および政界、財界の関係者を集めて、9月にはムスリムおよびイスラーム国家への文化工作を目的とする大日本回教協会が創設された。

こうして、大陸侵攻を視野に入れて、日本陸軍の謀略が活発化し、日本国内では、イスラームへの関心が高まっていった。

本章では、日本軍のアジア侵攻を宗教政策という観点から論じ、日本占領下での宗教政策について、朝鮮などについて概観していきたい。

そのうえで、戦争の拡大にともなう日本とイスラーム世界との出会いと回教工作について、その経緯を踏まえながら論じる。回教工作とは、日本が満洲事変以降、中国及びアジア各地への軍事的侵攻に伴いイスラームへの関心の高まりの中で日本軍が主導して実施した対イスラーム宣撫工作である。中国においては主に回民、後にはマレー半島、インドネシアなどの東南アジアのムスリムへと対象を拡大していった。本章では、日本国内の回教工作について検討していくものとする。

## 1　日本軍のアジア侵攻と宗教政策

### （1）　明治期以降の日本の宗教政策

　歴史的に見るならば、日本において江戸時代までは、神道と仏教とが互いに役割を分担し合い共存していた。人々は、現世のことは神に願い、来世のことは仏に祈るという生活をしてきたと言えよう。そのため神社に仏像が神体として安置されることも、しばしばあった。

　しかし明治政府は、天皇崇拝を中心とする国家神道の基盤を固めるため、宗教に対して厳しい統制政策を採った。そして政府は1868年に神仏判然令を出し、神社から仏教的要素を一切撤去すべきことを通達した。その結果、廃仏毀釈の運動により仏像の破壊や寺院の廃止が断行され、多くの僧侶も還俗させられ神職となったり職業を失ったりしたのである。

　寺で管理していた神社が神仏分離のために管理者不在となり、統合され一社に合祀されることもあった。他方、官国幣社（官幣社と、国幣社とがあり、官幣社がより上位。また、それぞれに大・中・小がある。官幣大社＞国幣大社＞官幣中社＞国幣中社＞官幣小社＞国幣小社）という社格制度が成立し、伊勢神宮をはじめとする全国の著名な神社が「官幣大社」として国家管理の下に置かれ、これらの神官は国家公務員に準じた待遇となった。

　さらに政府は、新興宗教に対して圧迫を加えた。たとえば大本教は、大正期に入って発展を遂げたが、1921年と1935年の2回にわたって弾圧を受けた[4]。特に1935年、政府は400人以上の警官を全国から動員し、京都の亀岡・綾部にあった教団本部の神殿などの主要な宗教施設を、ダイナマイトで破壊した。また教団の土地が売却され信徒が追放されたうえ、教祖の墓も移築されることになった。わが国の近代宗教史上、最大規模の宗教弾圧と言えよう。大本教以外にも、治安維持法（1925年）によって投獄され有罪となった宗教組織は、ほんみち、ひとのみち、日本聖教会・きよめ教会（ホーリネス）、新興仏教青年同盟など、決して少なくなかった[5]。

　こうして日本の仏教界は、明治維新後、廃仏毀釈に象徴されるように、国内で何かと抑圧され規制を受けてきたが、日本軍のアジア侵攻によって、日本軍

への協力を求めらることになった。ある意味で仏教界は、日本陸軍の意を受けて、アジア各地で民衆工作を積極的に受け持とうとしたのである。

たとえば、日本人が日本軍占領地に移住していくのにともない、浄土真宗大谷派、本願寺派は、アジアの各地域で布教活動を展開していった[6]。日本人だけではなく、現地人へも布教を試みたが、これは目標に留まり成功しなかった[7]。槻木・小島の研究によれば、僧侶が中国民衆に対する宣撫工作を実施したり日本語教育に従事したりして、民衆工作の一翼を担うこともあった[8]。

以下では、まず朝鮮、次に台湾・満洲・蒙疆・インドネシアをそれぞれ取り上げ、主に神社参拝との関係で植民地下における宗教政策について、具体的に検討していきたい。

## （2）　朝鮮における宗教政策と抵抗運動

朝鮮では、韓国併合後、日本人の移住とともに神社が建設されていった。そして京城（ソウル）では、1919年に出された日本政府の内閣告示（12号）によって、日本人居留民が建設していた神社を基礎としながら朝鮮神社を創立し、官幣大社とすることが決定された（1925年に朝鮮神宮と改称）[9]。朝鮮神宮の祭神としては、朝鮮の民衆とは無縁の天照大神と明治天皇が奉祀された（写真1-2）[10]。

また1931年の満洲事変の後、朝鮮は大陸侵略のうえで、重要な兵站基地として位置づけられることになった。それにともない、日本帝国に対する朝鮮人の忠誠が、日本の統治者にとって緊急の課題となった。こうして朝鮮総督府は、朝鮮人をより忠実な臣民にする方策として神社の建設を押し進め、すべての朝鮮人が神道儀式に参加するように義務づけたのである[11]。

まず1935年に平安南道知事は、キリスト教系学校を含むすべての教育機関に、神社参拝を強制している。これに反対した学校の中には、たとえばキリスト教系の崇実専門学校のように、学校の指導者が職を追われ、結果として廃校になるものもあった。「キリスト教の本質的部分が骨抜きにされるくらいなら廃校にした方がまし」という理由からである[12]。

こうした神社への参拝の強制に対して、プロテスタント、特にプロテスタントの最大宗派である長老派教会を中心として反対運動がおこった。長老派は韓

国で大きな勢力を誇っており、当時、プロテスタントの信徒総数約 46 万人中、約 6 割が長老派であったという[13]。長老派は、1919 年の三・一独立運動でも中心的役割を果たし、多数の逮捕者を出した宗派であるが、神社への参拝強制に対しても断固として拒否しようとする者が多かった。

写真 1-2　朝鮮神宮

出典：https://commons.wikimedia.org/wiki/File:Chosen_Jingu.JPG

　このように総督府は神社の参拝をキリスト教組織に対して強制し、それに反対した場合には弾圧した。日本の支配者側にとってキリスト教組織は、日本の植民地支配に抵抗する勢力の温床であり、「癌」と見なしていたことが、この背景にはある。

　その後、1937 年の盧溝橋事件（七七事変）ののち、朝鮮では、宗教に対する弾圧が厳しさを増した。特に 1938 年 9 月に愛国日が設定された。この日の儀式は、国旗掲揚、神社参拝、宮城遥拝、皇国臣民の誓詞斉唱、勤労奉仕、以上 5 項目を主な内容とするものであった。特に神社参拝が、キリスト教徒にとっては問題になるものであった[14]。またミサの前に宮城遥拝が行われることになった。その後、愛国日は週間行事となり、神社参拝や宮城遥拝が日常的に強制されていくことになる。

　それまで神社参拝に反対していた長老派も、総督府の迫害を受け、ついに 1938 年 9 月には神社儀式への参加を決定した。しかしあくまでも神社への参拝を拒否する長老派の一部の牧師および信徒が、1940 年に逮捕・投獄されることになった[15]。

　1945 年の日本の敗戦後、こうして投獄された人々が、ようやく解放される。しかし、投獄されても神社への参拝をあくまで拒絶した人と、総督府に妥協して神社に参拝した人とのあいだで厳しい対立が生じ、その結果、韓国の長老派は分裂していくのであった[16]。

　また、日本軍の占領下で建設された神社は、日本の敗走後、一つ残らず破壊

された。それだけ、韓国の人々にとって、神社は怨嗟の対象であったことを物語るものであろう。ソウルの南山に置かれた朝鮮神宮の跡地は、現在、安重根義士記念館となっている。

ちなみにローマ・カトリック教会については、1936年にローマ教皇庁から神社での儀式は国民としての義務であり、カトリック信者はこれらに参加することを許される、という教令が出され神社に参拝したため、弾圧されることはなかった[17]。また、ローマ・カトリックの本山であるバチカンを擁しているイタリアが、三国同盟の同盟国という事情もあった。

## （3） 台湾・満洲・蒙疆・インドネシアにおける宗教政策

台湾では、もともと中華文明の影響のもとで道教や仏教が発展し、各地に多数の道観（道教の礼拝施設）や寺院があったほか、孔子廟が設置され人々の信仰を集めていた。現在でも仏教を熱心に信仰する人々が多く、そのためベジタリアン用のレストランや弁当屋が多いことは特筆すべきことであろう。

しかし、大日本帝国の統治下において、台湾神社（1944年に台湾神宮と名称変更）をはじめとする多数の神社が建設された。特に、満洲事変後、皇民化政策が進展し神社への強制参拝が強化されていった。

けれども台湾の知識人は、教義や経典がなく、「霊魂」が奉られているような日本の神社を、迷信と考えていた[18]。そのため、日本人の統治者の中には、中国の思想の根元である道教思想などの台湾の旧来の信仰を排撃しなければ、植民地政策が進展しないと考えるものがいた。特に地方庁においては、神社への参拝者の増加を図るうえで障害となっているのは、道観などの寺廟と考えられていた。こうして地方政府が動くかたちで、1936年頃より寺廟が整理され、閉鎖された寺廟が1236所にも上った[19]。一方、神社は順調に数を伸ばし、1942年の調査によれば、台湾全島には65の神社があった。

また台南長老教中学などキリスト教学校については、神社参拝への強制とそれに対する抵抗のため、弾圧が加えられていった[20]。

次に、満洲に目を向ければ、日本人の移住にともなって、各地には大小、様々な形の神社が造られていった[21]。さらに1940年、満洲国皇帝溥儀（1906-1967）が皇紀2600年慶祝のために訪日し、明治神宮、靖国神社、伊勢神宮、橿原神宮

などの各地の国家神道施設を参拝して帰国後、天照大神を祭神とする建国神廟および建国忠霊廟が創建された。建国神廟は伊勢神宮に相当し、建国忠霊廟は靖国神社に相当するものであった（写真1-3）[22]。

また満洲にはモンゴル人が居住していたが、彼らはラマ教（喇嘛教）を信仰していた。日本軍の占領後、ラマ教がモンゴルの立ち後れの大きな要因の一つと考えた満

写真1-3　建国忠霊廟

出典：https://commons.wikimedia.org/wiki/File:State_Foundation_Martyrs_Shrine_in_Manchukuo.JPG

洲国政府は、ラマ教の改革を断行するためモンゴル人の青年ラマ僧を日本の延暦寺、知恩院、高野山に留学させ、日本式の仏教に改めさせようとする介入を行った[23]。ラマ教は小乗仏教の流れを汲むものであり、大乗仏教の系譜に位置づく日本の仏教とは大きく異なるものであったにもかかわらずである。

さらに蒙疆政権下にもモンゴル人が居住しており、ラマ教を信仰していた。しかし、ラマ教の日本化を進めるため、高野山から仏教僧が派遣されていた（1939年に7人、1940年に4人）[24]。

また蒙疆政権の首都である張家口には、蒙疆神社（祭神：天照大神など4柱）や北白川宮永久王記念館（北白川宮永久王殿下戦跡碑）が創建されていた。蒙疆神社は、30万円の予算で1940年より着工された[25]。北白川宮永久王記念館は、防空講習会における飛行機の墜落事故のため1940年に張家口で逝去した北白川宮（1910-1940）を記念して、建立されたものである[26]。

蒙疆政権下におかれたモンゴル人も、こうした神社への参拝が強いられた。たとえばラマの活仏に新しく就任した、錫盟西札蘭廟の第8代ノイン・ホトクト（13歳）が張家口の各機関に挨拶のため訪問した折りも、蒙疆神社に参拝している[27]。またムスリムが神社を参拝したり、北白川宮永久殿下戦跡碑を清掃・参拝した、という記録もある[28]。

最後に、インドネシアについてみると、1942年に日本軍の占領下に置かれた

が、日本軍は皇民化教育を浸透させるために、日本時間（時差の撤廃）、皇紀、（神武天皇即位の年を元年とする紀年法）日本の祝祭日、日の丸の掲揚などを強制的に導入した。また、日本軍政は、日本の皇居の方角である北東に向かって最敬礼する「宮城遥拝」をインドネシア国民に強いた。

　インドネシアは人口の９割以上がムスリムのイスラーム国家である。メッカに向かって礼拝する一神教のムスリムにとって、天皇への拝礼を強制する宮城遥拝は、とりわけ苦痛であった、と言われている[29]。イスラームの礼拝と宮城遥拝の姿勢が似ていることも、反発を強める要因であった。

　そのため宮城遥拝は、イスラームの統一組織（ミアイ）の要望によって、1943年に廃止されている。戦局の悪化によって民政や労働力の徴用などが、イスラーム指導者の協力に大きく依存していたため、と考えられている[30]。

　以上、検討してきたように、日本の植民地・占領地における宗教政策は、地域、時期、民族、宗教によって異なるものの、概してかなり厳しいものであった。そして日本軍は諸民族の宗教に対して介入・干渉し、それに抵抗した場合には弾圧を加えた。日本占領下での政策は、たとえば朝鮮における創氏改名をとっても、人間としての尊厳を故意に傷つける政策が採られている。宗教政策においても、まったく同様と言えよう。

　ちなみにイギリスの植民地政策においては、宗教など人間の内面にかかわる部分については抵触せず、むしろ経済的利益の追求が重視された。人間をその精神の内側からも支配し抑圧することは大きな反発を惹起するからである。

　しかし日本側は欧米という競争相手の脅威を強烈に意識していた[31]。そして被支配者を内面から変えなければ西欧に通じてしまうことを危惧して、占領下諸民族の絶対的な忠誠心の確保に固執した。

　さらに忠誠心は日本文化への同化という外形、あるいは日常的なふるまいに現れるはずだと考えた。そのために、旧来の文化を捨て去るという犠牲を払うような徹底的な服従が要求され、宗教への介入が行われることになったのである。

## 2　日本のイスラーム政策──日本国内における回教工作の動向

### （1）　亡命ムスリムの活動

　以上のように、日本軍の軍事支配の拡大にともない、日本は占領地において神社を作り、参拝を強制した。キリスト教徒、あるいはイスラームの信者である占領地の人々にとっては苦痛以外のなにものでもなかった。

　その一方で、日本側はイスラームへの関心から日本国内においても回教工作を展開し、研究所を樹立し、日本にもモスクを設立した。ここでは日本の宗教政策およびその一環として日本を舞台として展開された回教工作を取り上げ、日本とイスラーム圏をとりまく当時の時代状況を詳しく見ていこう[32]。

写真 1-4　クルバンガリー

出典：大日本回教協会関係旧蔵写真資料（クルバンガリー氏関係）、早稲田大学図書館所蔵。

　日本国内におけるムスリムの動きは、ロシアからの亡命ムスリムによって始まった。ロシア革命にともない、中央アジア各地からソ連軍の追及を逃れて、トルコ・タタール系亡命ムスリムが来日した。その中心人物がムハンマド・アブデゥルハイ・クルバンガリー（Muhammed Abdulhay Kurbanali 1889-1972）であった。彼は、イマーム（宗教指導者）の息子であり、自らもイスラーム高等学校に学んでイマームの資格を取得していた（写真 1-4）。

　クルバンガリーの出身地である、ウラル山脈の東のふもとのバシキール地方は、ムスリムの居住地域であった。ロシア革命の後、共産主義に反対するムスリムたちは共産党軍に抵抗しながら、シベリアを東へ逃れた。彼らの一部は、当時、ロシアの混乱に乗じてシベリアに出兵していた日本軍の助けで満洲に亡命しており、その中にクルバンガリーもいた。

　その後クルバンガリーは、1920年にバシキール族青年を引率して来日した。この折り、大隈重信（1838-1922）と会見している（写真 1-5）。また、クルバンガリーは 1922 年に、南満洲鉄道嘱託となった。

　1924 年になるとクルバンガリーは、陸軍参謀本部の嘱託に採用され、東京へ

#### 写真1-5　大隈重信と会見するクルバンガリー

注：大隈重信（前列右から4人目）とクルバンガリー（右から5人目）。大隈邸（現早稲田大学大隈庭園）にて（1921年）。
出典：『日本に信倚する回教徒』2-3頁の間。

#### 写真1-6　東京回教学校

注：グラフ「日本」（アラビア語誌）（第2号）、1941年の口絵写真。
出典：大日本回教協会旧蔵写真資料（グラフ「日本」製作用写真）、早稲田大学図書館所蔵。

移住した。トルコ語やロシア語の教師をやっていたという。当時日本では軍国主義が台頭し、東アジア、東南アジア、中東など、イスラーム圏との友好、提携は重要な国策と考えられていたので、クルバンガリーの活動に対しては特別の配慮がなされた[33]。とりわけその活動の裏には、陸軍参謀本部および右翼の大物である頭山満（1855-1944、玄洋社）らの支援があったと言われている[34]。

当時、亡命ムスリムを中心として日本全体で約600人、東京だけで約200人余りのムスリムが居住していたが、1924年には東京在住の教徒を集めて東京回教団が組織された[35]。

ムスリムの子女のための学校としては1927年、東京回教学校が建設され、クルバンガリーが校長となった[36]。同校は、当初、新宿区百人町に建設された。百人町は現在に至るまで、韓国人、中国人、ミャンマー人といった外国からの多くのニューカマーを受け入れている地域である。

その後、東京回教学校は渋谷区富ヶ谷へ移転し、さらに東京回教礼拝堂が渋谷区大山へ建設されたのにともない、その隣接地へと移転した（写真1-6）。

1929年、回教学校に隣接して東京回教印刷所が併設された。トルコでは革命にともないアラビア文字を使用しなくなり、活字が不要になったため、日本にその活字を輸入し回教学校の教科書や回教暦を印刷したのである（1934年に同印刷所では極東初のクルアーンを印刷）[37]。

また1933年、参謀本部の斡旋で、トルコよりロシア・ムスリムの著名な宗教指導者であるアブデュルレシト・イブラヒム（Aburrresit Ibrahim 1857-1944）が来日した。イブラヒムは、汎イスラーム主義者で、帝政ロシア時代に宗教弾圧からトルコに亡命した[38]。汎イスラーム主義とは、イスラームに結合の紐帯を求め、ムスリムによるイスラーム世界の統一を目指す考えである。イブラヒムの来日の目的は、日本にイスラームを広めることであった。彼は、明治時代の1909年にも5か月にわたって日本に滞在しており、2度目の滞在となった（写真1-7）。

写真1-7　イブラヒムと四王天延孝

注：イブラヒム（右）および四王天延孝（左）
出典：大日本回教協会旧蔵写真資料（四王天延孝会長関係）、早稲田大学図書館所蔵。

一方、日本陸軍は、イスラームを受容しムスリムを利用することよって、中国・東南アジアでの政治的・経済的利益を得ようと考えていた。両者の利害がある意味で一致し、イブラヒムは陸軍の庇護のもとに日本に逗留し、1944年に日本で逝去している。

この時期、日本人でイスラームに改宗し、メッカに巡礼したり、日本国内におけるイスラームの布教に尽力する者もいた。著名な日本人ムスリムとして田中逸平（1882-1934）がいる[39]。また山田寅次郎（1866-1957）のような日本人ムスリムが誕生したのも、この頃であった。彼は宗偏流という茶道の家元であったが、トルコへ赴き、そこでムスリムに改宗している。山岡光太郎（1880-1959）も、イブラヒムに同道してメッカに行った。

ただし、日本人ムスリムの多くは、回教工作者で、仕事のためにイスラームに改宗したといわれている。山岡光太郎も「彼らが崇敬する所のものは、我皇

祖に外ならざる」とし、「イスラム世界を神道世界に転化する可能性を示唆」していた[40]。ただし、その後、山岡は熱心なムスリムになったという。

亡命ムスリムの活動の一方、日本軍の中国西北部への軍事的侵攻および南進論が検討される中で、イスラーム研究が政策的に奨励された。こうした流れの中で、1938年4月には、戦前日本におけるイスラーム研究のうえで重要な役割を果たす回教圏攷究所（2年後の1940年に回教圏研究所と改称。以下、本文では原則的に「回教圏研究所」の呼称を使用）が創設されたのである。そして、数は多くなかったが優秀な研究者が、イスラーム研究に取り組むことになった[41]。

同研究所は、1933年に組織されたイスラム学会を母体とし、イスラーム学者であり当時駒澤大学教授であった大久保幸次（1888-1950）を中心としてはじまった[42]。スタッフの陣容は大久保幸次所長のほか、研究調査部長として小林元（1904-1963、駒澤大学教授、國學院大学講師）、資料部長として松田寿男（1903-1982、國學院大学教授、大正大学講師、戦後は早稲田大学文学部教授）、また研究員として野原四郎（1903-1981）、竹内好（1910-1977）、鈴木朝英（1909-2000）、幼方直吉（1905-1991）、井筒俊彦（1914-1993）など、のちの中国およびイスラーム研究で活躍する新進気鋭の研究者を擁していた。

回教圏研究所は設立後、大陸政策遂行を目的として発足した善隣協会（1934年設立）と提携し、1938年5月より善隣協会の経営になった[43]。同協会は、関東軍参謀部や駐蒙軍（1938年成立）と関係が深く、主に民間外交というかたちで蒙疆政権下において医療、教育、思想などの民衆工作に従事し、戦後は戦犯団体と見なされた。しかし回教圏研究所は大久保幸次のもとで、純粋に学問的姿勢を維持しようとしたといわれている。

また日本のイスラーム学は欧米と比べると100年も200年も遅れている事実は認めていた。そのため欧米のイスラーム研究の著作を翻訳し、同研究所の機関誌である『月刊回教圏』で、積極的に紹介している（同誌は第1巻第1号〈1938年7月〉〜第8巻第9号〈1944年10月〉にかけて出版）。日本国内におけるイスラームに関連する研究は、この時期以降、急速に蓄積されていくのである[44]。

日本のイスラーム研究は、当初、中国のムスリムに関する研究が積極的になされていたが、しかし日中戦争が長期化し、石油や鉄鉱石などの戦略物資の確保のため南進論が検討されるにともなって、インドネシアやインドなど東南ア

ジアのムスリムにも、関心が寄せられるようになっていった[45]。

ところで、1938年は、日本のイスラーム界にとって画期的な年であった。回教圏研究所の設立のほか、東京回教礼拝堂（東京モスク）も建設された。東京回教礼拝堂は、1931年に建てられた名古屋モスク、1935年にインド人貿易商の寄付で建設された神戸モスクに続くイスラーム寺院である（写真1-8）[46]。

写真1-8　東京モスクミナレット

出典：大日本回教協会旧蔵写真資料（東京回教礼拝堂関係）、早稲田大学図書館所蔵。

建設に当たっては、クルバンガリーが資金調達その他で中心的役割を果たした（ただし、在日ムスリム社会の内部対立から1938年5月に国外追放）。また犬養毅（1855-1932）、大隈重信が財界に対して支援をよびかけ、瀬下清（三菱銀行頭取）、森村市左衛門男爵（森村財閥）のほか、三井、住友ら財界関係者が資金援助をした[47]。

こうして1938年5月に東京モスクの開堂式が挙行されることになり、イブラヒムが初代イマームとなった。このようにモスクの建設に日本の各界が協力したのは、日本がイスラームを擁護している姿勢をイスラーム国家に示そうとする、対外宣伝の意図からであった。東京モスクは日本とイスラーム国家との友好の象徴として位置づけられたのである。

開堂式には諸外国から要人が来日した。たとえばイエメンから国王の代理としてアル＝フセイン王子（Prince Seif el-Islam el-Hussein）、およびアル・ギブシー宗教大臣が来日し、またサウジアラビアからはワハバ駐英大使が国王名代として参加した。さらにイラン公使のほかに、中華民国（臨時政府）、満洲国など各国からムスリムの代表45人が参列した[48]。アラビア諸国から要人が初めて来日するということで、外務省、陸海軍、さらにマスコミなど国をあげての大騒ぎになったという。歓迎の資金は外務省および陸海軍から支給された。

写真 1-9　東京回教礼拝堂開堂式式典

注：天皇陛下万歳を奉唱する溥佺。
出典：『回教月刊』（1-4）1938 年 7 月。

写真 1-10　大日本回教協会主催歓迎宴

注：挨拶をするギブシー大臣。大臣の左隣はワハバ駐英大使、さらにその左隣がイブラヒム。
出典：大日本回教協会旧蔵写真資料（東京回教礼拝堂開堂式記念行事関係）、早稲田大学図書館所蔵。

ただし開堂式では日本側の勇み足が目につく。たとえば礼拝堂を開扉したのは、ムスリムではない頭山満であった。また舞台の中央に日の丸が掲げられ、満洲国皇帝溥儀の従弟の溥佺（妻の黄氏がムスリムのため改宗したといわれる）の発声で「天皇陛下万歳」を奉唱し、松井岩根（1878-1948）陸軍大将の発声で「回教徒万歳」を叫んだという[49]。日本流の儀式のスタイルを、有無を言わせず持ち込もうとするものであった（写真 1-9, 10）。

代表団はこのとき東京や日本の各地を訪問した。その中には、早稲田大学もあり大隈講堂前で写真が撮影されている（写真 1-11）。

また各国代表の送別会の写真が残されているが、彼らがムスリムにもかかわらず、芸者を侍らせている。日本側としては手厚いもてなしのつもりでの接待であるが、男女の隔離に厳しいイスラームの宗教戒律に無頓着と言えよう。さらにこの写真が北京の日本占領下で発行された『回教月刊』に掲載されていることは、日本側が手厚くもてなしたことを象徴的に示す意図であろうが、ムスリムとして問題にならなかったのかと危惧される。このように日本側の対応にはちぐはぐさが目立った（写真 1-12）。

## 3　大日本回教協会の成立と事業の展開

### （1）　大日本回教協会の成立

　東京回教礼拝堂の建設に関わった軍、および政界、財界の関係者を集めて、1938 年 9 月、ムスリムおよびイスラーム教国への文化工作を目的とする大日本回教協会が創設された。大日本回教協会は、日本国内における回教工作の中心機関として、満洲事変の発動時の朝鮮軍司令官であった陸軍大将の林銑十郎（1876-1943、陸軍大臣、内閣総理大臣を歴任）など陸軍関係者や、頭山満ら右翼の肝いりで発足している。設立事務所は黒龍会内に設置され、発会式は 1938 年 9 月、九段軍人会館にて行われた[50]。会長には林銑十郎（在任 1938-1943）が就任した。

　大日本回教協会の基本方針は、「皇道精神ニ基キ回教諸民族ト密接ナル融和ヲ図リ」、国策に資することにあった。そして日本においては回教についての知識が欠如しているので、回教について調査、研究の基礎を確立し、国内における各事業の指導、統制、援助を行うとしている。

　それとともに協会がその趣旨として強調していたことは、「回教徒モ亦タ我国文化躍進ノ真姿ニ就テ認識ヲ深ムルノ機会乏シカリシハ甚ダ遺憾」なので、「我国文通ノ真相ヲ伝ヘ」、「以テ彼我ノ親善関

写真 1-11　開堂式参加代表団の集合写真

出典：大日本回教協会旧蔵写真資料（回教徒来訪使節団の見学その他）、早稲田大学図書館所蔵。

写真 1-12　各国代表送別会

出典：『回教月刊』（1-4）1938 年 7 月。

係ヲ増進シ併セテ世界平和ニ寄与」することであった[51]。同協会の基本的姿勢は、日本側がイスラームを理解することよりも、むしろムスリムに対して「アジアの盟主」たるべき日本の発展の姿を理解させようとする姿勢が、強く打ち出されていたと言えよう。

## （2） 回教公認に向けての活動

当時、日本国内において、イスラームは認知度が低かった。宗教団体として公認されていないため、モスクの土地や建物に課税されるなどの不利益を被っていた[52]。

イスラームが公認されていないことは、イスラーム国家との関係を樹立するうえでも障害になっていた。たとえば東京回教礼拝堂の落成式のために訪日したイエメンのギブシー大臣は、「同じアジア民族の一部に生まれたわが神聖な宗教である回教を、このように差別扱いすることは、全く心外」であり、「回教を公認しないことは即ち、回教国家と日本との友情が永遠に離れ去ること」と述べ、この発言は新聞にも掲載されている[53]。

そのうえ、日本が回教を公認していないことは、中国国民党の対外的な、また中国国内に向けての反日の宣伝材料としてもさかんに利用されていた。これは日本にとってイスラーム国家や中国におけるムスリムとの関係上、望ましいことではなかった[54]。

そのため大日本回教協会では、1939 年、第 74 回帝国議会に「宗教団体法」が提出された際、同法案に神道、仏教、キリスト教と並んで、「回教」が明記されるよう、意見書を同法案特別委員会に提出した。

しかし、成立した法律の中では、回教について明記されなかった。日本国内における信者の数が極めて少なく、また一夫多妻などのイスラームの風俗習慣が、日本の一夫一婦制と異なっている点も障害になった。

ただし平沼騏一郎首相（1867-1952、平沼内閣は 1939 年 1 - 8 月）は衆議院本会議で特に回教について言及し、「回教徒も……信教の自由を有する」、また「適正な監督と相当の保護を受ける」と説明を付け加えている[55]。回教徒の集団を、宗教団体に準じるものとすることで、決着をつけたのである。

さらに、1943 年に第 81 回帝国議会で、四王天延孝会長（1879-1962、在任

1943-1945）によって、「回教確認に関する請願」が提出されて可決採択されている。内容としては、回教の取り扱いを神道、仏教、キリスト教と同等ならしめようといったものである。

このように大日本回教協会では、回教公認のために、積極的な働きかけを行っている[56]。しかしながら、大日本回教協会の回教公認に向けての取り組みの目的は、あくまでも政治的なものであった。

たとえば大日本回教協会の回教公認へむけての宣伝パンフレットにおいては、世界３億の「回教徒」の大部分はアジア民族であり、「わが日本を亜細亜の盟主と仰いで居る」ので、日本が回教を法律によって公認することが、回教徒をして日本を信頼させる第一の道であるとしている。つまり「日本の大襟度を示し、親心を示すという道義的な立場から公認」が必要である、と協会は考えていたのである。

また回教の公認によって異質な文化や思想が流入する危惧があることに対して、「回教徒の文化は日本に比して遙かに劣って居る」としたうえで、「日本の文化が彼等回教徒へ伝へられることの方が多いのであって、回教を公認したからといって仏教やキリスト教のごとく日本に大きく伝播することはない」としている[57]。

こうした考え方には、大日本回教協会が、基本的な認識において、ムスリムおよびイスラーム国家を格下と考えていたことが明らかである。またイスラームを単なるアジア侵略のための道具、として見なしていたとも言えよう。そうした驕った態度が、イスラームに対する基本的な理解を妨げていた、と考えることができるのではなかろうか。


## （3）　大日本回教協会の諸事業

大日本回教協会は当初、主要事業として、①親善助長工作（回教会館の設立、親善代表の交換、イスラーム国家よりの留学生の招致、イスラーム国家への日本語教員の派遣、メッカ巡礼への代表派遣）、②通商貿易の助長（通商貿易促進機関の設立）、③調査研究、文化宣伝並びに人材養成、④回教団体に対する後援、以上を掲げていた[58]。

しかし実際に行われた事業は数少なかった。その中で特筆できるのは、1939

写真 1-13　回教圏展覧会（松坂屋）

出典：大日本回教協会旧蔵写真資料（イスラム展関係追加：会場写真）、早稲田大学図書館所蔵。

写真 1-14　回教圏展覧会を見学する塩沢幸一海軍大将

出典：大日本回教協会旧蔵写真資料（回教小学校開校式（二））、早稲田大学図書館所蔵。

年11月7日から19日にわたって、東京の松坂屋を会場として開催された回教圏展覧会であろう（主催は大日本回教協会、東京イスラム教団。その後、大阪の松坂屋でも12日間開催。翌1940年4月には名古屋の松坂屋で1週間開催）[59]。

この展覧会ではイスラームやイスラーム諸国に関する展示が行われた。出品についてはアフガニスタン、エジプト、満洲国、中国など諸外国のほか、国内では高松宮家、大谷光瑞（1876-1948、本願寺派第22代法主、大谷探検隊を組織してシルクロードを学術調査）、頭山満、伊東忠太（1867-1954、建築家）などが協力した[60]。たとえば中国回教総聯合会からは写経の道具、回教雑誌などが出品された。

東京、大阪の松坂屋での回教圏展覧会では、3週間あまりで約150万人の入場者を集め、多い日には13万人に上ったという。大日本回教協会では、この種の展覧会としては「破天荒の成功」で、「本展覧会が一般国民の回教及回教圏に対する認識を深め、日回両民族親善上多大の貢献をなしたことは疑を容れざる所である」としている。また「来観者中には回教対策の重要性を深く認識して協会事業費の一部にと寄付行為の申出をしたり、会員に入会を申込む篤志家も多数」あり、「本展覧会開催の目的は十分に達成し得た」と総括している（写真1-13）[61]。

ただし展覧会は日本の中国侵略を正当化し、宣伝する内容でもあった。たとえば、日本軍は1938年の広東作戦ののち、広州に広東回教自治会を組織し、同自治会

ではモスクである懐聖寺に、「回教小学校」を開設した。回教圏展覧会には、この小学校の開校式の写真が掲げられ、「皇国の支援の下に盛大に回教小学校が開校せられた。明朗なる南支風景である」と説明が付けられていた（写真1-14）[62]。

しかし広州出身の回民であるRSE（女性、1929年生）によれば、日本軍の広東侵略にともない広州から逃亡し、広西省、香港、広東省梅県、江西省へと、避難生活を送らざるを得なかった、そのため小学校もきちんと卒業できなかったという[63]。広州における回教小学校設立の裏には、日本軍の軍事侵攻によって、教育の機会を奪われた回民児童の存在があった（写真1-15, 16）。

またこの回教小学校でかつて学んだことのあるBY（男性、1931年生）によれば、当時、豊かな者はほとんどが避難し、残っていたものは経済的に余裕がない家庭だったので、児童数は少なかった。また回教小学校は、もともとモスクにあった清真小学校（清真はイスラームのこと。半日はクルアーン、半日は漢文を学習）の上に設立されたという。BYは入学したものの戦争のためにほとんど勉強はできなかった。おぼえた日本語としては、「あいうえお　かきくけこ　さしすせそ　たちつてと　うくすつぬ　鉛筆、1、2、3、4」などがある。また1944～45年にかけて生活のために、警察官として働いた。ひと月30斤の米のためだった。しかし、日本の敗戦後、日本占領下で警察官として働いたため対敵協力者とされ、広州から逃亡し、1954年にようやく広州に戻ったという[64]。30斤の米のために逃亡せざるを得な

写真1-15　回教小学校（広州）

出典：大日本回教協会旧蔵写真資料（回教小学校開校式（二））、早稲田大学図書館所蔵。

写真1-16　回教小学校（広州）設立式典

出典：大日本回教協会関係旧蔵写真資料（回教小学校開校式（一））、早稲田大学図書館所蔵。

**写真1-17 全世界回教徒第一次大会親善晩餐会**

注：上野精養軒（1939年11月17日）にて開催。中央でスピーチをする林銑十郎、右側1人おいて座っているのが横山順・綏遠（厚和）特務機関所属。
出典：大日本回教協会旧蔵写真資料（東京回教礼拝堂開堂式記念行事関係　日回大懇親会）、早稲田大学図書館所蔵。

くなったのである。

　1枚の写真の裏には、こうした事実があることを忘れてはならないであろう。日本の支援による回民児童のための小学校の設立は、実際には、回民の犠牲のうえに成り立っていた。回教圏展覧会では、都合の悪いことは隠蔽され、あたかも日本軍が回民に恩恵を施しているように演出されていたと言えよう。

　一方、展覧会に合わせて、満洲、中国、イエメン、トルコ・タタール、アフガニスタン、インドネシア、インドなどの有力なムスリム40余人を東京に招請し、全世界回教徒第一次大会（1939年11月）が開催された。

　会議の決議として、毎年一度回教徒大会を開催することが決定された。また付帯決議として、「日本国内に回教徒に適する宿舎、食堂等を設置するよう、日本に対して要請する」ことが決められた。豚食を禁忌とするムスリムにとって、食住は大きな問題であった。

　ちなみに、関連祝賀会では、ムスリムにとってタブーである豚肉入りのハムを出すなど、日本側の対応の不適切さを示すエピソードが残されている（横山順中佐・綏遠（厚和）特務機関所属談）[65]。世界からムスリムの代表を集めた祝賀会でハムを出すとは、日本におけるイスラームに対する理解が、いかに不十分であったのかを物語るものであろう（写真1-17）。だからこそ付帯決議が必要とされたと言える。

　この他の事業として、大日本回教協会は、1939年2月にイスラム文化協会を合併し、調査部を開設した。調査部は「英・独・仏・伊の回教対策、東亜回教徒の政治的動向などの調査」のほかに、機関誌である『回教世界』の編集を担当した。また『世界回教徒対策の必要性に就て』『大日本回教協会の使命に就て』などのパンフレットを出版した[66]。

さらに大日本回教協会では語学講座を行っていた。たとえば、アラビア語は計3回が開催され、参加者はそれぞれ、1回目121人、2回目30人、3回目25人であった。また梵語講習会（1942年9〜12月、参加者12人）、マレー語講習会（1942年4月〜7月、参加者33人）も開催された。これら語学講座の「聴講者名簿」には、のちに『中国における回教の伝来とその弘通』の著者で知られるようになる田坂興道（1912-1957）の名前も記載されている[67]。このように大日本回教協会では、イスラームに関する知識の普及のために、展覧会を開催するなど広報、宣伝、教育方面の諸事業を展開していた。

写真1-18　名古屋城を見学する訪日回教徒代表団

出典：大日本回教協会旧蔵写真資料、早稲田大学図書館所蔵。

しかしながら、その一方、大日本回教協会は、イスラームに関する理解が、重要なところで欠落していたように見受けられる。たとえば1939年に同協会主催で開かれた全世界回教徒第一次大会代表団の行事日程では、明治神宮や平安神宮の参拝が加えられていたほか皇居を訪れて、宮城遙拝も行われている[68]。さらに、満洲国からの代表団は、訪日の復路で新京神社や忠霊塔も訪問している。

この時期、中国あるいは東南アジアから数回にわたってムスリムの代表団が訪日し（写真1-18）、大日本回教協会が受け入れているが、日程には明治神宮参拝や宮城遙拝が必ず組み込まれていた[69]。たとえば1938年の東京回教礼拝堂の開堂の式典に参加するために、北京から中国回教総聯合会委員長の王瑞蘭などムスリムの要人8人が訪日した。この見学コースには、二重橋での宮城遙拝や、明治神宮・靖国神社の参拝が盛り込まれていた。蒙疆回教女子訪日視察団（1943年）についても同様である[70]。

イスラームの教義によれば神社への参拝や宮城遙拝は、アッラー以外の神の礼拝を固く禁じているイスラームの教えに反する行為と考えられる。事実、かつて訪日代表団に参加したムスリムの中には、神社に参拝したことがイスラー

ムに背いたとして、日本の敗戦後に弾劾されることになった者もいた。訪日団の参加者が日本で神社へ参拝したことに対して、日本の敗走後、反宗教的行為として非難されていることを日本人としては記憶に留めるべきであろう[71]。

　こうした事実は、イスラームに対する日本側理解の不十分性や認識の皮相さを物語るものである。様々な諸事業を実施しても、根本的なところでイスラームの信仰を尊重しない協会の姿勢は、かえって反感を買っただけではなかったのだろうか。こうして軍・政・財のそうそうたるメンバーを糾合して設立された大日本回教協会は、イスラーム国家および教徒への文化工作の推進という当初の目的を果たすことはなかった。

## まとめ

　明治維新以降の近代史において、日本はアジアに対する軍事侵略と日本帝国の拡大にともなって、台湾、樺太、朝鮮、満洲、中国、南洋諸島をその支配下に収めることになった。こうした植民地・占領地は、仏教、キリスト教、あるいはイスラームなどの宗教を信仰する多様な民族が居住する地域でもあった。

　一般的に日本の植民地・占領地では宮城遥拝を強制したが、これはムスリムに特に苦痛を与えたとされる。また、神社への参拝を仏教徒、キリスト教徒、ムスリムを問わず義務づけ、厳しい統制政策を採った。さらに、神社への参拝を促すため、寺などの宗教施設を閉鎖したが、明治以来の廃仏毀釈以来の伝統があり、寺などの宗教施設の弾圧には、抵抗がなかったとも考えることができよう。

　しかし、地域、時期、民族、宗教によって、日本側の関わり方や統制の程度は異なる点もある。また、それに対抗する被支配者側の動きも見て取れる。

　一方、日本においては、中国侵略を契機として、1930年代以降、大日本帝国における宗教政策の中でイスラームに対する関心が一挙に高まっていく。これは「大東亜共栄圏」建設に向けての軍事的策謀が、直接の契機となっている。

　そして日本のアジアにおける勢力の拡大にともなって、陸軍を中心として積極的な回教工作が展開された。日本国内では、1938年には東京回教礼拝堂が設立され、国内における回教工作の中心機関として大日本回教協会が組織された。

しかし大日本回教協会のイスラームに対する理解は、基本的なところで、浅薄であり、あくまでもアジア侵略の道具としてイスラームを利用しようとしたに過ぎなかった。大日本回教協会に関与した大村謙太郎（1888-1962）は、敗戦直後に大日本回教協会について述懐するなかで、その設立経緯は「汚辱を極め」、「過去10年間にもわたって国内の回教問題はくだらない努力を続けていた」としている[72]。

日本の敗戦は日本のイスラーム界にとって決定的転機となった。大日本回教協会は解散させられ、日本のイスラームに対する関心も急速に冷めていく。イスラーム研究者も日本の国内では不遇な状況に置かれ、研究を放棄していった[73]。そして現在に至るまで、日本人にとってイスラーム世界は縁遠い存在なのである。戦時期に日本はイスラームという異質の世界と出会うことになったが、しかし日本の回教工作は、日本とイスラーム世界との関わりにおいてむしろ記憶の忘却という結果を残すことになったと言えよう。

## 注

1）駒込武「異民族支配の〈教義〉」大江志乃夫・浅田喬二・三谷太一郎・後藤乾一・小林英夫・高崎宗司・若林正丈・川村湊『統合と支配の論理』（岩波講座 近代日本と植民地4）岩波書店、1993年、138頁。若林正丈「一九二三年東宮台湾行啓と「内地延長主義」」大江志乃夫・浅田喬二・三谷太一郎・後藤乾一・小林英夫・高崎宗司・若林正丈・川村湊『帝国統治の構造』（岩波講座 近代日本と植民地2）岩波書店、1992年、87-119頁。

2）新田光子『大連神社史——ある海外神社の社会史』おうふう、1997年、265頁。辻子実『侵略神社——靖国思想を考えるために』新幹社、2003年、302頁。『宗教年鑑』（昭和14年版）有光社、1939年、特147頁。

3）神社本庁『神社本庁十年史』神社本庁、1956年、1-49頁。神社新報政教研究室『増補改訂近代神社神道史』神社新報社、1986年、169頁。「神仏習合」「神仏分離」『世界大百科事典』平凡社、1953年。小池長之『日本宗教の常識100』日本文芸社、2001年、229頁。「関東神宮」『満州の記録——満映フィルムに映された満州』集英社、1995年、112-113頁。神奈川大学非文字資料研究センター、海外神社（跡地）に関するデータベース。

4）伊藤栄蔵『大本——出口なお・出口王仁三郎の生涯』講談社、1984年、266頁。

5）小池健治・西川重則・村上重良『宗教弾圧を語る』岩波書店、1978年、231頁。

6）小島勝・木場明志編著『アジアの開教と教育』（龍谷大学仏教文化研究叢書3）法蔵館、1992年、325頁。下村宏『満支の文化工作（宗教問題に就いて）』（第90回講演集）啓明会、1939年、55頁。菱木政晴「東西本願寺教団の植民地布教」大江他前掲『統合と支配の論理』、157-175頁。「植民地支配の時代」柳炳徳・安丸良夫・鄭鎮弘・島薗進『宗教から東アジアの近代を問う』ぺりかん社、2002年、201-324頁。

7） 木場明志・桂華淳祥「中国における真宗大谷派開教」小島・木場前掲、40頁。占領下における宗教工作に関しては、槻木瑞生編の資料集や研究がある。①槻木瑞生編『日本佛教団（含基督教）の宣撫工作と大陸』（『アジアにおける日本の軍・学校・宗教関係資料』（第4期））龍渓書舎、2012年、②槻木瑞生「アジアにおける日本宗教教団の活動とその異民族教育に関する覚書」『同朋大学佛教文化研究所紀要』（第22号）2002年、1-21頁。

8） 青江舜二郎『大日本宣撫官——ある青春の記録』芙蓉書房、1970年、372頁。槻木瑞生「大陸布教と教育活動——日中戦争下の日語学校 覚書」『同朋大学論叢』（第64・65合併号）同朋大学同朋学会、1990年、295-314頁。佐藤正導『日中戦争——ある若き従軍僧の手記』日本アルミット、1992年、264頁。

9） 近藤喜博『海外神社の史的研究』明世堂書店、1943年、253頁。

10） 神社新報政教研究室前掲、169-174頁。

11） 姜渭祚著、沢正彦・轟勇一訳『日本統治下朝鮮の宗教と政治』聖文舎、1976年、67-68頁。原載は、『朝鮮総督府要覧』、『統計年報』。柳聖旻「日帝強占期の韓国宗教と民族主義」柳他前掲、234-254頁。樋浦郷子『神社・学校・植民地——逆機能する朝鮮支配』京都大学学術出版会、2013年、372頁。

12） 李仁夏「植民地下朝鮮のキリスト教」小池他前掲、213頁。

13） 呉允台『日韓キリスト教交流史』新教出版社、1968年、260頁。

14） 呉前掲、247-266頁。

15） 趙寿玉証言、渡辺信夫聞き手『神社参拝を拒否したキリスト者』新教出版社、2000年、258頁。裁判にかけられたのは21人である。

16） 趙前掲、108-123頁。

17） 姜前掲、71-72頁。朝鮮の仏教は、もともと非世俗的性格を持ち、仏教寺院は、街や都市から離れた奥深い山岳地帯に建てられていた。また結婚生活は世俗の最たるものとして退けられていた。しかし日本統治下において、妻帯者の日本の僧侶が流入した結果、朝鮮総督府は、妻帯者の住職就任を認めた。その結果、大部分の住職が結婚するようになり、朝鮮仏教は宗教の本質的な部分を失うようになった、といわれている（姜前掲、105-108頁）。

18） 駒込武『植民地帝国日本の文化統合』岩波書店、1996年、177頁。

19） 宮本延人『日本統治時代台湾における寺廟整理問題』天理教道友社、1988年、130頁。神社本庁前掲、15頁。

20） 駒込武「台南長老教中学排撃運動——自治的空間の圧殺（1934年）」駒込武『世界史の中の台湾植民地支配——台南長老教中学校からの視座』岩波書店、2015年、467-533頁（全711頁）。

21） 嵯峨井建『満洲の神社興亡史——日本人の行くところ神社あり』芙蓉書房、1998年、336頁。

22） 辻子前掲、223頁。

23） 于逢春「「満洲国」及び「蒙疆政権」のラマ教僧侶教育政策」教育史学会『日本の教育史学』（第45集）、2002年、199-217頁。日本側のラマ教の介入に対して、外務省派遣で蒙疆に調査に来た『蒙古のラマ教』の著者である橋本光宝は、ラマ僧を「ブラブラ遊んでいる無用の長物」のように片付けてしまう日本側の概念は歪んでおり、ラマ対策は慎重

に対処すべきである、としている（『蒙疆新聞』蒙疆新聞社、1942年12月17日）。ラマ教の風俗を劣っているものとみなして、干渉が行われたことを物語るものであろう。高本康子「昭和期の真言宗と「喇嘛教」——田中清純を中心に」『群馬大学国際教育・研究センター論集』（第11号）2012年、15-28頁。Narangoa*Japanische Religionspolitik in der Mongolei* 1932-1945, Wiesbaden, Harrassowitz Verlag, 1998.

24) 『蒙疆新聞』1943年6月13日。

25) 近藤前掲、296頁。

26) 日比野襄「北白川宮のご遭難」高原千里編集委員会『高原千里——内蒙古回顧録』らくだ会本部、1973年、208-210頁。

27) 『蒙疆新聞』1942年12月31日。

28) 竹内好「北支・蒙疆の回教」『月刊回教圏』（第6巻第8・9号）、回教圏研究所、1942年、36-57頁。『蒙疆新聞』、1944年5月5日。蒙疆神社の祭神は、天照大神、国魂神、明治天皇、北白川永久王である（辻子前掲、245頁。近藤前掲、243頁）。

29) 百瀬侑子『知っておきたい戦争の歴史——日本占領下インドネシアの教育』つくばね舎、2003年、29-30頁。インドネシアの日本軍政下のムスリムに関する研究としては、倉沢愛子『日本占領下のジャワ農村の変容』草思社、1992年、714頁参照。

30) 小林寧子「インドネシア・ムスリムの日本軍政への対応」倉沢愛子編著『東南アジア史の中の日本占領』早稲田大学出版部、2001年、223-258頁。

31) 小熊英二『〈日本人〉の境界——沖縄・アイヌ・朝鮮植民地支配から復帰運動まで』新曜社、1998年、628-630頁。

32) 小村不二男『日本イスラーム史』日本イスラーム友好連盟、1988年、315頁。戦前日本におけるイスラームとの交流については、以下が参考になる。鈴木規夫『日本人にとってイスラームとは何か』筑摩書房、1998年、222頁。田澤拓也『ムスリム・ニッポン』小学館、1998年、223頁。飯塚正人「イスラムとニッポン」『季刊歴史読本ワールド』（特集：イスラムの謎）（第5巻第3号）新人物往来社、1994年8月、28-34頁。

33) 森本武夫「東京モスクの沿革」『アッサラーム』（第20号）イスラミックセンター・ジャパン、1980年12月、76-80頁。

34) 田澤前掲、90頁。

35) 『日本に信倚する回教徒』東京回教団、12頁。1941年の調査によれば、日本各地の回教徒数は、東京230人、名古屋50人、神戸400人、その他樺太、北海道、仙台、千葉に居住する者が100〜150人とされている（「日本内地回教事情概略調査表 教徒数」早稲田大学所蔵大日本回教協会資料、1941年6月）。

36) 東京回教学校『東京回教学校十周年記念写真帳』1937年。

37) 東京回教学校前掲。

38) アブデュルレシト・イブラヒム著、小松香織・小松久男訳『ジャポンヤ——イスラム系ロシア人の見た明治日本』第三書館、1991年、410頁。

39) 小村前掲、307-312頁。

40) 田澤前掲、223頁。

41) 杉田英明『日本人の中東発見——逆遠近法のなかの比較文化史』東京大学出版会、1995年、156頁。小村前掲、315頁。

42) 蒲生礼一「インタビュー 大久保幸次と回教圏研究所あれこれ その（2）大村謙太郎に きく」『復刻版 月刊回教圏』（資料）69-79 頁。

43) 「回教圏攷究所彙報」『月刊回教圏』（第 1 巻第 1 号）1938 年、96 頁。

44) 大日本回教協会も『回教世界』（第 1 巻第 1 号〔1939 年 4 月〕〜第 3 巻第 9 号〔1941 年 11 月〕）を刊行した。さらにそれまでイスラーム政策において、外務省は陸軍参謀本部の 後塵を拝していたが、同省でも調査部第 3 課蒙回班を新設した。そして『季刊 回教事情』 （第 1 巻第 1 号〔1938 年 5 月〕〜第 4 巻第 3 号〔1941 年 12 月〕）を発行した。

45) 治集団司令部『秘 全ジャワ回教状況調査書』（南方軍政関係資料 5、龍渓書舎復刻版、 1991 年）昭和 18 年（皇紀 2603 年）388 頁。

46) 田澤前掲、90 頁。アルハジー・ムスタファ・小村不二男「日本におけるイスラーム界 の今昔」『アッサラーム』（第 36 号）1986 年、16-17 頁。『THE KOBE MUSLIM MOSQUE REPORT（神戸モスリムモスク報告書）1935-1936 年』19 頁。

47) 三菱の瀬下清が中心となって資金集めをしたといわれている（大村謙太郎「時局の急 変転に際して回教問題を回顧す」〔大日本回教協会勉強会大村謙太郎講話〕1945 年 8 月 18 日）。

48) 「回教圏情報」『月刊回教圏』（第 1 巻第 1 号）1938 年、48 頁。『回教要覧』、大日本回 教協会、46 頁。

49) 「彙報」『季刊回教事情』（第 1 巻第 2 号）1938 年、1-2 頁。「東京清真寺落成礼歓呼万 歳之薄侊殿下」『回教月刊』（第 1 巻第 4 期）1938 年。前掲大村、1945 年 8 月 18 日。クル バンガリーと落成式については、松長昭論文参照（松長昭「東京回教団長クルバンガリー の追放とイスラーム政策の展開」坂本勉編著『日中戦争とイスラーム──満蒙・アジア地 域における統治・懐柔政策』慶應義塾大学出版会、2008 年、179-232 頁。

50) 「回教圏情報」『月刊回教圏』（第 1 巻第 4 号）1938 年、90 頁。大日本回教協会の回教 工作については島田大輔論文参照（島田大輔「昭和戦前期における回教政策に関する考 察──大日本回教協会を中心に」（『一神教世界』〔第 6 号〕同志社大学一神教学際研究セ ンター、2015 年、64-86 頁）。

51) 松島肇『大日本回教協会の使命に就て』大日本回教協会、1939 年、7 頁、12 頁。

52) 日本におけるムスリムは何かと不利益を被ることも多かった。そのため、東京モスク 落成式に参加したイエメンのフセイン王子は、帰国に際して歓送会の席上でも問題を指 摘し、大日本回教協会側が慌てて釈明することもあった（「大日本回教協会業務報告」『回 教世界』〔第 1 巻第 5 号〕1939 年 8 月、102 頁）。

53) 「防共日本よ 回教を公認せよ 王子様の懇望 宗教法案気遣う異国の大臣」『東京朝日新 聞』1939 年 2 月 23 日。イエメンのフセイン王子およびギブシー宗教大臣は、東京モスク の落成式の後も引き続き滞在した。王子の帰国後も、ギブシー宗教大臣は 1940 年にまで 日本に滞在し、回教公認問題への働きかけを行っている（鰐淵和雄「イエメン王国フセイ ン王子の訪日と日本における回教公認問題」『アッサラーム』〔第 78 号〕イスラミックセ ンター・ジャパン、1998 年、19-33 頁参照）。

54) 「支那における回教徒の現状」『東亜』（第 12 巻第 4 号）東亜経済調査局、1939 年 4 月、 5-16 頁。

55) 「宗教団体法案成立経過」『回教世界』（第 1 巻第 1 号）1939 年 4 月、102 頁。「回教圏

情報」『月刊回教圏』（第2巻第5号）1939年、73頁。「回教に対する平沼首相声明の意
味」『回教世界』（第1巻第2号）1939年、112頁。「大日本回教協会業務報告」『回教世界』
（第1巻第5号）1939年、102頁。

56）『第八十一回帝国議会に於ける回教問題の審議』大日本回教協会、1943年、35頁。同
　　議会では「回教確認に関する請願」が可決採択されている。四王天延孝会長時代の大日
　　本回教協会については、島田大輔論文参照（島田大輔「「全方位」回教政策から「大東亜」
　　回教政策へ：四王天延孝会長時代の大日本回教協会」『次世代アジア論集：早稲田大学ア
　　ジア研究機構「次世代アジアフォーラム」研究成果報告論文集』（8）2015年、3-26頁）。

57）　大日本回教協会『回教公認が我が国民に与へる影響に就ての問答』1939年、6頁。

58）　前掲『大日本回教協会の使命に就て』14頁。

59）　「大日本回教協会業務報告」『回教世界』（第1巻第5号）1939年、118頁。東京イスラ
　　ム教団は、東京回教礼拝堂建設後の1938年6月に結成（名誉顧問頭山満、顧問葛生能久）。

60）　大日本回教協会『回教圏展覧会出品目録』1939年、93頁。大日本回教協会業務部「明
　　日の世界勢力 回教圏展覧会 開催と盛況と成果について」『回教世界』（第1巻第9号）
　　1939年、87-101頁。

61）　加藤久『記録回教圏展覧会 全世界回教徒第一次大会来朝回教徒視察団』大日本回教協
　　会、東京イスラム教団、1940年、20頁。

62）　加藤前掲、39頁。

63）　RSEインタビュー、1998年6月9日、広州懐聖寺にて。

64）　BYインタビュー、1998年6月9日、広州懐聖寺にて。

65）　横山順（関東軍参謀部、綏遠［厚和］厚和特務機所属）の回想（横山順遺族インタビュー、
　　1997年12月2日、東京早稲田大学にて）。

66）　「大日本回教協会業務報告」『回教世界』（第1巻第5号）1939年8月、102頁。松島肇
　　『世界回教教徒対策の必要性に就て』大日本回教協会、1939年、21頁。松島肇『大日本回
　　教協会の使命に就て』大日本回教協会、1939年、14頁。

67）　「大日本回教協会語学講座聴講者名簿」早稲田大学所蔵大日本回教協会資料。

68）　加藤前掲、23-25頁。視察団が皇居で宮城遙拝している写真が28頁に掲載されてい
　　る。

69）　「中国回教総聯合会代表団参加東京清真寺落成典礼紀」『回教月刊』（第1巻第3期）中
　　国回教総聯合会華北聯合総部、1938年、32-40頁

70）　日本に在住のムスリムについても、何かと靖国神社参拝が求められていた。たとえば
　　1939年7月、日本在住のムスリム（日本、トルコ、タイ、タタール、蘭印、マレー人など
　　50人）が、排英示威行進を行った。その折り、回教礼拝堂に集結、二重橋前で宮城遙拝、
　　外務省を訪問して激励後、英国大使館に決議文を提出、靖国神社に参拝して銀座に行進
　　したとある（「彙報」『回教世界』〔第1巻第5号〕1939年8月、100頁）。

71）　彭年「日寇控制下的偽「回聯」」中国人民政治協商会議北京市委員会文史資料研究委員
　　会編『日偽統治下的北平』北京出版社、1987年、301頁。

72）　前掲大村、1945年8月18日。

73）　回教圏研究所の多くの若手・中堅の研究者は、竹内好をはじめとして中国研究者と
　　なった。

## 日本とイスラーム関係年表（1909 − 1945 年）

| 年 | 事項 |
|---|---|
| 1909 年 | 山岡光太郎メッカ巡礼へ（日本人初めてのハッジ）。 |
| 1917 年 | ソビエト革命に伴い亡命ムスリム国外へ。 |
| 1920 年 | クルバンガリーがバシキール族青年を帯同して初来日（1 回目の訪日）。 |
| | 大隈重信と会見。 |
| | 相前後して、中央アジア各地からソ連軍の追及を逃れてトルコ・タタール系ムスリムが日本へ亡命。 |
| 1921 年 | クルバンガリーの 2 回目の訪日。 |
| 1922 年 | クルバンガリー、南満州鉄道嘱託に。 |
| 1924 年 | クルバンガリー東京へ移住。 |
| | 東京回教団の組織（約 200 名）。 |
| 1927 年 | クルバンガリーが田中逸平とともに全国規模で国内巡教講演行脚。 |
| | 東京回教学校の設立（校長：クルバンガリー）。当初は新宿区百人町、後に渋谷区富ヶ谷および渋谷区大山へ移転。 |
| 1928 年 | クルバンガリーはこの頃より須田正継、嶋野三郎らと接近。 |
| | （嶋野を介して松岡洋右、頭山満らと面識を得る）。 |
| | 「亡命回教徒全国第 1 次大会」の開催。日本帝国在留回教徒聯盟（犬養毅、頭山満、床次竹二郎、古島一雄、五百木良三）の組織。 |
| 1929 年 | 回教学校に隣接して東京回教印刷所を併設。エジプトからアラビア文字の活字を輸入、回教学校の教科書、回教暦を印刷。 |
| 1931 年 | 満洲事変 |
| | 名古屋モスク設立。 |
| 1932 年 | 日本イスラム文化協会の設立。 |
| | 『イスラム文化』の編集刊行およびアラビア語とトルコ語の短期講習会の開催。 |
| | 内藤智秀、大久保幸次、小林元（東大グループ）が中心。 |
| 1933 年 | 『ヤニ・ヤポン・モフビリー』（新日本情報、日本紹介の情報誌、トルコ・タタール語）の創刊。 |
| | トルコよりアブデュルレシト・イブラヒムの来日（参謀本部が世話）。 |
| 1934 年 | 善隣協会の設立。 |
| | 東京回教印刷所にて極東初のクルアーンの印刷。 |
| 1935 年 | 神戸モスクの完成（インド人貿易商の寄付）。 |
| 1936 年 | 佐久間貞次郎が日本回教文化協会を設立（翌年発展的に解消）。 |
| 1937 年 | イスラム文化協会の設立（内務省の遠藤柳作、海軍の匝瑳胤次の他、内藤智秀が参加）。 |
| | アラビア語の日本紹介誌『ニッポン』、また日本文の『イスラム—回教文化』も発行。 |
| 1938 年 | 2 月 中国回教総聯合会の設立（北支那方面軍特務部の関与）。 |
| | 4 月 回教圏攷究所（1940 年に研究所と改称、大久保幸次所長）創設。 |
| | 5 月 東京回教礼拝堂の設立。 |
| | （クルバンガリーは大連へ。日本敗戦後、ソ連軍に逮捕され 10 年の刑に服役） |
| | 6 月 東京イスラム教団結成（名誉顧問頭山満、顧問葛生能久）。 |
| | 9 月 大日本回教協会の設立。 |
| 1939 年 | 国会での宗教団体法の審議。仏教、キリスト教、神道とともに、回教を法の規定の中に入れるべきという動き。 |
| | 平沼首相が衆議院本会議で信教の自由は認められるし、また、法中の資格を持っていると特に説明。 |
| | 早稲田大学に回教研究講座「回教圏史」の開設（講師：大久保幸次駒大教授）。 |
| | 東京文理科大学に回教史の講座が開設（講師：内藤智秀）。 |
| | 回教圏展覧会（大日本回教協会の主催）。 |
| | 世界回教徒第一次大会の開催 |
| 1940 年 | 日本イエメン協会の設立。 |
| | 林銑十郎が会長、ギブシー宗教大臣が名誉会長に就任。 |
| 1943 年 | 帝国議会で「回教確認に関する請願」について議論。請願の採択。 |
| | 回教懇談会（外務省調査部、東亜経済局、回教圏研究所、東亜研究所）。 |
| 1945 年 | 回教圏研究所、空襲のため蔵書を消失。 |

出典：『日本イスラム史』など関連資料より著者作成。

**第 2 章**

# 日中戦争時期における中国の回民と
# 日本の回教工作

## はじめに

　中国においては、1911年の辛亥革命によって、満洲人の王朝である清朝が崩壊し、翌1912年、漢族による中華民国が成立した。辛亥革命期に孫文（1866-1925）を中心とする革命派は、当初、漢族が中心となって満洲人を排斥するといった「排満興漢」による革命を目指し、万里の長城以南に漢族国家を樹立することを戦略として掲げた。ここにおいては、周縁の諸民族については、新国家の枠組みには包摂されていなかった。

　しかし、中華民国建国以降は、清朝中国の藩部（蒙古：モンゴル、新疆、青海、西蔵：チベット）を含めた領土の枠組みを土台としながら、周縁の民族地域への領土拡大が企図された。そして、漢族を中心としながら、漢、満、蒙、回（ウイグル）、蔵（チベット）の五族を一つに融合して単一の「中華民族」を創出することが図られることになった。こうして、国民党政権のもとで、漢族への同化を強調する「大漢族主義」が採られた。

　しかしながら、日本の軍事的な侵攻を背景として、国民党、共産党が中国西部に居住する少数民族、とりわけムスリムに積極的に関心を示しながら優遇政策を採るようになり、イスラーム政策を展開するようになっていく。

　一方、1937年7月の盧溝橋事件を契機として日中戦争が全面的に勃発し、日本軍は華北への侵略を本格化した。同年12月14日に、傀儡政権である中華民国臨時政府が、北京（北平）において樹立された。その後1940年3月30日に中央傀儡政権である汪兆銘（1883-1944）を首相とする中華民国政府が樹立されると同時に、臨時政府に代わって華北政務委員会が誕生した。これら一連の傀儡政権は、政権基盤が脆弱であったため、民衆工作を重視していた。特に華北に

おいてはムスリムを戦時動員するため、回教工作が積極的に展開された。

　そのためムスリムの組織である中国回教総聯合会が、1938年2月に北京において、北支那方面軍特務部のテコ入れで結成された。これは傀儡政権の支持と防共とを主な目的とする団体であり、活発な回教工作が行われていた。

　それでは日本の中国における回教工作はなぜ企てられ、その内実はいかなるものであったのか、また日本軍の回教工作に対して、ムスリムはどのように関与し対抗しようとしたのだろうか。

　本章においては、第1に、清末から民国期における孫文の言説に焦点をあてながら、大漢族主義が登場した経緯について考察していく。あわせて、教科書の分析から、学校教育の中で教えられた大漢族主義の内容や少数民族認識を初歩的に考察していきたい[1]。資料としては、当時、広く小学校で用いられた『共和国教科書新国文』を主に取り上げる[2]。

　第2に、民国期にムスリムが置かれた状況や、国民党および共産党のイスラーム政策を比較しながら論じ、第3に、日本軍の回教工作の背景について、検討する。

　第4に、盧溝橋事件の後、北京に設立された回教工作の中核機関であった中国回教総聯合会について、その事業を踏まえながら概観し、回民との間でどのような矛盾が生じていたのかを検証する。

## 1　中華民国期における少数民族観と教科書に表れた大漢族主義の登場

### （1）　孫文にみられる大漢族主義

　満洲人の王朝であった清朝においては、モンゴル、新疆、青海、チベットといった非漢民族の地域は、征服や投降などによって清朝の支配下に入った。しかし周辺諸民族地域では、独自の社会制度が維持され、清朝とのあいだに朝貢関係を築くといった複合的統治体制であった。たとえばモンゴルではモンゴル王侯が、新疆ではトルコ系有力者ベグが、チベットではダライラマなどが、現地支配者として存続し、藩部（モンゴル、新疆、青海、チベット）の管轄・監督のため、理藩院が置かれた[3]。また農耕民族である漢族の藩部への入植は制限されていた。そのため、牧畜を中心とする藩部の生業は保護され、清朝は、周辺

諸民族の保護監督者としての地位を確立することが可能となった。

こうした周辺諸国との関係構築のうえに、清朝は強大な国家として発展を遂げ、1759年乾隆帝（1711-1799）の中央ユーラシア征服によって、中国は近世最大の版図を形成した。中華人民共和国は、モンゴル、新疆、青海、チベットを自国領とし、これは清代の支配領域に相当している。中華人民共和国政府が「中華民族」としているのは、ほぼこの範囲に住む人々である。異民族王朝の築いた土台のうえに、現代の中国は発展を遂げたと言えるが[4]、ただし「新疆の民族運動やダライラマの亡命政府のチベット独立運動などがあり、民族問題はくすぶっている」のである[5]。孫文は「黄帝の末裔」としての漢族が中心となって満洲人を排斥し、万里の長城の内側に漢民族の国家を再建することを目指して、日本で中国同盟会を結成した。

辛亥革命前まで孫文は、中国の範囲はいわゆる中国の本部の18省と考え、モンゴル、新疆、チベット等は構想には含まれていなかった[6]。しかし1911年11月中旬にパリで新聞記者のインタビューに答えて、万里の長城の外側にあるモンゴル、新疆、チベットも中華民国の領土として宣言した[7]。

また、1912年に中華民国が成立し、同年、孫文の「中華民国臨時大総統宣言書」が出された。同宣言書によれば、「国家の本源は人民にある。漢、満、蒙、回、蔵の諸地を合して一国となし、漢、満、蒙、回、蔵の諸族を合して一体となす。これを民族の統一という」という「五族共和」の構想が述べられている[8]。清の版図を継承しながら、そこに居住する少数民族も含む五族を一つに融合して単一の「中華民族」を創出することを企図したのであった。

さらに、孫文は漢族を中心とする大漢族主義への傾斜を強めていく。たとえば『三民主義』（1924年）においても、蒙古人、満洲人、チベット人、回教徒のトルコ人が混ざっていても、「大多数についていえば、四億の中国人は、まったく漢人であるといってよい。同一の血統、同一の言語文字、同一の宗教、同一の風俗習慣をもち、まったく一つの民族である」としている[9]。各民族は漢族に同化されて中華民族を形成するという孫文の大漢族主義は、現在の中国共産党の少数民族観に反映されている。

清末中国においてダーウィン（Charles Robert Darwin, 1809-1882）の進化論が積極的に導入されたが、孫文は民族構想において、進化論を学びマイノリティ

はマジョリティに淘汰されてマジョリティへの同化が起こるとした梁啓超 (1873-1929) モデルを土台とした。梁啓超は、亡命のため 1898 年から 1911 年まで日本に滞在しているが、梁の議論は、内村鑑三（1861-1930）の論考をもとにしながら、自説を発展させた可能性があることを、坂元ひろ子は指摘する[10]。

梁啓超は欧米の思想を和製漢語で中国に伝えたうえで大きく貢献した人物であるが、西欧発のダーウィンの進化論に影響を受けた内村のマイノリティへの偏見は、中華民国期における少数民族観にも受け継がれていったのである。そして、1912 年 8 月の衆議院選挙法において少数民族は漢語のわかる者にのみ被選挙権が与えられた。辺疆教育でも、「国語統一事項」によって少数民族の民族語が放棄させられ、「風俗改良」が強制された[11]。

### （2）　民国期教科書における大漢族主義

共和国教科書に現れた中華民族概念や五族共和の理念とはどのようなものであったのか。ここでは、『共和国教科書新国文』をまず検討しよう。同教科書は、中華民国建国直後に出版された民国初期の代表的な教科書である（写真 2-1）。

教科書の内容は簡単なものから難易度が高いものへ、児童の日常生活から社会的概念へと配列されている。具体的には、帽子、衣服を入門段階で学び、学年が上がるに連れて自由、平等、国の歴史といった内容を学習するようになっている[12]。

たとえば『国民学校　共和国教科書新国文』第 6 冊（小 3 後期）「第 29 課　民族」には次のような記述がある[13]。

　　我が国の土地は広大で、民族は複雑である。その中の主要なものは、漢、満、蒙、回、蔵である。しかし、人類は移動を好み、移住の動きは絶えずみられる。戦争であれ、商業であれ、官僚の赴任であれ、種々の原因によって、一族が別れて数族となることがあり、あるいは数族が混合して一族となることがある。それゆえ、現状で名称が異なっていても、事実をきわめると、区別できない場合もあるのである。今、五大民族を合わせて民国を建国した。お互い苦楽を共にすることとなり、いっそう区別はなくなってきた。

小学校 3 年生が学ぶ内容としては、かなり難しく感じるが、民族の区別が無いといった同化主義的な民族観が述べられている。

また、上の学年となる高等小学校のテキストでは、どのように民族は描かれているのだろうか。『高等小学校　共和国教科書新国文』第 2 冊（高小 1 後期）「第 1　民族」には、次のような説明がある[14]。

写真 2-1　『共和国教科書新国文』

出典：『共和国教科書新国文』

> 民族が混じり合うことができないその原因は専制にある。専制政体は、一国の中に一人の君主を戴く。その人種を尊重し、その他の人種を軽視する。階級も分かれて同化はますます難しい。共和国は、そうではない。人はみな平等である。行政を司る総統、立法の議員はみな、人民の公選による。賢く能力があれば、種族の区別はない。それゆえ、多数の民族が集まり分け隔ては無い。我が国の建国は古く、民族は複雑である。その中の主要なものは、漢、満、蒙、回、蔵である。その他に苗、ヤオ、土番（各地の未開発の民族）などがいて、枚挙にいとまがないほど多い。……民国が成立し、各民族は共和国の政治のうえで境目がなく、種族の間に、主人のように尊重し奴隷のように卑しむといった区別はない。相互に助け合い、心を一つにして、我が国家の基礎を強固なものにすべきである。

専制体制の問題点を指摘しており、君主がいる専制体制においては、自分の民族だけを尊重し、その他の民族を軽視していると主張されている点は、注目すべきである。

また、この単元について、指導書である『新国文教授法』によれば、目的として、「民族分合の大略と五族組織共和の利益を説明する」とある[15]。教授事項としては、「五大民族は民国に属し、連合することによって、外国からの侮辱に抵抗できる」とある。

さらに上級レベルの『高等小学校共和国教科書　新国文』第 5 冊（高小 3 年前

期）では、「第9　民族分合之原因」の中で、民族は同一の祖先から出ているという民族観が、次のように詳しく説明されている[16]。

　　我が国の民族は複雑であり、ある人は漢族は黄帝の子孫であるが、他族はみな異類に属すると思っている。しかし各族の系譜をよく考えると、満洲は粛慎から出ており、粛慎は、顓頊の末裔である。蒙古は匈奴を源流としており、匈奴は、夏の禹の末裔である。回疆、蔵、衛は、いにしえの氐、羌であり、氐、羌は、虞舜の末裔である。顓頊も舜も禹も、みな黄帝の子孫である。そうであるならば満、蒙、回、蔵と漢族とは、もともと同一の祖先から出ているのである。ただ分封され移転したことによって、四方に散居するようになったに過ぎない。
　　……。今、民国の世が開幕し、種族平等主義を掲げるに至った。すべての民国に属する国民は、よくその意義を理解して、心を合わせて協力し、相互に助け合わなければならない。各族の同胞は、一体となって分かれるべからざるものである。そうすれば国家の基礎もまた、永く安定して揺らぐことがないであろう。

　同一の祖先が強調され、もとは同一民族であったという観点から、同化主義が標榜されている。小学校の教育課程で、たびたび同化主義的な観点からの教育が行われていた。
　ではテキストは具体的にどういった点が強調されて教えられたのであろうか。『新国文教授法』には、この単元は2コマを使って教えるものとし、その目的として、「五大民族が同一の祖先から出ていること、そして協力し共に支え合って国の基礎を固めなければいけないことを説明する」とある[17]。また、当時、外モンゴル、つまりモンゴル人民共和国が独立を果たしており、それを批判する内容が含まれていた。
　このように、民国期には大漢族主義がとられ、教科書においても大漢族主義が教えられていた[18]。

## 2 民国期教科書に現れた人種観・民族観

ここでは、人種的、民族的なマイノリティがどのように教室で教えられていたのか、教科書から検討していきたい。結論的に述べるならば、民国期の教科書には、人種的な偏見が明確に示されている。人種観に関して、『新生活国語教科書』（大東書局、1933年版）におけるインド人、黒人、オランダ人、エスキモーへの記述から見てみよう[19]。

第14課　インド人の話
インドは大変に暑い。着ている衣服は少ない。インドの子どもは勉強に行かなければならない。学校では靴を脱ぎ、門の外に置き、教室に座り、先生が教科書を読むのを聞く。彼らは文字を書き絵を描くときに、紙・鉛筆を使わず、木の枝で砂の上に書く。彼らは頑張って勉強する。本を読み上げる声が響く。

インドに対しては好意的であり、子どもたちが熱心に勉強している様子が伝わってくる。インド文明に対する敬意の表れであろうか。

第15課　黒人の話
アフリカには、一種の人間がいる。皮膚が非常に黒いので、黒人と呼ばれている。黒人の住んでいる地方は大変に暑いので、ほとんど一年中、服を来ていない。黒人の住んでいる家は、壁や仕切りが無い。そこには多くの凶暴な野獣が住んでいる。

こうした記述に続いて、ゾウ、キリン、猿について紹介がある。勉強については触れておらず、黒人はまったく学校に行っていない印象を教科書の記述からは受ける。

第16課　オランダ人の話

オランダの土地は湿気が多く、長い草が生えている。そのため、牛羊が多い。至る所に風車がある。彼らが履いている靴は変わっている。木で作る舟形の靴である。オランダ人は冬になると、スケートを楽しむ。オランダの子どもたちは、我々と同様に、毎日学校で様々なことを学んでいる。

オランダ人の子どもたちが毎日学校で多くのことを学習することとともに、中国人である自分たちも学校で学んでいることを述べている。白人であるオランダ人と自分たち中国人とを同じレベルに置くことで、民族としての自尊心を満足させる内容となっている。

第17課　エスキモーの話
極寒の地域にエスキモーと呼ばれる人々がいる。彼らは男女老若ともに、毛皮でできた衣服を着ている。帽子と手袋も毛皮で作られているため、遠くから見ると、野獣のようだ。……食べ物はたいてい肉類である。子どもたちは雪そりやスケートが好きである。勉強はほとんどしない。

エスキモーは、遠くから見ると野獣なみであり、ほとんど勉強しないことが説明されている。

こうした教科書の記述には、黒人やエスキモーの子どもは、勉強せずに立ち後れている、それに対して、インド人やオランダ人の子どもは勉強する、また中国人はオランダ人ほど、よく勉強するといった露骨なほどの人種観が反映されている。

このように人種に対する偏見と同様のかたちで、少数民族に対する偏見が教科書の中で記述されている。たとえば、苗俗（苗の風俗）の説明の中で、「苗は、性質が剛腕屈強で、殺人を好み、男が生まれると鉄を集めて祝う。教育はふるわず、性質は矯正が難しい」とされている。野蛮性のイメージを付与する記述となっている[20]。教科書に示されているのは、民国時期の少数民族観を象徴しているものと考えることができるが、民国時期においては、少数民族に対する偏見が濃厚であった。

それでは、少数民族である回民は民国期の社会においてどのような状況にお

かれていたのだろうか。また日中戦争という状況の中で、国民党、共産党は回民に対してどのような施策をとっていくのだろうか。

## 3 国民党のイスラーム政策 vs.共産党のイスラーム政策

### （1） 民国期におけるムスリム

中国におけるムスリムの人口については諸説があるが、清末に行われたマーシャル・ブルームホール（Marshall Broomhall 1866-1937）の調査（China Inland Mission〔内陸会〕の布教組織を利用して調査したサンプルを元に推計）では、最低472万7000人から最高982万1000人とされる。これは当時として、最も信頼できる数値と考えられている[21]。また地理上の分布を見ると、甘粛（200万～350万人）および新疆（100万～240万人）に多くのムスリムが居住していた。寧夏はムスリムの集中居住地域であるが、清末には甘粛に属していた。

中国におけるムスリムは主に、①新疆に居住し独自の言語を持つトルコ系のウイグル人、②寧夏および甘粛を中心として居住し中国語を母語とする回民、以上によって代表される。

本書で主な対象としているムスリムは、回民といわれている人々である。回民は、甘粛や寧夏に多くが定住しているが、それとともに全国各地に分散して居住しているのも一つの特徴で、北京のほか、河北、山東などに住んでいる。

歴史的に見るならば、清朝の中国統一後、異民族に対する統制が強化された。そして宗教の違いやムスリムが豚肉をタブー視するという生活習慣上での摩擦から、漢族や満洲人と、ムスリムである回民との間に民族対立が生じた。

そのため回民の叛乱が19世紀後半に甘粛、寧夏、雲南でたびたび起こり、政府によって大規模な弾圧が加えられた[22]。とりわけ陝西省・甘粛省を中心とした回民蜂起（1862-1873年）は大規模なもので、この大乱にともない寧夏の回民は黄土高原に強制移住させられ、人口が激減したとされる[23]。

その後、1912年に漢族の政権である中華民国が成立し、1927年には蒋介石（1887-1975）による南京国民政府が誕生する。しかし漢族支配のもとで、ムスリムへの迫害が多く、正当な理由なく逮捕、投獄、処刑されることも少なからずあった。彼らを侮辱する事件もたびたび発生している。たとえば河北省通

県では、漢族がムスリムの井戸に豚油一塊を投入し問題となったことがある[24]。こうしたムスリムの風俗習慣への差別的な行為がしばしば発生し、回民の中で正当に扱ってもらっていないという不満がくすぶり、漢族に対する根強い反発が広がっていた。

また経済的に見てもムスリムは、宗教上の規制や民族的偏見のために、貧しい者が多かった。たとえば北京には当時、回民を中心とする約5万人のムスリムが住んでいたが、零細な商工業者が多く、中流以上の生活を営んでいる者は、指で数えることができるほどしかいなかった。その一方、衣食にさえ困る赤貧の者は、約20％を占めていたという[25]。

このような民族間の反目やムスリムの不満を日本軍は巧みに利用して、民族分断政策を進めようとしたのである。

## （2） 国民党のイスラーム政策

1912年に中華民国が成立後、外国の諸勢力の侵略に対して立ち向かい、対外的な独立と近代的な国家統一とを実現するために、中国に居住する諸民族の再統合を進めることは、政権担当勢力である国民党にとって緊急の課題であった。

孫文が究極的に目指したのは国家の統一であり、「五族共和」は、漢族以外の四族、すなわち満、蒙、回、蔵が漢族に文化的・種族的に同化することで、単一の中華民族に凝集することを目的としていたといわれている。ここでいわれている回とは、新疆に居住するウイグル人など、トルコ系のムスリムのことであり、回民は民族として認められていなかった。国民党の民族政策の基本は、国家の統一を重視し、漢族以外の民族の譲歩による同化策、つまり少数民族を漢族に同化しようとする「大漢族主義」であった[26]。

その後、1924年1月の「国民党第一次全国代表大会宣言」においては、「連ソ、容共、扶助工農」が宣言され、ここに国共合作が成立した。また少数民族との組織的提携、民族自決権の承認、各民族の自由な連合による中華民国の組織が唱道された。こうした「民族自決」の承認は、コミンテルンの影響を受けたためであった。

1930年代に入り、日本軍が満洲および華北・華中への軍事的侵攻を強めていくのにともない、後方にあたる中国西北部の重要性が増していく。国民党は「西

北建設」を進めるため、西北地方を中心として居住するムスリムへの関心を高めていく。さらに、日本が1938年2月に中国回教総聯合会を組織し、回教工作を積極的に推進していくのにともない、国民党政権としても対応が急務となっていく。

こうして日中戦争勃発後の1938年には、ムスリムを糾合する全国的な組織として中国回教救国協会（理事長：白崇禧、回民出身、広西省を拠点とする軍閥）が結成され、抗日戦線への参加の呼びかけが行われた。またエジプトなどイスラーム教国への親善使節が派遣され、反日がアピールされた。国立中央大学（重慶）などの高等教育機関には、アラビア語・アラビア文学の講座が設置された。

ただし日中戦争時期の1940年9月に出された「行政院通令」においては、「回教信奉者を今後一切回族と呼ばないで回教徒と称すべし」とされた[27]。つまり、回民を一民族として認めないばかりでなく、トルコ系のムスリム（ウイグル等）についても、民族としては承認しないことを意味していた。

また蔣介石は1942年に青海省の西寧で、漢、満、蒙、回、蔵の各紳士、活仏、アホン、王公に対して講演を行ったが、漢、満、蒙、回、蔵の五族は民族ではなく、宗族（血統を共通とする者）とした[28]。

こうした方針は日中戦争の渦中において、漢族を中心としながら中華民族の統一と団結とを強めるためであったと思われる。しかしこれは、当時、民族としての自覚を高め、文化的独自性を保とうとしていたエスニック集団の反発を招くことになった。共産党もこうした民族政策は、大漢族主義であり少数民族への圧迫であるとして批判した。結果的に、国民党は少数民族に中華民族意識を持たせることに必ずしも成功しなかったのである。

## （3） 共産党のイスラーム政策

共産党は、その民族政策において、当初、回民を含む少数民族の自決を主張していた[29]。たとえば、1931年に出された『中華ソビエト共和国憲法大綱』（中華蘇維埃共和国憲法大綱）において、「蒙、回、蔵、苗、黎、高麗人など、中国地域内に住むものはすべて完全な自決権を持ち、中国蘇維埃連邦に加入あるいは離脱し、あるいは自己の自治区域を作ることができる」（第14条）と規定されている[30]。

しかし日中戦争時期になると、中国共産党は、民族自決に否定的態度をとるようになった[31]。その一方、民族区域において少数民族を優遇しようとする政策、つまり「民族区域自治」が打ち出される。

そして『中華ソビエト中央政府　回族人民に対する宣言』(1936年) の中では、「回族人民が少数者である地域にあっても、区、郷、村を単位として民族平等の原則にしたがって、回族人民が自ら自己の事柄を管理し、回族人民の自治政府を樹立すべきである」という考えが示された。民族区域自治の考え方は、1949年に建国された中華人民共和国における民族政策にも継承されている。

同宣言では回民が「回族」と規定され、一民族としての存在を認められている。国民党とは対照的である。

このように、共産党のイスラーム政策は、民族自決の承認から民族区域自治へと移行している。しかしながら、一貫して少数民族の自治を尊重する立場を打ち出してきたと言えよう。このことが少数民族を中国共産党の側に立たせることになったのである。

ところで長征後に西北に建設された陝甘寧辺区（陝西省、甘粛省、寧夏省に跨り、首都延安を中心とする地域）においては、回民に対する優遇政策が採られた。同区で回民は、決して多くなかった。たとえば辺区成立以前には145戸に過ぎず、その後流入者が増えたものの、1941年には384戸 (1259人)、1944年には約600戸 (2500人) であった。

しかし回民への優遇措置の一環として、集中して居住している地域には、「回民自治郷」が樹立され、政治上の権利が保障された。また1941年春の辺区参議会の参議員として回民は7人が当選したが、これは1000人余りという当時の回民人口を考えれば、かなりの優遇措置であったと考えられる（一般的には人口5000人に参議員1人）[32]。

このように抗日戦争の勝利のために、日本に対抗して、共産党も積極的な回民優遇政策をとることになった。では回民に対してなぜこうした優遇措置がとられたのであろうか。それは、陝甘寧辺区が、甘粛省、寧夏省など回民の居住地域に囲まれていたためでもあった。共産党の紅軍が長征を終えて1935年に西北地区に到着した際に、馬鴻逵（寧夏省主席）を中心とする回教軍（回民軍）は頑強な抵抗を試み、紅軍はそれまでに経験したことがないほどの最大級の損

害を被った[33]。中国共産党は、抗日戦争の拠点となる辺区を維持するうえで、回民の支持を得ることが不可欠であり、対回民工作は極めて重要なことを思い知らされたのである。

陝甘寧辺区においては、その他に、宗教指導者であるアホンに対する工作がある。たとえば扁額や贈り物を送って、積極的にアホンが民族解放闘争の先鋒となることを期待した。アホンの中には、説教の機会を捉えては、宗教の教義と現実問題を結びつけ共産党の主張を宣伝し、回民に協力を要請する者もいた[34]。

教育面では、回民村において伊斯蘭小学が建設され、アラビア語の教授が行われた[35]。また民衆工作に携わる幹部の養成機関であった陝北公学に民族部が置かれ、回民も参加した。これがのちに延安民族学院として発展を遂げる[36]。

さらに日本軍と軍事的な衝突をくり返していた華北においては、日本軍への対抗措置として、積極的な回民工作を展開した。

共産党の民族政策は、長年にわたって回民が求めていた政治への参加や社会的地位の向上という宿願を満たすことが期待されるものであった。こうして共産党の解放区は陝甘寧辺区から全国各地へと広がり、ついに中国共産党は1949年、全国統一を実現するのであった。

人民共和国建国後、回民を含めて少数民族は反右派闘争、文化大革命の中で厳しい弾圧に曝されるが、この時点で、共産党が少数民族弾圧に転じるとは、予想さえもつかなかったと言えよう。

## 4　日本軍の回教工作の背景

### （1）　関東軍の中国ムスリムへの着目

このように、日中戦争時期には、日本の回教工作への対抗という側面もあり国民党、共産党、それぞれが積極的に、イスラーム政策を実施した。さらにその間隙を縫うかたちで、日本は回教工作を推進していった。

それでは日本軍部はなぜ中国ムスリムへ着目するようになったのだろうか。端的に言えば、それは中国への軍事的侵攻を契機としていた。

まず1931年の満洲事変以降、日本軍部は華北分離工作、内蒙工作を発動し、

中国における分割統治を進めていた。1937年の日中戦争勃発後には華北や、内蒙古中央部（包頭まで）を軍事占領下におき、さらに内陸部への侵攻を進めようとしていた[37]。

こうした日本軍部にとって、中国西北部は戦略的に極めて重要な地域であり、そこに居住するムスリムは、軍事侵攻の鍵を握る存在として認識されるようになった。とりわけ関東軍参謀部は早い段階からムスリムへの関心を抱いていた。

たとえば内蒙古の中国からの分離を図った内蒙工作の発端である熱河作戦（1933年）の翌年に、参謀部が出した「対察施策」（1934年）においては、「回教徒の懐柔利用は綏遠以西の住民に影響を及ぼすを以って今日より之が懐柔利用の準備をなす」としている[38]。このように関東軍参謀部は早くからムスリムに着目していた。関東軍は綏遠（内蒙古）から西に侵攻することを企図しており、こうした軍事的膨張主義政策の遂行のためにムスリムを利用しようとしていたのである。

また、「対内蒙施策要領」（関東軍参謀部）（1935年）においては政治工作の中で、特に宗教工作として、「回教徒懐柔の為其習俗を審かにし先ず彼等の好感を求めさらに所要の援助を与へ遂に満蒙回教徒の団結を促進し以て其団体的勢力を利用し得る如く努むる」としている[39]。

さらに、「対蒙（西北）施策要領」（関東軍参謀部）（1936年）では、「回教徒に対しては満州国内回教徒及蒙古領域内の有力者を把握し之を通じて人心の収攬に努む」とし、必要があれば「内蒙内の漢民族地帯に回教寺院を建設す」としている。さらに「回教徒の習俗を審にし彼等の好感を求めさらに所要の援助を与へ遂に領域内の回教徒の団結を促進して之を蒙古政権内に包含せしむ」ことを企てていた[40]。

ムスリムの人心の掌握のために、モスクを建設したり援助をして、取り込もうとしたのである。また関東軍は内蒙工作の対象地域を漸次拡大し次第に暴走しつつあったが、そうした流れのなかで回教工作が発動されるようになったとも言えよう。

日中戦争勃発後には、大本営陸軍部も「長期抵抗に応ずる対支謀略計画要綱」（1937年）の中で、「対支回教徒を親日、反抗日政権行動に導く為所用の施策を

行ふ」ことを指示している[41]。ちなみに「謀略」とは国家がその対外的国策を遂行するため、相手国に対して目的を秘匿して極秘に行う知能的策謀のことである。つまり「敵を弱める（軍事目的を助ける）ために、非軍事的手段を用いて行われる極秘の工作」が謀略であった[42]。

　日本軍は「国内居住の少数異民族、又ハ被圧迫民族ヲ懐柔、先導シ往々内乱或ハ革命ヲ勃発セシムル」といった政治的謀略によって、民族間の矛盾を激化させ、中国の軍事的占領を遂行しようと企図したのである[43]。

　このように日本軍部は、中国への侵略を契機としてムスリムへの関心を高め、回教工作を発動していく。


## （2）　回教工作発動の要因

　その直接の要因は二つあったと考えられる。第1に、内蒙工作を推進する突破口としての飛行場の建設である。

　内蒙工作を進め内蒙古西部に侵攻していくうえで、交通路の確保は重要である。そのため関東軍参謀部は「対蒙（西北）施策要領」（1936年）において、「満洲航空会社をして多倫、西ソニト、張北等の飛行場を根拠とし、百霊廟、綏遠、包頭、寧夏、阿拉善王府等に其航空路を保有せしめ為し得れば機を看て之を青海に延伸せんことを図る」と青写真を描いている[44]。内蒙古の東部、中央部、西部から寧夏を経て、さらに青海に至る航空路の開設を構想していたのである。

　阿拉善王府（アラシャン旗）は、内蒙古西部に位置し、寧夏と隣接する砂漠地帯にあった。国民政府のもとで1928年以降、行政区分上は寧夏に属していたが、実際には達王という蒙古の王族によって統治されており、関東軍が触手を伸ばしつつあった。

　一方、1935〜36年頃、日本とドイツとを航空路で直結しようとする「日独航空路計画」があった[45]。これはベルリン、ロードス、バクダッド、カブール、オチナ（額斉納）、新京（長春）、東京を結ぼうという壮大な計画であった。オチナ旗は、アラシャンの西側に隣接し、アラシャン旗と同様に、行政区分上は寧夏に属していた。

　当時、ヨーロッパとアジアとを結ぶ航空路は、インドコースがあったが、これはイギリスの支配下にあった。そこで未開発のパミール高原越えによる中央

写真 2-2　傅作義

出典：https://upload.wikimedia.org/wikipedia/commons/thumb/c/c2/Fu_Zuoyi3.jpg/256px-Fu_Zuoyi3.jpg?uselang=ja

アジアコースが考えられたのである。内蒙古西部における飛行場の建設は、日独航空路計画とも合致するものであった。

こうして関東軍は、内蒙古西部の砂漠地帯に位置するアラシャン（阿拉善）旗およびオチナ（額済納）旗に特務機関を設立し、1936年6月に飛行場の建設を図った[46]。この地域は寧夏に近く、周辺には多数の回民が居住しており、その結果、関東軍の回民への関心が、自然と高まることになったのである。

中国西北地域には「五馬」と称される5人の回民軍閥がいた。「五馬」が具体的にだれを指すかは時代による変遷もあるが、1930年代においては、馬鴻逵（1892-1970 寧夏省主席）、馬鴻賓（1884-1960 寧夏省元主席）、馬麒（1869-1931 青海省元主席）、馬歩芳（1903-1975 青海省主席）、馬歩青（1998-1977 青海、陸軍騎兵第五軍軍長）の5人を一般的に指していた。馬鴻逵はこの五馬を代表する人物であった。

航空路のほか、鉄道網で中国とヨーロッパ、ベルリンを結ぼうという計画もあった[47]。京包線（北京〜包頭）の終点は包頭だったが、その先の鉄道を、甘洲（甘粛）―ハミ―トルファン―カシュガル―カブール―テヘラン―バグダード―イスタンブール―ベルリン、とヨーロッパまで伸ばす中央アジア横断鉄道（防共鉄道）という壮大な計画もあったという[48]。

回民への関心が高まっていった要因の第2としては、日中戦争の開始後、関東軍がすでに軍事占領下に置いていた内蒙古中央部から、さらに内蒙古西部の五原（オルドス）への侵攻を考えていたことにある。五原には、綏遠省主席の傅作義軍（国民党正規軍）がいた（写真2-2）。

綏遠省主席の傅作義（1895-1974）は、日本に対して徹底抗戦の態度を示していた。そこで日本軍は寧夏省主席の馬鴻逵を籠絡して、南北から傅作義を挟み込み、綏遠から追い出すことを企図していたともいわれている[49]。このように内蒙古東部からさらに西に侵攻するには、寧夏にいた馬鴻逵の回教軍の存在がキーポイントであった。

馬鴻逵は国民党に対して不即不離の態度をとっていた。また「反共」であり、さらに日本軍に対する態度は曖昧な部分もあり、そのため日本軍部は馬鴻逵を利用することを考えたのである[50]。

このように日本軍から馬鴻逵に対して何らかの働きかけがあったことは十分に予測されるが、馬鴻逵は、次第に抗日の態度を明確にするようになり、日本軍の合作の呼びかけを拒否し、抗日のために兵を集め始めた[51]。その結果、日中戦争勃発後の1937年11月5日、寧夏省城が日本の飛行機によって空爆されることになった[52]。馬に対して仮に何らかの工作がなされていたとしても、それが頓挫したことを示すものであろう。

また1940年の駐蒙軍（駐蒙兵団から発展して1938年成立）による五原進攻作戦において、馬は傅作義とともに戦い、結果的に駐蒙軍は多大な打撃を被り、内蒙古の中央部から先に進むことはできなかった。

## （3） 回教国樹立の構想とその戦略的意味

以上のような状況の中で、日本軍は、回民に対する積極的な回教工作を発動していくが、長期的には、日本軍部は、中国西北部のムスリムを漢族から分裂させ、傀儡国家である「回教国」を樹立する構想を抱いていたといわれる。

そうした動きの起源は、1930年代に入ってから新疆でウイグル人を中心として東トルキスタン独立運動が活発化し、1933年に東トルキスタン・イスラム共和国が成立（翌年には崩壊）したことにある。日本軍部による亡命した元オスマン帝国皇太子であるアブデュルケリム王子（1906-1935）を首班とする西北イスラームの傀儡国家建設の計画は、この頃からあった。満洲国に次ぐ第2の傀儡国家構想である[53]。

そしてたとえば関東軍参謀長の東條英機（1884-1948、のちに陸軍大臣、内閣総理大臣）は駐蒙兵団石本寅三参謀長（1890-1941、のちに駐蒙軍初代参謀長）との懇談において、「回教徒工作は……（中略）……寧夏、甘粛、青海、新疆方面には連絡者を派遣して五馬聯盟の結成を慫慂しつつあり」としている[54]。関東軍が蒙疆だけに留まらず、さらに西北4省（寧夏、甘粛、青海、新疆）に至るまで勢力伸張を図ろうと企てていたこと、そのために五馬聯盟を結成するように働きかけを行っていたことがうかがえる。

中国側の資料でも、中国の西北に五馬聯盟を中核とする回教の独立国を建設し、中国から離脱することを日本政府は支持する、といった主旨で工作が行われたとされる[55]。

さらに1938年3月に開かれた陸軍参謀本部の幕僚会議においても、重点を置くべき謀略として、「回教徒を利用して西北地方に回教政権を樹立」することが掲げられている[56]。この場合の回教政権は、回民軍閥の五馬、および新疆に居住するトルコ系のウイグル人が想定されていた[57]。

その後、1937年には新疆省主席である盛世才（1895-1970）による粛清でホージャ・ニヤーズなど独立運動の指導者が逮捕された。しかし東トルキスタン独立へ向けての動きは、くすぶり続けていた[58]。こうしたウイグル人の動きに呼応して、日本軍は勢力の伸張を図ろうとしたのである。

それではこのように日本軍が中国西北部に回教徒の独立政権を樹立しようとしたのは、戦略的にいかなる意味があったのだろうか。

まず第1に、満洲から蒙疆にかけての日本の「特殊権益」を守り、さらに北支の安定を図るためであった。日本が満洲、さらに蒙疆の領有を進めていたのとほぼ同じころ、ソ連は新疆において軍事的・政治的・経済的支援を行い、勢力を拡大していた。さらに東に進めば日本軍と衝突することが不可避になり、満蒙における日本の「特殊権益」が脅かされる懸念もあった。

「満洲より内外蒙古の南縁、甘粛から新疆に通じる地域は、回教的色彩の最も濃厚な地域」であったが、「北支の安定は此特殊の回教圏を等閑視しては考慮し得ざるものがある」と考えられたのである[59]。

第2に、新疆ルートの遮断を図るためであった。ソ連は日中戦争初期に、中国を支援した唯一の国である。ソ連からの援助物資は新疆経由で中国に流入した。

その意味で新疆は日中戦争初期に大きな役割を演じ、「1937年7月から38年夏までの約1年間だけでも約6000トンのソ連援助物質——武器、弾薬、薬品、ガソリンなど——が、新疆ルートを経由して中国内地の蘭州に運搬された」のである[60]。

したがって補給の妨害のため、大本営陸軍部では「回教匪等を使嗾し新疆路線経由、補給品の燼滅又は横奪」を策謀した[61]。また回教政権が樹立されるこ

とで、ソ連からの支援ルートの遮断が期待されていた[62]。

第3に、長期的にはソ連に対する防共ラインを建設することであった。日露戦争以来、ソ連は日本陸軍の最大の仮想敵国と考えられていた。ムスリムを利用することで、ソ連に対する防共の砦を築き、ソ連の勢力をくい止めようと日本側は構想していたのである[63]。

たとえば陸軍における中国の少数民族通として知られ、関東軍の内蒙工作の責任者であった松室孝良（承徳特務機関長、北平特務機関長など、主に情報畑で活躍）は、「将来支那の西部に回教徒国が日本の援助で出来たと仮定するならば、茲に日本、朝鮮、満洲、蒙古、回教徒圏、西蔵を連ぬる一大環状聯盟地帯が出来ることになる」と考えていた[64]。

また日本国内における回教工作の中核機関であった大日本回教協会では、「ソ連においては2500万の回教徒がいる。彼らは反宗教のボルシェビキと相容れない」、したがって「此のソ連の回教圏と支那とが一団となって防共陣営に馳せ参ずる時、そこに鞏固の防共鉄壁が出現するのも決して架空の考えではない」と認識していた[65]。

以上のように反ソ反共の構想の中で、日本軍は中国西北部に回教政権を樹立することを企てていたのである。長期的に見れば対ソ戦略の一貫として、日本軍は回教工作を展開したとも言えよう。また1938年に成立した駐蒙軍も、関東軍の回教工作を受け次ぐかたちでイスラーム政策を展開した。

ただし陸軍参謀本部にも中国西北部における回教政権の樹立は現実的には困難、という考えがあった[66]。たとえば当時、五馬聯盟という言葉が一般的によく用いられていたが、5人の回民軍閥間においては利害が相反する場合もあり、実際に聯盟に価するものがあったかどうかさえ不明である[67]。

また回民は清朝以降、確かに社会的に虐げられてきた存在で、幾度かにわたって漢族や満洲人に対して抗議のため立ち上がってきた。しかし彼らが望んでいたのは、中国社会における地位向上であり、中国からの分離独立ではなかったのである[68]。

この点、回民は、中国からの分離傾向が強い新疆のウイグル人とは大きく異なっていたと言えよう。母語が漢族と同じ漢語である回民と、独自の言語を持つウイグル人との関係は、良好ではなかった。

日本軍の回教工作の主な対象となったのは回民であり、日本側は工作において回民に独立国家の建設をちらつかせるなどしている。これは日本側の認識不足を物語るものであろう。

新疆のウイグル人についてもすでにソ連の強い影響下にあり、現実問題として日本の傀儡政権の樹立は困難であった。新疆現地における日本人とウイグル人との接触もなかったと考えられている[69]。

以上見てきたように関東軍の内蒙工作以降、日本軍部では積極的に回教工作を展開していく。回教工作の意図するところは西北進出であったが、それとともに華北および蒙疆占領地において民族分断政策を進めようとする意図もあった。

そのため日本軍部の中国における回教工作は、対回民工作（北支、蒙疆、寧夏）および対ウイグル人工作、として構想されたものの、実際には北支および蒙疆における対回民工作が中心であった。寧夏の馬鴻逵に対する工作はほとんど進展せず、対ウイグル人工作も新疆現地に行けない状況で、亡命ウイグル人を利用してのものであった。こうして、1938年2月、日本軍（北支那方面軍）は占領下の北京において、ムスリム、特に北京在住の回民を組織して、中国回教総聯合会を設立した。

## 5　中華民国臨時政府＝傀儡政府と中国回教総聯合会

### （1）　中国回教総聯合会の設立

1937年7月の盧溝橋事件の後、8月に北支那方面軍司令部が編成されるとともに、参謀部とは別に特務部が設置され、華北の政務指導を担うことになった[70]。華北の侵略によって成立した臨時政府＝傀儡政府は、政権の基盤が不安定であり、そのため民衆工作によって民心を収攬することが必須の課題となった。

当時、華北には回民を中心とするムスリムが居住していたが、回民の多くは貧困に喘いでいた。日本の回教工作が「中国内部の諸矛盾を解決したり、蔣政権の欠陥を埋めるものとして、なんらかの役割を果たしうるかのごとき幻想を、一部の中国人が抱くだけの土壌はあった」のである[71]。

こうして日本軍は回民を利用して漢族を制圧し、華北占領地における支配を進めようとした。たとえば当時、回教工作に当たっていた関係者は、次のように述べている。

「功利的打算的事大主義ノ漢民族指導ニ当タリ現在及ヒ将来ノ非常時ニ漢民族ヲ牽制スル具トシテ回教徒ヲ使用スル必要アルヘキヲ我為政者トシテハ頭ノ一部ニ留メテ置ク要アルモノト思料ス」[72]。

また華北の回民を使って西北部の回民を動かし、日本軍の西北部への軍事侵攻に協力させようとする意図もあった。

写真2-3　茂川機関長

出典：『回教月刊』
（1-2）1938年5月。

そのため参謀部第2課で情報・謀略を担当し、特務部を兼任した茂川秀和少佐（1896-1977、茂川機関長）らの斡旋によって、中国回教総聯合会が結成されることになった。中国回教総聯合会は軍の進める「〈華北回教徒工作〉の最大の成果であった」とされている[73]。また茂川は陸軍内の中国専門家、かつ北支那方面軍における回教工作の責任者で、中国回教総聯合会の重点事業であった中国回教青年団の創設にも関与していた（写真2-3）。

中国華北は、ある意味で中華文明の中枢である。日本人は、漢字にせよ日本の多くの文化は中国に拠っている、という中華文明を生んだ漢族に対する劣等意識を持っていた。他方、少数民族であれば、自分たちの意のままに操ることができるのではないか、と期待する部分もあった。こうして日本軍は少数民族工作を積極的に展開しようとしたのである。

設立の経緯を見ていこう。1937年の日中戦争勃発の直後に、あいついで天津回教会と北京回教会とが設立された[74]。また同年の冬に、北京回教会の名前で、モスク（清真寺）において大量の宣伝品や投降を進める文書が撒かれた。その中に、日の丸や「回教徒同胞に告ぐ」という文書が入っていた。それには、回民の自治を手助けすることを希望している、あるいは民族自決と独立を実現したい、などと記されてあったという[75]。

その後、1938年2月に中国回教総聯合会が創設されたが、成立大会には日本側からは軍司令部や憲兵隊の代表が出席した。また北支那方面軍特務部長であ

写真 2-4　中国回教総聯合会本部

写真 2-5　中国回教総聯合会成立大会記念写真

写真 2-6　成立大会会場

写真 2-7　『回教月刊』中国回教
　　　　　総聯合会の機関誌

写真 2-8　北京牛街清真寺

出典：写真 2-4〜7『回教月刊』(1-1) 1938 年 4 月。写真 2-8『回教月刊』(1-6) 1938 年 11 月。

る喜多誠一（1886-1947）少将が出席し、「皇軍はイスラム教の宗旨に賛同し、心より援助をしたいと願っている。教徒とともに中国新政府の後ろ盾になり、教祖の遺訓に従うことを願っている」と、祝辞を述べた（写真 2-4, 5, 6, 7, 8）[76]。

中国回教総聯合会はその組織規約の中で、対外的には①日本、中国、満洲国の提携、②共産主義反対、③中華民国臨時政府の支持、④アジア文化の発揚、⑤固有の宗教の擁護、以上をスローガンとして掲げていた[77]。また対内的には①ムスリムの連絡、②教育の提唱、③ムスリムの苦境の救済が挙げられていた。

写真 2-9 高垣信造

出典：『回教月刊』
（1-3）1938 年 7 月。

中国回教総聯合会においては、とりわけ反共の姿勢が明確で、機関誌である『回教月刊』などを通じて、ロシア革命にともない多数のモスクが焼き討ちにあいアホンが惨殺されたことをくり返し宣伝した。そして「共産主義は我が回教にとって不倶戴天の敵手」であるが、国民党は共産主義に対してなまぬるい態度しかとれない、その一方友邦の日本は固有の宗教である回教を擁護するとした[78]。反共ということでムスリムをとりまとめ、対日協力を呼びかけたのである。

ところで臨時政府の樹立に大きな役割を果たした軍特務部の占領政策の特徴として、日本人顧問を通じての「内面指導」がある。臨時政府は特務部が推薦した日本人顧問を無条件で受け入れさせられ、この顧問の承諾なしには、重要事項を決定できなかった[79]。中国回教総聯合会にも日本人顧問が数人いて指導に当たっていた。

中国回教総聯合会の主席顧問は、当初高垣信造（1898-1977）であった。高垣は柔道の指導者で戦後は講道館国際部長を務めた。イスラームの専門家を排除するかたちでの人事だったのは、特務部の意向を反映しやすくするためだったとも言えよう（写真 2-9）[80]。

その後、主席顧問は、1941 年に三田了一（1892-1983）に引き継がれた。三田はもともと満鉄に所属し、華北におけるムスリムについて職業、経済状況などに関する優れたフィールド調査を実施した。この成果は『北支那回教事情』に結実しているが、同著は現在においても資料的価値が高いものである[81]。戦後、

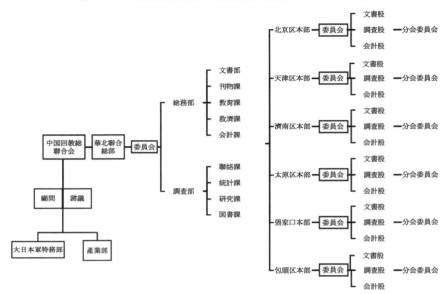

図 2-1 中国回教総聯合会華北聯合総部組織図（1938-1939 年）

出典：『回教月刊』(1-1) 1938 年 4 月、15 頁より筆者作成。

　三田はクルアーンの日本語訳を完成し、日本イスラーム界の重鎮として知られている（第 3 章参照）。
　1942 年に北京および蒙疆を視察した回教圏研究所の竹内好によれば、日本人顧問の中には以前まったくイスラームを知らなかった者も少なくなかったという。しかし日本人顧問の待遇などは教育界で高給をもらっている日本人教師に比べて低かったが、「真面目に、打算を離れて回教徒の幸福を祈念する熱意」にあふれていたと記している[82]。
　中国回教総聯合会は、モスクを中心として組織されていた。一寺院を一分会とし、当該寺院の全門徒を分会員とし、他の分会との横の連絡を助成した。
　中国回教総聯合会の下に華北聯合総部が、王瑞蘭（牛街清真寺のアホン）を委員長にまず結成された（図 2-1、写真 2-8 参照）。当時、イスラームの近代化を進めていた改革派は北京から逃げており、残された回民は日本軍と折り合いをつける必要に迫られていたなかで、王瑞蘭が委員長に就任した（写真 2-10）。

また、のちに内蒙古に樹立された蒙疆政権下において、西北聯合総部（1938年12月より西北回教聯合会）が創設された[83]。当初はその他に、外蒙古、華中、華南、西南の各聯合総部を作る計画であったが、広州に広東回教自治会が組織されたに留まった[84]。

華北聯合総部のもとには、1943年段階で北京、天津、済南、徐州、新郷、開封、太原の7区本部が設けられ、約500分会が傘下にあった[85]。分会は清真寺ごとに設置されていたが、安藤潤一郎の研究によれば、安全保障、商業交易との関係、共産党との摩擦のため、積極的に中国回教総聯合会に参加しようとする地域もあったという[86]。北京区本部の傘下にあった保定分会の資料が残されている（写真2-11）[87]。

西北聯合総部の下にも張家口、厚和（現在のフフホト）、大同、包頭などの区本部が設けられた。中国回教総聯合会は、設立当初、特務部の指導を受け、経費は軍司令部から補助金が支給されていた[88]。こうして北支那方面軍の強力なバックアップによって回教工作は開始され、中国回教青年団をはじめとする多様な事業が実施されるようになった。

写真2-10　王瑞蘭

出典：『回教月刊』(1-1) 1938年4月。

写真2-11　河北省保定道回教聯合大会

出典：大日本回教協会旧蔵写真資料（その他一枚物・軸物　河北省保定道回教連合大会スローガン刷物）、早稲田大学図書館所蔵。

## （2）　中国回教総聯合会の事業

中国回教総聯合会が主に華北で展開した事業としては、以下がある[89]。

1）イスラームの振興。具体的にはアホン養成所の経営、児童学生用の教義課本の編集、小学校における宗教教育の指導、イスラーム図書館の運営、防共のための信仰理念の喚起等。

2）教育・文化活動。たとえば有能な教老獲得および指導、小・中学校や日

本語学校の経営・助成、中国回教青年団における訓練、日本への留学生派
遣、各種講演会の開催、機関誌その他刊行物の発行。

3）職業の斡旋などの経済の更生活動。

4）クルアーンや中国イスラーム史の研究、および宗教事情や教徒の生活実
態調査など。

ただし華北の中国回教総聯合会は浸透力も弱く、組織の自主的活動も鈍かっ
た。これは傀儡政権である臨時政府の成立基盤が不安定で、ムスリムがまとま
りにくかったという事情がある[90]。中国回教総聯合会に対する支持もなかなか
得られなかった。あるアホンの回想によれば、当時の華北聯合総部委員長の王
端蘭は、師弟関係を利用して楊明遠（1895-1956、のちに人民共和国下で北京市人
民代表大会の代表、市政治協商会議委員などを歴任）を、後任の委員長に就かせよ
うとしたが、楊は病気および非識字を理由として謝絶したという[91]。

ところで当時、北京には回民を中心とするムスリムが約5万人住んでいたが、
その多くが貧困の中に甘んじていた。また生活習慣上の問題で、漢族とのあい
だで摩擦が生じることも多かった。

そのため中国回教総聯合会では、具体的な生活問題の解決を試みている。回
民の民心を掌握し、漢族に対抗する勢力として育てるためにも、教徒の身近な
課題に取り組む必要性があったのである。たとえば回民の失業者のために満洲
への出稼ぎを斡旋するとか、モスクの地租の免除に関して政府へ代願するなど
した。またコレラで病死した回民の死体の火葬を、教規上（イスラームは土葬）
特に免除してもらうとか、教徒の学生が国立師範学院に入学し寄宿生となった
ので特別の厨房を設けるよう学校当局に対して交渉するなど、生活に密着しな
がら便宜を図ったという[92]。

このように中国回教総聯合会は回民の生活改善を目指していたが、日本の占
領下で進められた政策によって、皮肉なことに回民が経済的苦境に陥ることも
あった。たとえば牛の屠殺は従来、牛肉業者が各自行っていた。これは公衆衛
生上問題があるとして、1937年11月、市営屠殺場が建設された[93]。屠殺にあ
たっては、入場料や屠殺税が徴収されるようになり、また屠殺に関わる牛肉業
者のうち、規模が大きく資金力のある業者は認可されたものの、小規模業者は
認可されないことになった。牛に関連する業務にはムスリムが多かったが、こ

うした措置の結果、零細業者は廃業を余儀なくされ、失業者となる者も少なく
なかった[94]。

　1938年になると、認可された牛の屠殺業者によって牛業公会が組織された
が、公会は供給過剰による価格の低落を防ぐため、屠殺する牛の数を制限し
た[95]。そのため一般供給用の牛肉の価格が高騰し、事変前の約2倍になったと
いう。北京の回民は、牛肉を高い値段で買わざるを得なくなったのである。

　ところで牛業公会会長の張李賓は漢族であり、書記や会計も漢族で占められ
ていた。これまで回民の生業は、牛や羊関連業が多いなど特殊であり、漢族と
競合することが少なく、どうにか成立してきた。しかし漢族はこうした生業に
割り込もうとして、「日本側ノ力ヲ借リ或ハ教徒間ノ相克ヲ利用」しながら、回
民がこれまで独占してきた業務にも足場を築いていたのである[96]。

　畜産業に対するこうした統制は、軍需食料品である肉類の安定的確保や税収
の増大を図るための方策でもあった。しかし日本軍の指導のもとで傀儡政権に
よって合法的に行われた統制政策のために、回民の「多クノ生業ハ奪ハレ或ハ
甚シク危態ニアリ或ハ時ニ生命財産力危険ニ暴サルルカ如キ惨状」に陥ってい
たという。こうした状態は、「支那史上未夕嘗テ見サル誠ニ憂フヘキ事実」で
あって、「其ノ結果ハ将来支那社会ニ恐ルヘキ禍根ヲ残ス」と危惧されるほどで
あった。

　回民は職業を脅かされ、社会的地位も相対的に低下してしまった。中国回教
総聯合会では教徒の生活の改善によって彼らを掌握することを目指しながら、
実際の政策ではそれと相矛盾することを行い、かえって回民の生活を圧迫し反
発を招いていたのである。

　ただし、この報告は日本側から出されており、組織の内部に中国回教総聯合
会の活動に対する反省があったことも記されるべきであろう。

## まとめ

　本章においては、まず孫文の言説に焦点をあてながら、いかに中国において
大漢族主義が登場したのかについて考察した。次に、教科書の分析からは、中
華民族は一つであるという認識が国民に埋め込まれていったことが明らかに

なった。また、少数民族においても、その起源は漢族と同一であるという説明がなされていた。少数民族に対する偏見も、教科書には散見される。

　歴史的に見るならば、清朝の中国統一後、異民族への統制が強化された。そして、生活習慣上の摩擦から回民は弾圧され、中華民国期においても社会的・経済的に抑圧された存在であり、漢族とのあいだに確執があった。

　こうした回民に対して、国民党政権は同化主義的な政策を採っていた。しかしながら、日本軍が回教工作によって日本軍が積極的に回民を利用しようとする中で、国民党政権も新たに回民組織を立ち上げるなどの政策の変化が見られた。ただし大漢族主義は維持された。一方、中国共産党は、少数民族の自治を尊重する政策を採り、民族区域自治を導入し回民を積極的に優遇する施策をとった。

　国民党、共産党は日中戦争時期に、日本に対抗するかたちでそれぞれ積極的に回教政策を行っていた。日本軍はその間隙を縫いながら、民族分断政策で漢族を牽制するため、あるいは中国西北部への軍事侵攻を視野に入れ、回教工作を展開した。歴史的に見ると、回民と漢族とのあいだには、宗教や生活習慣の違いに由来する確執があり、日本人は回民に利用価値を見出したのである。

　こうして北京では北支那方面軍特務部を中心として積極的な回教工作が展開され、ムスリムの組織である中国回教総聯合会が1938年設立された。中国回教総聯合会では、回民のために様々な事業に取り組んだ。しかしながら、同工作は、かえって回民の経済的な圧迫を招く施策も実施しており、回民優遇の建前とは離反する面があったとも言えよう。

## 注

1）　民国時期の教科書分析においては、並木頼寿論文による所が大きい（並木頼寿「清末民国期国文・国語教科書の構想について」〔遺稿〕、『中国研究月報』〔第 64 巻第 2 号（744 号）〕2010 年 2 月、33-49 頁）。

2）　編纂：庄俞・沈頤、校訂：高風謙・張元済『共和国教科書新国文』商務印書館、民国元（1912）年～民国 5（1916）年。『共和国教科書新国文』は中華民国建国直後に出版された民国初期の代表的教科書である。

3）　岸本美緒・宮嶋博史『世界の歴史 12　明清と李朝の時代』中央公論社、1998 年、391-392 頁。

4）　馬場公彦・宮脇淳子・村田雄二郎・楊海英「清朝と辛亥革命」楊海英編『王朝から「国

民国家」へ——清朝崩壊100年』(『アジア遊学』148号)勉誠出版、2011年、17-32頁。

5) 岸本・宮嶋前掲、392頁。中国の少数民族問題に関して、歴史的な見地を踏まえて論じている研究として以下をあげておきたい。①毛里和子『周縁からの中国——民族問題と国家』東京大学出版会、1998年、309頁、②横山宏章『中国の異民族支配』集英社文庫、2009年、235頁、③加々美光行『中国の民族問題——危機の本質』岩波書店、2008年、334頁。

6) 孫文逸仙『支那現勢地図』1900年、国立国会図書館デジタルライブラリー(http://kindai.ndl.go.jp/info:ndljp/pid/1088984〔最終閲覧日2018年4月12日〕)。支那として描かれている範囲は、いわゆる支那本部＝18省である。松本ますみ「孫中山の「徹底した民族主義」——近代的統一への幻想」王柯編『辛亥革命と日本』藤原書店、2011年、220頁参照。

7) 孫中山「与巴黎《巴黎日報》記者的談話」(1911年)広東省社会科学院歴史研究室・中国社会科学院中華民国史研究室・中山大学孫中山研究室『孫中山全集』(第1巻)中華書局、1981年、561-562頁。松本(2011)前掲、222-223頁参照。

8) 孫文著、林要三訳「臨時大総統就任宣言」孫文研究会『孫文選集』(第3巻)社会思想社、1989年、46頁。

9) 孫文著、安藤彦太郎訳『三民主義』(上)岩波書店、1957年、19頁。

10) 坂元ひろ子『中国民族主義の神話——人種・身体・ジェンダー』岩波書店、2004年、48頁、51頁、202頁。梁啓超「論中国人種之将来」『飲冰室文集』(3)、1899年、52頁。内村鑑三『興国史談』警醒社書店、1900年(『内村鑑三全集7』岩波書店、1981年所収、363頁)。国民政府における少数民族教育については拙稿参照(「中華民族意識の形成に関する一考察——教科書に描かれた領土及びエスニック・マイノリティの分析から」『学術研究』〔人文科学・社会科学編〕〔第61号〕2012年、31-52頁)。

11) 坂元前掲、202頁。

12) 『共和国教科書新国文』の復刻版にはいくつかのバージョンがある。本書では、新星出版社版(〈読庫・老課本叢書〉『国民学校　春季始業学生用　共和国教科書』『高等小学校　春季始業学生用　共和国教科書新国文』2011年出版をもとに論じる。

13) 「第29課　民族」『(国民学校春季始業学生用)共和国教科書新国文』(第6冊)15頁。並木前掲、44頁参照。黄東蘭「清末・民国期地理教科書の空間表象——領土・疆域・国恥」並木頼寿・大里浩秋・砂山幸雄編『近代中国・教科書と日本』研文出版社、2010年、233-265頁。

14) 「第1　民族」『(高等小学校春季始業学生用)共和国教科書新国文』(第2冊、高小1後期)1頁。高小1は小5に相当する。

15) 編纂：譚廉、校訂：高鳳謙、庄俞『共和国教科書新国文教授法』(上)(第2冊高小1後期)「第1課　民族」新星出版社復刻版、93頁。

16) 「第9　民族分合之原因」『(高等小学校春季始業学生用)共和国教科書新国文』(第5冊)8頁。並木前掲、43頁。壬子学制(民国元年)では初等小(4年)、高等小(3年)。

17) 前掲『共和国教科書新国文教授法』(下)(第5冊)358頁。

18) 庄適等編輯『新法国文教科書(高小)』(第1冊第1課)商務印書館、1921年版(閻莘・張雯主編『民国時期小学語文課文選粋』語文出版社、2009年、126頁)の「国歌」の中で、

「我々中華民国は、漢満蒙回蔵の五民族から成っている。従って国旗は五色であり、……五族共和を表している」とある。また、五民族が一つの家の中にあるという考えも『初級国語読本（高小）』（1924年）に反映されている（「中華」魏氷心等編輯『初級国語読本（高小）』〔第5冊第33課〕世界書局、1924年版。閻・張前掲、122頁所収）。

19) 蒋息嶺・沈白英・施松椒『新生活国語教科書』大東書局、1933年版、148-155頁。

20) 閻・張前掲、122頁。

21) "Summary of Mohammedan Population of Chinese Empire," Broomhall, Marshall : *Islam in China, a neglected problem,* London, Morgan & Scott, Ltd, Philadelphia : China Inland Mission, 1910, p. 215. ブルームホールは、中国の内陸部や少数民族地域で布教を行った China Inland Mission（内地会）の宣教師。キリスト教布教のための基礎データとして、ムスリム人口が推計された。ただしムスリム居住地域では、キリスト教の布教が困難であった。中田吉信『回回民族の諸問題』アジア経済研究所、1971年、34頁参照。

22) 片岡一忠「光緒二十一・二十二年の甘粛の回民反乱について」（上）『大阪教育大学紀要　第Ⅱ部門』（第27巻第2号）1978年、53-77頁。片岡一忠「光緒二十一・二十二年の甘粛の回民反乱について」（下）『大阪教育大学紀要　第Ⅱ部門』（第27巻第3号）1979年、119-138頁。

23) 丁国勇『寧夏回族』寧夏人民出版社、1993年、22頁。

24) 「回漢対立問題と其解決に就て」外務省調査部編『季刊回教事情』（第2巻第1号）改造社、1939年2月、11頁。

25) 樋口士郎・竹内義典『北京回教徒ニ関スル調査報告』（北支調査資料第13輯）満鉄北支経済調査所、1939年、63頁。

26) 回教圏攷究所「現代における支那および満洲の回教徒」『回教圏史要』四海書房、1940年、274-304頁。

27) 西雅雄「中国共産党の少数民族政策」『蒙古』（昭和16〔1941〕年3・4月号）善隣協会、101-110頁。

28) 松本ますみ『中国民族政策の研究——清末から1945年までの「民族論」を中心に』多賀出版、1999年、151頁。

29) 吉田豊子「中国共産党の少数民族政策」『歴史評論』（1996年1月号）歴史科学協議会、44-62頁。

30) 松本（1999）前掲、188頁。「中国蘇維埃共和国憲法大綱」（1931年11月7日）。原掲、中共中央統戦部編『民族問題文献彙編』中共中央党校出版社、1991年、166頁。

31) 1941年に延安で出された『回回民族問題』においては、「民族自決権が理想として存在することは認める」が、「分立すると日本帝国主義を助長させることになる」ので、回族やその他の民族が自決を実行することを認めないとして、民族自決を否定している（民族問題研究会『回回民族問題』民族出版社、1980年、137頁）。野原四郎「中共の少数民族政策」中国研究所編『現代中国辞典』現代中国辞典刊行会、1952年、249頁。

32) 安井三吉「抗日戦争時期解放区の少数民族問題」『新しい歴史学のために』（NO. 156）民主主義科学者協会京都支部歴史部会、1979年、1-11頁。

33) 中田前掲、110頁。

34) 松本（1999）前掲、309-310頁。初出は、邱樹森編『中国回族大詞典』江蘇古籍出版社、

第 2 章　日中戦争時期における中国の回民と日本の回教工作 083

1992 年、315-316 頁。

35)　陝西省民族事務委員会『陝甘寧辺区民族宗教資料選編』陝西人民出版社、1991 年、384
頁。

36)　劉憲曽・劉端芬『陝甘寧辺区教育史』陝西人民出版社、1994 年、443-461 頁。

37)　森久男「関東軍の内蒙古工作と蒙疆政権の成長」大江志乃夫・浅田喬二・三谷太一郎・
後藤乾一・小林英夫・高崎宗司・若林正丈・川村湊編『植民地帝国日本』（岩波講座　近代
日本と植民地 1）岩波書店、1992 年、139-159 頁。森久男『日本陸軍と内蒙工作——関東
軍はなぜ独走したか』講談社、2009 年、291 頁。

38)　関東軍参謀部「対察施策の件　昭和 9 年 1 月 24 日」（関参謀第 1 号）島田俊彦・稲葉
正夫編『現代史資料・日中戦争 1』(8) みすず書房、1964 年、469 頁。アジア歴史資料セ
ンター c1002960500。

39)　関東軍参謀部「対内蒙施策要領　昭和 10 年 7 月 25 日」（極秘 35 部の内第 5 号）、前掲
『現代史資料・日中戦争 1』492-500 頁。アジア歴史資料センター C12120083100。

40)　関東軍参謀部「対蒙（西北）施策要領　昭和 11 年 1 月」前掲『現代史資料・日中戦争
1』541 頁。アジア歴史資料センター C12120032100。

41)　大本営陸軍部「時局に応ずる対支謀略に関する指示」（1937 年 12 月）稲葉正夫編『現
代史資料・大本営』(37) みすず書房、1967 年、400-402 頁。

42)　戸部良一『ピース・フィーラー——支那事変和平工作の群像』論創社、1991 年、382
頁。

43)　『防諜、宣伝、諜報、謀略』防衛研究所所蔵資料。北支那特別警備隊教育隊で幹部教育
のために使用したテキスト。

44)　前掲「対蒙（西北）施策要領」542 頁。また「対内蒙施策要領」においては、「航空路
を綏遠、包頭に延伸するに努め日本の威力を如実に感得せしむ」、「外蒙方面、百霊廟、綏
遠、包頭為し得れば新疆及青海方面に至る航空路を開拓し外国経営欧亜連絡航空を排撃し
て之に代わり対外蒙工作に資せんことを期す」とされている（前掲「対内蒙施策要領」、
495 頁）。

45)　満洲航空史話編纂委員会『満洲航空史話』満洲航空史話編纂委員会、1972 年、142-181
頁。

46)　アラシャン旗には満洲航空の社員も含めて日本人約 10 人がいたという（友田信・比
企久男「ゴビ砂漠に消えた飛行場」前掲『満洲航空史話』160-166 頁）。あるときアラシャ
ン旗の特務機関工作員の 4 人が寧夏城に来た。馬は接待したが、バスの運転手と乗務員
を殺し、彼等に警告を与えたという（陳育寧主編『寧夏通史・近現代巻』寧夏人民出版社、
1993 年、185 頁）。しかし飛行場を開設しても飛行機に供給するガソリンは問題で、その
ため 1936 年夏、らくだ隊がアラシャンおよびオチナに派遣された。第 1 次部隊は、厚和
から 45 日をかけて無事にアラシャンに到着したが、1937 年春の第 2 次部隊は行方不明
になった。
　　1937 年 7 月の盧溝橋事件発生後、オチナの特務機関については、特務機関員および満
洲航空の社員（江崎、大西、松本、横田等の 13 人）および中国人（5 人）が逮捕され、
その日のうちに蘭州で処刑されたという（呉忠礼『寧夏近代歴史紀年』寧夏人民出版社、
1987 年、253 頁）。陳前掲、184-185 頁参照。

47) 松本ますみ「モンゴル人と「回民」像を写真で記録するということ：「華北交通写真」から見る日本占領地の「近代」」『アジア研究』（交感するアジアと日本　別冊3）静岡大学人文社会科学部・アジア研究センター、2015年、27-54頁。

48) 湯本昇『中央アジア横断鉄道建設論──世界平和への大道』東亜交通社、1939年、314頁。松本（2015）前掲、47頁参照。

49) 陳前掲、184頁。

50) 北支那方面軍も回教軍に関心を寄せ、「回教軍はソ連勢力と国民政府側の懐柔政策に対して、双方に不即不離の態度をとっているが、その動向は、わが謀略と最も関係が深い」としている（「方面軍の報告」〔第37師団状況報告綴、1940年8月〕防衛庁防衛研修所戦史室『戦史叢書　北支の治安戦〈1〉』朝雲出版社、1968年、145頁）。

51) 呉前掲、254-255頁。

52) 陳前掲、188頁。

53) シナン・レヴェント『戦前期・戦中期における日本の「ユーラシア政策」──トゥーラン主義・「回教政策」・反ソ反共運動の視点から』（早稲田大学モノグラフ107）早稲田大学出版部、2014年、136-142頁。

54) 「駐蒙兵団石本参謀長に対する東條関東軍参謀長の懇談要旨」（1938年1月1日）臼井勝美・稲葉正夫編『現代史資料・日中戦争2』(9)みすず書房、1964年、177-178頁。石本寅三については、福川秀樹編著『日本陸海軍人名辞典』芙蓉書房、1999年、46頁参照。

55) 馬鴻逵の父親で寧夏鎮守使の馬福祥に対して、日本の特務が、日本政府は中国の西北に回教の独立国を建設し、中国から離脱することを支持すると働きかけたが、馬はそれに乗らなかったという（「1932年3月の項」呉前掲、214頁）。

56) 「対支時局打開策に関する件」（1938年3月15日）前掲『現代史資料・大本営』(37)、397頁。

57) 内蒙工作の責任者であった松室孝良は、「日支事変前は支那西部に居住する回教徒、すなわちトルコ系の民族には直接日本の力が及ばなかったが、日本はすでに蒙古までいっているので、次におこる問題は回教徒であるトルコ系民族の独立」であり、これが「可能になってきた」としている。そのため「日本が彼らを助けて独立させる」として、中国の分割統治を企図した（松室孝良「皇国の大陸政策と支那に於ける回教徒問題に就て」『イスラム』〔第2輯〕イスラム文化協会、1938年1月、10-11頁）。楊敬之『日本之回教政策』（伊斯蘭文化学会編輯）商務印書館、1943年、65頁参照。

58) 王柯『東トルキスタン共和国研究──中国のイスラムと民族問題』東京大学出版会、1995年、269頁。

59) 「発刊に際して」『回教世界』（第1巻第1号）大日本回教協会調査部、1939年4月、1頁。中国には西北各省および西北辺境に約3000万、江蘇、安徽、雲南に数100万、満洲国に250万のムスリムがいる、とされている。これは実際の数よりもかなり多い見積もりである。当時の資料を見ると、ムスリム人口の見積もりがどの報告書でも多めになっている。これはムスリムに対する期待の高さを表すものと思われる。

60) 王柯「近代における日本と新疆（東トルキスタン）──イスラムとの出会い」山内昌之編著『中央アジアと湾岸諸国』朝日新聞社、1995年、261頁。

61) 前掲「時局に応ずる対支謀略に関する指示」400-402頁。

62) 前掲「対支時局打開策に関する件」397頁。

63) 1938年7月に開催された五相会議において、「西北地方ニ回教徒ニ依ル防共地帯ヲ設定ス」とされている（「時局ニ伴フ対支謀略」（昭和13年7月12日五相会議決定）、アジア歴史資料センター c12120098100）。

64) 松室前掲「皇国の大陸政策と支那に於ける回教徒問題に就て」11頁。松室については福川前掲、454頁参照。

65) 前掲『回教世界』「発刊に際して」1頁。

66) 前掲「対支時局打開策に関する件」398頁。参謀本部の組織については以下を参照。日本近代資料研究会編『日本陸海軍の制度・組織・人事』東京大学出版会、1971年、150-151頁。

67) 中田前掲、106頁。

68) 余振貴『中国歴代政権与伊其蘭教』寧夏人民出版社、1996年、409-410頁

69) 王前掲、269頁。

70) 防衛庁防衛研修所戦史室前掲、41-43頁。

71) 安井三吉「日本帝国主義とカイライ政権」『講座中国近現代史』（第6巻）東京大学出版会」178頁。

72) 『回教工作カラ見タ華北施政ノ一断面』、1941年7月、9頁。

73) 片岡一忠「日本におけるイスラーム研究小史」『大阪教育大学紀要　第II部門』（第29巻第1号）1980年、34頁。安藤の言葉を借りれば茂川は「「支那通」の参謀将校」で、東京外国語学校での2年間の中国語研修と1年間の北平留学を経験していた。安藤潤一郎「日本占領下の華北における中国回教総聯合会の設立と回民社会——日中戦争期中国の「民族問題」に関する事例研究へ向けて」『アジア・アフリカ言語文化研究』(87) 2014年、33頁。茂川秀和：1944年3月1日大佐、1940年5月9日北支那方面軍参謀（謀略主任）、1942年5月22日北京機関長（対重慶工作）、士候30期（外山操編『陸海軍将官人事総覧陸軍篇』芙蓉書房、427頁）。

74) 「中国回教総聯合会第1次籌備会報告籌備経過」『回教月刊』（第1巻第1期）中国回教総聯合会華北聯合総部、1938年4月、21頁。

75) 彭年「日寇控制下的偽「回聯」中国人民政治協商会議北京市委員会文史資料研究委員会編『日偽統治下的北平』北京出版社、1987年、299-302頁。

76) 「中国回教総聯合会成立大会中日長官之祝詞（喜多少将祝詞）」『回教月刊』（第1巻第1期）1938年4月、42頁。
　　回聯本部の建物の由来は以下のとおりである（劉前掲書、53-54頁。『回教月刊』〔第1巻第6期〕1938年11月）。回聯の建物は清末に建てられた2階建ての木造建築で、元は清末の商品陳列所であり、北洋軍閥政府時期には、国貨陳列所、北伐以降は訓政学院、満洲事変以降は東北大学が臨時校舎を置いた。東北大学の移転後、荒れるに任されていた。
　　1935年に西北中学が移転しようとした。しかし競存中学も転入しようとして武力衝突に発展し、南京政府の指示で双方ともに撤退した。その後、盧溝橋事件後に、中国回教総聯合会が接収して使用した。

77) 「中国回教総聯合会各級部区分会組織章程」『回教月刊』（第1巻第1期）1938年4月、7頁。

78）「中国回教総聯合会規約」『回教事情』（第 1 巻第 1 号）1938 年 5 月、96-99 頁。

79）安井前掲、161-187 頁。

80）中国回教総聯合会の職員については、安藤参照（安藤前掲、21-81 頁）。

81）三田了一・竹内義典『北支那回教事情』満鉄北支経済調査所、1941 年、467 頁。

82）竹内好「北支・蒙疆の回教」『月刊回教圏』（第 6 巻第 8・9 号）回教圏研究所、1942 年 9 月、36-57 頁。

83）『月刊回教圏』（第 1 巻第 1 号）1938 年 7 月、49-50 頁。

84）「敬愛的回教同胞」広東回教自治会、1940 年 2 月 10 日、早稲田大学中央図書館特別資料室イスラム文庫。

85）栗原清『極秘 中国回教問題の重要性につき諸賢に訴ふ』1943 年 6 月、17 頁。

86）安藤前掲、74-77 頁。

87）大日本回教協会旧蔵写真資料。

88）「北京特別市公署函達回教聯合会組織経過情形」第二歴史档案館所蔵資料、日偽北京臨時政府内政部、全宗代号 2015、1938-1940。

89）三田了一『支那に於ける我が回教対策に就て』中国回教総聯合会、18 頁。「回教圏情報」『月刊回教圏』（第 4 巻第 1 号）1940 年 1 月、44-46 頁。

90）樋口・竹内前掲、13 頁。

91）彭前掲、299-302 頁。

92）「中国回教総聯合会近況」『月刊回教圏』（第 2 巻第 1 号）1939 年 1 月、17 頁。

93）佐久間貞次郎『回教の動き』春日書房、1938 年、442 頁。

94）樋口・竹内前掲、40 頁。仁井田陞「北京の回教徒商工人と其の仲間的結合」『月刊回教圏』（第 7 巻第 6 号）1941 年 8 月、2-27 頁。

95）仰一「談操縦下的北京牛行」『回教月刊』（第 1 巻第 6 期）1938 年 11 月、14-15 頁。

96）前掲『回教工作カラ見タ華北施政ノ一断面』9 頁。

**第 2 部**

# 中国回教総聯合会による
# 回教工作と教育

## 第3章
# 日本占領下の北京における回民教育

## はじめに

　清朝末期までの回民の教育は、清真寺（モスク）で行われる経堂教育＝宗教教育が中心であった。これは主として職業的宗教者の養成を目的とし、アホン（宗教指導者）が、5〜6年かけてイスラーム教典とアラビア語、ペルシャ語を伝授するものであった[1]。児童に対する教育も行われていたが、あくまでアラビア語の教育であり漢語の教育はなされていなかった。清朝における回民迫害もあり、イスラームの伝統を保持することで、内部の結束を高める必要性もあったのである。

　しかしながら清朝末期以降、メッカを巡礼したり、日本に留学した宗教指導者や回民の知識人によって、イスラーム改革運動が推進されるようになった。これは中国社会に生きるムスリムとして、漢族と良好な関係を築きながらも、イスラームの改革を目指し、宗教共同体の発展を志す運動であった。

　彼らは、イスラームの伝統に固執するだけでは、貧しく愚かな状態に停滞してしまうという深い危機感を抱いた。そのために、新式の教育機関を創設し、アラビア語だけでなく漢語による教育を重視し、教育内容も近代的な科学知識を盛り込んだものに再編成していった。

　こうした開明的宗教指導者を軸とする教育活動が清末に始まり、民国期に順調に発展しようとしていた矢先、日本の中国への軍事的侵攻が開始されることになった。

　本章においては、華北の傀儡政権下における回民教育に焦点をあて、イスラーム改革運動の中で進められていた回民教育の近代化への取り組みに、日本の軍事支配がどのような影響を与えたのかについて、検討していくものとする。ま

た日本軍による少数民族教育政策や占領下の回民教育の全体像に迫るための基礎作業として、ここではまず小・中学校を中心とする学校教育について論じる。

民国期に回民によって回民のために設立されたイスラーム系の学校は、日本の軍事占領という苛酷な状況で、どのような問題に直面していくのであろうか。また回民知識人は、いかなる形で自分たちの信仰を守り後代を育てるための試行錯誤をしたのであろうか。

本章では具体的には、北京（北平）におけるイスラーム系の小・中学校に焦点をあてて考察しながら、華北占領地における教育の実相について検討していきたいと考える。

資料としては、当時、中国回教総聯合会から発行されていた『回教月刊』『回教週報』のほか、『北京回民教育史略』（劉東声）および、日本占領下の学校で学んだ劉東声および彭年両氏へのインタビューに基づきながら論じていく[2]。

## 1　近代的回民教育の胎動

### （1）　改革派の動向

回民（スンニー派教派に所属）の起源は、中国が西方に領土を大きく拡大した唐の時代、および元の時代に流入したムスリムに求められる。彼らはイスラームに対する強烈な信仰心を持っており、豚肉を食べないその食習慣が、豚肉を好む漢族の食習慣と衝突し、長年にわたる対立を生んでいた。特に、満洲人の王朝であった清朝の時代に、満洲人および漢族が、寧夏など中国西北部に住む回民を大弾圧した。その結果、回民は、荒れ果てた辺境の地である黄土高原に追いやられた、という歴史的経緯がある。

清朝末期に中国の回民は、数度にわたる回民起義、およびそれにともなう大弾圧によって、危機的状況に陥った。また 1912 年に建国された中華民国は、漢族の政権であったが、回民の経済的・社会的地位は低かった。社会的風潮としてムスリムへの蔑視は根深いものがあり、当時、ムスリムを侮辱する行為、たとえば、彼らが使用している井戸にラードを投げ込むといった事件が頻発し、問題化していた。

中国におけるイスラームの教派は、主に①旧教、②新教、③改革派、に分か

れている[3]。①の旧教は、主に元代に流入したムスリムの系統を受け継いでいる。②の新教は、清朝に伝播したスーフィー教団の影響を受けて発展したものである。この新教は、門宦という世襲制度を採っている。また宗教指導者の墓（ゴンバイ）を信仰の対象として礼拝することから、他の教派からは偶像崇拝として批判される部分もある。

　③の改革派は、清末から、海外の影響を受けてイスラームの近代化を進めようとした勢力である。以下では、近代学校の設立の尽力した改革派の動きを見ていきたい。

　回民は清朝末期から中華民国期にかけて弾圧され社会的に貶められてきた。清朝における回民起義およびその抑圧の影響が色濃く残っていたものの、清末に海外に出た知識人によって、近代化の動きが現れた。まず、清末以来の中国から日本への留学の動きの中で、改革派の知識人も日本に留学し、日本を通じて近代社会の現実に直面することになった。

　また、清末に鎖国政策の解禁により、メッカへの巡礼に出かけた宗教指導者もいた。その一人に、王浩然（寛）（1848-1919）がいる。彼は清末から民国にかけて活躍した著名なイスラーム指導者であり、かつイスラーム学者であったが、1906年にメッカ巡礼を果たした。

　こうした改革派知識人は、当時、中東で大きな力となりつつあったムハンマド・アブドゥフ（Muhammad Abduh 1849-1905）などをリーダーとするイスラーム改革運動の影響を受け、自国の中で生きる必要性を自覚するようになった。たとえば、ムハンマド・アブドゥフの弟子であり、イスラーム改革運動のリーダーであったムハンマド・ラシード・リダー（Muhammad Rashid Rida 1865-1935）は、「愛国心とは祖国において異なった宗教を信ずるものが団結をはかる事であり、祖国防衛を行動ではかることである。ムスリムの愛国心とは、宗教の違いを超えて独立獲得に向けて協力し、祖国の良き模範となることに現れる」という教令（ファトワ）を出している[4]。

　こうした中で、モスク改革派のリーダーたちは、イスラーム教徒としての誇りを保ちながら、中国に生きる国民としての、自覚を高めていった。そして救国のために自分たちが結集・団結する必要性を認識し、そのために、まず近代教育が必要であることを自覚するようになったのである。

## （2） 近代学校の設立

　まず王浩然は、1906 年にメッカ巡礼を果たした。その折り、世界に目を向けたことで、中国のムスリムも教育に力を入れなければ、時代に取り残されてしまうことを自覚するようになった[5]。当時の回民の教育は、モスクでのイスラーム経典の学習に留まっていた。清朝での弾圧以来、イスラームへ固執し伝統を重んじることで集団を維持しようとしたためである。

　そこで王は翌年、北京市牛街の礼拝寺に回教師範学堂を設立した[6]。牛街は、回民の集中居住地域であり、王の出身地でもあった。

　回教師範学堂は、近代的な宗教指導者を養成するための機関であり、回民のための師範学校の嚆矢であった。同学堂は、経堂教育と普通教育の特色を兼ね備え、アラビア語や宗教的知識とともに、漢語（中国語）や科学的知識を学ぶことも提唱した。これは画期的なことであり、伝統的な教育の中では、漢語の教育は、イスラームから乖離するものとして忌避されていた。しかし同学堂は財政難や指導者難のために、2 年で閉鎖された。

　けれども、北京における回教師範学堂の設立は、中国の回民にとって大きなターニングポイントとなり、その動きは全国へ波及した。たとえば寧夏の銀川に、1919 年、モンゴル人および回民のための蒙回師範学校が創設された[7]。

　さらに 1925 年、王浩然の弟子である馬松亭（1895-1992）ら改革派の知識人は、イスラームの造詣が深いと同時に、近代科学にも通じる近代的な宗教指導者を養成するため、山東省済南に成達師範学校（以下、成達師範）を創設した[8]。教育内容は、当初、イスラーム課（宗教）と、文化課（漢語、歴史、地理、数学、物理など）とが、相半ばしていた。のちにイスラーム課は減少し、師範科目（教育学、心理学など）が増加した。また中国の他の学校同様に、公民科も教えられていた。

　成達師範の設立は、回民の知識人によって、中国社会に生きるムスリムとしての自覚を持った指導者を養成するための事業が着手されたことを意味する。こうして成達師範の創設以来、「複合したアイデンティティ」、つまり「中華民国という国家の国民であるというナショナル・アイデンティティ、宗教に対して真摯な態度をとるというムスリム・アイデンティティ、中国の回共同体の一員であるという回アイデンティティ」を兼ね備えた、近代的アホンを養成する

ための努力が本格化し、大きな流れを形成するようになった[9]。

成達師範は、1929年に北平（国民党政権のもとで北京は北平と改称）の東四牌楼清真寺に移転した。しかし日中戦争勃発後は、日本軍の支配を逃れて広西省の桂林に、またさらに重慶に本拠を移した。抗日運動が高まると、成達師範を卒業したアホンたちは、各地で超党派の回民抗日会などの結成に向けて中核的役割を果たした。

写真3-1　馬鄰翼

出典：『回教月刊』(1-5) 1938年8月。

## （3）　初等教育

次に初等教育について見ると、王浩然は1908年に、馬鄰翼（1864-1938）らの協力を得て、京師清真第一両等学堂を北京牛街礼拝寺に設立した。馬は、清末に日本に留学した回民の知識人で、後に直隷教育庁庁長、教育部部長などを歴任する中国教育界の重鎮であった（写真3-1）[10]。

このように回民子女のための新式教育機関の創立は、回民教育の振興にとって重要な意味があった。回民は貧しく、一般の教育機関で学ぶことは、学費や雑費の点で困難であった。また風俗習慣が漢族と異なり、一般の学校では差別の対象となりがちであった。イスラーム系の小学校の開設は、回民児童の就学機会を着実に広げたのである。

同学堂では、国文、算術、格致（自然科学）、修身、体育、図画、音楽など近代学校教育のカリキュラムに準拠して教育が行われた。また一方で、アラビア語が週5時間教授されたほか、金曜の午後を休みとし、回民生徒の礼拝に便宜を図った[11]。

回民の場合、母語は漢語である。ただし、クルアーンがアラビア語で書かれているということから、アラビア語は彼らにとっては親しみのある言語であり、民族としてのアイデンティティの拠り所ともなる言語と言えよう。アラビア語の教育を取り入れることで、回民の親が子どもを積極的に学校に送り出すよう促進したのである。

たとえば寧夏回族自治区という回族が集住している地域では、1980年代においても、学校教育のかわりに子どもをモスク付設のアラビア語学校に送り出す

という状況があった。近代学校教育を受け漢族化することに対する反発があったからである。こうした事情から、イスラーム系の小学校では、アラビア語を導入していたと考えられる。

　京師清真第一両等学堂は、公的補助を受けない私立の教育機関であったため、回民の寄付によって資金が賄われていた。しかし当時、回民は一般的に牛・羊関連業、あるいは小商いに従事することが多く、「窮回回」と言われ貧しかった。そのため学堂の必要経費の調達は困難であった。

　あるとき、教師の給料日になったものの、質入れするものさえなかった。そこで王浩然アホンは、自分の身につけている帯を解いて質屋に持って行かせた。質屋はそれを見て、銀50両を貸し付けた。帯はまったく値打ちのないものであったが、質屋は王の苦境を慮り支援したのである[12]。

　このエピソードは、王が回民のあいだで、いかに人望があったのかを物語っている。また困難の中でも、回民が協力して自分たちの学校を運営していたことを示しているのではなかろうか。

　このように学堂の維持が難しかったこともあり、1912（中華民国元）年に、同学堂は公立に移管され、京師公立第三十一高等・初等小学校となった（1915年に京師公立第二十高等小学校・国民学校、1934年に市立牛街小学と名称変更）[13]。ただし、公立になるための条件として、校長は回民であること、アラビア語を教授すること、回民の礼拝の便宜を図るため金曜日の午後を休みとすること、という3つをつけ承認された。その後、漢族の児童も入学するようになったが、アラビア語は随意科目として教授されたという。アラビア語の担当教員は、馬長春（男、59歳〔1942年〕）であった。彼は、1900年から1906年まで、牛街清真寺立アラビア語大学（阿文大学）で学び、1912年以降は、30年間にわたって牛街小で勤務していた[14]。

　一方、西北第一小学の場合は、アラビア語が1年から教えられており、漢族も学んだという（児童数633人中回民が432人、漢族等が201人）。現在、寧夏回族自治区という回族が多い地域でさえ、学校において漢族がアラビア語を学ぶことはない。これが事実であるならば、特筆すべきことであろう。

　アラビア語の教員は、李徳俊（男、30歳〔1942年〕）であり、成達師範を卒業後（1926年から32年にかけて在学）、1932年より西北第一小学で勤務していた。

李はアラビア語および書写を週900分担当していた。成達師範はイスラーム系の学校のために、貴重な人材を供給していたことがわかる[15]。

ところで1927年に誕生した国民党政権は、支配体制確立のために、国民教育の振興を重視し、初等教育普及に力を注いだ。1933年には、4年制の義務教育の普及を促すため、教育部は「小学規程」を公布した。同規程では、初級小学4年、高級小学2年のほか、4年制の簡易小学（経済的事情のため初級小学に入学できない学齢児童が対象）、1年制の短期小学（10〜16歳の失学児童が対象）が設置されることになった[16]。簡易小学や短期小学は、教育担当部局からの少額の補助金で運営されており、国文や算術を中心とする簡略な教育内容が教授されていた。

回民の名士であった孫縄武（1894-1975、国民党員、蒙蔵委員会委員）と、馬松亭アホンは、北京市内および近郊に回民児童のための市立短期小学を設立するために奔走した。その結果、1936年に、牛街礼拝寺短期小学など22校が設立された（のちに21校になる）。これらの短期小学では、成達師範や以下で紹介する西北中学の卒業生が教鞭を執った。

### （4）　西北中学

小学校に就学する児童が増加するにつれて、上級学校進学希望者のために中等教育機関を設立することは緊急の課題となった。そのため、孫縄武ら回民の有力者たちの尽力によって、1928年、牛街に北平清真中学が創設された。

同校の理事長は、広西回民軍閥として知られた白崇禧（1893-1966）であり、また副理事長には西北回民軍閥の馬福祥（1876-1932）も名を連ねていた。また馬福祥の息子の馬鴻逵（前出、1892-1970）も学生用の制服を寄付した。こうして全国の回民の協力を仰ぎながら、回民のための中等教育機関が北平に創設されたのである。

同校は1931年に西北公学と名称を変更した。当時、日本軍が中国東北部への侵略を企てる動きの中で、中国西北部の重要性が増し、ムスリムの多数居住する中国西北部の開発が注目されていた。同校では校名に、西北部開発のための人材養成、という明確な意図を込めたのである。

また清真中学という宗教的な色彩を帯びた学校名は、政府の補助を申請する

のにふさわしくないとも考えられた。そのため、西北公学と名称変更し、政府より 1200 元の補助を受けることになった。1934 年には西北中学と改称し、正式に私立中学として社会局にも認可され、補助金も 2400 元に増額された。

西北中学は中・高一貫制の男子校であった。1934 年に北平市の統一試験に参加したところ、高校での平均点は約 70 校中第 8 位となった。もともと条件も整わず、学生のレベルも低いところから出発した回民の学校が、これだけの成果を上げたのは、並大抵のことではなかった。関係者がいかに心血を注いだかを物語るものであろう。学校のレベルの向上にともない、地方の回民の子弟が受験するようになり、特に西北辺疆出身の学生には必要経費が公費で賄われることになった。

西北中学は小学校 6 校を付設し、同中学の師範班の卒業生が教鞭を執っていた。このように西北中学は、北平における最大のイスラーム教系の学校に発展しただけでなく、全国的に見ても回民の初等・中等教育の推進のうえで、大きな役割を果たしていたのである。

## 2　日中戦争の勃発と北京のイスラーム系小学校

1937 年 7 月に発生した盧溝橋事件によって、日中戦争が勃発するが、これは中国の教育界に多大な被害を与えた。

まず、初等教育について見ると、戦争の混乱によって、多くの学校が閉鎖された。戦争勃発後、約 3 年を経過した 1940 年 6 月の調査でも、戦前に開設されていた小学校のうち 30 校が復旧できない状態であった[17]。これらはすべて私立学校である。

日本軍の侵略による混乱のため、政府からの財政補助が保証されない私立学校は維持が困難であった。その結果、北京（北平）市全体の小学学齢児童の就学数は、1936 年度の調査によれば 3 万 5941 人であったが、1937 年度には 3 万 3168 人に減少している[18]。

中等教育機関でも、戦争勃発後は様々な点で教育事業が縮小している。1938 年の調査によれば、戦前と比べて中学 7 校、教職員 579 人、学生 1 万 2612 人、経費 96 万 7282 元が、それぞれ減少したという[19]。

表 3-1　事変後の西北中学付属小学校

| 校名 | 事変後の改編 |
|---|---|
| 西北第一 | 存続 |
| 西北第二 | 穆徳小学という形で再出発 |
| 西北第三 | 閉鎖 |
| 西北第四 | 短期小学に改編 |
| 西北第五 | 私塾 |
| 西北第六 | 廃校 |

出典:『北京近代教育行政史料』など関連文献より著者作成。

　ところで民国期には、前述のように回民の指導者によって、近代的な回民教育の機関が設立され、青少年の教育に大きな役割を果たしつつあった。しかしながら日本の軍事的占領により、回教小学（あるいは回教徒小学）といわれたイスラーム系小学校は、多くの問題に直面することになった。

　まず第1に、回民によって設立された私立小学校の多くが、日中戦争勃発後、経済的事情から閉鎖に追い込まれ、資金源の確保に苦心するようになった。

　たとえば西北中学（学院）の付属小学校は、もともと6校あったのは前述のとおりである。しかし戦争突入後に残ったのは、西北第一小学のみであった。戦争により西北中学自体が厳しい資金難に陥り、小学校に補助金を支給できなくなったためである。これは換言すれば、西北中学は中国回教総聯合会の傘下に入ったものの、中国回聯は西北中学の付属小学校の支援を重視しなかったということでもある。それだけの資金の余裕は中国回聯側にもなかったのであろう。

　各付属小学の情況は表のとおりである（表3-1）。西北第一小学は西北中学のもとに留まって運営が続けられたものの、経済的困難は深刻であった（小学校に関して、中国側の呼称は「小学」、日本側の呼称は「小学校」である。以下同様）。生徒たちの家庭は貧しく、まとめて授業料を支払えなかったので、子どもたちは毎日銅銭1枚ずつを持参して、辛うじて教師の生活を支えたという。第二小学は、西北中学からの補助金がなくなったため、地域の住民が寄付金を集めて、1940年には穆徳小学というかたちで再出発することになった。理事は、商業関係者が中心である。資金不足の中であって、回民が何とかして初等教育を維持しようと努力したことがうかがわれる。

西北第三小学は事変前、教員 11 人、生徒数 150 人に上っていた[20]。しかし戦争勃発後、西北中学からの補助がなくなり、他からの寄付でやりくりしていた。しかし教員は 3 〜 4 人に、学生数も往事の 3 分の 1 以下に激減し、のちに閉鎖されたという[21]。

第四小学は、短期小学に移行し、行政からのわずかな補助金で維持された。第五小学は、教師が私塾という形で維持し、第六小学は廃校となった。

第 2 に、1936 年に、北京（北平）市内および近郊に設立された回民のための短期小学が、1939 年以降、統廃合されることになったことである。短期小学は広く回民の児童に就学の機会を提供していた。しかし傀儡政権のもとで、短期小学は、学習期間が短く効果が上がらないとされた[22]。

回民は存続を求めて教育局に陳情した[23]。しかし、回民を対象とした短期小学 20 余校のうち、15 校が閉鎖されることになった。また一部は併合され老君地簡易小学など、6 校の簡易回民小学となった[24]。短期小学の統廃合は、少なからぬ回民児童にとって、就学の機会を失うことを意味した。

第 3 に、回民の経済的困窮のため、児童の就学が難しい状況に置かれた。当時、北京には約 5 万人の回民がいたが、一般的に回民家庭は、零細の牛・羊肉関連の業務、あるいは小商いに従事しており貧しかった[25]。戦争による混乱はさらに貧困に拍車をかけた。特に、日本の占領下の北京においては、軍需食料品である肉類の安定的確保や税収の増大を図るために、牛・羊肉関連業に対して一連の統制が行われた。そのために、回民が生業を奪われることもあり、経済的に追いつめられていった[26]。

家庭が貧困であるため、学校に行けない回民の児童はかなり多かったと考えられる。日中戦争勃発後、イスラーム系の学校において児童数が減少し、たとえば西北第一小学では、626 人から 527 人へ減少している[27]。

第 4 に、イスラーム系小学校における教員の待遇の劣悪さが指摘できよう。もともと民国期に、小学校教員の待遇は悪く給与の欠配が相次いでいたが、日本占領下の北京において事態はさらに深刻化した。しかも当時、物価の上昇が激しく、ひと月に 120 元あっても一人分の生活費にもならなかったと言われている。

公立であった市立牛街小学の場合、1942 年の調査によれば、校長である沙徳

恒（45歳、河北省立第十師範卒業）は、1928年以来、同校にて15年間勤務していたが、月給は75元にすぎなかった。沙校長は大人3人、子ども2人の5人家族をかかえ、生活の維持はかなり困難であったと考えられる[28]。また28歳の王宗祥は北平市立師範学校卒業で1週間に960分教鞭を執り、月給80元（ボーナスを含む）であった。4人家族であり、やはり生活は大変であったと想像される。

イスラーム系小学の多くは私立であり、教師の待遇は公立の小学教員よりもさらに厳しかった。たとえば西北第一小学において、日本語を教授していた丁堅の給与は33元、国術を担当していた楊毎田は26元にすぎなかった。また西北第三小学の教員の給与は10数元にしかならず、生活が維持できないほどであった。教師の職務は負担が重いにもかかわらず、給与は低く、「満足に食べることもできず、妻子が泣く」ほどだったのである[29]。

ただしこれだけの悪条件でも、教師が回民の児童のために教育を続けたイスラーム系小学が少なくなかったことは、特筆に値しよう。

第5に、イスラーム系小学校において、イスラームの戒律や回民の心理を理解し、回民教育を担える教員の確保が困難であった。華北におけるイスラーム系小学校20校に対する1942年の調査によれば、教職員数182人、学生数5300余人であり、数年来、教師が減ってきたという[30]。

この原因としては、盧溝橋事件後、回民の教員養成機関が停止し、供給がストップしたことを指摘できよう。たとえば回民教育の教員養成のうえで重要な役割を果たしていた成達師範は、日本軍の北京占領にともない、内陸部（桂林、重慶）へ移転した。また、西北中学も師範班を廃止せざるを得なかった。日本軍の支配下において、小学校でさえ維持が難しいのに、ましてや回民のための教員養成機関を運営できる状況にはなかったのである。

こうして回民の教員養成機関が華北になくなったことで、宗教意識と民族観念とを兼ね備えた教員を新たに供給することが困難になった。また、北京におけるイスラーム小学校の教育は改革派リーダーの元で推進されてきたが、日中戦争により成達師範が北京から移転するのに伴い、改革派の知識人が北京を離れてしまったという根幹に関わる問題も生じていた。

以上考察してきたように、日中戦争の勃発は、イスラーム改革運動の中で順調に進められていた回民教育に大きな打撃を与えた。日本軍による華北侵略に

よって回民教育は一時停滞し、頓挫したのである。この点、回民のための学校が少なく、就学の機会に恵まれていなかったところに日本側が学校を建設した蒙疆政権における回民教育とは、大きく事情が異なっていると言えよう。

また日本占領下の北京において日本軍部は、中国回教総聯合会を組織し、回民に対する一定の優遇政策を取り、回民の生活改善や教育に関する事業を展開した。しかしながら、その実、回民の生活は困窮し、イスラーム系小学校も戦争の打撃からなかなか立ち直れない状況があった。

## 3　イスラーム系学校の日本語教育

### （1）　華北占領地における日本語教育

以下では日本語教育を中心としながら華北占領地のイスラーム系学校において文化工作がどのように進められたのか、また進めることができなかったのかを検討していきたい。

華北占領地における教育行政の基本方針は、国民党政権のもとで進められた抗日教育を絶滅し、親日満思想を徹底し、防共精神を普及することにあった[31]。そのための具体的な施策として、カリキュラムの再編成、教科書の編纂、および日本語の普及が侵攻直後より緊急課題として取り組まれた。

そこで、将来の傀儡政権の母体として、日中戦争勃発直後の 1937 年 7 月 30 日に組織された北平地方維持会（同年 10 月より北京地方維持会に名称変更）で、日本型カリキュラムへの移行が目指された。その結果、北京では、同年 10 月に北京市特別市政府社会局から訓令が出され、もともと国民党政権下で導入されていた「公民」が廃止されて日本式の「修身」が導入された。また「体育」が「体操」に、小学校における「童子軍」や中学校における「軍事訓練」は、それぞれ「国術」に変更された[32]。

教科書については、北平地方維持会が、1937 年 8 月から、小中学校の教科書の審査を開始した。まず 9 月からの新学期を前に、従来の教科書の中で、抗日的な内容については削除した。その後、1938 年に樹立された臨時政府の教育部には、直轄編審会が組織され、小中学校における教科書の編集・審査作業が行われた（新民印書館より発行）。

第 3 章　日本占領下の北京における回民教育 | 101

表 3-2　北京市私立樹民小学校の時間割（高級第 2 学年 2 学期）

| | 曜日 | 午前 | | | | 午後 | | |
|---|---|---|---|---|---|---|---|---|
| 高級第 2 学年第 2 学期時間割 | | | | | | 週 33 コマ 合計 1458 分<br>担任 蘇明玉 | | |
| 科目・教員 | | 第一限 | 第二限 | 休憩時間(体育) | 第三限 | 第四限 | 第五限 | 第六限 |
| 時 | | 9:00-9:45 | 10:00-10:45 | | 11:15-12:00 | 2:00-2:45 | 3:00-3:45 | 4:00-4:45 |
| 月曜日 | | 算術　（蘇） | 日語　（杜） | | 美術　（邢） | 作文　（蘇） | 作文　（蘇） | 自然　（邢） |
| 火曜日 | | 算術　（蘇） | 国語　（蘇） | | 習字　（邢） | 地理　（蘇） | 体育　（彭） | 修身　（邢） |
| 水曜日 | | 算術　（蘇） | 日語　（杜） | | 自然　（邢） | 国語　（蘇） | 音楽　（彭） | 地理　（蘇） |
| 木曜日 | | 算術　（蘇） | 国語　（蘇） | | 習字　（邢） | 国音　（蘇） | 体育　（彭） | 歴史　（邢） |
| 金曜日 | | 算術　（蘇） | 国語　（蘇） | | 労作　（蘇） | 歴史　（邢） | 日語　（杜） | 経書　（邢） |
| 土曜日 | | 国語　（蘇） | 珠算　（蘇） | | 週会 | | | |
| 註 | | 一年生と分かれて授業を実施 | | | | | | |

注：日語は日本語、国語は漢語（中国語）、作文は漢語作文、国音は中国語発音、週会は学級
　　活動。（　）内は担当教員。
出典：北京市档案館所蔵資料、J4-3-239 より著者作成。

　日本語の普及政策も緊急の課題として取り組まれた。1937 年 10 月、中等教
育機関の外国語科目の中に日本語が随意科目として導入された。のちに日本語
は、小学校 3 年から大学までの必修科目となった[33]。

　たとえば北京市私立樹民小学校の時間割（高級第 2 学年〈小 6 相当〉2 学期）に
よれば、1 週間の時間割は、算術（5）、国語（5）、日本語（3）、作文（2）、歴
史（2）、地理（2）、自然（2）、体育（2）、修身（1）、経書（儒学の経典）（1）、国
音（1）、習字（1）、美術（1）、音楽（1）、珠算（1）、労作（1）、週会（学級活動）
（1）、である（表 3-2 参照）。

　1 コマ 45 分で、担任の蘇教諭が算術と国語（漢語）を担当している[34]。カリ
キュラムを見ると国語と算術の比率が高く、歴史、地理、自然、体育のほか、
美術、音楽など多様な科目も学んでいた。一方で、日本占領下で導入された日
本語が週に 3 コマあったほか、国民党政権下で導入された公民に代わって、日
本式の修身の教育がなされていたことがわかる。2 時間目と 3 時間目の間の休
憩時間に体育活動を取り入れるのは、現在の中華人民共和国の方式に通じてい
る。

　小中学校における日本語教員を確保するため、1937 年 12 月には小中学校の
日本語教員検定試験が行われた。日本語を教授するためには、検定試験に合格

しなければならないとされたのである[35]。検定試験の試験科目は日本語会話、日文中訳、中文日訳、書き取りなどであった[36]。

　また本格的な日本語教員の養成を図るため、1938年、高等教育機関として国立外国語専科学校が設立された[37]。その他、北京では北京市社会局、民衆教育館（新民教育館）など多数の機関が、日本語学校を開設した[38]。

　1940年、華中に中央傀儡政権である汪兆銘政権（中華民国政府）が成立すると、華北の臨時政府も、華北政務委員会として汪政権の管轄下に入ることになった。もともと華北においては、臨時政府教育部（文部科学省相当）の教育総長には、湯爾和（1878-1940）が就任していた。1940年に成立した華北政務委員会には教育総署が置かれ、その督弁として、当初、湯爾和が、その後、周作人（1885-1967、魯迅の弟、在任期間1940年12月19日〜1943年2月8日）、蘇体仁（1888-1979）がそれぞれ担当した。

　臨時政府教育部、華北政務委員会教育総署ともに、日本人（2人）が学務専員として配置され、教育行政の監督に当たっていた[39]。また教科書の編纂に当たる直轄編審会に2人、河北省や河南省など地方の教育庁にも1〜3人の学務専員が、監督・統制のため置かれていた[40]。

　汪兆銘政権が樹立された華中は、国民党の勢力基盤で、日本軍への反発が華北以上に著しかったため、日本の影響力を排除しようとする傾向が見られた。そのため中華民国政府下の小学校においては日本語が必修からはずされていた[41]。

　しかしながら、華北占領地では、南京の汪兆銘政権への統合に反発もあり、実際には「高度の自治」を保ち、独自の政策が行われていた。そのため華北政務委員会では、臨時政府の政策を受け継ぎ、日本語普及を進めた。

　こうして1941年になると北京市では高校の入試に日本語、また中学入試に日本語会話がそれぞれ加わり、合否判定の参考とされることになった[42]。さらに1943年6月になると教育総署は、各高等教育機関に対して、日本語を大学の入試の必修科目とするように通知を出した[43]。

　一方、当時、北京以外の華北の都市部でも、日本語学校が開設されている。たとえば、青島特別市には、1940年に3校の日本語学校が設置された（表3-3）。

表 3-3　青島特別市市立日本語学校 1942 年春期学生数教員数一覧

| 学校別 | 校長 | 主任 | 中学校部学生数 | | 高校部学生数 | | 教員数 | | 経費(元) |
|---|---|---|---|---|---|---|---|---|---|
| | | | 男 | 女 | 男 | 女 | 男 | 女 | |
| 青島特別市市立第一日語学校 | 鞠文英 | 福田良子 | 33 | 19 | 17 | 11 | 5 | 2 | 283 |
| 青島特別市市立第二日語学校 | 王兆鳳 | 三井俊雄 | 50 | 0 | 30 | 0 | 8 | 0 | 298 |
| 青島特別市市立第三日語学校 | 于任 | 紅林石南 | 113 | 0 | 62 | 0 | 8 | 0 | 295 |

注：福田良子は長崎高女卒、三井俊雄は東京医学専門学校修学、紅林石南は静岡師範卒。
出典：第二歴史档案館所蔵資料、2021-718 82 頁より著者作成。

　主任は日本人教員であり、教員の給与は中国人より高い。ただし、こうした日本人教員は、必ずしも教職の経験を持つ者ではなく、人材不足の折から、日本語が話せるという理由で現地にいた日本人が教鞭を執ることもあったようである（たとえば、第二日語学校の三井俊雄主任は青島在住の医師）[44]。また、教員は男性が多く女性は少なかったが、女性教員のいない学校には女子生徒もいなかった。

### （2）　イスラーム系小学校における日本語教育・アラビア語教育

　このように、華北傀儡政権下では、日本語普及のための制度が整備され、小学生から大学生まで日本語が必修となった。それでは、華北占領地のイスラーム系学校で進められた日本語教育の内実は、どのようなものであったのだろうか。

　もともと北京のイスラーム系小学校では、イスラーム改革派知識人の影響でアラビア語の授業が行われてきた。日本軍侵攻後は、日本語が導入されることになったものの、小学校においてもアラビア語が教授されていた例もある（写真 3-2,3）。

　中国ムスリムの調査のため、1938 年に中国を訪問した回教圏攷究所調査部部長の小林元によれば、北京の牛街小学においては、児童総数 320 人のうち、約250 人が回民を中心とするムスリムであった。牛街小学では、公立に移管後もアラビア語の教育が行われていたが、それは、日本占領下でも同様であった。漢族の児童の場合、アラビア語は随意科目となっていた。

　小学校 6 年生のカリキュラムによれば、週 33 時間中、日本語 2 時間、アラビア語 1 時間である。また日本語は 4 年生以上で週 1 〜 2 時間、アラビア語は 3

写真3-2　北京市立牛街小学校でのアラビア語の授業

注：黒板にアラビア語の文字が見える。

写真3-3　クルアーンを学ぶ回教小学校の児童

出典：『北支』1942年9月号、9頁。

年生以上で週1時間の学習と規定されていた[45]。

ただし、小林元が牛街小を訪問した折、子どもたちは日本語が話せなかった。その一方、アラビア文字でコバヤシと書いて見せたところ、急に親しみを込めたまなざしを向けてきたという。ムスリムに関係のあるアラビア語は、児童も関心を持って学ぶものの、まったく関係のない日本語は、時間割にあっても普及は難しかったのである。

一方、西北第一小学の場合は、アラビア語が1年から教えられたが（担当：李徳俊、男性、28歳）、日本語は5学年からであった（担当：馬士英、男性、30歳）[46]。当時、西北第一小学で学んだ彭年の回想によれば、日本語教師は、中国人教師であったが、「厳しくて、できないとよく手の平を打たれた」ことを覚えている。「親にも叩かれたことがなかったので、ショックであった」と言う。「その後日本語はすべて忘れてしまった」。唯一覚えている言葉として、「おはようございます」があると、はっきりとした日本語の発音で語ってくれた。しかし「どういう意味かはわからない」とのことであった[47]。少なくとも小学校で2年間、さらに中学でも日本語を学んだはずであるが、苦い経験をともなう言語学習は容易に忘れ去られることを示している。

また中国回教総聯合会の日本人職員であった津吉孝雄（京都大学東洋史学科卒業、1938年に中国回教総聯合会に着任後、約3年間回教工作に従事）が、しばしば学校に監督に来ていたという[48]。

このように、イスラーム系小学校においても、日本語の授業が行われていた。しかし、日本語教育の効果は必ずしもあがらなかった。周辺に日本人もいなければ、日本語を使う環境にもなかったからである。日本語の強制は、結局、生徒側の反発を強めただけだったと言えよう。

## 4　西北中学における思想工作の挫折

西北中学は、北京における最大のイスラーム系学校であった。日本軍の北京占領にともない、西北中学校長の孫縄武は国民党政府の官僚でもあったため、学校を事務主任の劉仲泉（徳潤、1884?-1957）に委ねた[49]。劉は当時、少なからぬ北京の回民が生業としていた玉石加工販売業に従事する商人であったが、回民のあいだで人望があり、校長に就任することになった[50]。

西北中学では、盧溝橋事件勃発後、学生数が239人から145人に減少した。また国民党政府から受けていた補助金の支給が止められたため、経営難で閉鎖の危機に瀕していた[51]。

その折、中国回教総聯合会は劉に対して、中国回教総聯合会の委員になることを条件に補助金を支給した。日本側は回民教育のうえで重要な役割を果たしてきた西北中学を指導下に掌握することで、同中学を回教工作の拠点とし回民への積極的な文化工作を展開しようと企図した。また回民青年の中核養成を狙ったのである。その結果、西北中学は毎月1000元の補助を得て、学校の増強を図り、西北学院と改称した（写真3-4）[52]。

もともと西北中学の関係者は、将来的には同校を、回民独自の高等教育機関にしたいとの願望を抱いていた。学院という高等教育機関への発展の含みを持った名称にしたのは、中国回教総聯合会が回民の思いを先取りし、関係者の歓心を得ようとしたためであった。

劉は、中国回教総聯合会から選ばれて1938年にメッカに派遣され、また日本にも派遣されたことがある。しかしながら日本人に対しては必ずしも協力的ではなかった[53]。そのため、1942年7月末に、学院長が劉から楊新民（明徳）に代わった[54]。学院長が交代する際、劉は私財をなげうってそれまでの西北学院の借金を返済したという。

写真 3-4　西北学院

出典：『回教月刊』（1-2）1938 年 5 月、口絵写真。

写真 3-5　劉東声著『北京回民教育史略』

出典：『北京回民教育史略』表紙。

楊新民は、北京国立師範大学卒業で、1937 年まで西北中学教務主任であり、その後第四民衆教育館館長、師範学院舎監を歴任した[55]。1941 年 8 月には東京に派遣され、1 年間研修を受けた（東京帝国大学研究生）。帰国後、楊は西北学院の学院長に就任し、西北第一小学校長および実践女子中学（1939 年設立、後に西北女子中学と改称）校長を兼務した[56]。

楊校長が就任してから、西北学院は西北中学へと再び名称変更した。校舎も、牛街近くの広安門に置かれていた中国回教総聯合会本部の一角に移転し、教育環境が整備された[57]。また教員も、北京師範大学の卒業生を新たに招聘した[58]。

さらに西北中学では、華北政務委員会や中国回教総聯合会の補助があったため、学費、宿舎費を安くして貧乏な学生の便宜を図った[59]。ただし、生活難のため回民の学生が減少し、結果的に漢族の割合が増えた。

ところで 1942 年まで校長を勤めた劉仲泉の息子の劉東声は、1924 年生まれで、西北第一小学から西北中学に進学した[60]。中学 1 年の夏休みが始まる直前の 1937 年に、盧溝橋事件が発生した。しかし劉によれば、「中日親善の教育など無」く、「植民地教育を受けているという自覚は無かった」という。たとえば当時、華北の傀儡政権下の中学では、日本語が必修科目であり、西北中学でも

アラビア語を廃止して、日本語を必修にした[61]。ただし、劉によれば、西北中学では、日本語はおざなりに行われていたと語る（写真 3-5）。

当初、日本語は高橋吉生が教え、反日分子や共産党がいないか監督していた。しかしある夜中に、高橋は女性の教師を訪問し、その行為がとがめられた。イスラームの戒律は男女関係に厳しいことから大問題となり、中国回教総聯合会主席顧問の高垣信造は1938年初めには早々に、高橋を辞めさせることにした。その後は高垣信造が時々「視察」に訪れたものの、教官や顧問などの日本人は派遣されて来なかったという。

写真 3-6　西北中学における日本語の授業

注：回民の教員が担当。
出典：『京都大学人文科学研究所所蔵　華北交通写真資料集成』（論考編）189頁、原板 37603。

高橋の後、日本語を担当したのは、夏文元および馬士英という中国人の教諭であった。当時は、日本人教師が不足していたため日本語も中国人教師が担当していた。劉は中学2年以来、西北中学で5年間日本語を学んだが、「日本人に強制されるのはいやだったので、勉強しなかった」という。北京には日本人も少なく、日本語を学ぶメリットもなかった。中国人教師も、「日本語は勉強したくなければ、しなくていい」、という調子であり、学生によってはカタカナさえ書けなかったが、それでも70点で合格であった。このようにカリキュラム上は、日本語教育が置かれていたものの、内実をともなわなかったのである（写真 3-6）。

日本語教育以外でも、統制はあまり厳しくなかったようである。たとえば教務主任の任化運は、国語の教師であったが、1938年の徐州陥落のときに、授業中に学生を起立させ、3分間の黙祷を行った。学生は涙を流したという。しかし誰もこのことを日本人に密告しなかった。

また劉によれば、高校の3年間、任化運が修身を担当した。修身科は日本占領下の学校において、「教育勅語」を教義の基本とする天皇制のイデオロギーを注入し、同化を図るための基幹科目である。しかしながら、実質的には『古文

釈義』を用いて古文の講義を行う程度であり、中身には愛国的な内容さえ含まれていたという。教科書についても、任は授業中に日本占領下で編纂された教科書（『高中修身』『高中国文』）を、ほとんど使用しなかった。ただ大学入試のとき、こうした教科書から出題されるので、試験用に教科書の重点を教えた程度であった。地理や物理についても、担当教員は、傀儡政権が出版した教科書とは異なる教科書を使用していたという。

思想工作も、訓育主任である王与民（輔仁大学卒業、体育担当）が行っていたが、学生が喧嘩をしなければそれで良いというものであった。このように劉によれば日本語教育はいい加減で、徐州の陥落の際に黙祷をし、傀儡政権下で編纂された教科書を使用しない教科もあった。

中国回教総聯合会は、西北中学に対して補助金を出しており、西北中学は中国回教総聯合会の回教工作の拠点として期待されていた。それにもかかわらず、実際には統制できておらず、そこには回民の抵抗の姿勢さえ見てとれるのではなかろうか。

中国回教総聯合会は回民を懐柔する必要から、西北中学に対してある程度寛容であったということもあるかもしれない。けれども、足下の西北中学でさえ、掌握できていなかったのである。日本占領下で進められた教育は、抗日思想を絶滅し、親日満思想を徹底することを目指していた。しかし中国回教総聯合会によって進められた回教工作において、この目的は達成することができなかったことを、西北中学の事例は示していると言えよう。

## 5　小学校におけるイスラーム化の試み──回民知識人による小学校の設立

日中戦争にともない、回民によって設立された小学校は、様々な危機に直面していた。学校の閉鎖、統廃合、回民家庭の貧困化による児童の就学難、教員の待遇の悪さ、回民教育を担える教員の不足等々である。民国期に順調に発展しつつあった近代回民教育は、日本の軍事的侵攻によって、挫折を経験することになった。

しかし一方で、こうした困難を克服しながら、新しい小学校を創設する動きが、日本占領下の北京で1940年代に入ってから広がった。これらの小学校の

多くは、穆光小学、穆民小学のように「穆」の字をつけており、宗教を教育に持ち込むイスラーム化（回教化）を提唱した。

「穆」はムハメッド（穆罕黙徳）の「穆」であり、ムスリム（穆斯林）の「穆」である。穆の字を冠した小学校を新設する動きは、1950年代初頭まで続き、学校数は北京および近郊で約20校に達していた。

河北省通県の穆光小学は、金吉堂（1908-1978）によって、1940年に創設された小学校である[62]。金は著名なイスラーム史学者であり、また成達師範で「中国回教歴史問題」というテーマで講義を行ったこともある。そのときの講義録が、『中国回教史研究』として成達師範から出版されている[63]。

金は中国回教総聯合会の創設当初より、北京区本部の名誉委員であり、1942年には中国回教総聯合会の宣化部長という要職に就任した[64]。さらに同年、イスラーム青年の中核を育てるため中国回教総聯合会が力を入れた中国回教青年団の引率者として、満洲の炭坑での勤労奉仕にも派遣された（第4章参照）[65]。こうした「対日協力」が「漢奸」の汚名につながる危惧は、当時、多くの有力者層が抱いていた。しかし金吉堂のような声望の高い名士までもが進んで〈受容／協力〉の姿勢をとったのは、「回民工作の主体的・自立的な読み替えの可能性への認識があった」からであると安藤潤一郎は指摘している[66]。

金吉堂は、宗教信仰が濃厚で、民族思想に富んでいたという。学説的には、「回教民族説」をとり、イスラームを信仰する者は、一つの民族を構成するという主張であった。この説は、イスラームを信仰する回民と、信仰していない漢族（漢民）との相違点を強調するものである。

当時、国民党政府は国家の統一を重視する観点から、回民を単にイスラームを信仰する漢族と捉え、固有の民族とは見なしていなかった。その意味で、金は国民党の民族政策を批判する立場に立っていた。また、共産党は宗教を容認せず、受け入れがたいものと考えた。

傀儡政権下の回民知識人には、思想的な苦悶があったという。国民党への失望、日本の軍事支配下での無力感、そして未知数の共産党に対しては、イスラームを抑圧するかもしれないという懸念。成達師範で教鞭を執り、回民としての民族意識が強烈であった金も、同様の苦悩の中に置かれていたのであろうか。だからこそ、中国回教総聯合会に一定協力しながらも、イスラームへの回帰を

強めた新しい小学校建設に積極的に取り組んだのではなかろうか。

　こうしたイスラーム化の提唱は、漢族と回民との分断を図ろうとする日本の思惑とも合致していた。また、回民への懐柔政策という意味もあった。

　1940年代に小学校のイスラーム化の動きが起こった背景としては、民国期以降、回民によって設立された学校において、全国統一のカリキュラムに沿った近代教育が進められてきたことがある。近代教育の普及は漢族化を意味し、民族のアイデンティティの揺らぎにつながるという危機意識を、当時、一部の回民知識人は抱いていた。

　そのため金は小学校の創設にあたって、「以前、回民は勉強しないという病気にかかっていた。現在では2種類の病気に罹っている。一つは、貧しい回民は、勉強する時間も力量もないというもの、今一つは、勉強した回民は、思想が往々にして宗教信仰に背いているというものである。これを解決するためには、イスラーム化教育を実施し、宗教を教育に取り入れなければならない」と述べている[67]。

　穆光小学では、イスラーム化という理念を実現するため、生徒は回民に限られ漢族はいなかった。ただし同校は男子校で女児は募集されておらず、イスラームの男尊女卑の考え方がほの見えているとも言えよう。

　またカリキュラムには、唱歌、手工、図画に代わって、回民、アラビア語の2科目が盛り込まれていた。回民科のテキストとしては、『公民課本』に倣って同校の教員が自主制作した『回民課本』を用いた。内容は教義、民族精神を中心とし、小学6年間用、合計12冊であった。具体的には、民族の融和・同化を進める立場から国民党が提唱していた五族共和の誤謬性や、あるいはムスリムが偶像崇拝をしない根拠などが教授された。『回民課本』を教えるだけでなく、徳育訓練を重んじ、回教精神で児童の心身を鍛練していたという（写真3-7）。

　同小学校では、イスラーム式に金曜日が休日であった。学生は10歳になると毎週金曜のモスクでの集団礼拝に参加した。14歳になると葬儀に参列し、また一定の年齢に達した者は、ラマダーン（イスラーム暦の9月）の断食を行った。

　校舎の中に、クルアーンから引用した標語や毎週の徳目が掲げられていた。また、教師と生徒が出会ったときにも、お辞儀をせずに「サラーム」（イスラームの挨拶）と言葉を交わしたという。

中国回教総聯合会のお膝元の北京ではなく、河北省の通県であったこともイスラーム色の強い小学校の存立を可能にした要因と考えることができる。

一方、河北省通県張家湾では1940年に穆民小学が清真寺に付設されるかたちで創設された。同村は戸数

写真3-7　金吉堂による穆光小学

出典：『回教周報』（第147期）1943年7月23日。

300戸、人口1000人の回民村であったが、回民は経済的に苦しく児童の就学が困難であった。しかし穆民小学では、学費が免除され教科書も無償で提供されたため、多数の児童が応募したという[68]。

校長は、西北中学を経て北京師範大学で学んだ馬耀であった。同校でも、イスラーム思想に精通した人物を育てることを目指していた[69]。

1940年代に設立されたイスラーム化を提唱した小学校の場合、無認可の私立学校のため、教育当局からの補助はなかった。また中国回教総聯合会も、財政的にまったく支援はしていなかった。回民が積極的に資金を提供し、学校を支えていたのである。

たとえば、金吉堂の穆光小学は毎月600元の経費が必要であったが、うち300元を理事長が出し、その他は、通州、北京、天津の各理事がそれぞれ100元ずつ出していた。不足分は金吉堂が補っていた。公費による支援がなかったにもかかわらず、貧しい教民家庭の児童に対して、学費を免除し教科書も支給する努力をしていたのである。

募金活動を展開した小学校もあった。たとえば西北第二小学は、もともと西北中学から補助金を支給されていた。しかし戦争勃発後、補助金が停止したため、関係者が独自の学校作りを模索し、1940年に穆徳小学として再出発した。同校の理事名簿には商業関係の関係者の名前が多い（表3-4）。彼らが財政的にも学校経営を支えたことをうかがわせる。また、回民で京劇俳優の馬連良（1901-1966）を招いてチャリティ公演を開催し、資金を集める努力をしている[70]。

表 3-4　北京私立穆徳小学新任理事名簿

新任学校理事名簿表

| 姓名 | 職別 | 出身地 | 年齢 | 資格 |
|---|---|---|---|---|
| 李興甫 | 理事長 | 河南禹縣 | 48 | 商業に従事 |
| 李子芳 | 理事 | 北京 | 45 | 牛業公会会長 |
| 安文郁 | 同上 | 北京 | 36 | 匯文中学卒業 |
| 王振波 | 同上 | 北京 | 60 | 清末に肄業館で学ぶ |
| 丁子青 | 同上 | 北京 | 63 | 商業に従事 |
| 鐵寶亭 | 同上 | 北京 | 56 | 玉行（玉業）委員 |
| 李秋農 | 同上 | 北京 | 36 | 財商を卒業 |

出典：北京市档案館所蔵資料、J4 全宗 3 目録 239 巻 48 頁より著者作成。

その結果、校舎の新築に漕ぎ着けた。

　このように、日本の軍事支配下に置かれた小学校で、ムスリムがそのアイデンティティを保持し、教育を振興しながら次世代を育てようとする努力を行っていたことは注目に値しよう。

## 6　イスラーム化をめぐる中国回教総聯合会の思惑と回民

　ところで、イスラーム化を提唱した小学校の登場は、当時、イスラーム色を強めた活動を展開していた中国回教総聯合会の動きと軌を一にするものであった。たとえば中国回教総聯合会では、1942 年に、ムハメッド逝去 1351 年記念大会を開催し、学校関係者を含めて約 400 人が参加した[71]。また翌年には、約 3000 人が集まったという[72]。

　さらに中国回教総聯合会では、小学校でのアラビア語や教義の学習のために、『回文教義課本』（回聯教義課本編纂委員会、1943 年）を出版した。これは 4 分冊からなり、各冊は 20〜25 課で構成されていた。第 1 冊はアラビア語基礎、第 2 冊はイマーム（指導者）、第 3 冊は祈祷文、第 4 冊はクルアーンが主な内容であった。毎学期 1 冊を学習し、2 年間での終了を目安としていた[73]。

　この時期、中国回教総聯合会がイスラーム色を強めた活動を実施したのには、いくつかの要因が考えられる。まず、第 1 にそれまで行ってきた回教工作の挫折があった。中国回教総聯合会は設立当初、回民の中核を養成するため、中国回教青年団の組織化に力を入れていた[74]。同青年団では、軍事教練および日本

語教育を中心とする訓練を行っていた。将来的には、回民の軍隊を組織しようとする意図もあったという。

しかしながら次章で詳述するように、青年団の第10期生は勤労奉仕の名の下に、満洲の炭坑での強制労働に動員された。これは、回民の知識青年にとっては受け入れがたいものであった。結局、中国回教青年団は、実質的な解散

写真3-8　サウジアラビア派遣歓送会における三田了一

注：三田了一（中央）。1960年代に撮影された写真。
出典：大日本回教協会旧蔵写真資料（三田了一氏サウジアラビア行記念送別会関係写真）、早稲田大学図書館所蔵。

に追いやられていく。そのため教徒の意志をより重んじる活動への転換を迫られていたのである。

第2に、主席顧問の変更がある。主席顧問は、当初、髙垣信造が担当していたが、1941年以降、三田了一が引き継いだ。三田は戦後、日本ムスリム協会の会長を長年務め日本のイスラーム界の重鎮として活躍し、クルアーンの翻訳（『聖クルアーン──日亜対訳・注解』1972年）という偉業を成し遂げた人物である。当然、イスラームに対する造詣も深かった（写真3-8）。

太平洋戦争の勃発にともない、当初は特務部の肝いりで始められた回教工作も停滞していった。その中で、中国回教総聯合会においてもむしろムスリムの独自性を尊重し、イスラーム化を強調する動きが、現れていたのである。

ただしイスラーム化への注目は、あくまでも反共という枠組みの中で、展開されたものであった。イスラームは反共の砦になると考えたからこそ、日本側は小学校のイスラーム化を歓迎し、後押しした。そして、回民の自発的動きを、戦争遂行のために利用しようとしたのである。

たとえば、前述の通県穆光小学では、13歳以上で体格強健な者を回民反共少年団に組織して生徒に徹底した反共知識を注ぎ、反共組織として育てようと図った。少年団員には毎日体操1時間が課せられ、反共講演会も毎週、開催された[75]。通県では日本軍占領下において青年訓練所が置かれており、少年団か

ら青年訓練所へのルートによって、回民の青少年を反共先兵へと育成すること
が構想されていたと思われる。

穆徳小学では、「大東亜聖戦一周年記念」のため、体育大会を開催した。大会
では、新民体操、大東亜進軍舞踊、騎馬戦、国術などが披露された。特に同校
の女子学生による大東亜進軍舞踊に対して、観客は「熱心な拍手を送っていた」
という[76]。こうした事実は、日本軍がイスラーム系学校の児童を日本の占領政
策遂行のために、利用しようと画策していたことを如実に示すものであろう。

ただし、一連のイスラーム回帰への動きによって、日本側に誤算が生じてい
くことになる。日本側は当時、漢語を日常語とする回民を、固有の民族とは見
なしていなかった。

しかし、漢族との別を強調するため、イスラーム化を強める方策を容認せざ
るを得なかった。そして、回民側は、日本の思惑を逆手にとって、回民は固有
の民族であるという主張をしていた。たとえば、金吉堂が穆光小学で教授して
いた内容は、中国の回民は漢族とは異なる固有の民族である、というものであ
り、イスラームを信仰する民族の独自性を強調するものであった。

こうして教育のイスラーム化が主張され、イスラームの振興が唱道される中
で、回民は日本占領下にもかかわらず、民族としての自覚を高めていった。ま
たイスラームを信仰する民族としての独自性を打ち出すことは、日本の本来の
意図に反して、日本の支配に対して距離を置くことにもつながっていく。

たとえば金吉堂によって創設された穆光小学では、当初、日本語学校を併設
する動きがあり、中国回教総聯合会はそのための後押しをしていた。しかし、
いつの間にか立ち消えになってしまった。これは、イスラームの信仰の前に日
本の文化工作が無力なものと化していく具体的例証と考えることができる[77]。


## 7　中国回教総聯合会指導者の独自の動き

中国回教総聯合会は、傀儡政権の支持と防共とを主な趣旨とする団体であっ
た。しかしながら、中国回教総聯合会の事業は、あまり成果を上げることがで
きなかった。謀略の手段としてムスリムを利用しようとした日本の回教工作
は、イスラームの近代化を図ろうとしつつ中国国民としての自覚を高めていた

第3章　日本占領下の北京における回民教育 | 115

回民の心を掴むものではなかったのである。

　そうした流れの中で、1940年代以降、中国回教総聯合会ではイスラーム色を強めた動きが見られるようになった。中国回教総聯合会の回民指導者についても、主体的な動きが見られるようになったことを、指摘しておきたい。

　たとえば中国回教総聯合会の初代委員長である王瑞蘭の逝去後、代理委員長として就任した趙国槙（1880年頃の生まれ、官僚出身）は、親日的といわれ、日本とムスリムとの提携を強調するような発言をしばしば行っていた。ただし、宗教に関わる部分については、決して日本側に妥協しようとはしなかった。

　たとえば御用民衆団体を統轄していた新民会副会長の殷同（1889-1942）の葬儀が1943年に行われた際、弔辞を読み焼香をすることはイスラームの戒律によって厳しく禁じられていることを理由として、趙は参列を拒否した。中国回教総聯合会は、当時、新民会から予算の支給を受けていた。しかし中国回教総聯合会の日本人職員が、何度説得しても、趙は頑なに受け入れなかったという[78]。

　また会合の場面でも、講師に対して敬礼をしなかった。さらに式典の際、日本国旗であろうと傀儡政権や中国回教総聯合会の旗であろうと、決して敬礼することを許さなかった[79]。日本人はムスリムに対しても、宮城遙拝をさせようとしたが、これも拒否したという。イスラームの戒律で禁じられている偶像崇拝に当たるという理由からである。

　そこにはむしろ日本側が華北占領地において強制的に進めようとしていた文化工作に、頑強に抵抗しようとする姿勢さえうかがえる。代理委員長の趙には、中国回教総聯合会という特務部によって組織された御用団体を代表しながらも、あくまでもムスリムとしての信条を貫いた姿が見て取れるのではないか。日本占領下において日本人と回民とが、単なる支配―抑圧の関係ではなかったことを示すものであろう。

　宮城遙拝や日本国旗に対する敬礼の拒否は、いわばタブーに触れることである。こうした行動を、中国回教総聯合会の指導者が採っていたのは、朝鮮など当時の他の植民地・占領地と比べると驚くべきことである。それに対して処罰がなされなかった、あるいは処罰ができなかったことも注目できる。

　中国回教総聯合会調査部にいた栗原清は、宗教に立ち入ることに慎重な姿勢

を示している[80]。そして、島原の乱の例をあげながら、改宗を潔しとしなかった殉教者は 27 万人を下らず、宗教問題解決のために悲痛きわまりない苦杯をなめてきたとする。「中国回教徒三千万と雖も、これに対するに道を失せば、彼等は自ら進んで殉教者たるの道を選ぶ」ので、祖先の苦い経験を無駄にしてはならず、この教訓を生かせば、中国回教徒三千万は、自ら進んで日本の力強き協力者となり、共産党をと闘う前線に立って闘うことが期待できる、としている。

　栗原は調査部の主任であっただけに、ムスリムに対する理解も深かったと考えられる。また人間の根幹に関わる宗教に干渉することの危険性と、尊重することの重要性を熟知していたのであろう。こうした慎重な姿勢を、むしろ回民の側が逆手にとっているとも考えることができよう。

　日本側としては、宮城遙拝をさせたいが、かといって教義にもとるとして拒否されると、回民を味方につける必要から、厳しい対応ができなかった、ということも意味している。

　北京では、日本人の居住民によって 1940 年に北京神社が創建された[81]。しかし、蒙疆政権など他の占領地とは異なり、ムスリムが神社に参拝したという記録は、管見のかぎりでは散見されない。

　中国回教総聯合会の担当者の中には、ムスリムを神社に参拝させても、本心から拝んではいないので、かえって神社に対して不敬なのではないか、と疑問を抱く者もいた[82]。たとえムスリムに神社参拝や宮城遙拝を強制しても日本への忠誠心は期待できないことを直接ムスリムと関わる担当者たちは認識していた、ということであろう。

　日本の敗戦後も、趙は牛街に留まっていた。自ら回族であり、また回族史の研究者である馬寿千 (1929-2005) は、趙の家と行き来があった。50 年代の末に、馬が老先生を訪ねた際、趙はふと「自分は宗教を傷つけたり、国家の利益を損なったり、人民に背くことはしていない」と語ったという（原文 「無傷於教　無損於国　無害於民」）[83]。馬は、後から考えると、これは老い先短い趙が、かつて自分が歩んできた道のりに対して述懐したのではないかと思ったという。

　中国回教総聯合会に関与したことで趙は、日本の敗戦後、不遇であったともいわれている。しかし趙自身が語ったように、彼がイスラームを信仰する民族

としての誇りを守ろうとしたのは、確かな事実ではなかろうか。

このように、回民は、傀儡政権下でも、自分たちのアイデンティティを保持し、宗教共同体の利益を擁護しようとした。その回民を前にして、支配者側の日本人は、何らなすすべもなかったのである。

## まとめ

回民は、清朝以降、迫害を受けることも多く、社会的地位も低かった。こうした状況に対して、清末以来、回民知識人の先駆者によって、近代的な学校を建設する動きが広がり、民国期に順調に発展していった。教育を通じて回民の地位向上を希求しようとする動きが広がっていたのである。

しかし日中戦争の勃発は、当時、イスラーム改革運動の中で軌道に乗り始めた近代的な回民教育に、困難と挫折とをもたらした。日本の軍事侵攻は、民国期に回民が苦労して築き上げてきた回民教育の諸事業に対して、大きな打撃を与えるものであった。

イスラーム系学校の中には、閉鎖され、統廃合されたところも少なくなかった。回民の経済的困窮も深刻であり、児童・生徒は就学の機会を失った。教員の待遇も劣悪で、回民教育を担える教員も確保できなかった。

その一方で、日本の軍事的支配という過酷な情況において、回民知識人を中心に宗教共同体を保護し後代を育てるために、学校を設立しようとする動きが広がった。こうした学校では、イスラーム化が提唱された。そして自力で資金を集め、貧しい教徒の児童に対しては授業料免除やテキストの無償配布をして、就学に便宜を図った所もあった。

イスラーム化を掲げた小学校の設立に対して、中国回教総聯合会側は、反共に役立つことを期待した。イスラームの信仰を、反共の砦として利用しようとしたのである。日本占領下の北京におけるイスラーム系学校では、日本語や修身が必修科目として導入されたが、浸透を図ることはほとんどできなかった。

教育のイスラーム化が主張され、イスラームの振興が唱道されることで、回民は日本占領下にもかかわらず、中国社会に生きるムスリムとしてのアイデンティティを強めていった。

日本が華北占領地で行った文化工作の本来の目的は、親日思想を注入し日本に対する抵抗精神を砕くことにあった。しかし回民たちは、こうした日本の文化工作に対してイスラームを盾に対抗し、イスラームを信仰する民族としての誇りを守るためには、日本側の文化工作に抵抗することも辞さなかったのである。

中国回教総聯合会の一連の工作は、イスラームの信仰を掲げる回民に対して、日本側は何らの支配力や影響力も及ぼすことができなかったことを示している。中国侵略のために、回民を利用しようとした日本の回教工作は、日本軍にとって成果をあげることもなく失敗に終わったのである。

**注**

1） 鈴木賢「中国のイスラーム法」千葉正士編『アジアにおけるイスラーム法の移植』成文堂、1997年、39-103頁。

2） 劉東声インタビュー、1998年5月21日、北京、氏自宅。彭年インタビュー、1998年4月28日、北京、北京イスラーム協会、共同調査者・王丹丹（中国宋慶齢基金会）。

3） 松本ますみ『中国民族政策の研究——清末から1945年までの「民族論」を中心に』多賀出版、1999年、296頁。

4） 松本前掲、307頁。

5） 彭年「北京回族教育八十年」『回族研究』（1997年第1期）寧夏社会科学院回族伊斯蘭教研究所、31-49頁。

6） 趙振武「三十年来之中国回教文化概況」『禹貢半月刊』（第5巻第11期）1936年、15-28頁。

7） 中国少数民族教育史編委会編『中国少数民族教育史』（第1巻）広東教育出版社、雲南教育出版社、広西教育出版社、1998年、59-74頁。

8） 劉東声「成達師範学校校史述要」『回族研究』（1993年第2期）61-75頁。劉東声「成達師範学校校史述要（続）」『回族研究』（1993年第3期）71-78頁。

9） 松本前掲、305頁。

10） 『中国回族大辞典』上海辞書出版社、1993年、124頁。「回教圏情報」『月刊回教圏』（第2巻第2・3号）回教圏研究所、1939年3月、38頁。

11） 劉東声『北京回民教育史略』北京市回民学校、1999年、5頁。本稿の回民教育に関する記述は、本著作によるところが大きい。

12） 尹伯清「王浩然阿衡伝」李興華・馮今源編『中国伊斯蘭教史参考資料選編』（上）寧夏人民出版社、1985年、610頁。

13） 鄭菊英・李誠編『北京近代小学教育史料』（上）北京教育出版社、1995年、100頁、108頁。

14） 「北京市市立牛街学校職教員概況調査表（31年度）」北京市档案館所蔵資料、J4全宗3

第 3 章　日本占領下の北京における回民教育｜119

目録 290 巻。

15）「北京市私立西北第一小学職教員概況調査表（31 年度）」北京市档案館所蔵資料、J4 全
　　宗 3 目録 290 巻。当初、李の給与は 16 元であったが、1942 年 8 月以降は 50 元になった。

16）教育部編『教育法令彙編』（第 1 輯）1936 年、268 頁。

17）北京特別市教育局「各省市事変後尚未回復之各級学校概況統計一覧表」第二歴史档案
　　館所蔵資料、全宗号 2021 案巻号 231、1940 年 6 月。

18）鄭菊英・高瑩『北京近代教育行政史料』北京教育出版社、1995 年、1013 頁。

19）鄭清蘭・沈言・喩秀芳・耿申編『北京近代教育記事』北京教育出版社、1991 年、312 頁
　　（1938 年 6 月の項）。

20）鄭・高前掲、183 頁。

21）「清真寺調査記」『回教月刊』（第 1 巻第 8 期）中国回教総聯合会華北聯合総部、1939 年
　　1 月、47 頁。

22）王養怡「三年来之北京市教育」『教育時報』（1941 年第 2 期）華北政務委員会教育総署
　　教育時報編纂委員会、1941 年 9 月、24-28 頁。

23）『新民報』新民報社、1938 年 2 月 23 日。

24）彭前掲、35-36 頁。また 22 校が 6 校に減少とする資料もある（「近百年北京回族教育
　　綜述」（1988 年脱稿）『回族教育研究』全国民族中学教育協会、1998 年、47-48 頁）。

25）樋口士郎・竹内義典『北京回教徒ニ関スル調査報告』満鉄北支経済調査所、1939 年 5
　　月、63 頁。

26）『回教工作カラ見タ華北施政ノ一断面』1941 年 7 月、9 頁。

27）鄭・高前掲、182 頁、237 頁。

28）「北京市市立牛街学校職教員概況調査表（31 年度）」北京市档案館所蔵資料、J4 全宗 3
　　目録 290 巻 25 頁、J4 全宗 3 録 290 巻 2、25 頁。

29）『回教週報』（第 141 期）1943 年 6 月 4 日（6 月 6 日教師節の特集）。

30）『回教週報』（第 141 期）1943 年 6 月 4 日。

31）趙如珩『中国教育十年』大紘書院、1943 年、97-98 頁。

32）鄭・沈・喩・耿前掲、304 頁（1937 年 10 月 6 日の項目）。

33）関野房夫『中華民国教育事情』育英書院、1943 年、85 頁。

34）「私立樹民小学校課程預計及授課時間表」（「北京私立樹民穆徳聖法等小学関於校董会
　　改組、校長更動及学籍名簿表、課程表、教職員一覧表請鑑核給北京特別市教育」）。「高級
　　第 2 学年第 2 学期時間割」中華民国 27 年 7 月北京市教育局複製、北京市档案館所蔵資料、
　　J4 全宗 3 目録 239 巻 46 頁。

35）「北京地方維持会中小学日語教員検定委員会試験章程」（第 9 条）北京地方維持会編『北
　　京地方維持会報告書』（下）1938 年、106-108 頁。

36）「北京地方維持会挙弁中小学日語教員検定試験弁法」北京地方維持会前掲、108-117 頁。

37）『新民報』1938 年 3 月 10 日、1938 年 3 月 15 日。

38）『新民報』1938 年 1 月 18 日、1938 年 3 月 27 日、1938 年 4 月 14 日。

39）『教育公報』（第 13 期）、教育部総務局文書科公報室、1939 年 7 月、34 頁。

40）『第三次教育行政会議記録』1943 年 6 月、12-14 頁。

41）華中における教育については、佐藤尚子「汪兆銘傀儡政権下の教育」『大分大学教育学

部研究紀要』（第 16 巻第 2 号）1994 年、389-398 頁、および新保敦子博士論文（早稲田大学図書館リポジトリ）参照。

42）　鄭清蘭・沈言・喩秀芳・耿申前掲、329 頁（1941 年 6 月 14 日の項目）。

43）　鄭清蘭・沈言・喩秀芳・耿申前掲、338 頁（1943 年 6 月上旬の項目）。華北政務委員会教育総署教育時報編纂委員会『教育時報』（第 15 期）1943 年 11 月、22 頁。

44）　青島特別市立日語学校については以下の資料参照。「青島特別市市立商業補習学校及日語学校 31 年春季概況表」第二歴史档案館所蔵資料、全宗号 2021 案巻号 718。

45）　小林元「日本語と回民児童」『月刊回教圏』（第 2 巻第 4 号）1939 年 4 月、10-19 頁。「回教消息」『回教月刊』（第 1 巻第 6 期）1938 年 11 月、63-64 頁。

46）　彭年インタビュー、1998 年 4 月 28 日、北京、北京イスラーム協会。彭年は 1926 年生まれ。教員については、『回教月刊（二周年年報）』（第 2 巻第 4 期）1940 年 3 月、36 頁。

47）　後に西北第一小学では、国立外国語専科卒業（1938～40 年在学）の丁堅（23 歳、男性）が、週に 600 分、日本語を担当。国立外国語専科は、日本の占領下で設立された高等教育機関であるが、日本語教師の養成に力点が置かれていた（『新民報晩刊』1938 年 3 月 10 日。『新民報』1938 年 3 月 15 日）。

48）　津吉については、以下を参照。津吉孝雄「高垣信造師との出会い」小村不二男『日本イスラーム史』日本イスラーム友好連盟、1988 年、481-495 頁。

49）　牧夫「従北京回教会到中国回教総聯合会」中国人民政治協商会議北京市委員会文史資料研究委員会編『文史資料選編』（第 32 輯）北京出版社、1987 年、107-121 頁。

50）　劉仲泉（徳潤）は、清の監生（国子監の学生）。『回教週報』（第 34 期）1941 年 4 月 14 日。

51）　「回教消息」『回教月刊』（第 1 巻第 6 期）1938 年 11 月、64 頁。

52）　「回教圏情報」『月刊回教圏』（第 2 巻第 1 号）1939 年 1 月、51 頁。

53）　1941 年に満洲の炭坑が華北で炭坑労働者を募集したとき、劉は必ずしも協力的ではなかった。劉東声・劉盛林『北京牛街』北京出版社、1990 年、106 頁。

54）　『回教週報』（第 101 期）1942 年 8 月 14 日。

55）　前掲「北京市私立西北第一小学校職教員概況調査表（31 年度）」北京市档案館所蔵資料、J4 全宗 3 目録 290 巻。1941 年 7 月～1942 年 8 月東京帝国大学研究生（証書有り）、1942 年 8 月に西北第一小学に赴任（43 歳）、大人 6 人家族。市立西北第一小学の教員の男女の内訳は、男性 16 人、女性 6 人であった。また牛街小学は男性 11 人、女性 1 人であった。男性教員に比べて女性教員は少なかった。

56）　『回教週報』（第 97 期）1942 年 7 月 17 日。

57）　劉沢国「我的学校」『回教週報』（第 116 期）1942 年 11 月 27 日。「西北中学拡充校舎遷入回聯大楼」『回教週報』（第 183 期）1944 年 8 月 11 日。

58）　『回教週報』（第 125 期）1943 年 2 月 12 日。

59）　『回教週報』（第 125 期）1943 年 2 月 12 日。

60）　劉東声インタビュー、1998 年 5 月 21 日、北京、氏自宅。劉東声前掲書、49-52 頁。

61）　貴志俊彦・白山眞理編『京都大学人文科学研究所所蔵　華北交通写真資料集成』（論考編）国書刊行会、2016 年、189 頁。

62）　「回教消息」『回教月刊』（第 1 巻第 7 期）1938 年 12 月、69 頁。

63) 金吉堂『中国回教史研究』成達師範学校出版部、1935 年。邦訳として以下がある。金吉堂著、外務省調査部訳『支那回教史』生活社、1940 年、171 頁。伊斯蘭百科全書編輯委員会編『伊斯蘭百科全書』四川辞書出版社、1994 年、259 頁。

64) 『新民報』新民報社、1938 年 3 月 8 日。『回教週報』（第 77 期）回教週報社、1942 年 2 月 27 日。

65) 『回教週報』（第 103 期）1942 年 8 月 28 日。

66) 安藤潤一郎「日本占領下の華北における中国回教総聯合会の設立と回民社会——日中戦争期中国の「民族問題」に関する事例研究へ向けて」『アジア・アフリカ言語文化研究』（第 87 号）2014 年、68 頁。

67) 『回教週報』（第 147 期）1943 年 7 月 23 日（通県私立穆光小学第一班卒業記念専頁）。

68) 『回教週報』（第 35 期）1941 年 4 月 25 日。

69) 『回教週報』（第 30 期）1941 年 3 月 21 日。

70) 『回教週報』（第 81 期）1942 年 3 月 27 日。第 116 期、1942 年 11 月 27 日。

71) 『回教週報』（第 84 期）1942 年 4 月 17 日。

72) 『回教週報』（第 131 期）1943 年 3 月 26 日。

73) 『回教週報』（第 148 期）1943 年 8 月 6 日。

74) 小村不二男「巨星・故三田了一先生——形影あい伴う四十五年を偲んで」（上）『アッサラーム』（第 30 号）イスラミックセンター・ジャパン、1983 年 9 月、74-79 頁。同（中）（第 31 号）1984 年 2 月、102-107 頁。同（下）（第 32 号）1984 年 7 月、100-105 頁。

75) 『回教週報』（第 94 期）1942 年 6 月 19 日。

76) 『回教週報』（第 119 期）1942 年 12 月 18 日。

77) 『回教月刊』（第 1 巻第 7 期）1938 年 12 月、69 頁。

78) 栗原清『極秘　中国回教問題の重要性について諸賢に訴ふ』1943 年、17 頁。

79) 「在中国回教総聯合会曽任小職員的向共産党提供的有関該会概況及北平回民情況的材料」1945 年 7 月 1 日、北京市档案館所蔵資料、J2-2-406-1 分類 c663。

80) 栗原清「回教及び回教徒」『北支』（第 4 巻第 9 号）1942 年 9 月、40 頁。

81) 1942 年 6 月段階での中華民国の神社は、上海神社など 52 社に上っていたが、うち北京には 6 社があった（神社本庁『神社本庁十年史』神社本庁、1956 年、27-28 頁）。北京神社は北京市特別布貢院東大街にあり、氏子戸数・居留民戸数は 1627 戸であった。同社は居留民団および民会から神饌幣帛料（神饌は神々に備える食物・飲み物、幣帛は神々の衣料）が供進される神社ではなく、比較的小規模であったと考えられる（近藤喜博『海外神社の史的研究』明世堂書店、1943 年、292 頁。「在支神社制度整備改善要領」辻子実『侵略神社——靖国思想を考えるために』新幹社、211-212 頁）。

82) 竹内前掲、56-57 頁。竹内好は、蒙疆においてムスリムの訓練に当たっていた青年の次のような述懐を紹介している。「自分は日本人として、日本の神を唯一尊厳なものに信仰している。（現に、その青年の自宅には神棚が奉られていた）しかし回教徒たちの信仰の対象は、別の唯一神である。自分は回教徒ではないが、回教の信仰が、彼らにとって正しいものであることを理解出来る。ところが、命令によって回教徒を神社参拝に連れていかなければならないことがある。自分は敬虔な気持ちで神社に参拝するが、彼ら回教徒が本心から神社に礼拝するかどうかといふ疑惑がいつも起る。もし本心からの礼拝で

なかったら、それは神社に対する不敬でもあり、自分はその苦痛に堪へない。また信仰の篤い回教徒ほど、その絶対神への帰依の心は強いはずであるから、一面で回教徒の啓蒙運動に従ひながら、他面で回教の神を否定するような矛盾を演じたのでは、訓練の目的が達せられない」。回教工作に当たっていた日本人工作者の内面の矛盾を示す言葉であろう。

83) 馬寿千インタビュー、1998年7月3日、北京、氏自宅。馬寿千は、中央民族大学で回族研究に従事。

**第 4 章**

# 日本占領下の華北におけるイスラーム青年工作
## ——中国回教青年団をめぐって

## はじめに

　1937 年 7 月の盧溝橋事件の後、同年 12 月に傀儡政権である中華民国臨時政府が成立した。臨時政府の政権基盤は脆弱であった。そのため日本軍は民衆工作を重視し、御用民衆団体である「新民会」が傀儡政権の成立間もない 1937 年12 月に組織された。また、1938 年 2 月にはムスリムの組織である中国回教総聯合会が結成された。

　中国回教総聯合会の主な事業の一つとして、中国回教青年団の組織化がある。同青年団は、青年幹部を養成して一般イスラーム青年の指導に当たらせることを企図していた。

　ところで、戦時下においては、日本国内と植民地の双方において、青少年運動が積極的に推進された[1]。日本国内では、軍国主義化の過程の中で、青年団に対する統制が強化されていった。青年団の組織化の重視は、日本型の社会教育の特色と言えよう。

　その後、日本軍のアジア侵攻にともない「大東亜共栄圏」構想を進めるため、占領下でも現地の青年を対象とした積極的な青年工作が展開された。たとえば、朝鮮では朝鮮連合青年団、満洲国では帝国協和会青少年団が、華北では華北政務委員会の下で新民青少年団が、華中では汪兆銘政権下で中国青少年団が、それぞれ組織されていた[2]。また中国華北では鉄道の防衛のため華北交通が愛路少年隊、愛路少女隊を組織し、青年層だけでなく少年、少女までを戦時動員している[3]。中国回教青年団の組織は、こうした日本占領下における青年工作の流れの中に位置づくものと思われる（写真 4-1）。

　したがって本章ではまず中国回教青年団設立の時代状況を明らかにするた

写真 4-1　愛路少年隊

出典：『北支』(1941年6月号) 12頁。

め、1920年代以降の日本における青年訓練重視の施策を紹介する。そのうえで、日本占領下の中国華北において新民会はどのような民衆工作を実施したのか、日本の軍事占領に伴い華北の社会教育がいかなる変貌を迫られていたのかを概観する。

次に中国回教青年団のカリキュラムや活動内容、訓練修了生の進路などから、訓練の実態を検討する。そして中国回教総聯合会の主要な事業として進められた青年団が、なぜ終焉に向かったのかを考察していきたい。

また日本軍の占領政策の一翼を担う青年団に、なぜ中国のイスラーム青年は参加したのであろうか。本章では一人の団員を取り上げながら、青年が置かれた当時の社会的状況や、青年団への参加から離脱までの経緯を含めて論じるものとする。

## 1　日本における青年工作——青年訓練重視の社会教育

明治維新以降、日本にとって中央集権国家を確立し、資本主義を発展させることは急務であった。そのため、教育の近代化が急速に進められることになり、1872年に学制が公布され、のちには初代文部大臣の森有礼（1847-1889）のもとで学校体系の整備が図られた。明治時期には、学校教育の普及が喫緊の課題であり、社会教育は重視されなかったと言える。ただし、福沢諭吉門下の山名次郎（1864-1957）によって『社会教育論』などの著作が出された（写真4-2）。

また1905年に6年制の義務教育制度が完成したこと、日露戦争後の農村の疲弊を背景として、社会教育に国家的関心が寄せられるようになり、精神主義によって地方の振興を図ろうとする地方改良運動が展開されていく。

大正期になると、資本主義が発展し、自由主義思想が浸透していく。こうした大正デモクラシーの時代状況と、天皇制との折り合いをつけるため、政府は社会教育に本腰を入れて取り組むことになり、1924年には普通学務局第四課

(通俗教育担当) が改編されるかたちで社会教育課が誕生した (1929 年には社会教育局に拡充発展)。こうして社会教育行政の制度が本格的に整えられることになり、社会教育の本格的な国家的な統制が始まった[4]。

文部省の社会教育部局が担当した大きな事業としては、第 1 に青年団の組織化がある。その結果、1925 年には大日本連合青年団が組織された。また、内務官僚である田沢義鋪 (1885-1944) は、青年団活動に尽力し、日本青年館の設立において中心的役割を果たした (写真 4-3)。大日本連合青年団は、やがて 1939 年に朝鮮、台湾、樺太の各連合青年団と合併して大日本青年団となっていく。

写真 4-2　山名次郎　社会教育論

出典：国立国会デジタルコレクション、金港堂、1892 年。http://dl.ndl.go.jp/info/ndljp/pid/812502

第 2 として、青年訓練所の設立が指摘できる (1926 年)。青年訓練所は、徴兵検査前の勤労青年に対して、教練など入隊準備教育を施すことを目的とした施設である。青年訓練所は、戦時体制の強化のため 1935 年には青年学校に統合されることになる。

こうした状況で、文部省の社会教育研究会同人によって『社会と教化』(1921 年創刊、文部省内・社会教育研究会・編輯。1924 年以降は『社会教育』へと改称) が出版された。社会教育研究会は、文部省普通学務局第四課 (通俗教育担当) 課長であった乗杉嘉壽 (1878-1947)

写真 4-3　田澤義鋪

出典：https://commons.wikimedia.org/wiki/File:Yoshiharu_Tazawa.jpg

によって、1920 年に組織された組織である。同誌は、文部省が啓発誘導して社会を教化することを、雑誌の目的と位置づけている。当時の社会教育は、青年への訓練が重視されており、同誌の内容も青年訓練に関する記事が多い。

たとえば第 1 号 (1921 年) には、「青年諸君に望む」(文部大臣・中橋徳五郎、1861-1934) が収録されている。

明治天皇が 1912 年に崩御したのち、記念行事として明治神宮が造営されることになり、日本全国の青年団員が動員された。のべで 11 万人の青年が奉仕にあたったという。青年団員は、昼間は建設や植林などの作業、夜は合宿所で学習をした。起工以来 6 年間、造営してきた明治神宮は、1920 年 11 月 1 日に鎮座の祭りを行った。

　「青年諸君に望む」は、全国青年団の代表が明治神宮完成時に参拝した際に中橋文部大臣が行った訓話である。「諸君は、先に其の代表者を選んで上京せしめ、この神宮に参拝する最初の光栄を得た。……将来ますます研修修養を重ね、地方青年の模範として、君国のために献身的に奮闘し、以て東宮殿下の御令旨に副ひ奉らんとの信念を強固にせられたことと思ひます」とある[5]。そして、「青年は自律自営たれ」、「雄大なる国民たれ」といったという訓辞がされている。

　また『社会と教化』（第 1 号）の目次を見ると、「社会と社会奉仕」「生活改善の意義」、「青年の訓練」（英国、テイ・ダヴリュー・ベリー）といった内容が並んでいる。このように『社会と教化』は、青年団体、青年修養関係の記事が多く、これは、当時の日本の国家による社会教育行政が青年に対する訓練を重視していたことを、如実に物語るものである。

　それでは、日本占領下の華北ではどういった状況であったのか、以下の各節で検討していこう。

## 2　新民会と民衆工作

### （1）　青年訓練所

　臨時政府成立直後の 1937 年 12 月、新民会が組織された[6]。同会は、政権基盤が脆弱な臨時政府を内側から支えるための御用民衆団体であり、当時日本に置かれていた大政翼賛会や満洲国の協和会に相当していた。

　新民会は、北支方面軍特務部の根本博（1891-1966）大佐が協和会出身の小澤開作（1898-1970、小澤征爾の父）らと協議した結果、結成された（写真 4-4）。臨時政府内に日本人官吏は入れないが、新民会には日本人も参加させ、日中合作による民衆組織を通じて、日中不可分の関係を強固なものにすることを狙ったという[7]。新民会の重要職員は、当初日本人 8 人、中国人 7 人とほぼ半数ずつで

構成されたが、総務部など会の運営の中心は日本人が担った（総務部長は小澤開作、中央指導部長は繆斌）。

新民会の名称は、『大学』の中の「明徳を明らかにし民を新たにする」という一句からから採られたという。新民主義は、会の政治的スローガンであり、指導精神であったが、「国民党の三民主義、共産党の共産主義に対決することを目的とする急造イデオロギー」に過ぎなかった[8]。つまり現実的には、華北一帯に激しさを加えていた抗日救国運動を一掃する点に目標があったのである[9]。

新民会では、とりわけ青年工作を重視し、日本人だけでなく中国人青年を訓練し、彼らを行政機関に配置して、親日派中国人によって政権を担わせることを企図していた。戦争の激化と大日本帝国の拡大に伴い、優秀な日本人の確保は難しい状況であった。そのため、旧来からの人間関係の拘束が少なく柔軟性もあると考えられる若い青年層に期待を寄せたのである。

写真4-4　根本博

出典：https://upload.wikimedia.org/wikipedia/commons/5/57/Hiroshi_Nemoto.jpg

こうして北京に中央訓練所として、①中国人系の訓練のための訓練所、②日本人系新規採用会務職員の訓練所、③日本人職員の再教育および軍などの委嘱によって会外の日本人を指導する訓練所、以上3所を設置した[10]。

訓練期間は2ヵ月で、年齢は18歳から30歳までの大学、高校、中学、師範卒などの青年であった。訓練内容は、新民精神、反共三民主義理論、農村自治自衛の組織と運用工作などである[11]。中国側からすれば「親日思想を持たせ親日の行動を採らせる」こと、つまり「敵に忠実に働く売国奴の幹部を養成する」ことを趣旨としていたのである[12]。

また、地方青年訓練所が、省、道、市、県に開設され、その数は1940年には350ヵ所に上っていた[13]。地方青年訓練所の指導員としては、中央訓練所の訓練修了生が派遣された。

ところで、地方に設立された青年訓練所の一つである河北省定県新民青年訓練所の場合、2ヵ月間の宿泊訓練が行われた[14]。当時の青年訓練は、宿泊による訓練を特徴としていた。第1期30人を見ると、19～20歳が17人で最も多く、学歴は高等小学校卒業が16人、職業は農業が14人でそれぞれ最も多かっ

た。第1期生の場合、訓練終了後の勤務先は、新民会6人、官公庁8人であった。

　訓練内容は、精神科（75時間、日華満提携の必要、新民精神）、術科（210時間、教練および養豚などの労作実習）、学科（135時間、農業、合作社、日本語、常識）、科外講話（20時間）、見学（20時間）、その他（10時間）の合計475時間であった。

　同訓練所では、軍事教練の訓練後に部隊長による査閲が行われていた。たとえば「分列可ナルモ（頭右）ノ際整頓崩ルルモノアリ」などの講評がなされている。ただ、術科の中に養豚などの労作実習が入っており、また学科の中にも農業が盛り込まれている。農業関係の学科・実技が多いことは注目できる。地方レベルでの青年訓練所では、軍事教練だけではなく、農業の増産のため農業技術の改良に関わる教育内容が含まれていたのではなかろうか。

　訓練所が置かれた河北省定県は、1926年から37年の日中戦争の開始にいたる時期まで、晏陽初（1893-1990）を中心として組織された民間団体である中華平民教育促進会が郷村建設の定県実験を推進した地域である[15]。そして、アメリカのロックフェラー財団などの補助金を受けながら農業改良（ブタの品種改良）、農民のリーダーの育成などが行われてきた。日本式の軍事教練だけでは、農業青年を集めることができない、という事情があったのかもしれない。

　青年訓練所で訓練を受けた青年は、青年団や自衛団の中心となることが期待された。たとえば河北省通県青年訓練所では、通県および順義県の青年50人を集めて3週間の訓練が行われたが、訓練修了後、青年たちは各県の自衛団の責任を担うことになった[16]。青年訓練所や青年団の目的は、最終的には反共の部隊を養成することにあったのである。青年団の数は、1940年段階で745団、また団員は14万9108人に上っていた。

　地域によっては、青年団の他に、少年団、少女団、女子青年団、婦女会などの団体も組織された[17]。1942年に青年団および少年団は新民会の直属団体となり、新民会中央総会に、新民青少年団中央統監部が設置された。そして地域別、学校別、職業別に、新民青少年団が編成されることになった。

　こうして北京に中央訓練所を設け、中央訓練所の修了生を地方青年訓練所の指導員として派遣し、地方の青年訓練所の修了生で青年団や自衛団を組織するピラミッド型の組織が、新民会の工作の中核として重視されたのである[18]。

写真 4-5、6　青年訓練所での訓練（長春）

　同時期に、満洲国においても多くの青年訓練所が設置され、漢族、満洲人の軍事教練が実施されていた（写真 4-5, 6, 7）。

　こうした青年訓練所や青年団の組織化を推進する青年工作は、戦前日本の社会教育の影響を色濃く反映したものと考えることができる。戦前日本の社会教育の特色として、青年中心性や団体中心性が指摘されている[19]。たとえば、社会教育の主要な対象は、青年層であった。そのため青年団の組織化が積極的に推進され、地方における青年団を統合して 1925 年に大日本連合青年団が、また 1926 年には青年訓練所が設立され、軍事教練を含む訓練が行われた。

写真 4-7　満洲長春の青年訓練所　宮城遙拝

出典：写真 4-5, 6, 7 ともに『映像の証言　満州の記録』満洲映画協会、満映啓民映画編第 2 集、協和青年。

　1912 年の中華民国建国以降の中国における社会教育は、団体というよりも、どちらかというと民衆教育館や民衆学校という施設や講座を中心として展開されるものであった。「バラバラの砂[20]」といわれた中国の大衆を団体に組織することは、困難という事情があったからである。日本の侵略によって、中国の華北にも、青年訓練所など日本式の社会教育が持ち込まれたと言えよう。

　一方、日本の侵略をきっかけに、国民党支配地区でも、1938 年 3 月に三民主義青年団が組織され、青年層を団体に組織し、抗戦に当たろうとする動きが活

発化した。抗日戦争が、中国の広い範囲に、団体中心、青年中心の社会教育を促進したとも言えるのではなかろうか[21]。

### （2）　民衆教育館から新民教育館へ

中国では 1930 年代には全国的に民衆教育館（日本の公民館に相当）が建設され、多くの事業を実施していた。1935 年度の統計によれば、全国には 1397 館の民衆教育館（農民教育館といった類似施設を含む）があった。民衆教育館は、民衆教育の有力な中心機関であり、国民党政権の下で建設が進められ、講演会、各種講座、職業指導、展覧会など多様な事業を実施していた。

また民衆学校は、成人のために国語、算数などの補習教育を行う機関である。初等教育の就学率が低かった中国においては、重要な役割を果たし、1935 年度には全国に 3 万 7226 校が設立され、144 万 6254 人が学んでいた。このように民国期においては、多くの民衆教育館、あるいは民衆学校が全国に広がり、その意味では、施設中心の社会教育が展開されてきたと言えよう。

こうした民衆教育館や民衆学校は、日本軍の侵略によって、どのような変貌をせまられていったのか、新民会はどのように関与するのかをここでは検討していきたい[22]。

1937 年の日中戦争勃発によって、華北の民衆教育館や民衆学校などの社会教育機関は、戦闘の拠点となったり、放火によって被災したりしたものもあり、多くの施設が破壊された。施設の関係者が逃亡し閉鎖されたものもあった。図書館についても、軍隊が退却する際に、図書館の蔵書が持ち出された。そのため「各省市の社会教育機関、施設は殆ど破産の境に瀕した」という[23]。

1933 年度に、河北省の民衆教育館やそれに類する教育館は計 105 館、民衆学校は 1 万 1089 校に上っていた[24]。河北省は全国的に見て民衆教育に力を入れた省の一つであり、多くの民衆教育機関を有していた。

しかし臨時政府の教育統計によれば、1939 年度、同省においては新民教育館（民衆教育館から名称変更）34 館、民衆学校 579 校と大幅に減少している[25]。統計の不備もあるが、戦争によって多くの民衆教育館や民衆学校が破壊され、あるいは閉校を余儀なくされたかを如実に示すものであろう。

これに対して、華北政務委員会のもとで出された日本大使館の報告書では、

事変後は新民会が民衆を組織し、各種施設を設立しており、また戦線地区にあっては、日本軍の民衆工作（宣撫工作）の展開もあり、「各方面の状況を総合すれば事変前と後ろの数的統計のみを以てこれを比較することは妥当でない」と弁明している[26]。つまり民衆教育館などの社会教育施設は破壊されたものの、新民会によって青年訓練所などが開設されたことを示唆している。

　その後、再開された社会教育機関もあったが、数は事変前に遠く及ばず、経費不足で内容も不十分だった。学校教育の発展が遅れた中国において民衆教育館や民衆学校を中心とする社会教育は大きな役割を果たしていた。しかしながら、社会教育機関は日本軍の侵攻によって少なからず破壊されたのである。日中戦争が中国の教育界に深刻な打撃を与えたことは、見過ごすことができない事実と言えよう。

　一方、1938年6月に、新民会が中心となって「勧共滅党運動」が展開された[27]。同運動は、共産主義者の摘発や、反日抗日図書から三民主義文献にいたるるまでの反新民主義文書の没収を目的としており、特に教育関係機関において重点的に実施された。そのため各学校、団体において反日文書の没収が行われ、新民歌、新民体操の普及、あるいは巡回講演が積極的に実施された。

　この日本軍による官製運動をきっかけとして、華北占領地の民衆教育館や民衆学校は、新民教育館や新民学校へと名称変更された。新民教育館においては、東亜新秩序をテーマとして民衆講演会が開催された[28]。一方、もともと国民党の勢力基盤であった華中占領地においては、民衆教育館の名称がそのまま残されたことを付言しておきたい[29]。

　新民教育館の中には、新民会の経営によるところもあったが、その場合は、新民会の色彩が濃厚であり、思想統制が図られた。たとえば河北省定県新民教育館がそれである。

　もともと定県には民衆教育館があったが、事変によって施設の関係者が逃亡し無人の状態に置かれていた。1938年4月に新民会の県指導部ができ、新民教育館の準備を始め、同年6月に開館した。新民会は新民教育館において、新民精神を宣伝するため、日語講習班、連保長懇談会を開催し、思想統制を強化した[30]。

　新民教育館において、日本語教育が行われたところもあった。たとえば河北

省立第一新民教育館では、日本語伝習班が1クラス、少年日本語班が4クラス設立され、日本語の教員1人が担当していた（董英華、26歳、日本東京法政学校に2年留学）[31]。1940年度の調査によれば、調査の対象となった河北省の新民教育館47ヵ所中、日本語クラスの設置が確認できるのは14ヵ所であった[32]。

しかし新民教育館は一般的に県に1ヵ所であり、日本語クラスは各館1クラスが多いため、学習者の数は決して多くなかった。また、当時は、日本国内においても教師が不足し、日本人の教師はいなかった。したがって、日本語教育は浸透しなかったことがうかがえる。

このように日本の軍事占領下の華北において、民衆教育館は新民教育館と名称変更を余儀なくされた。また東亜新秩序に関する講演会が開かれ、日本語クラスが設けられた。その意味で、社会教育施設は日本軍の侵略による変化があったと言えよう。

しかしながら、新民会が予算を支給し、事業も新民会の影響を受けている新民教育館は、1940年の調査によれば河北省では定県および静海県だけである[33]。その他は、思想統制を受ける以外は、国民党時代の民衆教育館の組織、事業を従来の形で継承した所も少なくなかった[34]。

これは、華北の傀儡政権下では、新民会のイニシアティブによって青年訓練所が積極的に設立され予算や人力が投入されたため、新民教育館までは手が回らないという事情もあったのではなかろうか。総じて従来型の社会教育のネットワークを破壊したうえに放置したというのが実状に近いように思われる。

## 3　中国回教青年団の組織化

日本軍部では、中国における分割統治を進めるため、回教工作を積極的に展開していく。その過程で、1938年2月、北支那方面軍は占領下の北京において中国回教総聯合会を設置した。

中国回教総聯合会では、事業としてイスラーム教の振興や教徒の生活改善などを行った[35]。中でも青年に対する工作を重視して中国回教青年団の組織化に取り組み、1938年4月には青年団1期生が入団した。同年2月の聯合会の設立後、間もなく青年団は組織されており、これはイスラーム青年への期待の現れ

と考えられよう（写真4-8）。

青年団の入団に当たっては、試験が実施された。試験には、学科試験（論文、歴史、地理）や人物試験、および体格検査があった。論文試験のテーマとしては、「回教青年の将来の使命」や「青年団に参加する目的」などが[36]、また歴史試験では「中国回教史簡略」、地理試験では「中日満三国交通幹線」などが出題された。

写真4-8　中国回教青年団本部

出典：『回教月刊』（1-2）1938年5月。

受験資格は20代のイスラーム青年で、中等学校卒業あるいは同等の学力のあるものとされた。中等学校卒業という条件や、また一家の働き手である青年を訓練に送り出すことができる家庭ということから、比較的富裕な回民家庭の子弟が多かった。

青年団の団員は、1期から10期まで募集されている。「必要経費は総聯合会が全額負担」し、訓練修了後は、「同会の幹部の斡旋で就職の道が開かれる」とのふれこみで募集が行われた[37]。

1期には9人が入団し、その後、2期41人、3期60人、4期60人、5期32人、6期から10期までの各期は約20余人であった[38]。

一般的に、募集定員よりも入団者は少なかった。たとえば、1期生は募集20人に対して、入団者9人であり、2期生は募集定員50人に対して、入団者は41人（修了生は37人）に留まっていた[39]。また1期生は北京のほか、包頭、張家口、太原、済南、天津など華北の各都市から推薦の者が500人は下らなかった。しかし次第に、学生の募集は容易でなくなり、特に北京以外の地域では募集が難しかったという[40]。華北における日本の戦況の悪化にともない、対日協力者を要請する組織である青年団に入団を希望する者は少なくなっていったのである。

ところで中国回教総聯合会華北聯合総部機関誌の『回教月刊』には、2期生として地方から上京してきた青年であるKSHの作文が掲載されている[41]。

写真 4-9　中国回教青年団 2 期生入所式

出典：『回教月刊』(1-4) 1938 年 7 月。

KSH は H 省の出身でもともと小学校の校長をしており、妻や幼い娘、老母もいた。入団のために、彼は H 省から北京に上京することになった。そのときのことを、KSH は列車が一駅ごとに止まるのは、「青年団に入ってから知識が増え、経験を積むことを暗示している」かのようであったと記している。また列車で検査に来た憲兵も無料優待切符を見てかしこまっており、これは「親善の気持ちの現れ」としている。

　中国回教総聯合会では、「青年団の教師たちがにこにこと迎えてくれ」、「宿舎もきちんとしていて沐浴室もあり快適」であった（写真 4-9）。「知識が浅く、品学が低い」ため、KSH 自身も、青年団で「学術各科を研究し、規律のある生活を過ごすことになるとは、夢にも思わなかった」のであるが、「幸いなことに入学を認められた」。そのため彼は「回教を復興し教義を発揚し、防共を強固にし東亜平和を築き、そして日本と回教の親善の道を歩むよう努力する」と述べている（ただし KSH は訓練中に病死）。

　日本の占領下において、また御用民衆団体である中国回教総聯合会の機関誌に掲載された作文をそのまま鵜呑みにすることはできないし、むしろ KSH の本心はまったく違うところにあったと考える方が自然であろう。

　ただし日本軍には反感を抱いても、それなりの期待、たとえば職業を斡旋してもらえるかもしれない、あるいは社会的に上昇できるかもしれないといった期待があって、青年たちは入団したのではなかろうか。

　それでは、こうしたイスラーム青年の期待は、現実の中で、どのように変わっていくのだろうか。以下の各節で検討していきたい。

## 4 青年団における訓練

### （1） 軍事教練を中心とする訓練内容

　青年団の訓練期間は 2 ヵ月であり（のちに 4 〜 6 ヵ月に延長）、費用の全額を中国回教総聯合会が負担した。学習内容としては、月曜から土曜日までの毎日、「術科訓練」、つまり軍事教練（各種の姿勢・動作、隊形、射撃法）を学び、軍事関連の学科や日本語を学んだ[42]（表 4-1 参照）。表に示されている「立正姿勢」とは、「気をつけ」である。また行進といった、「歩兵操典」（日本陸軍）の初めに書かれてあるような基本訓練が中心である。基礎から訓練する必要があったことがわかる。

　団員は朝 6 時に起床、夜 8 時半に消灯で、就寝後も週 3 回、夜間防空演習があった。1 日の学習時間は 7 時間半であったが、その大まかな時間配分は 4 時間半が軍事教練、2 時間が軍事関連の学科、1 時間が日本語教育に当てられていた。学習・訓練総時間数中、約 6 割が軍事教練と言えよう。1 日 4 時間半の軍事教練は、週 27 時間、2 ヵ月にすると約 200 時間以上となる。また就寝後の夜間訓練を含めると軍事教練の時間数はさらに多くなる。

　こうした中国回教青年団での訓練は、当時、新民会によって華北に設立された青年訓練所、あるいは満洲で協和会によって設立された青年訓練所と共通する点がある。たとえば軍事教練や日本語の学習に力を入れていることなどである。ただし、回教青年団の場合、軍事教練がさらに多いことが指摘できる。

　写真 4-10 は、帽子にイスラームの象徴である三日月と星がついており、中国回教青年団の射撃訓練の様子であることがうかがえる（原板番号 37600）。しかし、『回教月刊』の中には、こうしたリアルな軍事教練の写真は掲載されておらず、掲載されているのは、講義を受ける風景であったり、日常生活について紹介する写真であったり、また礼拝の風景である（写真 4-11, 12, 13）。『回教月刊』では、宣伝のためいかにムスリムの習慣を尊重しているのかが前面に出されていた。しかし、実際は、軍事教練が中心であったことが、華北交通の写真からはうかがわれるのではなかろうか。

　たとえば前述の新民会によって河北省定県に設立された新民青年訓練所の場

表4-1　中国回教青年団訓練日程

中国回教青年団学術科教育進度報告表　第一期

**第一週　5月2日～8日**

| 科目 | 次数 | 月 | 火 | 水 | 木 | 金 | 土 | 日 |
|---|---|---|---|---|---|---|---|---|
| 術科 | 訓練毎日三回（技術） | 立正姿勢及びの各種教練 | 立正姿勢及び転法 | 立正姿勢及び教練演習 | 立正姿勢及び正歩行進 | 行進間の転法 | 行進間歩法の転換 | 一 |
| 学科 | 午前一回 | 歩兵操典 | 防共学 | 軍隊内務規則 | 陸軍礼節 | 民徳統一学 | 人道学 | 帰隊後、日記 |
| 学科 | 午後一回 | 日語　防共学 | 防共精神講話 | 射撃教範 | 日語　築堂教範 | 日語　歩兵操典 | 日語　防共学 | |

**第二週　5月8日～15日**

| 科目 | 次数 | 月 | 火 | 水 | 木 | 金 | 土 | 日 |
|---|---|---|---|---|---|---|---|---|
| 術科 | 訓練毎日三回（技術） | 立正姿勢及び教練 | 行進間の転法 | 正歩・長歩変化法 | 正歩・長歩行進転換 | 行進間の転換方向 | 行進間の方向転換 | 一 |
| 学科 | 午前一回 | 防共学 | 内務規則 | 陸軍礼節 | 防共学 | 民徳統一 | 歩兵操典 | |
| 学科 | 午後一回 | 日語　防共学 | 日語　教義学 | 日語　築堂教範 | 日語　歩兵操典 | 日語　服務規則 | 日語　防共精神講話 | |

**第三週　5月15日～22日**

| 科目 | 次数 | 月 | 火 | 水 | 木 | 金 | 土 | 日 |
|---|---|---|---|---|---|---|---|---|
| 術科 | 訓練毎日三回（技術） | 教練 | 各種姿勢の復習 | 長歩・駆け足転換 | 行進間の転法 | 行進間の隊形転換 | 停止間の各種転法 | 一 |
| 学科 | 午前一回 | 射撃教範 | 天道学 | 防共学 | 軍隊内務規則 | 陸軍礼節 | 民徳統一 | |
| 学科 | 午後一回 | 日語　防共学 | 日語　歩兵操典 | 日語　青年服務講話 | 日語　服務規則 | 日語　防共学 | 日語　歩兵操練 | |

**第四週　5月22日～29日**

| 科目 | 次数 | 月 | 火 | 水 | 木 | 金 | 土 | 日 |
|---|---|---|---|---|---|---|---|---|
| 術科 | 訓練毎日三回（技術） | 班教練 | 各種姿勢の復習 | 長歩・正歩の転換 | 正歩行進の転換方向 | 正歩行進間の跪き | 前科目の復習 | 一 |
| 学科 | 午前一回 | 歩兵操典 | 防共学 | 軍隊内務規則 | 陸軍礼節 | 民徳統一 | 人道学 | |
| 学科 | 午後一回 | 日語　教義学 | 日語　防共学 | 日語　服務規則 | 歩兵操典 | 日語　服務規則 | 日語　天道学 | |

教官主任　橋口幸村　　教官主任　王若愚

出典：『回教月刊』（1－3）期　1938年7月、70頁より著者作成。

第4章　日本占領下の華北におけるイスラーム青年工作 | 137

写真4-10　中国回教青年団

注：帽子に三日月と星が見える。
出典：『京都大学人文科学研究所所蔵　華北交通写真資料集成』（論考編）、挿図8、186頁。

写真4-11　回教青年団日常生活風景

注：訓練期間であっても、ムスリムの習慣を尊重して、礼拝はしていることを『回教月刊』ではアピールしている。

写真4-12　回教青年団日常生活風景

出典：写真4-11,12ともに『回教月刊』（2-1）1939年6月。

合、教練の占める割合は半分にはいたらず農業関連の実技科目も設置されていた[43]。また満洲国で設立されていた青年訓練所では、軍事教練は2〜3ヵ月で100時間であったという[44]。

一方、軍事予備教育施設として日本に置かれていた青年訓練所（1926年設立）において、軍事教練は4年間で、総学習時間800時間のうち400時間である（約5割。中国回教青年団より少ない）。また青年学校（1935年に青年訓練所と実業補習学校とを統合して設立）では、軍事教練は5年間で、960時間のうち350時間である。これらと比べても、中国回教青年団の場合、軍事教練の多さや総時間数に占める割合の高さは際だっている。

また中国回教青年団の場合、訓練以外の学習面でも、軍隊内務規則、陸軍の礼節、防共学、青年服務講話、歩兵操典、射撃教範など、軍事関連の学科が多いという特色があった。

**写真 4-13　中国回教青年団授業風景**

出典：『回教月刊』(1-5) 1938 年 8 月

たとえば内務規則では、軍官の引率のない来賓が宿舎や教室に入ってきたとき、あるいは訓練の際に緊急の連絡があったときの行動についての指導が行われた。陸軍の礼節では、敬礼の仕方などが教え込まれた。

防共学では、共産党による被害、共産主義理論の誤りおよび影響、共産党のムスリムに対する圧迫と文化の破壊などが、ソ連を例として教授され、またムスリムに対する日本の協力についての講義が行われた。

このように学習・訓練のほとんどが軍事に関わる内容といっても過言ではなかった。軍事教練および軍事関連の学科の多さが、中国回教青年団の特色と言えよう。これは軍事情勢が緊迫している華北において、同青年団が設立され、回民青年を即戦力として使うことが期待されていたためと言えよう。卒業後も回教青年団の指導員のほか、警察関係への就職が多い。

中国回教青年団は、当初、茂川秀和機関長が主監で特務部の影響力が強かった。その後、5 期からは、中国回教総聯合会が直接に青年団を指導することになった[45]。

主任教官ははじめ、中国回教総聯合会会計課長の橋口幸村（宮崎県の幹部警察官を歴任）、専任教官は調査部職員の王若愚が担当した。防共学は橋口が、内務規則、陸軍礼節、歩兵操典は、王が担当である（写真 4-14, 15）

主任教官である橋口は、青年に対して、『回教月刊』の誌上で、「烈々タル憂国慨世ノ士！！！　永遠ナル東洋平和ノ為メ、赤魔ヲ膺懲シ楽土建設ノ為メ、輝ク新政府ノ燦光ヲ浴ビテ、勇躍第一線ニ粉砕的活躍セヨ」というよびかけを行っている[46]。橋口の日本語での講義を訓練生は理解できなかったのではなかろうか。また、王が内務規則、陸軍礼節、歩兵操典など日本軍関連内容を指導しているが、回教青年団の指導者不足が示されているように思われる。

ただし、その橋口も、また王も体調不良という理由で、その後ともに辞任している。そのため主任教官については、杉浦真一（3 期）、津吉孝雄（4 期）、長

谷川忠三（5期）と、めまぐるしく代わった。しかし日本人職員が一貫して担当したことに変わりはなく、また教師の経験者もいなかった[47]。ちなみに、4期の専任教官を担当した津吉は、1936年に京都大学東洋史学科の卒業後、1938年に着任している。彼によれば、日本人職員は「雑多な人がはき溜めの様に投入され」、中国回教総聯合会は、「すっきりした工作機関ではなく、一旗組のすみ家に変わって来た」という[48]。

写真4-14　橋口幸村

写真4-15　王若愚

出典：写真4-14, 15ともに『回教月刊』（1-2）1938年5月。

こうした事情のためか、青年団内部の人間関係はぎくしゃくしていたようである。津吉によれば、1941年頃になると「将校が便所から兵に命令したり、工作に従事している者の長髪を切ってやるとハサミをもって追いかけた」という話が伝わるほどであった[49]。

また青年団員が「敵地」へ連絡員（スパイ）として遣わされることもあった。中国回教総聯合会から陝西省西安のモスクへ連絡員を派遣することになり、言葉の関係から河南省出身の団員が選ばれた。買い物に外出したのを拉致して高垣顧問の家に移し軟禁状態にして観察したうえで、半月後に出発させた。約3ヵ月後に帰り着いたが、報酬に不満で間もなく姿を消してしまったという。

1949年の人民共和国建国後、共産党政権下で、中国回教青年団に対しては、「中国の侵略と反共のために、訓練を行うというものであり、また併せて回教軍を組織しようと図った」と批判されているが、これは青年団の本質を示していると言えよう[50]。

ただし同じ中国回教総聯合会でも、傀儡政権である蒙疆政権下での西北回聯の青年工作は、華北と様相を異にするものであった。たとえば、厚和や張家口などに回民（教）青年学校が設立されていたが、これらの学校では、軍事教練が行われたものの、アラビア語などの教授も行われた。また数学、歴史、中国語、日本語などの学科も置かれていた。蒙疆政権においては、モンゴル人と並んで回民に対して、民族の独自性を尊重しながら優遇する政策を採っていたためで

もある[51]。これについては、次章で紹介したい。

　ところで中国回教青年団の団員は、訓練や日本人の指導者に対して、必ずしも従順であったわけではない。様々な事件も生じていたようである。

　たとえば3期生の中には、青年を監視するため、日本人青年が4人入っており、回民青年たちは、何かと不満であった。たまたま道路工事の中国人労働者が、日本人の親方に叱責を受けているところに出くわし、回民青年たちは親方を殴った。日本人の教官が怒ったところ、彼らは親方が日本人であることを知らなかったと言い張ったという[52]。

　また1939年11月のある日、青年団員が劇場で観劇していたとき、ささいなことで劇場側とけんかになり、青年団員6人が重傷を負った[53]。劇場の周辺には回民の小商いが多く、同胞が殴られたことで、商売をやめ喧嘩に加わった。劇場側は浮浪人を糾合し、机や椅子も乱れ飛ぶほどであった。その際ある中国人が、イスラーム教を侮辱する言葉を吐いたので、回民が怒った。

　彼らは善処を求めるため、中国回教総聯合会に大挙して押し寄せた。高垣主席顧問や日本人職員らは、回民が悪いと大声で一喝したが、中国回教総聯合会の中国人職員は怒って、デモ隊に合流して事務室を退室してしまった。

　日本人は回民が襲いかかると思ったのか、裏門から逃げた。その後、劇場の主人は謝罪したが、そのことよりもむしろ日本人が回民の力によって逃げ出したことが、回民たちの話題をさらったという。

　このように青年団員が問題を引き起こすことも少なくなかったのである。また当初は、『回教月刊』に、青年団関連の記事が多く紹介されていたが、次第に記事も少なくなっていった[54]。これらの事実は、青年団が必ずしも所期の成果を上げず、組織化が順調ではなかったことを物語るものであろう。


## （2）　訓練修了後の進路

　青年団の訓練の修了にあたり修了試験が行われた。たとえば、1期の「防共学」の試験では、ソ連の現況について「私有財産制度を否認することは、国民生活及び国力に如何なる結果を招来するか」が出題されている。軍事教練の試験も行われた。1期生の修了試験の成績を見ると、最高91.9点、最低80.4点であった。合格点を獲得していたといえる。

ところで青年団では、訓練修了後は中国回教総聯合会に就職するほか、「軍官鉄道学校などに進学し、いいポストにつける」し、さらに「日本に留学できる」という謳い文句で学生募集が行われた[55]。それでは実態はどうであっただろうか。

1期生は修了後、全員が中国回教青年団関係で就職し、青年団本部の庶務や教育副官、小隊長などになった[56]。たとえば、RYD（B市出身、中学程度）は、青年団本部の庶務に勤務した。MRE（B市出身、中学程度）は、青年団本部の教育副官となった（のちに中国回教総聯合会の経済幹旋所に勤務）。

2期修了生は、青年団や、北京以外の天津、河南などの中国回教総聯合会で働いたほか、茂川機関長の幹旋を受けて憲兵訓練所に入所した。憲兵訓練所に入所したのは、ETZ、RSS など 15 人で、2ヵ月で訓練を終えた。このとき憲兵訓練所に特別にムスリム用の沐浴室を設けたので、大変に快適で、「日本とイスラムとの親善に益する所大であった」という[57]。訓練終了後、彼らは憲兵補として働いた。その他、北支満鉄外事警察局に FKS など 9 人が就職し、特務員として列車で勤務した。青年団の訓練は軍事教練が中心であり、憲兵や警察として着任することが期待されたのである（写真 4-16）。

また 2 期生の SRK は、H省Q県の出身で、以前、軍隊で連長をしていたが、青年団での訓練の修了後、3、4、5 期の隊長および 6、7、8、9、10 期の教官を担当した。青年団の解散後は辞職し、大使館でスパイ活動をしたとされる。

3 期生は、前述の親方を殴った事件のために、ほとんどが職業を紹介してもらえなかったという。

団員の中では、1 期、2 期、3 期までが比較的優秀であったが、その後は、「程度がばらばら」で、「成績も良くなかった[58]」。そのため一部の「優秀な者」は、中国回教総聯合会の職員になったり、華北政務委員会治安総署の軍官隊など、軍隊や警察関係で就職したものの、それ以外にそのまま帰郷する者も多かった[59]。たとえば、4 期生の中で帰郷する 10 余人に対して、旅費と証明書が発行されている[60]。

当時、中国青年の悩みは就職であり、「学んでも出口が無いこと」であった[61]。独身であればまだ良いが、家族がいると生活は一層困窮していた。そのため青

写真 4-16　雨宮大佐の回教青年団の視察

注：雨宮巽は、1941 年天津特別市特務機関長、北支那方面軍で京漢沿線の治安維持を担当。
出典：『回教月刊』(1-4) 1938 年 4 月。

年団員は、就職の斡旋を希望して入団する者が多かった。それにもかかわらず、中国回教総聯合会による就職や進学の斡旋を受けることができない者は、かなりの数に上っていたのである。

　また就職しても、給与の低さは問題であった。たとえば中国回教総聯合会の給与は、特に中国人については薄給であった。たとえば総務部長唐易塵の給与は、新米の日本人職員の 2 分の 1 にしかすぎなかったという[62]。そのため中国人職員の生活はかなり苦しかった。

　憲兵隊に就職しても給与は安かった。たとえば 2 期修了生で憲兵隊補として就職した RSS、KBS は中国回教総聯合会に対して、食費にもこと欠くことを訴えたが、中国回教総聯合会では個人の責任で解決すべきであるとした[63]。

　また中国回教総聯合会では青年団の募集に際して、日本に留学できることを掲げていたが、青年団の中から留学生を派遣したのは、1941 年に 5 人を派遣しただけである。募集の際に抱いた幻想と実態とはかけ離れていた。

## 5　勤労奉仕と青年団の活動停止

　ところで青年団の 10 期生の募集に際して、青年団は「イスラーム青年が訓練を受けるための最高の機関」であり、「政治、社会、宗教などの重要科目を学ぶ」

ことが強調されていた[64]。しかしその実、10期生は回教勤労奉仕隊に参加させられ、1942年の2ヵ月間、満洲の炭坑で鉱山労働に従事することになったのである。

これに先立つこと1年前の1941年に、満洲回民厚生会では、炭坑労働者を華北で募集し、担当者が中国回教総聯合会を訪問した[65]。そして、満洲の治安は良く生活も安定しているムスリムを優遇し、支度金も交通費も支給する、もし借金があった場合、立て替え払いをし炭坑での賃金から差し引くとした。父母や妻子をともなうことも歓迎し、住居を世話する、子どもも働きながら学べるという有利な条件であった。同年、華北は干ばつだったので、中国回教総聯合会では「イスラーム教徒の福利のため」に各地に職員を派遣し、募集工作を行った[66]。

1941年の太平洋戦争の突入後、物資の供給基地として満洲には大きな期待が寄せられていた。しかし満洲では慢性的な人手不足状態にあった。そのため1943年度より、「勤労奉公制度」が組織的に行われ、現地の中国人青年が農場や工場での作業に動員されていた[67]。

炭坑での労働に、中国回教総聯合会がイスラーム青年を動員したのは、「勤労奉公制度」導入の前年であった。しかし人手不足およびそのため被支配者の青年を動員するという構図は、まったく同様である。

ところで勤労奉仕への青年団の派遣に当たって、『回教週報』(『回教月刊』の廃刊後に出版された中国回教総聯合会の機関紙)では、「従来の因習を打ち破り、「労働者は神聖」という精神を以て率先して行い、一般民衆の模範となる」べきことが説かれている[68]。

さらに、勤労奉仕隊は、「空前の壮挙」であり、「健全なイスラーム青年を養成する」とされている。ムスリムはもともと勤勉であったが、ヨーロッパの影響を受け、虚栄心が強く生活も華美で、安逸な生活を送っている。そのためイスラームの不振を招いている。したがって、勤労奉仕によって、困難に打ち克つ訓練を行うことは、イスラームの復興のために急務であると、同紙では主張しているのである。

こうして10期の青年団員は、満洲国錦州省(現在の遼寧省)阜新市の太平採炭所での奉仕作業を余儀なくされた。回教勤労奉仕隊には青年団の10期のほ

かに、各地から推薦を受けた「体が丈夫で有為な」イスラーム青年も加わり、合計80人が参加した[69]。

80人は2小隊に分けられ、昼夜交代で作業をした。中国回教総聯合会の金吉堂宣化部長と長谷川忠三主事が引率し、中国回教総聯合会職員のRKT（青年団6期修了生）が隊員を取りまとめた。

しかし「勤労奉仕というのは、中国には古来ないことで、作業は慣れないことばかり」であった。7月27日より作業を開始し、約2ヵ月間労働したが、暑い季節のために大変な作業だった[70]。

青年団の隊員は回民の中でも比較的恵まれた家庭の出身であり、劣悪な環境に置かれた経験に乏しかった。そのため「階級観念を打ち破り、作業を行った」というものの、これが大変な重労働であったことには変わりない。「地下に800メートルも降りての作業は恐怖」であり、また当初は、「満洲の配給制度のために飲食の不足も生じた」という。

仕事が終了してから宿舎に帰り、「教練体操、日本語、軍歌などの科目を学習」し、「他の人々から賞賛された」というが、これが青年団における学習の内容であった。

勤労奉仕隊に参加した中国回教総聯合会の職員は、「勤労奉仕隊の多くは、強制的に来させられている」と本音をうかがわせながらも、「石炭は、人類にとって大切なものであり、勤労奉仕隊の目的の達成に努力しよう」と思ったという[71]。

またある参加者は「華北のイスラーム教徒は前線で敵（米英）と戦うことはできないので、後方で支援する。満洲で労働することで、友邦の日本が我々に代わって戦っている恩に報いる」と述べている[72]。しかし実は、「勤労奉仕」の名のもとで、最下層労働である炭坑労働に強制的に従事させたことにほかならなかったのである。

当時、勤労奉仕として炭坑や鉱山に派遣されたムスリムの中には、虐待を受け死亡した者もいるという[73]。こうした厳しい労働に、中国回教総聯合会は有為のイスラーム青年を送り込んだのである。当時、回民は概して貧困状態におかれており、教育レベルは低いといわれていた。その中で、中国回教青年団に参加してくる青年は、回民の中でもエリート層に属する貴重な存在である。こ

うした青年たちに炭坑労働を強いたことに、当時の為政者の認識不足が赤裸々に示されているように思う。あるいは、それだけ労働力不足が深刻だったのであろう。

この10期を最後に、青年団は募集を停止した。炭坑での強制労働に対する反発が激しかったことは容易に予測される。イスラーム青年の中国回教青年団や中国回教総聯合会に対する期待というものがあったとしても、それは完膚無きまでに打ち砕かれたのであった。

こうして中国回教青年団は、就職の斡旋もせず、はなはだしきに至っては炭坑での労働を強制するなど、青年にとって何ら魅力のある存在ではなかった。そのため茂川機関長や中国回教総聯合会のテコ入れで、華々しく開始された中国回教青年団は、実質的な解散に追い込まれていく。団員集めが困難であったことが大きな理由であろう。

また青年団員を養成しても、予期したほどの成果があがらなかったこともある。たとえば、「青年団の卒業生の中から成績優秀な者を各機関に推薦してきた。しかし必ずしも職務に熱心でない者も少なくなかった」という。また「卒業生との連絡も取れていない状況でまとまりがない。せっかく訓練しても役に立たない」のであった[74]。

その後、中国回教総聯合会では、よりイスラーム色を打ち出したアホンの養成所に取り組むことになった[75]。ムスリムの積極的あるいは消極的抵抗の前に、日本軍部の進めた中国回教青年団の工作は破綻したと言えよう。

ところで華北において、日本軍は中国回教青年団以外にも、回民青年を訓練し、共産党もしくは国民党の軍隊との直接の戦闘を含めて、戦争のために使役しようとした。

たとえば、河南省清化県は、回民の密集地帯であり、また日本軍の占領地域の最前線であった。そのため青年訓練所が設立され、18歳から40歳までの回民全員が順番に入所することになった。1期100人で、3ヵ月の訓練が行われ、1941年7月までに3期生が訓練を終了した。同県では、回民青年による反共青年団である興亜回教青年団が組織され、皇軍の警備工作を分担していた（写真4-17, 18）[76]。

しかし表面的には訓練に参加している青年が、本心は「日本軍を攻撃したい」

写真 4-17, 18　清化県興亜回教青年団

出典：『京都大学人文科学研究所所蔵　華北交通写真資料集成』（論考編）、挿図 9、10、187 頁。

　中国の華北は、日本軍の侵略行為によって戦場となり戦火に曝された地域である。日本軍、共産党、国民党の勢力が入り乱れる華北において、漢族と歴史的な民族対立をしてきたムスリムにとっても、日本軍は故郷を破壊し生活の基盤を奪った略奪者であり、日本軍の占領下にも共産党や国民党のイスラーム工作が浸透していった[78]。たとえば山東省徳県長官鎮は、従来、中国回教総聯合会支部の傘下にあったが、活発な抗日運動が展開されるようになったという[79]。

　とりわけ共産党の民族政策およびイスラーム工作は、中国回教総聯合会の日本人関係者が注目するほど、大きな成功を収めていた。中国共産党は、日中戦争時期に中国西北部に本拠地を構え、回民に対する少数民族政策を積極的に推し進め、その支持を取り付けた。共産党は社会的にマージナルな存在であったムスリムに対して、政治上の諸権限を与え社会的地位を高めることで自陣営に引き寄せ、ムスリムを「中国人」へと参画させていったのである。

## 6　ある青年の回想をめぐって

　中国回教青年団の青年たちは、それではなぜ青年団に入団したのであろうか。中国に侵略した日本軍の協力者の立場に立つことをどのように考えていたのであろうか。

　ここでは青年団 6 期生として訓練を受けたのち、日本に留学し、帰国後、中国回教総聯合会で職員として働いた一青年を取り上げ、生い立ちや中国回教総聯合会に関わった経緯を見ていきたい[80]。

OSR は、1921 年 3 月に K 省 K 県の裕福な家庭で生まれた。1929 年、8 歳の
ときに一家の期待を背負って N 完全小に入学した。

1931 年に満洲事変が勃発した。OSR も学校内の抗日の宣伝活動に参加し
た。このとき、国民党が抗日に消極的なことに対して疑問を持った。一方、共
産党が積極的に救国救民を主張していることに、共感を覚えたという。

1934 年に小学校を卒業し、1935 年、K 省立 K 中に進学したが、1937 年に退学
した。同年 7 月、盧溝橋事件が発生し、K 県が日本軍の侵略に遭ったので、天
津に逃げた。結婚後、日本軍が故郷から去り、比較的安全になったので 1938 年
に帰郷した。心の中では日本を打倒するという堅い決意をしていたものの、実
際は何もしなかった。

1939 年に K 県は日本軍の制圧を再び受け、家も襲われ、一家四散し小村に逃
げた。共産党の抗日工作に参加しようと思ったものの、家人に止められ親戚の
いる天津へ行った。天津滞在中、物価が高騰し、居候で不安を覚え、何か職を
見つけたいと思った。そのときたまたま街頭で回教青年団 6 期生の募集広告を
目にした。「立派な大人が家族や親戚に依存するのは恥ずかしい」し、当面の生
活ができると思い、応募したところ採用になった。こうして OSR は 1940 年 4
月に青年団第 6 期生として入団した。

当時のイスラーム青年は、自暴自棄になっていたというが、OSR も将来への
展望を持てないまま青年団に入団したのであろうか[81]。

訓練修了後、OSR は 1940 年 9 月から 1941 年 4 月にかけて中国回教総聯合
会の見習いをした。また中国回教総聯合会から派遣されて 1941 年 5 月から
1942 年 5 月にかけての 1 年間、東京の東亜学校（前身は東亜高等予備学校）日本
語正科に留学した。

日本への留学は OSR のほかに、RKT（青年団 6 期修了生。帰国後、中国回教総
聯合会職員）、OKT（7 期修了生。帰国後、中国回教青年団隊長）、YSK（7 期修了
生）、および中国回教総聯合会職員の RBK（1938 年東京モスクの開堂式にも参加。
帰国後、西北中学の教員。後に華北開発公司の職員）の 5 人であった（写真 4-19）[82]。

日本の神社で撮影された鳥居を背景とする 5 人の写真が、『回教週報』に掲載
されているが、ムスリムは、アラー以外の神を拝むことが厳しく禁止されてい
るため、留学生の神社への参拝は宗教に反する行為として、当時、あるいはそ

写真4-19　日本に留学した中国回教青年団の団員

注：5人の回教青年団員。右から2人目がOSR。
出典：『回教週報』（第74期）1942年1月30日。

の後もイスラームコミュニティから批判された可能性が高い。

OSRは年齢が若く、また回教青年団で日本語を学んだことがあるということで派遣された。留学することになったものの、「自分の良心に恥ずかしいのではないか」、あるいは「故国に帰って抗日同志に顔を合わせることができるだろうか」と自問した。しかし「日本の実情を知る良い機会であるし、また罪も許してもらえるだろう」と思ったという。

OSRは、日本人を観察して、「日本人の愛国精神には深いものがあり、我々よりもはっきりと現れている」し、「困難を恐れず勤勉なところも研究に値する」としている。ただし日本の軍事力や日中戦争の戦果など、日本人が誇っている多くの部分が、中国を侮辱するものと思った。そして「この1年の罪は重いが日本人理解は進んだ」という。

当初、中国回教総聯合会は5人の留学生に日本語を学ばせ、その後警察学校に入学させて、「日本の帝国主義に忠実な軍警の人材を養成する予定」であった。しかし太平洋戦争の勃発の影響で、日本語を1年学んだだけで帰国した[83]。

OSRは1942年5月に帰国後、1944年8月まで中国回教総聯合会職員として働いた。この頃になると、中国回教総聯合会では予算も削減され、薄給のため多くの職員がやめていった[84]。OSRも辞職し故郷で農業を営むことになった。

新しい人生が始まったものの、OSRはどこに行けばいいのかと迷った。しかし「共産党は、進歩的で力強く、民衆の意志を反映している」と考え、共産党と連絡を取った。抗日戦争を戦っている共産党の側から見れば、OSRは敵国協力者であり裏切り者ということになるが、彼は「自分を改めるために、新しい光明の道を歩みたい」と決意している。

以上の記述は、OSRが1945年7月、日本の敗戦直前に、共産党に提出した資料に依拠している。そこには日本の侵略によって、結果的に日本に協力せざ

るをえなくなったイスラーム青年の心情が吐露されていると言えよう。

　日本軍部は、ムスリムは反共の立場に立つものと考え、回教工作を展開し勢力拡大を図った。しかしながら実状を見るならば、OSRのように日本留学し、帰国後に中国回教総聯合会の職員となったような日本に最も近いと考えられるムスリムでさえ、抗日の姿勢を明確に示していた共産党の側に身を投じていったのである。最も親日的と見なされる青年の心さえ、日本側は掌握できなかったのである。

　こうして日本の回教工作は、イスラーム青年をしてかえって共産党の側に駆り立てたと考えられる。つまり華北における回教工作は、中国人ムスリムの反発を招き、むしろ抗日勢力としての共産党の支持基盤を固め、逆効果であったとさえ言えよう。


## 7　回教工作挫折の要因

　北支那方面軍特務部の肝いりで1938年に中国回教総聯合会が組織され、華北における回教工作が展開されていった。しかしながら、その主要な事業であった中国回教青年団の事業も暗礁に乗り上げることになった。

　また中国回教総聯合会自体も、漢族主導の御用民衆団体である新民会の傘下に入り、次第に活動が停滞していく。たとえば予算面でも、1941年には新民会中央から月額1万8000元を支給されていたものの、1943年より支給額は月額1万元に削減された。物価上昇を考えると、従前の約4分の1にすぎなかったという。これは新民会の財政難（1943年3月には新民会の指導者を大量に解雇）とともに、新民会の漢族幹部の無理解があったという[85]。

　1943年当時、中国回教総聯合会には日本人職員11人、ムスリムの職員が110余人いたが、予算が逼迫する中で職員の動揺も広まり、OSRのように多くの職員が辞職していった。この頃から、中国回教総聯合会によって設立された地方の組織も、共産党や国民党に侵食されていくのであった。

　また中国西北部に目を転じると、寧夏に君臨していた回民軍閥である馬鴻逵が日本軍の前に壁として立ちはだかり、その結果日本軍は、西北への侵攻を事実上、諦めることになり、軍自体が中国国内での回教工作にも消極的になって

いく。

　以上見てきたように、中国回教総聯合会を中心とした回教工作は、華北においては日本側が考えたようには順調に進まず、回民は独自の主体的な対応を見せていくのであった。それでは回民の側の主体的な対応が可能になり、回教工作が挫折していった要因としては何が考えられるだろうか。

　まず理由の第1として、本来的に回民は複合的な帰属意識構造を持つことが、指摘できる。イスラーム世界の住民にとってどの集団に属するか、という帰属意識は複雑で、彼らはいくつかの帰属意識を重層的に持っているといわれる。

　それは、①血縁、または言語を中心とした文化を同じくする人間集団、②地縁、つまり故郷を同じくする人間集団、③宗教・宗派を同じくする人間集団、④政治単位としてのまとまり、⑤心理的・情緒的な同朋意識、である[86]。

　このようにムスリムは、本来的に複合的な帰属意識構造を持っていることから、ムスリムをたとえて「多重人格」と言う者もいる[87]。こうした複合的な帰属意識構造は、「アイデンティティ複合」として説明される。そのため回民は、日本人の前では従順な態度をとりながらも、実はその陰では、自分の信念を貫いていたのである。

　中国回教総聯合会の回民指導者についても、親日的な発言をしていたにもかかわらず、宮城遙拝を拒否し、日の丸に対する敬礼をしないし、他の者にもさせていない。その意味で、日本側は彼らをコントロールし利用しているようで、実は振り回されていたと言えよう。

　第2に、ムスリムのネットワークがある。ムスリムが居住する中東地域は「人間移動のカルチャー」によって特徴づけられるともいわれる[88]。移動は社会生活の自然な出発点であり、文化の中にインプットされているのである。

　第3章で、清末以来の日本留学、あるいはメッカ訪問によって覚醒された回民指導者が、イスラームの近代化を進めるために学校建設を始めたことを述べた。それに加えて日中戦争時期の回民の動きも活発で、北京からメッカに派遣された回民の指導者が、国民党支配地区からメッカに派遣された回民と現地で出会い、行動を共にしている[89]。したがって、日本占領下の回民の動きを見る場合にも、メッカ―中国―日本といった広がりの中で、彼らの動きを考えていく必要がある[90]。

第3に、中国の華北において日本軍は、共産党および国民党の軍隊と対峙せざるを得ず、絶えず国民党、共産党の影響を受けていたことがある。たとえば北京の回民の指導者が、上海で国民党系の回民指導者を訪れ、指導を仰ぐこともあったし、回民の中には北京を離れ、成都などの国民党支配地区に移住する者もいた[91]。国民党・共産党の双方が、北京の回民居住地域に工作員を派遣し、北京の回民の指導者の中にも、それぞれの関係者といわれる人物がいた[92]。中国回教総聯合会調査室主任の栗原清は、共産党がイスラームを装ってモスクに入り込み、日本がムスリムの迫害者であるかのように宣伝をし、日本とムスリムとを離間させようとする姑息な術を弄していると述べている[93]。

特に、共産党は、回民を独自の民族（つまり「回族」）と認め、大幅な自治を認める政策を打ち出し積極的に宣伝していた。共産党の政策は回民に歓迎され、回民は日中戦争の中で大きな活躍をしていったのである。こうした共産党の影響力は、日本側にとって脅威であった。

以上、3つの要因に加えて、その他の要因として、敬虔なムスリムとして、戦後に日本のイスラーム界を担う三田了一が、1941年より中国回教総聯合会の主席顧問に就任したこともある。イスラームに対して理解が深かったと推測されよう。また1941年に太平洋戦争へ突入して以降、戦局の悪化から、ムスリムに対して強圧的な態度を取れなかったことが、指摘できるのではなかろうか。

## まとめ

日本の軍事占領は、これまでの中国における社会教育の施設やネットワークを破壊した。そのうえで青年訓練所や青年団の設立に見られるように、日本モデルの社会教育を中国に導入しようとした。

中国の社会は日本のように組織化されておらず、青年訓練所の伝統はなかった。日本軍部は軍事力を背景としながら、強圧的に青年層を組織化しようとした。そして中国回教総聯合会ではイスラーム青年の中核を養成するため、中国回教青年団を組織し、青年に対する訓練を重視した。

中国回教青年団では軍事教練が多く、ムスリムの軍隊を作ることを目的としていたといっても過言ではない。また青年団に参加するような、比較的親日的

で有力な教徒の子弟に対して、勤労奉仕の名のもとに、炭坑での労働という最下層労働まで強いていたのである。

　訓練修了後も、就職の斡旋をせず、したところで生計を維持するにも事欠くような薄給であった。イスラーム青年の側に、たとえ青年団に対する何らかの期待があったとしても、現実はことごとく期待を裏切るものだったのである。こうして中国回教青年団は、1938年5月から4年間にわたって青年の訓練を行ったが、1942年4月に入団した10期生の訓練終了後は募集を停止した。青年団員の募集は困難となり、青年団は実質的に解散へと追いやられていくのだった。

　物資補給の裏づけのないまま戦争に突入した日本軍は、日中戦争の遂行に当たって、食料ばかりでなく、日本軍のために働く兵隊や要員さえも、現地調達しようとした。そのため占領地において青年が組織され、訓練され、動員された。けれども日本軍に郷里を追われ生活の基盤を失い、その結果として青年団に参加した青年が、日本軍のために忠実に働くとは考えられない。

　青年工作は、そもそも出発点から矛盾を孕むものであった。青年訓練所を設立し、青年団を組織して青年を教化する日本式の青年工作のやり方を押しつけても、うまくいくはずはなく、破綻の道を歩むのは必至だったのである。

　中国回教総聯合会の前身である北京回教会は、1938年1月に理事会を開催し、今後に向けての活動計画を討論した。その中で、新政府に対して、できるだけムスリムを登庸するように求める案や、新政府内に回教部を設立する案、各地で回教徒平等待遇案を発令するよう政府に求める案が論議された(94)。北京の回民の側には、政権に参加し、民族の地位を向上させたいという願いがあった。

　しかし中国回教総聯合会で実施したことは、青年団にしても、中国回教総聯合会や軍および憲兵隊のための尖兵を養成しようとしたにすぎなかった。回民が政策決定に参与することはできなかったし、社会的地位も依然として低いものに留まっていたのである。これでは当然のことながら回民の民心を掌握することはできない。

　日本軍部は、ムスリムは反共の立場に立つものとして期待していたが、回民は、次第に明確に反日の姿勢を示すようになった。日本の回教工作は、抗日勢

力としての共産党の支持基盤を固めた面も否めず、日本の回教工作は逆効果であったとさえ言えよう。こうして日本軍は回民の支持を得られないまま、日中戦争の泥沼に陥り、敗戦を余儀なくされていったのである。

一方、日中戦争時期に中国共産党は、中国西北部に本拠地を構え、対回民政策を積極的に押し進めた。たとえば回民を独自の民族である「回族」として認め、その支持を取り付けた。

共産党は社会的にマージナルな存在であったムスリムに対して、政治上の諸権限を与え社会的地位と高めることで、自陣営に引き寄せ、ムスリムを「中国人」へと参画させていった。日中戦争において中国が危機にさらされる過程において、ムスリムたちは中国共産党下で、「回族」としてのアイデンティティと同時に、「中国人」としてのアイデンティティ、いわばダブル・アイデンティティをも形成していったのである。

こうした共産党が日中戦争勝利のうえで大きな役割を果たし、さらに最終的に国民党に勝利を収め全国統一したことを考えるならば、回民がキャスティング・ボードを握る大きな存在であったこと、そして中国におけるマイノリティを掌握した者が、その後、中国の統合に成功し、歴史の扉を開いたことを我々に呈示しているのではなかろうか。

そして、回教工作に失敗した日本軍が敗退し、ムスリムの人心を掌握し得た中国共産党が、抗日戦争に勝利し中国において統一政権の樹立の成功したことを、歴史は雄弁に物語っている。


## 注

1)　大森直樹「「大東亜共栄圏」下の青少年運動」小金井市誌編纂委員会『小金井市誌編纂資料』（第30編）小金井市教育委員会、1992年、47-70頁。大串隆吉『青年団と国際交流の歴史』有信堂、1999年、210頁。

2)　郭秀峰「汪偽時期的"新国民運動"」中国人民政治協商会議江蘇省委員会文史資料研究委員会編『江蘇文史資料選輯』（第12輯）江蘇人民出版社、1983年、179-186頁。

3)　『北支』（1942年4月号、愛路工作　愛路少年隊、愛路少女隊記事有り）。愛路少年隊の写真（写真4-1）キャプションには彼らは現実の凶器を持つ敵に対抗するので訓練は軍隊式に厳格とある（『北支』〔1941年6月号〕16頁）。

4)　碓井雅久『社会教育』（教育学叢書16）第一法規、1970年、58-63頁。

5)　文部省内・社会教育研究会『社会と教化』（1921年創刊、1924以降は『社会教育』へと

改称）、大日本図書。

6)　堀井弘一郎「新民会と華北占領政策」（上）（中）（下）『中国研究月報』中国研究所、1993年1月号（1-20頁）、2月号（1-13頁）、3月号（1-6頁）。

7)　防衛庁防衛研修所戦史室『戦史叢書　北支の治安戦〈1〉』朝雲出版社、1968年、76頁。

8)　安井三吉「日本帝国主義とカイライ政権」『講座中国近現代史』（第6巻）東京大学出版会、1978年、164-165頁。

9)　八巻佳子「新民合作社運動による大衆動員」『歴史公論』（第6巻第2号）雄山閣、1980年2月、103-110頁。

10)　岡田春生『新民会外史——黄土に挺身した人達の歴史』（前編）五稜出版社、1986年、169頁。

11)　八巻佳子「中華民国新民会の成立と初期工作状況」藤井昇三編『1930年代中国の研究』アジア経済研究所、1975年、385頁。

12)　国民政府軍事委員会政治部編印『敵偽的奴化教育』1941年、25-27頁。

13)　興亜院華北連絡部『北支における文教の現状』新民印書館、1941年7月、122-123頁。たとえば西苑などに設置された（『新民報』1938年1月11日）。

14)　中華民国新民会中央指導部『新民会定県指導部工作経過概況（民国27年度）』1939年、73頁。

15)　拙稿「「解放」前中国における郷村教育運動」『東京大学教育学部紀要』（第24号）1985年、297-308頁。

16)　『新民報』1938年2月4日。

17)　新民会渤海弁事処「民国30年度工作大綱実施要項」『新民運動』（第4号）新民会中央総会、1941年5月、109頁。「青少年運動新発足の意義」『新民運動』（第11号）1942年11月、6-15頁。

18)　岡田前掲、169頁。

19)　碓井正久「社会教育の概念」長田新監修『社会教育』（教育学テキスト講座第14巻）御茶の水書房、1961年、37-38頁。橋口菊「社会教育の概念」小川利夫・倉内史郎編『社会教育講義』明治図書、1975年、46頁。

20)　孫文著、島田虎次訳『三民主義』（世界の名著、第64巻）中央公論社、1972年、150頁。

21)　東亜研究所『国民党支那の教育政策——特にその民族主義的傾向を中心として』1941年、523頁。

22)　拙稿「日中戦争時期における傀儡政権と社会教育」『日中教育の回顧と展望——第3回日本侵華殖民教育国際学術研討会報告書』（1999・大連）、平成12年度文部科学研究費補助金基礎研究（B）・研究代表者：渡部宗助、2000年12月、167-178頁。

23)　在北京大日本大使館文化課『北支における文化の現状』新民印書館、1943年、120頁。

24)　教育部編『中華民国二十二年度　全国社会教育統計』商務印書館、1936年、120頁。

25)「10、各省市社会教育機関統計分表」教育総署総務局統計科編『民国二十八年度華北教育統計』（1940年）第二歴史档案館所蔵資料、全宗号2021案巻号重21、社会教育10頁。

26)　在北京大日本大使館文化課前掲、120頁。

27)　八巻（1975）前掲、349-394頁。「山東省公署咨為該省公私立各社会教育機関及学校凡冠有民衆字様者一律改称新民諮請査照備案由」（山東省馬良から教育部へ、民国28〔1939〕

年1月28日）第二歴史档案館所蔵資料。全宗号2017案巻号232。

28) 「華北各省市県二十九年度 社教実施概況」第二歴史档案館所蔵資料、全宗号2021案巻号718。河北省文安県立新民教育館では新民主義の講演が、同省広宗県立新民教育館では東亜新秩序建設についての民衆講話が行われた。また防共運動が展開され自営団の組織化が図られた所もあった。

29) 新保敦子博士論文、早稲田大学図書館リポジトリ参照。

30) 華北社会教育協進会編『華北社会教育概覧 民国三十年度』1942年、3頁。

31) 「河北省立第一新民教育館概況調査表」第二歴史档案館所蔵資料、全宗号2021案巻号718。

32) 前掲「華北各省市県 二十九年度社教実施概況」。

33) 前掲「華北各省市県 二十九年度社教実施概況」。

34) 前掲「華北各省市県 二十九年度社教実施概況」。在北京大日本大使館文化課前掲、120頁参照。

35) 三田了一『支那に於ける我が回教対策に就て』中国回教総聯合会、18頁。

36) 「中国回教総聯合会特組回教青年団之経過」『回教月刊』（第1巻第2期）中国回教総聯合華北聯合総部、1938年5月、29-30頁。

37) 「回教圏情報」『月刊回教圏』（第1巻第3号）回教圏研究所、1938年9月、38頁。

38) 「青年団受訓概況」『回教月刊』（第2巻第4期）1940年3月、15頁。

39) 「本会特稿」『回教月刊』（第1巻第4期）1938年7月、53-61頁。『華北宗教年鑑』（第一次版）興亜院華北連絡部内興亜宗教協会、1941年3月、286頁。

40) 「九月分会務之一班」『回教月刊』（第1巻第7期）1938年12月、76頁。

41) KSH「受訓於青年団之前的印象」『回教月刊』（第1巻第4期）1938年7月、29-32頁。KSHは、「思想的にも模範」で、入学式に2期生を代表し、挨拶をするほどであった。しかし訓練修了間際に盲腸炎から肺炎を併発し死亡した（伯言「悼青年団学員夭逝」『回教月刊』〔第1巻第6期〕1938年11月、20頁、65頁）。

42) 「青年団報告」『回教月刊』（第1巻第3期）1938年7月、70頁。1日のスケジュールは、6時起床、6時20分点呼、7時技術、7時30分朝食、8時10分訓練、10時～11時30分軍事学科、12時昼食、1時20分学科、3時～5時訓練、6時～8時自習、8時30分消灯。

43) 学習訓練総時数475時間中、教練などの「術科」は210時間であった。この時間の中には農作業も含まれているために、実際の教練の時間数はこれよりも少なかった（中華民国新民会中央指導部『新民会定県指導部工作経過概況』1939年2月、42頁）。

44) 大森直樹「植民地支配と青年教育」『日本社会教育学会紀要』（NO. 28）、日本社会教育学会、1992年、90-100頁。

45) 「会務概況」『回教月刊』（第2巻第4期付第2周年年報）1940年3月、8-12頁。中国回教青年団は、のちに「青年団訓練所」（9期）、「回聯中央訓練処」（10期）と改称されている。

46) 「中国回教青年ニ与フ」『回教月刊』（第1巻第2期）1938年5月、1頁。

47) 「青年団報告」『回教月刊』（第1巻第3期）1938年7月、67-70頁。

48) 津吉孝雄「高垣信造師との出会い」小村不二男『日本イスラーム史』日本イスラーム

友好連盟、1988 年、489 頁。

49) 津吉前掲、481-490 頁。

50) 彭年「日寇控制下的偽「回聯」」中国人民政治協商会議北京市委員会文史資料研究委員会編『日本偽統治下的北平』北京出版社、1987 年、299-302 頁。

51) 拙稿「西北回教聯合会におけるイスラム工作と教育」『学術研究』（教育・社会教育・体育学編）（第 48 号）早稲田大学教育学部、1999 年、1-16 頁。

52) 劉東声・劉盛林『北京牛街』北京出版社、1990 年、104 頁。

53) 楊敬之「北方回教同胞的抗戦情緒」『月華』（第 12 巻第 22-27 期合併号）月華報社、1940 年 9 月 25 日、13-19 頁。事件は 1939 年 11 月に発生したとされているが、これが正確であれば、5 期生。

54) 青年団の関連記事は、『回教月刊』の第 1 巻第 2 期～第 1 巻第 4 期に多く、次第に減少。

55) 『回教週報』（第 81 期）1942 年 3 月 27 日。

56) 「青年団特稿」『回教月刊』（第 1 巻第 4 期）1938 年 7 月、53-61 頁。

57) 「青年団学員補入日軍特種憲兵」『回教月刊』（第 1 巻第 7 期）1938 年 12 月、64-65 頁。「選抜青年団員充満北支外事警察特務員」『回教月刊』（第 1 巻第 8 期）1939 年 1 月、57 頁。

58) 『回教週報』（第 65 期）1941 年 11 月 21 日。

59) 青年団の修了生の中には、軍関係で就職する者もいた。たとえば 4 期生のＯＫＨ（29 歳）は、訓練修了後、中国回教総聯合会で働き、その後中南海公園救護班班長や、山東泰安県保安第 1 梯隊特務第 2 大隊隊長を歴任したが、共産党ゲリラに襲われ戦死した（『回教週報』〔第 125 期〕1943 年 2 月 12 日）。

60) 前掲「会務概況」『回教月刊』（第 2 巻第 4 期付第 2 周年年報）1940 年 3 月、8-12 頁。

61) 『回教週報』（第 118 期）1942 年 12 月 11 日。『回教週報』（第 130 期）1943 年 3 月 19 日。

62) 津吉前掲、481-490 頁。

63) 前掲「会務概況」『回教月刊』（第 2 巻第 4 期付第 2 周年年報）1940 年 3 月、8-12 頁。

64) 『回教週報』（第 74 期）1942 年 1 月 30 日。

65) 『回教週報』（第 42 期）1941 年 6 月 13 日。『回教週報』（第 44 期）1941 年 6 月 27 日。

66) 劉東声によれば、1941 年頃、中国回教総聯合会の日本人顧問が、回族の青年を東北での勤労奉仕に参加するように要求したことがあった。総務部長の唐易塵は、これを北京の回教徒の有力者で中国回教総聯合会華北聯合総部委員の劉仲泉と相談したが、劉は子々孫々から恨まれると反対した。そこで、ムスリムは家を離れると食事の問題が生じて不便と主張し、なし崩しにしたという経緯があった（劉東声・劉盛林前掲、106 頁）。

67) 大森直樹「植民地における青年教育政策の展開」『国際教育研究』（第 11 号）東京学芸大学海外子女教育センター国際教育研究室、1991 年、30-68 頁。

68) 『回教週報』（第 98 期）1942 年 7 月 24 日。

69) 『回教週報』（第 97 期）1942 年 7 月 17 日。

70) 『回教週報』（第 99 期）1942 年 7 月 31 日。『回教週報』（第 103 期）1942 年 8 月 28 日。『回教週報』（第 110 期）1942 年 10 月 16 日。

71) 『回教週報』（第 109 期）1942 年 10 月 9 日。

72) 『回教週報』（第 111 期）1942 年 10 月 23 日。

73) 益井康一『漢奸裁判史』みすず書房、1977 年、291 頁。

74) 『回教週報』（第 22 期）1941 年 1 月 17 日。

75) 1942 年 12 月 10 日に開学。『回教週報』（第 114 期）1942 年 11 月 13 日。『回教週報』（第 116 期）1942 年 11 月 27 日。

76) 『回教週報』（第 97 期）1942 年 7 月 17 日。「回教圏情報」『月刊回教圏』（第 2 巻第 4 号）、1939 年 4 月、70 頁。写真は河南省清化県。①「大辛荘の興亜回教青年団・原板番号 37668（貴志俊彦・白山眞理編『京都大学人文科学研究所所蔵　華北交通写真資料集成（論考編）』国書刊行会、2016 年、187 頁）、②「興亜回教青年団教練」・原板番号 37661（同、187 頁）。

77) 楊前掲、13-19 頁。国民党の立場から日本の中国イスラーム政策を批判した楊敬之が、山東の青年訓練所にいた回民青年から聞いた話。

78) 大東亜回教研究所『時局ト回教問題』1944 年、38 頁。

79) 栗原清『極秘中国回教問題の重要性について諸賢に訴ふ』1943 年、11 頁。徳県長官鎮のムスリムは中国回教総聯合会の傘下にあったが、1943 年にはイスラームの旗の下に反日となった。

80) 「在中国回教総聯合会曽任小職員的向共産党提供的有関該会概況及北平回民情況的材料」北京市档案館所蔵資料、J2-2-406-1　C663、1945 年 7 月 1 日。

81) 『回教週報』（第 93 期）1942 年 6 月 12 日。

82) 『回教週報』（第 74 期）1942 年 1 月 30 日。神社を背景とした 5 人の写真が掲載されている。

83) 劉東声・劉盛林前掲、106 頁。

84) 栗原（1943）前掲、9-11 頁。

85) 北京市档案館編『日偽北京新民会』光明日報社、1989 年、405 頁。

86) 加藤博『イスラーム世界の危機と改革』（世界史リブレット 37）山川出版社、1997 年、16-17 頁。近代以前において、信徒の帰属意識に決定的な枠組みを提供したのは宗教・宗派であるが、19 世紀になると宗教から民族へ移行していったと言われている。

87) 鈴木規夫『日本人にとってイスラームとは何か』筑摩書房、1998 年、39 頁。本書は、日本人とイスラームとの関係を理解するうえで示唆に富んでいる。

88) 堀内正樹「移動を常態とする社会——マグレブの人々の生活と意識」梶田孝道編著『ヨーロッパとイスラム』有信堂高文社、1993 年、286-299 頁。引用は歴史家である三木亘の言葉（三木亘「人間移動のカルチャー」『思想』〔1975 年 10 月号〕岩波書店、72-74 頁）。堀内によれば、アフリカ北部のマグレブ社会の場合、親戚を訪問中に、そこで仕事を見つけてそのまま滞在することは日常の出来事であると言う。そしてムスリムが移動するにはネットワークが必要であり、ネットワークをつくるために人と会い、さらに会うために移動するという循環があるとする。

89) 牧夫「従北京回教会到中国回教総聯合会」中国人民協商会議北京市委員会文史資料研究委員会編『文史資料選編集』（第 32 輯）北京出版社、1987 年、107-121 頁。

90) 板垣雄三「地域を組み換えて生きる」『歴史の現在と地域研究——現代中東への視角』

岩波書店、1992年、4頁。ムスリムを分析する枠組みとして、板垣雄三は「私」を起点として地域を考える、という逆転の発想を提起している。私が生き、私の生活が埋め込まれている世界、私が関心を持ち関与したいと思っている問題空間として地域を捉えよう、という考え方である。ムスリムの行動の広がりを考えるうえで、有効と言えよう。

91)　劉東声・劉盛林前掲、171頁。

92)　彭年インタビュー、1998年4月28日、北京、北京イスラーム協会。

93)　栗原清「回教及び回教徒」『北支』（第4巻第9号）1942年9月、40頁。

94)　『新民報』1938年1月10日。

第5章

# 蒙疆政権下の回教工作と教育
## ——西北回教聯合会を中心として

## はじめに

1931年の満洲事変以降、関東軍は満洲国から蒙疆へと支配を拡大し、1936年にはチャハル（察哈爾）省徳化において蒙古軍政府を成立させた[1]。また1937年の盧溝橋事件を契機として、日中両国は全面的な日中戦争に突入するが、このとき関東軍は張家口（チャハル省）、大同（山西省）、帰綏（綏遠省、現在のフフホト）、包頭（綏遠省）に侵攻し軍事占領下においた。

その後、張家口に察南自治政府（最高委員・于品卿〔1886-1945〕）、大同に晋北自治政府（最高委員・夏恭〔1872-1941〕）、厚和（帰綏を改称）に蒙古聯盟自治政府（主席・徳王〔1902-1966〕）が成立し、3政権を統括するものとして蒙疆聯合委員会が発足した（1937年）。これらの政府の最高委員や主席には中国人やモンゴル人が任命されたが、最高顧問には日本人が就任し、日本が間接的に統治することになった。

1939年には3政権が統合され、張家口に徳王を首班とする蒙古聯合自治政府が誕生する（初代の最高顧問は金井章次〔1886-1967〕）。蒙古聯合自治政府は、1940年に汪兆銘を行政院長（首相）とする中華民国政府成立後の1941年以降は蒙古自治邦政府となる。当時この地域一体、つまり南は長城（内長城線）を境とし、北は外蒙古共和国、西は寧夏、東は満洲国に囲まれた地域は蒙疆と呼ばれ、これら一連の傀儡政権は蒙疆政権と通称されていた（図5-1）[2]。

蒙疆に連なる中国西北部は、ムスリムの居住地域であることから、関東軍を継承しながら蒙疆に新しく組織された駐蒙軍は、新疆に至るまでの西北進出を視野に入れて、主に回民を対象とする積極的な回教工作を展開した[3]。1938年には駐蒙軍特務機関の支援を受けて西北回教聯合会（以下、西北回聯と略称）が

図 5-1　蒙疆政権期の西部内蒙古地図

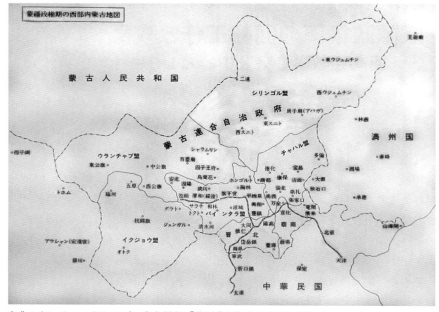

出典：ドムチョクドンロブ、森久男訳『徳王自伝』岩波書店、1994年。

組織され、主に民生や教育など多様な事業を実施するに至る。

　本章では、蒙疆政権下における西北回聯の回教工作、特に青年に対する教育活動をめぐって検討していきたい。まず初めに西北回聯による青年工作を概観したうえで、西北回聯の主任顧問として回教工作を推進した小村不二男（1912-1998）に焦点をあてていく。そのうえで西北回聯の回教工作は究極的には何を企図し、どのような軌跡をたどって終焉に至ったのかを明らかにすることを課題とする。また西北回聯の関係者は、その後どのような人生を歩んだのか、蒙疆政権での回教工作と華北におけるそれとの違いについても合わせて検証していく。

　本章は蒙疆政権において回教工作を担当した小村の自伝的な著作である『日本イスラーム史』や張家口で発行されていた『蒙疆新聞』などの文献資料とともに、フフホトでの現地調査のインタビュー（1998年5月16日、2013年9月11

日、フフホト清真大寺）を参考にしながら論じる。

また、西北回聯に関する優れた実証的研究である澤井充生（2016）および坂元勉（2008）などの先行研究の成果も踏まえて考察していきたい。

写真 5-1　徳王

出典：日本張家口の会北川昌会長提供。

## 1　蒙疆政権と少数民族

歴史的に見るとモンゴルの土地開墾問題は、モンゴル人にとっての最大の問題であった[4]。満洲人という少数民族の王朝である清朝においては、モンゴル人の生業である畜産業を保護するため、漢族がモンゴル人地域に入植して開墾することは厳禁されていた。しかし清朝末期に統制が弱まると、漢族の入植が盛んになり開墾地が拡大し、モンゴル人の放牧地は縮小しつつあった[5]。

1912年に成立した中華民国は漢族の政権であるが、政府は有効な放牧地保護策を採らなかった。そのため、モンゴル人の漢族に対する反感は強まり、民族の自治を求める内蒙古自治運動が、徳王（シリンゴル盟西スニト旗長の家庭出身）など青年王公や青年知識人層を中心として高まっていた。徳王は日本の軍事力を利用して、国民政府の圧迫をはねのけ、モンゴル独立の悲願を達成しようとしたのである（写真5-1）。

日本人はこうしたモンゴル人の民族感情を巧みに利用しながら、蒙疆政権を樹立した。しかし日本軍部は徳王のモンゴル独立の要求を認めず、蒙疆政権はあくまで日本人を最高顧問に戴く傀儡政権であった[6]。モンゴル人は素朴で率直であり、漢族に比べて御しやすいと考える日本人も少なくなかった[7]。

蒙疆政権の支配下に置かれた人口は約550万人と推計されていたが、うちモンゴル人は約16万人にすぎなかった（『蒙疆年鑑』〔成紀739年、昭和19年版〕によれば、総人口：552.77万人、モンゴル人：15.87万人）[8]。蒙疆における日本の占領政策の一つの特色は、少数民族を利用して統治しようと企てたことにあり、人口の比率は決して高くなかったものの、モンゴル人優遇政策を採りながら漢族を牽制した。

たとえば蒙古聯合自治政府の首班が徳王であったほか、政府高官にはモンゴ

ル人が登庸されていた。蒙古中学校などモンゴル人のための学校建設も盛んで
あったし、多数のモンゴル人留学生を優先的に日本に派遣した。また年号には
成吉思汗紀元を用い、西暦1937年を成吉思汗紀元（成紀）732年と定めたこと
は、モンゴル人優遇政策を象徴的に示すものであろう（チンギス・ハーンがモン
ゴルを統一して即位した1206年が成紀元年）[9]。

　当時、モンゴル人が信仰していたのはラマ教であり、一つの家族から最低1
人は男子をラマ教寺院に出していた。チンギス・ハーンは、それほど崇拝の対
象となっていたわけではなかった。しかしながら、ラマ教は、生産力の低下や
人口の減少といったモンゴル停滞の原因ともなっていた。そのため、日本側は
チンギス・ハーンを民族統合のシンボルにして民族の士気を鼓舞しようと試み
た。その一つの表れが成吉思汗紀元の制定だったのである。

　モンゴル人とともに、ムスリムも重視された。蒙疆に居住するムスリムは、
約3.76万人（0.71％）であり、回民を中心としていた[10]。ムスリムの中には、ラ
クダによる運送業を営み、寧夏などの西北地方と広く交易している者もいた。
そのため蒙疆においてムスリムは、人口の絶対数が少ないものの、存在感があっ
たと言えよう。

　すでに関東軍参謀部は、西北のムスリムに早くから注目していた。まず内蒙
工作の発端となった熱河作戦（1933年）の翌年に出された「対察施策」（1934年）
では、西北の進出に際して回教徒の懐柔利用の必要性に言及している[11]。つま
り綏遠（内蒙古）から、さらに西の中国西北部（寧夏、甘粛、青海、新疆）を侵攻
するための布石として回教工作を行おうとしていた[12]。

　また回教徒に援助を与えて蒙疆政権内に包含することが企図されている（「対
蒙施策要領」1935年）。さらに関東軍参謀部が出した「対蒙（西北）施策要領」
（1936年）においては、「回教徒に対しては満洲国内回教徒及蒙古領域内の有力
者を把握し之を通じて人心の収攬に努む」とされ、必要があれば「内蒙内の漢
民族地帯に回教寺院を建設す」ることが目指された[13]。こうしてムスリムの人
心の掌握のためにモスクを建設し、あるいは援助をして蒙疆政権のうちにムス
リムを取り込もうとしたのである。

　こうした関東軍の姿勢は、関東軍を継承するかたちで蒙古に1938年に新設
された駐蒙軍に受け継がれ、積極的な回教工作が展開された。

蒙古聯合自治政府の旗は中央に染め抜いた紅をはさんで、その上下に白、藍、黄色の3色を対称的に配したものである。紅は日本、白はムスリム、藍はモンゴル人、黄色は漢族をそれぞれ象徴したものとされた[14]。蒙疆政権におけるモンゴル人やムスリムの重視を、この旗は端的に示すものであろう。

## 2　西北回聯の設立および事業

### （1）　西北回聯の設立

西北回聯の組織化に先立ち、北京において1938年2月、中国回教総聯合会が組織された。それを受けて、まず中国回教総聯合会の支部が厚和、包頭、張家口、大同の各地に結成された[15]。厚和では支部の設立にあたって宣言を出した。同宣言によれば、西北はイスラーム教徒固有の土地であったが、「世界宗教の大仇敵である共産党が不法に盤蟠」するところとなってしまった。したがって西北のイスラーム教徒は、一致団結して「友邦領導の下に防共戦線を拡大強化」し、共産党撃滅に邁進しなければならない。また元来西北のイスラーム教徒は、教育文化が高くないので、「今後一切の指導は偏に政府並びに友邦の援助に倚らざるべからず」とされた[16]。友邦である日本に依拠して共産党と戦うことが宣言されているのである。

これらの4支部を統合して1938年12月、「東洋永遠ノ平和ノ確立ト回教民族ノ復興トヲ標榜」して、蒙疆において西北回聯が誕生し、厚和に本部が置かれた[17]。本部が厚和に置かれたのは、ムスリムの人口が約1万5000人と蒙疆の都市の中で最も多かったこと、モスクの数も8ヵ所に上っていたことがある[18]。

また各清真寺を単位として分会が設置され、総計24分会（清真寺）が、西北回聯の傘下に入ることになった。西北回聯の会長は曹英（厚和で駱駝による運送業に従事、回民の有力者の一族）、副会長は李郁周（張家口の漢方医）、ならびに艾馨（艾福堂、厚和で警察関係の仕事に従事）であった。これまで置かれていたムスリムの組織としては綏遠回教倶進会があったが、西北回聯に吸収された。

西北回聯は、新疆までの日本軍の勢力拡大を目論み、「将来のトルキスタン汗国という独立イスラーム政権を樹立した暁の母体となり、前提機関とならしめる性質をその内部構造の中に秘めていた」という[19]。たとえば、会の名称も、満

洲に置かれたムスリムの組織が満洲回教協会と称していることから、内蒙回教聯合会とか、蒙疆回教聯合会など地名をつけるのが一般的であるが、西北の名称をつけている。これは中国の西北4省（新疆、青海、甘粛、寧夏）を、日本の勢力圏に入れることを目標にしていたためという。

こうした事情もあり、西北回聯の回教工作は、当初、駐蒙軍司令官直属の特務機関の強力な支援のもとに進められることになった。特務機関には、イスラーム通の軍人も配置されていた[20]。

1942年2月には蒙古聯合自治政府内に興蒙委員会（モンゴル人に関する事務を管掌）と並んで、回教委員会が設置された。回教委員会は、委員長蒋輝若（ムスリムの軍隊で、また西北貿易を監督する西北保商督弁公署の督弁）、副委員長李郁周など、有力な回民数名からなり、政務院に直属し軍事関係を除くすべての回教関係を統裁する最高機関であった。西北回聯も回教委員会の指導下に入ることになった。

政府機関の中にムスリム関係の専門の機関が置かれたことは、蒙疆政権が、モンゴル人とともに、ムスリム、とりわけ回民も少数民族として優遇し、政権を担う存在として育成しようとしていたことの反映と言えよう。

西北回聯は、のちに回教西北総監部（1943年12月発足）と蒙疆回教聯合会（1944年1月発足）の二つの組織に、発展的に分割されることになった。総監部は主に寧夏や甘粛など西北部の回教工作を視野に入れて活動を進めようとするものであり、そのため本部も厚和から、その西に位置する包頭に移した[21]。初代総監には蒋輝若が就任した。

一方、蒙疆回教聯合会（以下では蒙疆回聯も含めて、西北回聯とする）は、本部を張家口に置き、蒙疆の域内に居住するムスリムの民生、教育を重点的に進める組織として再出発した。会長に曹英、副会長に李郁周および艾馨がそれぞれ就任した[22]。

大東亜戦争の激化にともなう危機感の高まりと戦争遂行における協力体制の強化のために、西北回聯が蒙疆回教聯合会と回教西北総監部の二つの組織に改組されたと言えよう。

1942年に北京および蒙疆を視察した回教圏研究所研究員の竹内好は、北支の中国回教総聯合会（華北聯合総部）と、蒙疆の西北回聯との両者を比較すると、

華北聯合総部は浸透力も弱く、組織の自主的活動も鈍いのに対して、西北回聯は組織的にもはるかに強力で仕事も活発としている[23]。これは蒙疆域内のムスリム人口が、北京1市のそれに比べても少なく、まとまりやすいという有利な条件があることを竹内は指摘している。

## （2）　西北回聯の事業

　ところで蒙疆の回民を中心とするムスリムは貧しく、「たいていがクーリーであった」とされる[24]。1938年に蒙疆を訪れた回教圏攷究所（当時）調査部長の小林元によれば、包頭のムスリムの場合、戸数は992戸で4141人である。このうち比較的裕福な世帯89戸、中産程度402戸、貧困階級310戸、かろうじて糊口を凌ぐもの191戸としている[25]。これによれば貧困階級およびかろうじて糊口を凌ぐ極貧階級は半数以上に達している。

　蒙疆では大多数の回民が経済的に貧しい状況に置かれていたため、西北回聯の事業は、その生活向上、民生の安定を目標として進められた[26]。民生事業としてはたとえば、獣肉、皮革、農産物など、回民に多い職業を選んで、各種の同業組合を組織した。これは教徒の経済力集結による漢族への対抗運動としての意味があった。

　広報事業としては、『西北回教聯合会会報』（のちに『西北鐘声』『回教月刊』と名称変更）を発行した。その主旨は、「回教本来ノ反共護教ノ精神ヲ愈々発揚スルト共ニ、其宗教・文化・経済ニ関スル啓蒙拓識ニ資セン」とするためであった[27]。

　『西北回教聯合会会報』の内容は、たとえば第1号には、本部成立大会の宣言、徳王からの祝詞が掲載されている。第2号では、ソ連におけるイスラーム弾圧や、パレスチナにおいてイギリスがユダヤ人を傀儡とする政権を樹立し、ムスリムを迫害したことが紹介されている。当時、日本占領下で発行されたイスラーム関係の出版物では、ソ連あるいは米英批判を主旨とする記事が目立っていた[28]。

　西北回聯の事業の中で、最も重視したのは、教育である。また駐蒙軍が直接に介入するかたちで、教育事業が展開された。立ち後れていた回民を占領政策の中核として育てるためである。当時回民の生活水準は低く、未就学児童も多

## 表 5-1　回民将来就学予定児童数および学齢未就学児童数一覧

| 支部別 | | | 張家口支部 | 大同支部 | 厚和支部 | 包頭支部 | 総　計 |
|---|---|---|---|---|---|---|---|
| 将来予定入学児童数 | 一才 | 男 | 92 | 4 | 95 | 52 | 243 |
| | | 女 | 93 | 4 | 79 | 72 | 248 |
| | 二 | 男 | 83 | 41 | 163 | 21 | 308 |
| | | 女 | 99 | 36 | 139 | 33 | 307 |
| | 三 | 男 | 84 | 40 | 159 | 49 | 332 |
| | | 女 | 93 | 38 | 136 | 56 | 323 |
| | 四 | 男 | 104 | 28 | 138 | 54 | 324 |
| | | 女 | 98 | 34 | 112 | 54 | 298 |
| | 五 | 男 | 118 | 33 | 156 | 55 | 362 |
| | | 女 | 109 | 22 | 146 | 52 | 329 |
| | 六 | 男 | 115 | 38 | 102 | 51 | 306 |
| | | 女 | 127 | 27 | 132 | 48 | 334 |
| | 七 | 男 | 129 | 20 | 117 | 45 | 311 |
| | | 女 | 101 | 21 | 105 | 42 | 269 |
| | 計 | 男 | 725 | 204 | 930 | 327 | 2186 |
| | | 女 | 720 | 182 | 849 | 357 | 2108 |
| | 合計 | | 1445 | 386 | 1779 | 684 | 4294 |
| 学齢失学児童数 | 八 | 男 | 52 | 14 | 144 | 51 | 261 |
| | | 女 | 54 | 19 | 101 | 57 | 231 |
| | 九 | 男 | 37 | 11 | 127 | 57 | 232 |
| | | 女 | 29 | 12 | 115 | 52 | 208 |
| | 十 | 男 | 50 | 8 | 121 | 42 | 221 |
| | | 女 | 50 | 15 | 105 | 43 | 213 |
| | 十一 | 男 | 46 | 3 | 113 | 46 | 208 |
| | | 女 | 27 | 10 | 108 | 48 | 193 |
| | 十二 | 男 | 43 | 14 | 106 | 52 | 215 |
| | | 女 | 43 | 20 | 105 | 40 | 208 |
| | 十三 | 男 | 52 | 11 | 96 | 40 | 199 |
| | | 女 | 41 | 11 | 94 | 38 | 184 |
| | 十四 | 男 | 40 | 14 | 87 | 44 | 185 |
| | | 女 | 33 | 24 | 74 | 46 | 177 |
| | 十五 | 男 | 42 | 27 | 124 | 40 | 233 |
| | | 女 | 43 | 27 | 96 | 35 | 201 |
| | 計 | 男 | 362 | 102 | 918 | 372 | 1754 |
| | | 女 | 320 | 138 | 798 | 359 | 1615 |
| | 合計 | | 682 | 240 | 1716 | 731 | 3369 |

出典：「邦内回教調査概要」より著者整理・作成。

第5章　蒙疆政権下の回教工作と教育│167

かった。西北回聯の4支部（張家口、大同、厚和、包頭）の調査によれば、厚和や包頭において学齢時期に未就学者が多いことがわかる（表5-1）。

　回民青年学校などの青年教育のほか、回民児童の就学を促進するための取り組みを行った。蒙古聯合自治政府が成立したころ、回民児童の就学率は約10％にすぎず、失学児童も多かったといわれていたため、蒙疆回民教育促進会を組織した。同会の事業としては、①貧窮生の学費補助、②優秀生に対する奨学資金の給付、③卒業生の職業斡旋および指導、④教育功労者の表彰などがあった[29]。蒙古自治邦政府の首都である張家口には回民初級小学校が3校あり、教育環境が整備されていたため未就学児童が他の厚和などに比べて少なかったことがわかる。

　こうした努力の結果、回民児童の通学する国民学校は、1944年には西北回聯支部立が12校、公立が3校の合計15校に整備された（表5-2参照）[30]。就学児童数を見ると、女子よりも男子が多い。また学年が上がるにつれて就学児童数が減少している。蒙古自治邦政府の首都である張家口には回民初級小学校が3校あり、教育環境が整備されていたため未就学児童が他の厚和などに比べて少なかったことがわかる。

　回民小学校には漢族の児童も通学していた（カッコで示された生徒数は漢族）。回民小学校が充実していたため、漢族の児童も回民小学校に通っていたことがうかがわれる。回民児童の就学者は、蒙疆総計で約1600人に達しており就学率も60％と高率で、漢族のそれに比べて非常に良かったという[31]。

　一方、蒙疆では日本語教育が強制力をもって進められていた。当時中国に置かれていた日本の傀儡政権には、満洲国以外に、蒙疆政権、華北政務委員会および汪兆銘を首班とする国民政府の三者があり、日本語の学習が学校教育や社会教育に導入されていた。

　しかし蒙疆では他の2政権よりも、日本語の導入が重点的に進められ、小学校1年から日本語の授業があった（国民政府下の小学校において日本語は必修ではなかった）[32]。また各校が参加しての日本語の発表会なども開催されていた[33]。

　回民児童の通う学校でも、日本語が授業科目として置かれ、ベテランの日本人教師が担当するところもあり、徹底した指導が行われた。

168

**表 5-2　回民小学就学児童数・教職員数(男女別)**

| 学校別 | 張家口回民高級小学校 | | 張家口回民初級第一校 | | 張家口回民初級第二校 | | 張家口回民初級第三校 | | 涿鹿回民初級小学校 | | 懐来回民初級小学校 | | 宣化回民初級小学校 | | 沙城回民初級小学校 | | 新保安回民初級小学校 | | 大同回民初級小学校 | | 馬家会回民初級小学校 | | 石王回民初級小学校 | | 厚和回部小学校 | | 包頭回民小学校 | | 薩拉斉回民初級小学校 | | 合計 | |
|---|---|---|---|---|---|---|---|---|---|---|---|---|---|---|---|---|---|---|---|---|---|---|---|---|---|---|---|---|---|---|---|---|
| | 男 | 女 | 男 | 女 | 男 | 女 | 男 | 女 | 男 | 女 | 男 | 女 | 男 | 女 | 男 | 女 | 男 | 女 | 男 | 女 | 男 | 女 | 男 | 女 | 男 | 女 | 男 | 女 | 男 | 女 | 男 | 女 |
| 一年生 | | | 30 (16) | 14 | 45 (10) | 19 | 23 | 13 | 39 | 18 | 28 | 12 | 55 | 35 | 44 | 19 | 37 | 8 | 37 | 14 | 3 | 3 | 13 | 7 | 135 (31) | 25 | 118 | 13 | 40 | 8 | 607 (57) | 201 |
| 二年生 | | | 21 (11) | | 29 (6) | 7 | 16 | 1 | 13 | 3 | 10 | 4 | 23 | 11 | 14 | 3 | 15 | 4 | 24 | 14 | 22 | 17 | | | 50 (15) | 9 | 68 | 4 | | | 305 (32) | 77 |
| 三年生 | | | 7 (2) | | 25 (6) | 3 | 12 | 2 | 6 | 3 | 10 | 4 | 13 | 3 | 8 | 2 | 9 | 2 | 23 | 6 | | | | | 39 (9) | | 25 | | | | 177 (17) | 25 |
| 四年生 | | | 3 (1) | 4 | 16 (3) | 1 | 7 | 2 | 6 | 2 | | | 7 | 4 | 9 | 3 | 4 | 3 | 26 | 3 | | | | | 18 (2) | 3 | 17 | | | | 114 (5) | 21 |
| 五年生 | 29 (3) | 3 | | | | | | | | | | | | | | | | | | | | | | | 11 (1) | 1 | 17 | | | | 57 (4) | 4 |
| 六年生 | 15 | 3 | | | | | | | | | | | | | | | | | | | | | | | 12 (9) | 2 | | | | | 27 (9) | 4 |
| 計 | 44 | 6 [50] (3) | 62 | 17 [79] (30) | 115 | 30 [145] (25) | 58 | 21 [79] | 64 | 26 [90] | 48 | 20 [68] | 98 | 53 [151] | 75 | 27 [102] | 65 | 12 [77] | 110 | 37 [147] | 25 | 20 [45] | 13 | 7 [20] | 265 | 40 [305] (67) | 245 | 17 [262] | 40 | 8 [48] | 1327 | 341 [1568] (125) |
| 教員数 男 | 3 | | 2 | | 4 | | 2 | | 2 | | 4 | | 5 | | 3 | | 3 | | 4 | | 2 | | 1 | | 7 | | 7 | | 3 | | 52 | |
| 教員数 女 | 1 | | 1 | | | | 1 | | 1 | | | | | | | | | | 3 | | | | | | 3 | | 3 | | | | 13 | |
| 教員数 計 | 4 | | 3 | | 4 | | 3 | | 3 | | 4 | | 5 | | 3 | | 3 | | 7 | | 2 | | 1 | | 10 | | 10 | | 3 | | 65 | |
| 摘要 | | | | | | | | | | | | | | | | | | | | | | | | | | | | | | | | |

注：教職員には校長を含む。

注：（　）内は漢族。

出典：「邦内回教調査概要」より著者整理・作成。

## 3　回民青年に対する教育活動

### （1）　回民青年学校

　西北回聯では、回民の立ち後れを克服するには、教育機関の整備が重要と考え、厚和、大同、包頭、張家口の各支部に、回民（教）青年学校を開設した。これは、西北回聯の教育工作が青年教育を重視していたことを意味している。

　厚和の回教青年学校（呉桐校長）の開校式は1939年1月に行われ、特務機関の末松巌補佐官が参加した。青年学校の修業年限は当初4ヵ月であったが、のちに10ヵ月に延長された。また張家口の回民青年学校には、修業年限10ヵ月の高等科が付設された。

　青年学校の目的は、回民の中堅層の育成にあった。青年学校は小学校卒業程度の男子を20〜30人収容し、学費・寄宿費・被服費などはすべて支部が負担した。しかし一家の貴重な働き手を出さなければならないことから、学生の募集は必ずしも容易ではなかった。教授内容としては、日本語、アラビア語、漢語、数学、歴史があり、そして軍事訓練が行われた[34]。

　1998年に筆者がフフホトの清真寺で、かつて青年学校の学生であったOEC（当時76歳）に、聞き取り調査をしたとき、OECは日本語で名前を名乗った。別れ際に「ありがとうございます」とはっきりとした日本語で言われた[35]。占領下の教育で教えられたものが、いまだに残っているのである。

　一方、フフホトの回部小学校で1939年から41年まで学んだSCによれば、小学校では、漢語、数学、日本語を学んだ（週1コマ、担当は男性教師、「あいうえお　かきくけこ」を覚えている）。ただし、「回民青年学校に行くのは、望ましくないといった雰囲気があり、家族から止められて行かなかった」という[36]。実家は有力者であり職に困ることがなかったということもあったと思われる。

　張家口の回民青年学校の卒業生は、1939年の創設から1944年3月までに、254人に達していた。青年学校の卒業生の就職先としては、西北保商督弁公署などの官庁、蒙疆汽車会社など一般会社、あるいは西北回聯などが主なものであった[37]。北京の中国回聯に設置された中国回教青年団に派遣され教育を受けた者もいた[38]。継続的に学習することを希望した者は、母校の助手として留

まったり、張家口の蒙疆学院（中堅官吏および教職員の養成を目的として 1939 年に設立）に入学したりした。

青年学校の設立に続いて、回教青年団や回教徒少年団が発会した。たとえば厚和には回民青少年関係の組織として青年学校（17〜18 歳）のほかに、少年団（12〜13 歳）と青年団（20 歳以上）があった。団体の設立が積極的に行われた点は日本的な社会教育の移入と考えることができよう。

回教徒少年団の成立に当たって、特に厚和市署が団服・制帽・制靴を支給した[39]。いかに政府が少年団の組織化に力を入れていたのかがわかる。また西北回聯ではムスリムの組織化を積極的に進め、イスラム婦女会、アホン協会などの団体も設立している[40]。

ところで当時、日本の植民地であった満洲国や華北の臨時政府（のちに華北政務委員会）のもとにおいては、青年層を組織し反共の砦にしようという意図から、青年訓練所が積極的に建立されていた。西北回聯による回民青年学校の開設は、こうした流れに位置づくものであろう。ただし漢語、数学、歴史といった学科目の学習を重視している点や、アラビア語をカリキュラムに組み込み、民族の特性を尊重していた点は、注目に値しよう。

たとえ同じイスラーム青年の訓練機関でも、北京の中国回聯に設置された中国回教青年団の場合、軍事教練が授業総時間数の半分以上を占めていた。学科においてもアラビア語の授業はなく、その一方、防共学、軍隊内務規則といった軍事関連の科目が中心であった。

これは中国回教青年団の場合、イスラーム青年の幹部を養成し、中国回教総聯合会の職員のほか、警察や軍隊の人員を養成する意図があったためである。それに対して西北回聯の回民青年学校では、小学校卒業程度のやや若い年齢層を主な対象にし、小学校卒業後の補習教育的な意味合いが強かったことが指摘できる。教育面で立ち遅れてきたムスリムに対して、教育の機会を与えようとしたのである。

また蒙疆政権においては、モンゴル人と並んでムスリムに対して、固有の民族性を重視しながら優遇する政策を採っていたこともある。ただしこれはムスリムを懐柔し、さらに民族のアイデンティティを強め漢族との分断を図るためでもあった。

## （2）　回民商業中学校（張家口）

　ところで張家口の回民青年学校は、1944 年 3 月に張家口支部立の回民商業中学校に改組され、新校舎が建設された[41]。当時は戦況の切迫による財政難や人材不足によって学校の統廃合が進められていたが、回民関係は特別のことがないかぎり継続され、拡充も行われていたのである。

　回民商業中学は、実質的に農業が主で、実習用の農場もあった。校長には張家口回民青年学校長の玉景荀が就任した（その他中村指導官、5 人の職員が勤務）。入学者は張家口、大同、厚和、包頭より選抜された 57 人で（1 年生 39 人、2 年生 18 人）、修業年限は 4 年であった。

　中村指導官は学生について、「真摯な学究心には胸を打たれる。この熱と意気で彼らは西北地区の同胞に対して呼びかけるだろう」と語っている。おそらく西北進出を視野に入れて、学生を鼓舞激励していたのであろう。

　回民商業中学校の生徒は、1944 年 4 月に開かれた日本の出征兵士 12 人の壮行会に参加し、出席者を代表して激励文を読み上げている。そして「アジア十億の代表者として鬼畜米英の撃滅に御奮闘下さい。兄等の武運長久を回教の聖主アラーの御前に祈念して壮行の言葉といたします」と述べている[42]。

　人々の戦意をいかに昂揚させるかは戦争を遂行するうえで大きな課題である。当時蒙疆のムスリムに対しては、米英はムスリムを圧迫する憎むべき存在であり、蒙疆は日本が米英と戦うための補給基地とされていた。日本軍は実際には、中国軍と戦っていたのであるが、それを隠蔽するため「鬼畜米英」が必要以上に強調されていたのである。

## （3）　回教農科中学校（厚和）・回民青年訓練班（包頭）

　一方、厚和では回教青年学校を発展させて、回教農科中学校を開校した。市内の家畜飼育場跡の敷地に、回教青年学校の馬校長、三沢指導官以下、全校職員、生徒約 30 人が自力で校舎を建てた。

　さらに学校の南方の広大な土地を開墾して、ムスリムの「理想郷」を作る計画があった。市内の商業従事者も入居し、食糧増産に参加させ、西北の同志へも決意を呼びかけることが計画された[43]。

　一方、1938 年、包頭に回民青年訓練班というスパイの訓練機構が開設され

た[44]。訓練班には、満洲から15人、包頭から2人、合計17人の回民青年が参加
した。期間は3ヵ月足らずで、日本語、トルコ語、自動車の運転、騎乗、射撃、
化粧術、暗号文の書き方等の訓練が行われた。

　訓練生は修了後、特務機関のもとでスパイ工作に当たったとされる。彼らは
最前線のオルドス一帯で特務活動をして傅作義の軍隊に逮捕され殺害された
り、1945年の日本敗走後に国民党によって売国奴として裁かれ死刑判決を受け
たりした。人民共和国建国後に、人民裁判で裁かれた者もおり、末路は悲惨で
あった。

## 4　西北回聯における小村不二男の活動

　小村不二男（1912-1998）は、戦前中国で回教工作に従事したが、以下では、
小村の活動をたどりながら、西北回聯の工作について検討していきたい。

　小村は、京都の桃山中学卒業後、天理外国語学校（現天理大学）で中国語とモ
ンゴル語を専攻した。1937年12月、小村は新京（長春）を出発し、「オルドス砂
漠の対岸、黄河河畔包頭まで旅行し、現地回教民族の実力者たちと密かに連絡、
会見」して西北回聯の設立を準備していた[45]。

　小村は翌1938年春に一時帰国、その際に、イスラーム界の長老でトルコから
来日し滞在していたアブデュルレシド・イブラヒムのもとを訪れ、「ムスタファ」
というムスリム・ネームをもらったという。回教工作のためであったのだろう
か。

　小村は内蒙に再び入り、1938年12月の西北回聯結成に参加、本部に主任顧
問として勤務した。1939年1月には厚和に回教青年学校を開設し、イスラーム
青年の訓練に当たった。

　ところで、西北回聯の回教工作は、駐蒙軍の特務機関の強力な支援のもとに
進められた。当時、厚和特務機関長は、小倉達次大佐であった（1939年3月
～1944年2月在任）[46]。小村によれば、占領地における日本憲兵隊の存在ほど現
地に残した害毒としてははなはだしく最悪なものはなかったが、厚和ではムスリ
ムは、憲兵隊長（中尉）や警備隊長（少佐）より、高位にある小倉特務機関長（大
佐）の庇護下にあった。そのため「悪名高い憲兵隊員も、イスラームに関する

かぎり、一言も容喙の余地をゆるされなかった」という（写真5-2, 3）[47]。

当時、家畜の屠殺に関しては税金が徴収されていたが、1941年の開齊節（ムスリムの正月に当たる）のとき、小村は税務当局とかけあって免税とした。政府がイスラーム教の祭典を尊重し教徒を優遇している現れとして、彼らは、当局の措置に感激したという。同年、開齊節に屠殺した家畜（牛や羊など）は合計704頭に上った。小倉特務機関長は、さらに開齊節に当たって教徒の貧困層のために、500元を西北回聯厚和支部に寄附したという[48]。

1941年には厚和清真大寺に、光塔（モスクに附属して設けられる細長い塔。礼拝の時を告げる）が建設

写真5-2　厚和清真大寺

出典：2013年9月11日著者撮影。

写真5-3　戦前に撮影された厚和清真大寺

注：大殿の中に飾られていた写真。古びていたことから、戦前に撮影された写真と思われる。
出典：1998年5月1日著者撮影。

されたが、小村はこの事業を積極的に推進した。建設に関わる経費2万5000元のうち、小倉機関長、末松補佐官が各5000元を支援し、教徒の名士の寄附で1万元余りを募り、不足分の2000元余りを有力者の曹萬が出した（写真5-4）。

10月21日には光塔の落成式が行われ、西北回聯の小村主任顧問、岩井、丸本、平野各顧問のほか、回教青年学校生など400人余りが参加した。あいさつに立った艾馨西北回聯厚和支部長は、日本軍の入城後、「イスラーム教徒を援助し、われわれのイスラーム教復興の道をさぐる手伝いをしてくれ」たため、光塔が円満に完成したと感謝の言葉を述べた[49]。

その後、小村は、1942年10月から11月にかけて「第5次蒙疆回教徒訪日視察団」（一行13人）を引率して、日本、朝鮮、満洲国、中華民国の4ヵ国を訪問

写真 5-4　西北回聯が協力して建てた清真大寺光塔

出典：2013 年 9 月 11 日著者撮影。

し「熱烈な歓迎」を受けた。蒙疆回教徒訪日視察団は、1938 年から 1942 年まで 5 次にわたって派遣されている。第 5 次視察団の派遣は「大東亜征戦下、一億国民が打って一丸となり真摯敢闘をつづけている盟主日本の実情を見学するため」であり、「日本の銃後が文字通り白熱の如く一丸となって米英撃滅に邁進」しており感嘆したという内容が、帰朝報告会で語られたのであった[50]。

ところで日本が満洲国や蒙疆の領有を進めていたのと同じころ、ソ連は新疆において勢力を拡大しており、さらに東に進めば日本軍と衝突する懸念があった。そのため、日本軍は新疆を視野に入れて西北工作（対ウイグル人工作）を行おうとした。

当時の厚和には、亡命ウイグル人が集まっていたが、その中に、パイ将軍という人物がいた[51]。1941 年に厚和にイスラム婦女会が結成されたとき、将軍は新疆からの代表として結成式に出席している。また同婦女会会長には将軍夫人が就任した（厚和イスラム婦女会については後述）[52]。

また東トルキスタン独立運動に関わり、失敗後、日本に一時亡命していたオスマン（独立運動の指導者であるホージャ・ニヤーズ〔1889-1941〕の義理の甥）も当時、厚和にいた。オスマンは、林銑十郎の斡旋で日本人女性の鈴木住子と結婚していた。文字どおりの政略結婚である。鈴木はオスマンとの結婚後、ともに厚和に滞在し、特務機関のためにウイグル人の動向を探り情報を提供する役割を担ったという[53]。

さらにオスマンの仲間で東トルキスタンからの亡命以来行動をともにしたアジゼも、厚和にいた。彼の夫人の RIG は、厚和イスラム婦女会の副会長で、戦前、蒙疆女子回教徒訪日視察団の団員として日本に行ったことがある（蒙疆女子回教徒訪日視察団については第 7 章参照）。鈴木住子によれば、RIG は上海出身で、戦時中は親日派と目されており日本の特務機関と密接な関係があった。しかし

日本の敗走後には変わり身が早く、国民党軍との関係があったためか、羽振りが良かったという[54]。

1943年になると、戦線の悪化によって経費および人材不足が生じた。西北回聯の日本人関係者も多くが召集された。たとえばその中には興亜義塾（日本人工作者の養成機関）の回教班第1期生で、回教青年学校の指導官だった青木潔がいる（のちに南方で戦死）（写真

写真5-5　興亜義塾第1期生塾外研究壮行会

注：後列一番右が青木潔、1940年10月厚和にて。
出典：『善隣協会史』グラビア写真。

5-5）。また小村も1944年2月に応召され、山西省一帯で山西軍（山西の軍閥である閻錫山の軍隊）および八路軍相手に戦闘することになった。小倉特務機関長も留字第54師団長としての着任にともない1944年3月に厚和を去り、こうして蒙疆における日本の回教工作は閉幕同然になったのである。

その後、小村は中国から引き揚げたが、戦後はムスリムとしてその布教のために尽力した。小村が戦前にムスリムに改宗したのは、信仰というよりもむしろ大陸における回教工作のためであったかもしれない。ただし中国のムスリムとの交流で、小村がその後半生においてイスラームの信仰に身を捧げたのも、確かな事実である。たとえば中国中国回教総聯合会の主席顧問だった三田了一が、クルアーンの翻訳のためにメッカに行った際には同行したという。また小村は日本イスラーム友愛協会、イスラミックセンター・ジャパン、日本イスラーム友好連盟などの理事長、会長を歴任し、日本イスラーム界の重鎮として活躍した。

小村は厚和に建てた光塔がそのまま無事であることを知っていたというが、自分の目で確かめることなく、1998年にその人生を全うした。

## 5　回教工作関係者のその後

日本の敗戦後、中国では傀儡政権、つまり満洲国、汪兆銘を首班とする国民

政府、華北政務委員会、蒙疆政権などの政府関係者に対する漢奸裁判が各地で行われた。それでは蒙疆における日本の回教工作あるいは、西北回聯に関わった人々はその後どのような歩みをたどるのであろうか[55]。

第1に指摘できることは、傀儡政権の行政職に就き政権に深く関与していた者は問題とされたことである。政府回教委員会委員長の蔣輝若のように高いポストに就いていた者には、処刑を含む厳しい処遇がなされた。当時、正規の裁判以外に、人民裁判で民衆に糾弾され生命を落とした者もいる。処刑されたといわれている西北回聯副会長の李郁周もいくつかの行政職に就いていたことが、問題となった可能性がある。

第2には、特に政治的に深く関与していない西北回聯関係者は、一般的に1945年の日本敗戦段階ではとがめられなかったことである。たとえば蒙疆回教徒訪日視察団にはHという教師が参加していた。彼は絵が書け、書道を教えていたが、日本の敗戦後も、また人民共和国建国後も学校の教師をしており問題なかったという[56]。蒙疆回教徒訪日視察団に参加したBアホンの場合も、「もともとH省の人で、その当時20歳くらいであったが、日本敗走後の45年にも罪を問われることはなかった。人民共和国建国後にもアホンであり、90年代前半に逝去するまでフフホト清真大寺でアホンをしていた」という。

日本占領下ではほとんどの者が、日本の占領政策と関わっていた。多少関与した程度のことで裁いてはいられないという風潮があったようである。また当時、内蒙古を統治した国民党は、共産党との対抗関係にあり、自陣営の勢力拡張のために厳しい処分は得策ではないとする判断があったのかもしれない。

第3には、1949年の人民共和国建国に際して批判され裁かれた者がいたことである。西北回聯厚和支部長であった艾馨は1951年に処刑されているが、フフホト清真寺の古老によればその理由として日本との関係もあったという。彼は小村と親しかったことを多くの古老が指摘していた。

西北回聯本部副会長であった曹英も逃亡生活を余儀なくされた[57]。

ただし、その一方で西北回聯に関わりながら共産党政権下で活躍する者もいた。呉桐は厚和回教青年学校長であったが、共和国建国後、内蒙古政治協商会議委員に就任している。呉桐については、もともと日本占領下でも抗日地下工作に関与し、中国側に情報提供をしていたという。日本側のシンパと思われた

人物が、実は中国側の関係者であったことを物語るものであろう。

また呉懋功は、包頭で西北回聯支部長をし、第2次蒙疆回教徒訪日視察団に参加したが（注：参加時は包頭副支部長、33歳）、中華人民共和国建国後、フフホト市の政治協商会議の常任委員にも就任している。戦時下においては、一方で日本側に従順な態度をとりながら、実際は国民党や共産党と通じていたということも往々にあったのではなかろうか。

写真5-6　訪日蒙疆回教視察団歓迎会

注：前列中央は小笠原長生海軍中将。
出典：大日本回教協会旧蔵写真資料（訪日蒙疆回教団関係）、早稲田大学図書館所蔵。

第4に指摘できるのは、たとえ1945年、もしくは人民共和国建国時に問題視されなくとも、文化大革命のときに日本との関係は、攻撃の材料となり例外なく甚大な被害を被ったことである。フフホト清真寺のBアホンの場合は、文革中に「宗教関係者ということとともに、日本を訪問したことで罪が重くなった」という。上述の呉懋功についても文革中の事情は同じである。

## 6　西北回聯の回教工作が残したもの

筆者は1998年5月15日にフフホト清真大寺を訪問し、古老（約10人）に対してインタビューを行い、戦前の日本人および小村についての印象について聞き取り調査を行った[58]。以下では、調査結果に基づきつつ、西北回聯の回教工作が残したものについて考察していきたい。

まず戦前の日本人についての印象を聞いたところ、「日本人は、こちらが騒動を起こさなければ、何も干渉しなかった」という。またある老人は、「日本人に対する印象は良い」という。日本人が入城してきたとき雨が降っていた。自分は旗を振ったが、アメをくれたので嬉しかった。子どもなので事情はよくわからなかったとのことであった。

日本軍の厚和入城に際しては戦闘が展開されたわけではない。これは綏遠を統治していた傅作義が、戦闘による無駄な破壊や殺戮が行われないように、自主的に退却したためといわれている。

小村については、「光塔を建てた」ことを指摘する者が少なくなかった。またある古老は、「小村は学生に対して良くしてくれた」と語っていた。「日本人のやった青年学校は良かった。我々は仲が良かった」とする古老もいた。概して「小村はムスリムであったかどうかはわからないが、ムスリムに良くした」という評価が多かった。その意味で光塔を建てたのは、日本軍にとって宣伝効果抜群の戦略であったとも言える。

一般的に中国で日中戦争時期に関するインタビューを行う場合、抗日こそ正義であり、抗日かそうでないかがすべての基準である。またいかに抗日的な行動をとったのかが強調されて語られる場合もある。筆者は北京で中国回教総聯合会に関してインタビューを行っているが、日本人に対する評価は極めて厳しい。しかしフフホトのムスリムへのインタビューにおいては、日本人に対する評価が寛大で、ニュアンスの違いを感じた。

実はインタビューの際、早稲田大学中央図書館が所蔵している大日本回教協会旧蔵写真資料（蒙疆回教訪日団）の写真のコピーを数点持参したところ、これが艾馨、これがH、これがBと教えてくれた。艾馨は、小村と親しく日本との関係もあり、中華人民共和国建国後に処刑されたという（写真5-6）。正直、日本人批判になるのかと身構えたところ、外国の客人への礼儀からか、友好的雰囲気で小村のことを懐かしがっている様子であった。同時に、それは一体なぜなのだろうかという疑問が沸々とわいてきた。

それは蒙疆における回教工作は、華北のそれとは様相を異にしている点があったためと考えられる。

たとえばまず第1に蒙疆政権においては、回民に対する優遇政策が採られ、政権の行政組織の中に、回民を取り扱う回教委員会が設けられた。この点、華北においては、回民の側に政治的な地位向上の要望がありながらも、要求を満たすことはなかったのと対照的である。

第2に西北回聯では、教育を重視している点である。西北回聯においては、回民青年学校において、漢語、数学、歴史などの学科目も取り入れ、回民の青

年に対して教育の機会を提供している。一方、華北では、中国回教青年団に見られるように軍事訓練を重視していた。また蒙疆では回民児童に対する教育支援を積極的に行い、初等教育の普及に努めている点も、華北とは異なっている。

　第3にイスラームやムスリムを尊重している点である。たとえば西北回聯では厚和のモスクに光塔を建設し、目に見えるかたちで回民のための建造物を残しており、これは回民から好意的に受け止められている。厚和回教青年学校のカリキュラムにもアラビア語を取り入れ、イスラームの独自性に敬意を払っている。また厚和では小村や小倉特務機関長の存在があり、開齊節においても屠殺税を免税にし、回民を優遇した施策を行っている点も大きい[59]。

　このように蒙疆政権下においての回教工作は、回民への優遇政策を基本としており、日本人と回民との関係は比較的良好であったと思われる。また小村と中国人ムスリムのあいだには、人間的交流があったのは確かであり、それは50年以上を経た段階においても、彼らの心に刻まれているほどである。

　ただし西北回聯の事業の根底には、あくまでも西北建設の尖兵を養成するために彼らを利用しようとする意図があったのは、紛れもない事実である。西北に回教の独立国を建設するために、東トルキスタン独立運動の亡命者が厚和にかくまわれていたのであり、西北建設を支援するために、回民の青年に教育が行われていたのである。

　西北回聯主任顧問の小村不二男によれば、彼は「日本軍に先行して西へ進出し、現地にムスリムの青年学校を作って、彼らを率いてさらに向こうにいくつもりだった」という[60]。それは新疆を含めての西北への侵攻を視野に入れてのことであった。

　また前述のOECからも「青年学校の設立の目的は西北の建設」であったとの明確な答えが返ってきた。学生にも周知徹底されていたのであろう。こうして西北への日本軍の勢力拡大を意図して、回民青年に対する教育が行われていたのである。

　蒙疆政権下の回民青年学校で、多様な学科目を学び軍事教練の占める割合がそれほど多くなかったのも、五原進攻作戦での退却後（1940年）、西北進出が実際のところ困難であったためと思われる。もし戦闘が行われていたら回民青年が戦闘に動員された可能性は高く、そのために軍事教練が重点的に行われたの

ではなかろうか。また、もしそうであれば日本人と回民との関係が、これだけ良好であったとは考えにくい。

ところで日本占領下の思い出を中国人ムスリムが肯定的に語る背景として留意しなければならないのは、文革時における少数民族に対する弾圧である。固有の宗教を持つ少数民族に対して、一般的に文革は厳しいものであり、ムスリムに豚を飼わせるなど、民族の誇りを傷つけるような屈辱的行為が強いられることもあったという[61]。

さらに文革時に日中戦争時期における日本との協力関係は、売国奴として厳しく糾弾された。特に内蒙古では文革中の被害が著しかったともいわれている。

戦前日本に留学し、日本の敗戦後早くから革命に参加したあるモンゴル人(内モンゴル)の老幹部によれば、文革の過程で多くの日本留学帰国者が生命を失っていったという。その老幹部自身、1958年反右派闘争で批判され、文革時には5年間にわたって牢屋に監禁された経験を持っている[62]。

光塔を建ててくれたと小村のことを懐かしく語る古老の姿は、人民共和国のもとで、多難な道を歩まざるを得なかった中国人ムスリムの人生の重さを、反映しているのかもしれない。日本統治時代に様々な抑圧的な経験があったのかもしれないが、文革の凄惨さの前に、記憶の書き換え、記憶の美化が生じているとも考えることができる。

日本の中国侵略は、中国人のナショナリズムを昂揚させた。日本軍国主義への抵抗の精神は、「ばらばらの砂」といわれた中国人の心を一つにし、人民共和国建国への原動力となっていった。

しかし、共和国建国後の政治運動、とりわけ文革の中で、内蒙古における少数民族は攻撃に曝された。それは、少数民族を利用しながら漢族を抑圧し統治した、かつての日本の軍事的支配への怨念が吹き出したかのようであった。そこには日本の蒔いた種が、一生にわたって人々に重い十字架を背負わせてしまった、という事実があると言えよう。

第 5 章　蒙疆政権下の回教工作と教育 181

## まとめ

　1931 年の満洲事変以降、関東軍は満洲国から蒙疆へと支配を拡大し、1939 年には、張家口に徳王を首班とする蒙古聯合自治政府が誕生した。

　蒙疆に連なる中国西北部は、ムスリムの居住地域であることから、関東軍を継承しながら蒙疆に新しく組織された駐蒙軍は、新疆に至るまでの西北進出を視野に入れて、主に回民を対象とする積極的な回教工作を展開した。1938 年には軍特務機関の支援を受けて西北回聯が組織され、主に民生や教育など多様な事業を実施した。

　本章では、蒙疆政権下における西北回聯の回教工作、特に回教（回民）青年学校といった青年に対する教育活動をめぐって検討し、蒙疆政権での回教工作と華北におけるそれとの違いについても合わせて検討した。そして西北回聯の主任顧問として回教工作を推進した小村不二男に焦点をあて、その活動の実態、さらに西北回聯の関係者は、その後どのような人生を歩んだのかについても論じてきた。

　蒙疆政権下においての回教工作は、優遇政策を採りながら工作を進めることを基本としており、日本人と回民との関係は比較的良好であった。しかし西北回聯を通じて日本軍が蒙疆で進めた回教工作は、個別に見れば人間的な交流がありながらも、総体的に見れば謀略であり、回民青年を西北への勢力拡大に利用しようとしたのは、西北回聯の一連の経緯から明らかである。また、対日協力にともなう文革中の被害もあり、日本軍の少数民族政策は少なからぬ犠牲者を出し、禍根を残したと言えよう。

## 注

1）　森久男「蒙古軍政府の研究」『愛知大学国際問題研究所紀要』（第 97 号）1992 年 9 月、79-116 頁。

2）　蒙疆の疆の意味は明確ではなく、万里の長城の内外長城線に挟まれた地域を指すという説、新疆の疆という説、漠然と辺疆を意味するという説などがある（高津彦次『蒙疆漫筆』河出書房、1941 年、39 頁）。

3）　1938 年 1 月に駐蒙軍の前身である駐蒙兵団が編成された（同年に駐蒙軍に改編）。司

令部要員の大部分は関東軍より転補された（防衛庁防衛研修所戦史室『戦史叢書 支那事変陸軍作戦〈1〉』〔昭和 13 年 1 月まで〕朝雲新聞社、1975 年、450 頁）。

4）　鈴木仁麗『満洲国と内モンゴル――満蒙政策から興安省統治へ』明石書店、2012 年。広川佐保『蒙地奉上――「満洲国」の土地政策』汲古書院、2005 年。

5）　黄奮生編「2　内蒙盟旗自治運動実記」日本モンゴル協会『日本とモンゴル』（第 15 巻第 1 号）1980 年 3 月、52 頁。

6）　森久男「関東軍の内蒙工作と蒙疆政権の成立」大江志乃夫・浅田喬二・三谷太一郎・後藤乾一・小林英夫・高崎宗司・若林正丈・川村湊編『植民地帝国日本』（岩波講座　近代日本と植民地 1）岩波書店、1992 年、139-159 頁。

7）　米内山庸夫「蒙古人と支那人」『蒙古』（昭和 15〔1940〕年 9 月号）善隣協会、2-14 頁。

8）　善隣協会調査部『蒙古大観』（昭和 13 年版）改造社、1938 年、293 頁、297 頁。『蒙疆年鑑』（成紀 739 年、昭和 19 年）蒙疆新聞社、1944 年 105 頁。岩村忍『中国回教社会の構造』（上）日本評論社、1949 年、34 頁。

9）　前掲『蒙古大観』289 頁。

10）　前掲『蒙疆年鑑』105 頁。

11）　関東軍参謀部「対察施策」（関参謀第 1 号）（1934 年 1 月 24 日）、島田俊彦・稲葉正夫編『現代史資料・日中戦争 1』（8）みすず書房、1964 年、468-471 頁。

12）　関東軍参謀部「対内蒙施策要領　昭和 10 年 7 月 25 日」（極秘 35 部の内第 5 号）前掲『現代史資料・日中戦争 1』（8）494 頁。

13）　「対蒙（西北）施策要領　昭和 11 年 1 月」前掲『現代史資料・日中戦争 1』（8）541-542 頁。

14）　「回教圏情報」『月刊回教圏』（第 4 巻第 1 号）回教圏攷究所、1940 年 1 月、44-46 頁。

15）　「蒙疆情報」『蒙古』（昭和 17〔1942〕年 2 月号）107 頁。

16）　「彙報」外務省調査部編『季刊回教事情』（第 2 巻第 5 号）1939 年 2 月、改造社、104-105 頁。

17）　「西北回教聯合会声明」『月刊回教圏』（第 2 巻第 1 号）1939 年 1 月、44 頁。

18）　回教圏攷究所調査部長の小林元は 1938 年に蒙疆を訪れたが、厚和の回教徒は 4058 戸、1 万 5832 人としている（小林元『回回』博文館、1940 年、308 頁参照）。

19）　小村不二男『日本イスラーム史』日本イスラーム友好連盟、1988 年、448-449 頁。

20）　蒙疆政権で事務官僚をしていた高津彦次によれば、特務機関所属の横山順中佐から回教問題について学んだとある（高津前掲、377-378 頁）。横山順は、綏遠（厚和）特務機関所属。参謀部の支那班に所属し、イスラームについての理解があったようである。生前からの遺言で、骨壺に「彼はモンゴル人を愛せり、彼は回教徒を愛せり」という文章を入れたという（横山順は 49 歳で死亡、2 階級特進で少将）（横山順遺族インタビュー、1998 年 12 月 2 日、早稲田大学）。

21）　『回教週報』（第 165 期）1943 年 12 月 17 日。

22）　『蒙疆新聞』蒙疆新聞社、1944 年 1 月 3 日。

23）　竹内好「北支・蒙疆の回教」『月刊回教圏』（第 6 巻第 8・9 号）1942 年 9 月、36-57 頁。

24）　高津前掲、391 頁。

25）　小林前掲、307-312 頁。

第 5 章　蒙疆政権下の回教工作と教育｜183

26)　『蒙疆新聞』1944 年 5 月 19 日。「回教圏情報」『月刊回教圏』（第 2 巻第 5 号）1939 年
　　5 月、73-74 頁。「回教徒の生活改善」『蒙古』（昭和 17〔1942〕年 12 月号）58 頁。「蒙疆
　　情報」『蒙古』（1941 年 8 月号）118 頁。

27)　「回教圏情報」『月刊回教圏』（第 2 巻第 1 号）44 頁。

28)　「回教圏情報」『月刊回教圏』（第 2 巻第 2・3 号）1939 年 3 月、36-37 頁（初出は『西
　　北回教聯合会会報』（第 3 期）1939 年）。

29)　内蒙古教育志編委会『内蒙古教育史志資料』（第 1 輯〔下〕）内蒙古大学出版社、1995
　　年、734 頁。

30)　『蒙疆新聞』1943 年 5 月 19 日。

31)　「蒙古情報」『蒙古』（昭和 19〔1944〕年 7 月号）91-92 頁。

32)　関野房夫『中華民国教育事情』育英書院、1943 年、85 頁。佐藤尚子「汪兆銘傀儡政権
　　下の教育」『大分大学教育学部紀要』（第 16 巻第 2 号）1994 年、389-398 頁。

33)　『蒙疆新聞』1942 年 10 月 11 日。

34)　OEC インタビュー、1998 年 5 月 16 日、フフホト清真大寺にて。

35)　OEC インタビュー、1998 年 5 月 16 日、フフホト清真大寺にて。

36)　SC インタビュー、2013 年 9 月 11 日、フフホト清真大寺にて。1998 年にインタビュー
　　した OEC は逝去していた。SC は中国イスラーム経学院で学んだアホン。

37)　清水敏「包頭の回教」善隣会『善隣協会史』日本モンゴル協会、1981 年、406 頁。

38)　「回教圏情報」『月刊回教圏』（第 3 巻第 1 号）1939 年 7 月、81 頁。

39)　「回教圏情報」『月刊回教圏』（第 4 巻第 1 号）1940 年 1 月、44-46 頁。

40)　『蒙疆新聞』1944 年 5 月 26 日。

41)　『蒙疆新聞』1944 年 3 月 1 日、3 月 4 日。

42)　『蒙疆新聞』1944 年 4 月 28 日。

43)　『蒙疆新聞』1944 年 8 月 15 日。

44)　李士栄「日軍特務機関在西北地区回族中重視特務活動的情況」『包頭資料薈要』（第 13
　　輯）150-166 頁。

45)　小村前掲、95 頁。カーリド・木場「アル・ハッジ・ムスタファ小村先生の思い出」『アッ
　　サラーム』（第 78 号）イスラミック・センター・ジャパン、1998 年 10 月、39 頁。

46)　小倉は 1939 年 3 月から 1944 年 3 月まで綏遠（厚和）の特務機関長、士候 22 期。軍歴
　　は以下参照（外山操編『陸海軍将官人事総覧』〔陸軍篇〕芙蓉書房、279 頁）。張洪祥『近
　　代日本在中国的殖民統治』天津人民出版社、1996 年、342 頁。

47)　小村前掲、122 頁。

48)　『回教週報』（第 24 期）1941 年 2 月 7 日。

49)　「厚和清真大寺望月楼挙行落成儀式」『回教月刊』（第 1 第 3 期）西北回教聯合会本部、
　　成紀 736（1941）年 11 月、22-23 頁。

50)　『蒙疆新聞』1942 年 10 月 29 日、11 月 28 日、12 月 6 日。第 5 次については、澤井論文
　　参照。澤井充生「皇居遙拝した回民たち——日本の回教工作にみる異民族への眼差し」
　　『人文学報』（NO.513-3）（社会人類学分野 10、首都大学東京人文科学研究科）2017 年、
　　107-129 頁。

51)　小村によれば、以下のとおりである。日本に亡命して大日本回教協会の庇護を受けて

いた独立運動の中心的人物であるマームド（麻黙土）将軍は、トルキスタンへ戻り、激戦中に壮烈な戦死をした。マームド中将没後、バイ（巴義）少将夫妻は、残余のムスリム部隊を統率して反撃を重ねたが、退勢は挽回できず亡命したという。またム清正は小村の腹心であった。彼はサラル回教徒の出身で、1943年、小村の身代わりに殉死した（小村前掲、204頁）。王柯『東トルキスタン共和国研究——中国のイスラムと民族問題』東京大学出版会、1995年、289頁参照。

52）「厚和伊斯蘭婦女協会挙行結成典礼」『回教月刊』（第1巻第3期）西北回聯本部、成吉思汗紀元736（1941）年11月、19-21頁。

53）鈴木住子『チャードルの女』日本週報社、1959年、113頁。

54）鈴木前掲、102頁、120頁、148頁。

55）以下では、経歴がある程度わかる関係者5人について、日本敗戦後の経緯を見ていきたい（政治協商会議呼和浩特市回民区委員会〈呼和浩特回族史〉編輯委員会『呼和浩特回族史』内蒙古人民出版社、1994年、344-360頁参照）。

　①蒋輝若（？-1945）は、甘粛省河州の出身で、1923年頃に包頭城防司令、15路軍第2旅団旅長などを歴任した。その後、政治的に不遇の立場に置かれたため、蒙古を去り北京に居住する。関東軍の蒙疆侵攻後、日本の回教工作に協力し、西北保商督弁公署督弁、回教委員会委員長、西北総監部総監など、蒙疆政権の要職に就任した。西北保商は包頭の周辺で日本が作らせていたアヘンを西北部に運び、ほかの物資と交換して利益をあげる役割も果たしていたといわれる。当時日本は、国策として蒙疆でアヘンの栽培を励行し中国に輸出しており、これらの収益をもって蒙疆政権の財源に充当しようとしていたとされる（江口圭一『日中アヘン戦争』岩波書店、1988年、209頁）。日本の敗走後、蒋は国民党関係者に賄賂を贈り保身を図ったが、民衆の怒りをかい、1945年10月に逮捕された。蒋は極刑を免れないことを予測し、軍法会議の席上で金を呑み自殺した（李前掲、162-166頁参照）。

　②李郁周（1898？-？）は、漢方医学出身の医師で、張家口の回民の有力者であった。日本の回教工作に協力し、西北回聯副会長、西北回聯張家口支部長、蒙古聯合自治政府回教委員会副委員長などを歴任した。行政職である回教委員会副委員長として、回民青年学校の卒業式や回教徒生活刷新懇談会など、様々な西北回聯の行事に出席している（『蒙疆新聞』1944年7月14日、参照）。また、第2次蒙疆回教徒訪日視察団（1939年）の参加者名簿に名前がある（参加当時、張家口支部長、41歳）。李は張家口に創設された回民女子青年の養成機関である善隣回民女塾の塾長である是永章子とも親交があった。是永が張家口から引揚げのため北京に滞在していた際、李が人民裁判で銃殺に処せられたことを聞いたという（是永俊子「善隣回民女塾の思い出」前掲『善隣協会史』197頁参照）。

　③艾馨（福堂）（1897-1951）は河北省出身で、商人家庭に生まれた。帰綏（現在のフフホト）中学卒業後、帰綏市の清真寺の執事となったが、のちに綏遠省警務処の警察隊長となる。日本統治下で西北回聯本部副会長および厚和支部長、回教委員会委員を歴任。1938年4月の第1次蒙疆回教徒訪日視察団にも参加しているという。艾は厚和放送局において、「回教問題と共産党について」と題して放送したが、内容は共産主義とイスラームとは相容れないという主旨であった（『蒙疆新聞』1942年10月22日）。1949年9月に綏遠起義（内蒙古に共産党政権を成立させた戦争）に参加し、綏遠軍政治委員会民族事務

委員会委員に就任した。しかし中華人民共和国建国後の 1951 年 8 月、帰綏市人民法院で反革命罪において死刑、終身政治権利の剥奪の判決を受ける。その後 1988 年 4 月、フフホト市中級人民法院は以前の刑事判決を撤回し、艾馨の名誉回復を行った。

　④　呉桐（1899-1962）は、幼少より呉式太極拳を習得し、武術で著名な人物であった。北京体育専科学校で学び、当時の綏遠では数少ない知識人で、1929〜37 年にかけて綏遠国術館館長を勤めた。日本軍の蒙疆侵攻後、1939 年には厚和の回教青年学校長に就任。ただし、実は 1937 年に傅作義の指令で、占領地抗日地下工作組を組織し組長となり、情報活動に従事していた。日本軍の部署および政治などの方面の情報を集め、1940 年の五原侵攻作戦（駐蒙軍と傅作義軍との戦闘）に一定の貢献をしたと言われている。日本敗走後に、国民党綏遠省党部委員に就任。その後、1949 年 9 月の綏遠起義に参加した。綏遠起義の声明を出した 39 人の中の 1 人として知られる。人民共和国建国後には、省政府民族工作委員会委員、内蒙古体育委員会弁公室副主任、内蒙古自治区第 1・2 期政治協商会議委員などの要職を歴任した。

　⑤　呉懋功（1908-1991）は、北京師範大学体育学部を卒業後、1938〜1942 年の間、包頭清真小学校校長を勤めた。西北回聯包頭支部長となり、1939 年 4 月の第 2 次蒙疆回教徒訪日視察団にも参加した。1948 年に包頭中学教務主任となり、同年、包頭崇真中学の設立に参加した。1956 年にフフホト回民中学に移り副校長となる。フフホト市政治協商会議第 3 期委員、第 4・5・6 期常任委員、内蒙古民主促進会顧問などを担当した。ただし文革中に厳しい糾弾を受けることになったという（呉懋功・王質武「日軍占領時期的包頭回族人民」包頭市民族宗教志編修弁公室・政協包頭市東河区文史委員会合編『包頭回族資料』1987 年 9 月、49 頁参照）。

56)　厚和支部総務主任にＨという名前がある（『月刊回教圏』〔第 4 巻第 1 号〕1940 年 1 月、44-46 頁参照）。Ｈは、第 2 次訪日団に参加（36 歳、厚和支部総務主任）。国立公文書館アジア歴史資料センター（C04120561300「蒙古聯盟自治政府主催回教徒訪日視察団見学の件　昭和 13 年 9 月 20 日」〔陸支機密・密・普大日記〕）参照。また、第 2 次蒙疆回教徒訪日視察団には、Ｂ（26 歳、本部弁公主任）もいる。

57)　澤井充生（研究代表）編著『日本の回教工作とムスリム・コミュニティの歴史人類学的研究』（平成 25〜27 年度科学研究費補助金基盤研究（c）・研究成果報告書）、2016 年、53 頁。

58)　CJ 等へのインタビュー、1998 年 5 月 16 日、フフホト清真大寺にて。共同調査者：内蒙古師範大学・謝蘭栄。

59)　『蒙疆新聞』1943 年 8 月 25 日、1944 年 6 月 17 日。厚和では大同や張家口に比べると、ムスリムを勤労奉仕、その他の活動に動員することが少なかったようである。こうしたことも結果的に良かったのかもしれない。大同は忠霊塔への参拝、清掃作業などの活動が多い。

60)　田澤拓也『ムスリム・ニッポン』小学館、1998 年、127 頁。

61)　張承志『回教から見た中国——民族・宗教・国家』中央公論社、1993 年、166 頁。

62)　トブシン（特布信）インタビュー、1998 年 5 月 14 日、フフホト、氏自宅。楊海英『墓標なき草原——内モンゴルにおける文化大革命・虐殺の記録』（上）岩波書店、2009 年、81-122 頁。

**第 3 部**

# 日本占領下の
# 少数民族女子中等教育

**第6章**

# 日本占領下の北京での回民女子中等教育
## ——実践女子中学に焦点をあてて

## はじめに

　回民の教育は、清朝末期まで、清真寺（モスク）で行われる経堂教育＝宗教教育が中心であった。しかしながら清朝末期以降、回民の知識人によって、イスラーム改革運動が推進されるようになった。彼らは、イスラームの伝統に固執するだけでは、貧しく愚かな状態に停滞してしまうという深い危機感を抱き、教育機関を創設し、教育内容も近代的な科学知識を盛り込んだものに再編成していった。

　こうした開明的宗教指導者を軸とする教育活動が清末に始まり、立ち後れた回民教育がようやく1930年代後半から本格化し、女子中等教育についても取り組みが始まろうとしていた矢先、日本の中国への軍事的侵攻が開始することになった。回民教育の中でも女子教育は手薄な領域であったが、日本占領下において、占領政策の一環として中国回教総聯合会は、回民の女子青年に対して積極的な教育事業を展開していく。そして、華北の傀儡政権下で回民女子のための中等教育機関である実践女子中学（日本側の正式名称は実践女子中学校。以下、中国側の名称である実践女子中学で表記する）が設立されるに至った。

　本章においては、華北の傀儡政権下における実践女子中学に焦点をあて、日本占領下における回民に対する女子中等教育の実態を浮かび上がらせることを課題として設定する。

　具体的には当時、中国回教総聯合会から出版されていた活字メディアである『回教週報』の記事を分析しながら、実践女子中学の学生募集・応募状況の実態、教育内容について検証し、日本側の意図と実態との齟齬を明らかにしていきたい。

## 1　民国期における近代少数民族女子教育の胎動

　1905年に科挙制度が廃止されることで、中国では近代学校教育が導入されることになった。その結果、民国期に入ると、初等教育が普及し始めた。たとえば、閻錫山（1883-1960）によって初等教育の普及が推進された山西省では、1935年の教育統計によれば、就学率は56.1％であった[1]。初等教育の普及に伴い、初等教育後の女子青年のための中等教育機関が誕生し、さらに、高等教育についても金陵女子大学といった女子高等教育機関が創設されている。こうした女子に対する中等教育、および高等教育においては、海外のキリスト教ミッション団体が大きな役割を果たしていた。

　沿海部や都市部に比べて、西南や西北地域に居住する少数民族の教育は大きく立ち後れていたが、ここでも、キリスト教ミッション団体が大きな成果をあげていた。とりわけ、ハドソン・テーラー（Hudson Taylor、1832-1905）によって創設され、中国の内陸部に布教の重点を置いたチャイナ・インランド・ミッション（China Inland Mission：内陸会、1865年設立）は、雲南のリス族やイ族などの女児に対する近代学校教育の普及において、大きな影響力を発揮している。宣教師が漢語や少数民族の言語を学びながら中国の生活に溶け込み、キリスト教の布教とともに近代的な内容を、少数民族の女児に教えていった[2]。外国の団体が中国の少数民族に注目し、勢力を伸張しようとしていたと言えよう（写真6-1）。

　ただし、回民の居住地域では、イスラームの信仰が防波堤となり、キリスト教ミッション団体が食い込むことは容易ではなかった。

　一方、回民の教育に目を向けるならば、清朝末期まで、清真寺で行われる経堂教育＝宗教教育が中心であった。しかしながら清朝末期以降、回民の知識人によって、イスラーム改革運動が推進されるようになる。こうした開明的宗教指導者を軸とする教育活動が清末に始まり、近代的な回民教育がようやく1930年代に本格化した。また女子教育についても、これまでは、「女子才無きは便ち是れ徳なり（女子無才便是徳）」とされ、むしろ教育を受けるのはメンツを失うことと考えられてきたが、次第に新しい動きも生まれるようになってきた[3]。

民国期において、少数民族女性の教育に関する雑誌記事は、極めて少ない。『民国期刊全文数据庫』を検索してみると、少数民族女性については、たとえあったとしても、服飾や風変わりな風俗習慣に関する興味本位の記事が多いように思われる。

しかし、回民については、いくつかの教育関連の記事が散見される。たとえば、開明派の回民知識人による雑誌である『月華』（1929～1937年、成達師範学校発行）には、イスラームが立ち後れた要因として、女子教育の軽視があることを指摘する論文が掲載されている。そして、賢人は賢妻良母によって育てられるのであり、宗教の危機を救うために、女子教育が必要であるという議論が見られる[4]。

写真 6-1　チャイナ・インランド・ミッションによる雲南での少数民族教育事業

注：リス族とともに写る関係者とその家族。
出典：*China Million* 1937 November p.216, A company of visiting Lisu Christians at Kachin station of Longchiu with Mrs. Fraser and her children.

さらに日中戦争を背景として、日本に対する抗戦力量を高めることは重要であり、回民においても銃後を支えるものとしての、女子の教育が注目されるようになっていく。たとえば、スパルタの例を出しながら、女子教育の重要性を説く主張が見られるようになる[5]。

　　中国は古い文明国であるが、後進国に甘んじている。なぜだろうか。中国やヨーロッパを見ると、その盛衰に関わるのは女子教育である。たとえばスパルタは、軍国主義国家であったが、女子教育が重視されていた。女子は兵士の母となる存在だったからである（李超然「女子教育的我見」『正道』）。

また、満洲事変のあと、強い国家を作るためには、より良い家庭が必要であり、より良い家庭を作るためには、女性の教育を重視しなければいけないという意見が出されるようになる。つまり家庭は男女で構成され、家庭の善し悪し

は男女双方の協力によるのであり、良い家庭があってこそ強い国家となるという考えも活字メディアに登場している[6]。こうして帝国主義勢力に対抗する強い国家の土台となる「賢妻良母」を創生するために、女子青年の教育が重視されるにいたる。

　また回民女子青年教育の学習内容として、宗教、公民、結婚、家政、児童心理など[7]、賢妻良母となり近代的家族を形成する基盤となる教科が、カリキュラムに組まれることの必要性が論じられるようになってきた。

　こうした動きの中で、北京の回教小学校で学ぶ女児数も次第に増え、初等教育機関に続いて、1935年には北京に新月女子中学が設立された。

## 2　新月女子中学

　中華民国期においては、国民党政権の下で全国統一が図られ学校教育が全国的に導入されていったものの、1930年代において初等教育の就学率は低く、ましてや少数民族、とりわけ少数民族女児の就学率は低かった。中産階級の比較的に裕福な家庭であっても宗教上の理由から女子を進学させる者は少なかったのである。

　それでも、回民が居住していた北京の牛街地区では、近代教育を受ける回族女子青年が次第に登場している。早い段階で教育を受けた回族女子青年には、「李桂芝、王蔚華（女子師範大学卒業）、楊淑蕙（師範大学平民学校女子師範クラス卒業）、楊淑敏（北方中学師範科卒業）、安景賢（尚義師範卒業）、龍佩貞（北京中学卒業）」などがいた[8]。彼女たちは、卒業後に小学校教師をしていたが、結婚後に専業主婦となった者も少なくなかった。

　一方、牛街では、中等教育機関として西北中学が設立された。西北中学は、西北部開発のための人材養成という意図を込めて命名されているが、同校は、北平における最大のイスラーム教系の学校として発展していただけでなく、全国的に見ても回民の初等・中等教育の推進のうえで、大きな役割を果たしていたのである。この西北中学に合わせて、女子中学を設置しようという動きが生まれた。

　当時、女子の中等教育に意欲を示し、西北中学の男女共学化、もしくは女子

中学の創設を強く主張していたのは、楊新民である。楊は、1937年まで西北中学教務主任であった（文学史担当）[9]。彼は、回民の文化資質を高める鍵は文化的なレベルの高い家庭婦人にあり、こうした女性の存在によって、家庭の雰囲気が改まって子どもを学習に向かわせ、社会に奉仕し、視野を広げて弊害を正すことができると考えた。

楊は、陳永祥（志澄）、趙振武、馬松亭、王夢楊とともに牛街に、回民女子のための教育機関である回民女子中学を創設することにし、成達師範の創設者であり北京では著名なアホンであった馬松亭をはじめ、回民大衆および西北中学教職員の支持を受けた[10]。

西北中学校長の孫縄武は、西北第一小学の分校である小寺街2号の1教室、机、椅子、公用具を女子中学用とした。こうした気運が盛り上がる中で、名称を新月女中とすることになった。月と星はイスラームのシンボルであり、新月女中の名前はイスラームにちなんでの命名である。

こうして1935年に新月女子中学が創設されたが、同校の女子学生は40人で、回族は70％を占めていた。一般の中学課程のほか、回族学生にはアラビア語が週1コマ加わり、また自由選択科目としてイスラーム常識（回民・漢族ともに選択可）があった。

学校には理事会が置かれ、清末民初に活躍した回民軍人である馬福祥夫人の馬汝邺が理事長となった。理事には孫縄武、馬隣翼、唐可三、沙明遠、王曾善、宜栽、趙璞華、梁友麟、劉仲泉、黒仲言、薛文波といったイスラームの名士に加えて揚新民ら5人の創設者が就任した。

校長は楊新民が担当し、総務工作は黒仲言、教務主任は西北中学の数学教師の阮裔芬（女）、訓育主任は弓睿（女）が担うことになった。教員の大多数は西北中学の教師が兼任、学校は給与を支給しなかった。当時は、中学校の新設が認められていなかったが、楊校長の同級生の雷嗣尚が社会局局長であったので、民族学校が特に必要という理由から認可された。

ところで立法院委員王曾善（理事）は北平に来た折りに、新月女子中学の学生に対して以下のような訓話を行っている[11]。

(1) 南京の最近の統計によれば、女性職員の仕事の能力は男性よりも劣って

いるので、新月女子中学の学生には、これを打破してほしい。

(2) 新月女子中学の建物や設備は簡素であるが、全国で唯一のイスラーム女子中学である。勉強ができるのは、ムスリム女子にとって幸せなことなので、この機会を活かすことを希望している。

(3) 新月女子中学は全国の回民女子教育の要であり、列車の機関車に相当する。しっかりと学問を学び、国家社会に奉仕することが大切である。


　新しく北京に設立された回民女子教育機関への期待が込められている講話と言えよう。また当時、全国に誕生しつつあったイスラーム活字メディアの一つである『中国回教青年学会会報』の中でも、新月女子中学の存在が注目され、回民から期待が寄せられていた。ただし、学校が設立されたものの、経費はなく校舎の賃貸料も支払えなかったので、まもなく沙欄胡同の民家に引っ越した[12]。

　一貫して同校の運営費は課題であった。1936年に馬汝邨理事長が学校のために2000元の基金を出し、毎月の利息20元を維持費とすることになった。また理事の馬隣翼は回民教育基金会から、新月女子中学に河南華新紗廠の株券5万元を出した。ただし利益をあげることができないままに、一文の価値もなくなってしまった。そのため、学生から徴収した一人当たり4元の雑費に依拠して運営したという（学費は免除）。

　ただベテラン教師が回民の教育事業のため自ら志願して教鞭を執り、熱心に指導した。回民の女子青年にとって、上級学校への進学の機会は限られていたため同校は最高の教育機関であり、学生の学習意欲は極めて高く成績も比較的良かったという。

　たとえば、新月女子中学の2年生が、次のような抱負を、『月華』に寄せている[13]。


　民国24年（1935年）にイスラーム女子教育に熱心な人々が協力してムスリム女子の進学のために女子中学を創設し、9月2日に開学した。その日、出席した全ての学生は晴れがましく思い、満面の笑顔であった。多くの熱心な知識人が学校の建設に努力し、教職員も報酬を受けとらずに、学校にたびた

び寄付をした。めったにない美談である。学生たちは学校の規則を守り、困難を乗り越えて前進した。毎日、労苦を惜しまず、学校の内外の掃除や維持に努めた。冬に暖房が無いときに手がかじかみながらも勉学を続けたことは、賞賛に値する。教師と学生の精神は、まさに前途の光明である。

　教師と生徒がこれほどまでに共に苦労を堪え忍んでいるのは、何の目的があってのことだろうか。高遠な学問を究め、冷静、温厚、善良で完全な人格、といった道徳性を兼ね備えたムスリム女子になるためだ。そのために学生は、学業に努力し、学校の規則を守っている。教師、指導者、学生は、研究に励んでいる。

　学生は、社会のために奉仕することを希望している。将来は幼児教育の分野で働くことを願う者がいるが、これは我々ムスリムにとって、幼稚園が必要だからである。また学生の中には、高校に進学して勉強を続けたい、あるいは賢妻良母となり知識のない女性を感化し、家庭教育を推進したいと考える者もいる。新月女子中学を卒業後に学問を続け、中国回民女子の先駆けとなって中国回民女子のため女子教育を振興したいという意欲を持つ者もいる。これらは個人的な希望かもしれないが、我々の未来に対する責務でもある。

　現在、新月女子中学の設備は粗末とはいえ、全国回民女子中学の中では、屈指のものである。新月女子中学の学生が社会で活躍をして成果を上げる時、新月が満ちる時といえる。我々の責任を果たして、新月に栄光をもたらしたい。

　当時の教職員、学生たちの熱気、そして自分たちの力で回民女子教育を振興しようという熱意が伝わってくる。

　日本では国家近代化の中で富国強兵を内面から支える存在として新しい女性像である「良妻賢母」という理念が打ち出されているが、それに相当するものとして中国では引用文中に示されているように「賢妻良母」が唱道されている[14]。

　しかしながら、経費の困難に加え、1937年に、支援者であった陳永祥、王夢場などが相次いで北京を離れたため、盧溝橋事件の前に閉校となった。2年間

写真6-2 楊新民

出典：北京市档案館所蔵資料、J4全宗3目録290巻。

で2クラスの卒業生を育てあげた新月女子中学は、「一瞬だけ鮮やかな花を咲かせた」。しかし「回民女子の中学校進学への道を開拓し、牛街地区の回民大衆の保守的な風潮に風穴をあけ」たのである。そして、新月女子中学は「回民教育事業の上で大きな快挙」であると、劉東声は『北京回民教育史略』の中で誇らしげに述べている[15]。

## 3　実践女子中学

### （1）設立の経緯

中国回教総聯合会華北聯合総部は、盧溝橋事件の約2年後の1939年9月、実践女子中学を設立した。同校は、北京市教育局の批准を受けた学校である[16]。

校舎は中国回教総聯合会華北聯合総部北京区本部の事務所（法源寺后街の謝公祠）に置かれた。謝公祠は、南宋の謝枋得（1226-1289）の祠堂である。謝は1275年にモンゴル軍が南下すると、南宋を護るために元に抵抗した。のちに、元からの出仕の要請に従わず、北京に送られて絶食死した人物である。謝を記念して建てられた祠に、傀儡政権の中核機関である中国回教総聯合会北京区本部が置かれたのは、皮肉なことであると、劉東声は『北京回民教育史略』に記している[17]。

実践女子中学の理事長は王瑞蘭であったが、王の逝去後、中国回教総聯合会代理委員長の趙国楨に代わった。実践女子中学の校長は新月女子中の校長であった楊新民である（のちに校長は趙国楨、写真6-2）。

楊は、華北教育総署が1941年に各院校長教授職員の資質の向上のため、官費で日本に派遣した際に選ばれて9月から1年の予定で訪日した[18]。1941年8月に西北中学で歓送会が開催されたときに、楊は日本の小学校から高等教育について全般的に学び、特に日本の女子教育の取り組みを帰国後に役に立てたいと抱負を述べている[19]。

楊は北京師範大学の講師をしていたので、学校の日常業務は教務主任の阮裔芬（永徳、女）が担った。訓育は元新月女子中学の弓睿（雲谷、女）が、事務員は北京区本部会計の王が兼任し、教員の大多数は西北中学の教師が兼任した（写

写真 6-3　実践女子中学設立記念式典写真

出典：『回教月刊』(2-3) 1939 年 12 月。

真 6-3)。

教員としては、以下のとおりである。阮永徳（女、39 歳、教務主任兼数学、国立女子師範大学卒業）、弓雲谷（女、30 歳、訓育主任兼地理、家事、河北省立女子師範卒業）、王連山（男、32 歳、事務主任、財政専門学校卒業）、王肇栄（男、32 歳、修身、北京中大文学系卒業）、丁在田（男、34 歳、国文、北京輔仁大学卒業）、潘潤（女、23 歳、日文、東京女子高等師範卒業）、栄在林（男、35 歳、図画、音楽、北京師範大学音楽系卒業）、楊璇圃（49 歳、男、精神指導、珠算、北京高等師

写真 6-4　裁縫をする実践女子中学の学生

出典：『回教月刊』(2-4) 1940 年 3 月。

範教育科卒業）、楊琦（女、22 歳、国文、衛生、北京女子師範学院中退）、李慧艺（女、27 歳、編機、動物、北京女子中学卒業）、王梅（女、27 歳、裁縫、刺繍、植物、華北学院芸術専修科中退）、沙金鳳（女、22 歳、体育、北京市立師範学校卒業）[20]。

西北中学の教員が兼任していたとはいえ、教員の学歴を見ると、北京師範大学や東京女高師卒業の者もいて、教員のレベルはかなり高かったこと、20 代から 30 代の若手教員が中心であったことがわかる。当時、女性で高等教育機関終了の者はごく少数であり、貴重な存在であるが、彼らが主軸となり回民の女子近代教育を担っていたと言えよう。

同校は当初は新月女子中学の学生の一部を入学させ、2、3 年生とし、また新しいクラスを 1 クラス募集した。ただし、「学校は日本の「家政職業学校」の

写真 6-5　実践女子中学外観および教室風景

出典：『回教月刊』（2-4）1940年3月。

ような内容で、裁縫、刺繍、編物などのカリキュラムが組まれた」と、劉は指摘している。確かに実技系の科目を担当する教員が多い。経費は全額、回教総聯合会が負担した（写真6-4、5）[21]。

　新月で校長をしていた楊が実践でも校長であり、教務などの職員も新月女子中学のときと同様、また一部の学生が新月女子中学出身だったので、実践女子中学は新月女子中学の継承と認識されることもある。しかし、「実践女子中学は日本人の意図の下に設置された学校であり、両校はまったく別の組織であった」と、劉東声は『北京回民教育史略』の中で述べている。

　回民の知識人による近代教育導入の動きの中で生まれた新月女子中学の土台をまさに利用しながら、日本占領下において実践女子中学は創設されたと言えよう。

（2）　1940年度学生募集の実態

　実践女子中学の学生募集の実態はどのようなものだったのだろうか。『回民週報』の記事から、検討していきたい。

　まず、『回教週報』に掲載された「北京市立実践女子中学校招生簡章」には、実践女子中学の設立の主旨が述べられている[22]。以下に概要を紹介しよう。

　　回教教育は立ち遅れているが、とりわけ女子教育は甚だしい。近年、回教
　　教育は次第に進展しているが、女子教育機関はほとんど無い。そのため、北

京の回教女子で小学校の卒業生の中で、上級学校への進学は、毎年10人の内、1、2人でしかない。その原因は二つある。まず回民は経済的に困難であり、普通中学への進学は経費がかかること、次に学校の訓育は、宗教信仰道徳の涵養が欠落していることがある。そのため本会では実践女子中学を設立し、普通女子中学の科目に加えて教義や家事を教える。

また実践女子中学では、「裁縫、刺繍、編み物や家事の科目」を設け、「賢妻良母」を育成することを旨としている。家事（家政）といった日本的で実践的な科目が重視されていたと言えよう。また学校卒業後に、「上級学校への進学が可能であるばかりでなく、進学ができなくても、家庭で生産に関われる唯一の回教女子学校である」として、裁縫などの技術を習得できることをアピールして学生募集を図ろうとしていたのである[23]。具体的な募集事項は以下のとおりである[24]。

(1) 募集数：中1：50名、中2：20名、中3：20名。

(2) 資格：中1は小学校卒業、もしくは同等の学力。中2、3年への編入生は、各学年の修業証明書による。

(3) 年齢：中1は13歳から16歳、編入生は18歳以下。

(4) 試験科目：中1は、国語、数学、常識、面接。中2、3年への編入は国語（漢語）、数学、代数、日本語、面接。

(5) 応募手続き：卒業証書、写真を持参。手数料5角（返金しない）。

(6) 試験場所：7月21日8時から本校。

(7) 費用：1学期に学費6元、雑費6元。学業優秀者あるいは家庭に経済的な困難がある場合には、減免措置がある。保証金の5元は卒業時に返金する。退学者に関しては、返金しない。

(8) 課程：カリキュラムは教育部の中学校課程標準に準拠する。ムスリムの学生はアラビア語、精神指導が各1時間加わる。それ以外の学生は選択である。

(9) 宗教不問。

こうした学生募集に対して、『回教週報』では、実践女子中学は「毎日、続々と応募がある」「小学校からかなりの数の推薦がある」ので、速やかに応募する

**写真 6-6　学生成績展覧会**

注：実践女子中学生が作成した作品の展示。
出典：『回教月刊』（2-4）、1940 年 3 月。

**写真 6-7　半袖着用の実践女子中生**

出典：『北支』（1942 年 9 月号）、
　　　10 頁、華北交通写真。

ように、としている[25]。

　また、同 1940 年夏に学生成績展覧会を開催し、ムスリムおよび教徒以外の参観者からも好評で、1 日に 1000 組の参観があったという。こうした展覧会はたびたび開催されている[26]。広く学習の成果をアピールするとともに、展示を通じて学生募集を図ろうという意図がうかがわれる（写真 6-6）。

　ただし、7 月 21 日に行われた第 1 回試験では、合格者が定員に満たなかったため、引き続き 8 月 18 日に第 2 回の試験を実施した。その結果、30 人の新入生となった[27]。第 2 回の試験でも定員に満たなかったため、9 月 2 日、新学期の開学後の 9 月 8 日にも第 3 回試験を実施した[28]。

　また、1940 年度には、冬休みにも学生の追加募集を行っている。ムスリム女子青年の応募が少なかったためであろうか、「宗教に拘わらず募集するので、希望者は応募して欲しい」と『回教週報』にはある[29]。

　回民女児の場合、初等教育が普及しておらず、中学校進学希望者は少なかったことが考えられる。また、当時、娘を中学で学ばせる経済的なゆとりのある家庭は少なかったうえ、女子は才がないのが徳であるという考えも根強かった。そのため、ごく一部の経済的なゆとりのある家庭の子女だけが入学したのであろう。

　『北支』（1942 年 9 月号）には筆で文字を書いている実践女子中学生の学習風景の写真 6-7 が掲載されている。当時、保守的なムスリムは女子学生のベール着用を主張しているが、写真の女子学生はベールを身につけていないうえ、肌

の露出も多い半袖を着用している。イスラームの改革派の影響があると思われる。ただし、1941年以降に理事長になった趙国楨は保守的であり、女子学生が半袖や足をさらすような衣服を身につけることを禁止する通達を出したという[30]。

## 4　1941年度における定員の拡大方針と困難を極める学生募集

　1941年の秋から始まる新学期においては、大規模な学生募集活動が行われ、『回教週報』に何度も学生募集の記事が掲載されている。従来は1学年に1クラス50人であったが、秋学期から2クラス100人と規模を拡大して募集したことも、募集活動に力を入れた理由である（写真6-8）。

　まず、『回教週報』（第44期、1941年6月27日）に実践女子中学は創設以来2年間、人材を輩出し成績が顕著であること、6月24日の学期試験終了後、7月2日10時から大礼堂で卒業式典・終業式を開催することが掲載されている[31]。出席予定者のリストには茂川機関長、高垣主席顧問、理事、回聯職員、各回教小学校校長、同校の学生家長の名前があり、中国回教総聯合会の全面的なバックアップのもとに開校された学校であることがわかる。また卒業式に合わせて、同校学生の作品展が開催されている（翌7月3日から50日間の夏期休業に入る前）。

　また、1941年度の秋学期から1年生は2クラス100人に規模を拡大して募集し、また2、3年への編入生募集は20人であった。受験資格、受験科目などについては、従来どおりである[32]。

　ただし、学生募集をしたものの学生の資格が揃わず、学生のレベルもばらばらであったため、実践女子中学では補習授業を実施するとして、夏期の補習班（科目：国文、日文、数学、期間：7月10日〜8月16日の午前中、学費：3元）の生徒募集が行われた。補習班の終了試験に合格した学生は、同校への入学・編入学の試験は免除とされた[33]。ただし、補習班の学生が集まらなかったためか、補習班開始後の7月11日の『回教週報』にも、暑期補習班の募集の記事が掲載されている[34]。

　また、7月20日に試験が行われる主旨の募集記事が、7月4日、7月11日、

写真 6-8　学生募集に関する『回教週報』記事

出典：『回教週報』（第 44 期）1941 年 6 月 27 日。

7 月 18 日に掲載されたほか[35]、さらに 8 月 17 日にも試験が実施される旨の記事が、7 月 25 日、8 月 1 日、8 月 8 日、8 月 15 日と立て続けに掲載されている[36]。

たとえば 8 月 1 日の『回教週報』によれば、7 月 20 日に試験を行い、合格者は 21 人、補欠は 4 人であった。ただし、「遠方の女性たちは向学心があっても遠く交通が不便で、間に合わなかったため」、再度、8 月 17 日に第 2 回の試験を実施するとある[37]。少しでも入学者を増やしたいという意図が読み取れる。

8 月 17 日の第 2 回試験で 30 余人を合格にしたが、8 月 26 日開学、9 月 1 日授業の開始の前に、第 3 回目の試験を行うことが 8 月 22 日および 8 月 29 日の記事に記されている[38]。

このように実践女子中学は学生募集に悪戦苦闘していたが、それに対して西北中学の新入生募集の記事は 2 回だけであり（『回教週報』〔第 47 期〕1941 年 7 月 18 日〔第 48 期〕7 月 25 日）、実践女子中学がいかに、学生集めに苦心していたかがうかがえる[39]。これは、西北中学が 1 クラス 50 人であったのに対して、実践女子中学では女子の進学希望が少なかったにもかかわらず、1 年生を 2 クラス 100 人募集しようとしたためでもあった。

また、応募数を増やすためか、実践女子中学の進路についても触れた記事がある。それによれば2期の卒業生の中には、高級学府に入学したり、関係団体に就職した者がいるという。たとえば卒業生の王と馮は中国回教総聯合会会幹部の紹介で華北交通株式会社に就職した。また、馬と劉は同会の職員となったと紹介されている[40]。

このように苦労しながらも、実践女子中学は、1941年秋からの新学期に新入生50～60人を迎え、8月26日に正式に開学した[41]。このとき、女子中の新任理事長就任記念式典も合わせて行った。もともとの理事長は、王瑞蘭アホンであったが、趙国槙が新理事長となり、高垣主席顧問、趙理事長、唐易塵理事が挨拶した。

当該校は北京の中で唯一の回教の女子中学ということで、募集にも力を入れていたものの、入学希望者は、期待よりかなり少なかった。

翌1942年の秋からの新学期の新入生募集時にも100人を募集していたが[42]、実際に合格したのは、1年生40人であった[43]。

一方、1941年、1942年と新入生100人を募集してきたが、1943年の募集の際には、1年生は1クラス50人となった。戦局が困難になり経済的にも余裕がなくなったこととともに、多数を募集しても学生が集まらなかったという事情があると思われる[44]。

入学者のうち、どの程度が卒業しているのか見てみると、1940年の入学者30人のうち、卒業した者は11人である。卒業までこぎつける学生は少なかった[45]。卒業式には中国回教総聯合会の三田主席顧問も出席し、ムスリム女性の責任は、宗教の発展、民族の復興にあると、スピーチを行った。

こうして、学生募集をしてきた実践女子中学であるが、1944年に西北中学の女子部となった。日本軍は太平洋戦争に対処するため、中国では戦線拡大ができず、中国回教総聯合会も縮小に向かった。こうした局面において体面を維持するため、実践女子中学を西北女子中学（西北中学女子部）とし、牛街にある西北中学へ移転した。

実践女子中学は5年間（1939～1944年）で、4クラス130人の学生を卒業させた。そのなかに回民女子青年は少なくなかった。卒業生の一部は高校に進学し、また建国後に小学校あるいは幼稚園で働いた。少数民族訓練班で学んだの

ちに工場や企業、基層政府機関の職員や幹部となる者もいた。ただし大多数は専業主婦になったという[46]。

一方、西北中学は、中国回教総聯合会の建物（廣安門大街 100 号、現在の北京市回民学校の場所）に移転した[47]。移転後、男子クラスは 6 から 10 へ増え、西北小学は 12 クラスに回復した。女子部は 2 クラスに留まっていた[48]。合併後、精神指導課を取り消し、カリキュラムは他の一般の学校と同じであった。

その後、1 クラスの人数が減少し、特に生活難のため回民の学生が減少して結果的に漢族の割合が増えたという[49]。回民のための中等教育機関として創設された西北中学であったが、回民の生活難から創設時の意図とは異なっていったと言えよう。

楊新民校長は教育のレベルの向上に尽力した。しかし 1944 年、45 年に日本軍は太平洋戦争で壊滅的敗北が続き、日本軍統治下の北京においては物価が高騰して社会が混乱していた。学校は経費不足で教育レベルの向上など、絵に描いた餅であったという。

## 5　教育内容——家政教育および体育の重視

### （1）　家政教育の重視

実践女子中学のカリキュラムの特徴として、家政教育の中でも、とりわけ実用的な内容、ミシン、刺繍など家政教育を積極的に教育内容に取り入れた。そして「賢妻良母」（日本で言うところの良妻賢母）の育成に重点を置いていた。

こうした姿勢は、『回教週報』の記事にも示されている。たとえば、紫綺は「家政とは家事であり、女子が負うべき使命である」としたうえで、ムスリム女性にとって普通教育を受けること、家政を学ぶこと、子女の教育は重要である、と主張する[50]。そして、「日本の女性は、我々回教女性の鏡である」として、結婚する前に家のきりもり、調理、裁縫、洗濯、交際、日用品の購入などについて学習することは、女性にとって不可欠の常識であり、日本女性に学ぶべきであるとする。

また、『回教週報』では、次のような家政教育の重要性を説く趣旨の文章が掲載されている。日本とドイツの女子教育の重点は家政教育である。家政教育は

科学的方法で家事を管理し、家族がお互いの感情を大切にしながらそれぞれの役割を果たし、婦人が新しい家庭をつくりあげる基礎である。家政教育は人類を創りあげる根源であり、年齢、環境を問わず至るところで実施しなければならない。家政教育を女子教育の必修科目とする必要がある。家政教育によって女性は徹底的に自分たちの使命を理解するのであり、国家民族の復興の力は家庭の中で生まれる[51]。

　では、こうした家政教育は、どのように発展を遂げてきたのだろうか。欧米では産業革命が起こると、産業の発展や国民国家の形成に合わせた効率的な家庭を運営する必要性から、主婦自らの手で家事、育児をしなければならないという風潮がでてきた。日本はアジアの中でいち早くこの思想を取り入れ、「良妻賢母」という女性の規範を作りあげた[52]。こうした規範の家庭内での実践を具体的に指導したのが、女学校における家事科教育である。

　一方、日清戦争に敗れた清朝政府は、日本に学んで近代教育を導入した。そして女子の学校教育にも目を向け始め、1907年学部は明治政府が出した高等女学校令をモデルとして、「女子師範学堂章程」を公布した。そして家事科は必修科目となった。

　ただし、「古来中国では階層間格差がはっきりしており、上流階層の女性が今でいう炊事、洗濯、掃除などの家事に直接たずさわることはほとんどなかった。通常、日々のこまごました家事や子どもの世話は使用人や乳母にまかせ、一家の主婦はそれを統べ、家の運営全般を管理することが主な役目であった」[53]。

　そのため、総じて家事科に対する女子学生たちの関心は低かった。富裕階級の子女にとって、「裁縫や刺繍はともかく、料理、買い物、掃除、洗濯、皿洗いなどは、使用人の仕事であるとしか考えられなかった」し、「家事を学んでもそれを応用する場が無く、またその必然性もなかった」のである。

　しかしながら、日本占領下の中国の女子中等教育機関においては、日本型モデルが導入され家事科が重視されていた。たとえば、満洲国におけるモンゴル人女子青年に対する中等教育機関として、興安女学院（後の興安女子国民高等学校）がある（補論参照）。同校での教育内容は主に1）文化課（数学、蒙語文、日語文）、2）技芸課（裁縫、編み物、調理）、3）文明礼儀、を中心としていた[54]。

　同校で学んだソブドによれば、「家政実習」の名目で行われた日本人舎監の家

写真 6-9 バレーボールをする
実践女子中学生

出典：『北支』（1942年9月号）10頁。

の保母や掃除、炊事には反発が強く、のちに廃止されたという[55]。当時の少数民族女子青年の中で、中学校に進学する者はごく限られた人間であり、エリートとしての自覚を持っているにもかかわらず、日本側が行う女子中等教育においては、良妻賢母教育を実施していた。家事科教育を行い、手伝いとして使われることは、彼女たちのプライドが許さなかったのである。

また中国では一般的に、学校に進学するのであれば、家事など実学的なことではなく学問的な知識を学びたいという傾向が強いということもある。

日本占領下の実践女子中学において、学校の特色として家事科教育を導入し女子青年の募集を促進しようとしたが、必ずしも回民女子青年にとって魅力的なものではなく、効果を上げていなかったのではなかろうか。

## （2） 体育の重視

実践女子中学では、家政教育とならんで体育活動を重視した。たとえば、学生の身体を鍛えるために、バレーボール隊を組織し、李体育主任は毎日練習を指導した。同校では、北京市恵中女子中学と1942年5月1日に試合を行い、王事務主任と李体育主任が隊員を連れて、恵中女子中学に行った。試合では3対1で実践側が勝利したという[56]。

日本占領下の華北の様子を伝える写真グラビアである『北支』に掲載された写真6-9においても、長パオを着てバレーボールをしている女子青年の写真がある[57]。

また、西北中学、付属小学が中心となっての運動会が1943年に開催されている[58]。1944年には中国回教総聯合会の運動会が開催され、西北中学とともに、実践女子中学の学生も50メートル走などに出場している[59]。

ところで明治維新後の近代教育の導入の過程において、日本では国家統合を図るために体操による集団訓練が導入され、その成果発表会として運動会が開

写真 6-10　国立北京女子師範大学体育科

出典：『北支』（1939年7月号）左21頁、右22頁。

催されるようになっていく。運動会は初代文部大臣の森有礼の一連の教育改革の中で定着したといわれる。

　日本の近代教育、教育による国家統制の仕掛けが、日本占領下の北京の学校においても積極的に導入されていたのである。日本占領下で出版された写真誌である『北支』にも、女子が体育をする姿が登場している[60]。女性が纏足から解放されたという事実とととも に、国民統合の過程において学校教育に導入された体育によって、女性が国家の支配下に編成されていく姿を、雑誌に掲載された写真は示していると言えよう（写真6-10）。

写真 6-11　華北交通の女性警察官

注：「中国女性もかく協力する」とキャプションがつけられている。
出典：『北支』（1939年9月号）15頁。

　また、付言すれば『北支』には、屈強、かつ活動している中国人女性の写真（鉄道の警備、宣伝文書の配布など）がしばしば登場する。戦時動員に向けて、学校では体育で身体を鍛え、献身的に日本のために働く女性を作り上げることを企図して、活字メディアが利用されていたことを物語るものである。

　また華北交通写真のほとんどが1939年、1940年、1941年に撮影されており、『北支』には、プロのモデルを使ったと思われる微笑む美女の写真の使いまわしも多いという[61]。写真6-11は、『北支』（1939年9月号）に掲載された写真であ

るが、同じモデルの写真が『北支』（1943年4月号）にも掲載されている[62]。写真が当時の状況をリアルに映し出していたものではなく、粉飾や宣伝であったことを意味するものであろう。

## まとめ

清末から民国期にかけて、開明的宗教指導者を軸とする教育活動が始まった。そして、北京には、新月女子中学が設立されるようになった。しかし経済的困窮と日本の華北侵攻もあり、同校は閉鎖されるにいたった。

一方、華北の傀儡政権（臨時政府—華北政務委員会）のもとで回民を中心とするムスリムの組織である中国回教総聯合会が結成された。中国回教総聯合会は、積極的に回民の青少年工作を展開し、その一貫として、女子中等教育の機関として、実践女子中学を設立した。

本章においては、実践女子中学に焦点をあて、当時、中国回教総聯合会から出版されていた活字メディアである『回教週報』の記事を分析しながら、日本占領下におけるイスラーム系女子学校の実相の一端を浮かび上がらせ、学生募集・応募状況の実態、教育内容について検証してきた。

中国回教総聯合会側の意図としては、『回教週報』といった活字メディアを使って、実践女子中学の学生募集を行い、女子中等教育を推進しようとしていた。しかしながら、十分な資金も教員スタッフもいない所で、学生募集をしても学生を集めることはできなかった。

また職業訓練的な家政科を導入して学生募集を図ろうとしていたものの、それは必ずしも回族の求める教育とは合致していなかった。そのため、日本側の思惑とおりには、女子教育が進展しなかったことを、当時の活字メディアは如実に伝えていると言えよう。

## 注

1）　教育部統計室『中華民国二十四年度　全国教育統計簡編』商務印書館、73頁。
2）　*China Million*, China Inland Mission, 1937 November, p. 216.
3）　哈荻萍「回教的女子教育」『月華』（第8巻第15期）1936年、3-4頁（王正儒・雷暁静主編『回族歴史報刊文選』（社会巻・婦女児童）寧夏人民出版社、2015年、183-184頁）。

「頑固な老人が、「女子無才便是徳」として、回教女子が学ぶことは、メンツをなくすこと、教育を受けることで、下流になってしまうと考えている。女子教育において飲食や校風も問題である。しかし、母親が教育を受けていることは大切である。従って、女子教育は重視しなければならない」。

4）丁徳普「中国伊斯蘭女子教育」『月華』（第6巻第16期）1934年、17-18頁（王他前掲、181-182頁）。要旨は以下のとおりである。これまでの先人は、女子や女子教育をあまりに軽視してきた。これが、イスラームが立ち遅れてきた一つの要因である。したがって、教育の中で、女子教育を重視すべきである。家庭教育は母親によってなされる。従って賢妻良母となり、宗教の危機的状況を救おうとするのであれば、女子教育の振興が、一つの重要な方法である。多くの賢人、学者も、母親の教育が良かったから成功した。現在、イスラームの衰退のもとで、我々は宗教復興の責任を負っている。この状況を座してみているわけにはいかないので、まず、女子教育を振興することからはじめたい。女子教育は現状を救う土台だからである。その場合に、社会上の知識及び宗教上の知識の両方が必要である。

　　また、馬文「談談女子教育的目的」『回光』（第1巻第10号）1939年、31頁（王他前掲、191頁）も、女子教育の必要性を論じている。

5）李超然「女子教育的我見」『正道』（第4巻第5号）1934年、14-15頁（王他前掲、179-180頁）。

6）方乃秀「開発西北声中回民婦女教育」『伊斯蘭青年』（第2巻第3期）1936年、12-14頁（王他前掲、230-231頁）。

7）馬湘（成達師範学校師範部・4年級）「回教的婦女教育原則及其最近応有之目標」『月華』（第7集第12期）1935年、9-12頁（王他前掲、187-190頁）。要旨は以下のとおりである。女性教育の目標としては、5つがある。①宗教上の一般知識（回教哲学など）、②公民上の一般知識（法律、現代国際情勢、作文能力：漢語・アラビア語）、三民主義、③結婚上の一般知識（結婚、婚姻衛生、性的衛生、妊娠衛生）、④家政上の一般知識（家計、家庭の医学、料理）、⑤教育上の一般知識（児童心理、児童養育〈宗教、科学〉）、以上である。

8）劉東声『北京回民教育史略』北京市回民学校、1999年、60頁。

9）「西北学院主弁西北中学職教員一覧表」『回教月刊』（第2巻第4期）1940年3月、34頁。

10）劉前掲、61頁。

11）「新月女中敦請　王曾善講演」『中国回教青年学会会報』（第3号）155頁。

12）劉前掲、61頁。

13）馬国靖（初二）「新月女中学生所負的使命」『月華』（第8巻第36期）1936年、3頁（王他前掲、220頁）。

14）陳姃湲『近代中国における伝統的女性像の変遷——「賢妻良母」論をめぐって』（博士論文、東京大学大学院人文社会系研究科・文学部、2003年度）。陳姃湲『東アジアの良妻賢母論——創られた伝統』勁草書房、2006年、293頁。

15）劉前掲、62-63頁。

16）劉前掲、62-63頁。「告「穆斯林」赶快送女児入学書」『回教週報』（第2期）1940年8

月 23 日。

17) 劉前掲、62 頁。

18) 「実践女中校長楊新民奉派赴日考査文化」『回教週報』（第 54 期）1941 年 9 月 5 日。

19) 「実践女中召開董事会」『回教週報』（第 54 期）1941 年 9 月 5 日。

20) 「北京実践女子中学校教職員名系表」北京市档案館所蔵資料、J4-3-188。「調査」『回教月刊』（第 2 巻第 4 期）1940 年 3 月、調査 38 頁。

21) 劉前掲、62-63 頁。

22) 「北京市立実践女子中学校招生簡章」『回教週報』（第 1 期）1940 年 8 月 16 日。

23) 「告「穆斯林」赶快送女儿入学書」『回教週報』（第 2 期）1940 年 8 月 23 日。

24) 「北京市立実践女子中学校招生簡章」『回教週報』（第 1 期）1940 年 8 月 16 日。

25) 「回聯所属両学校本年暑期拡大招生 報名者異常勇躍」『回教週報』（第 1 期）1940 年 8 月 16 日。「実践女中報名新生異常上勇躍 報名従速」「告「穆斯林」赶快送女儿入学書」『回教週報』（第 2 期）1940 年 8 月 23 日。

26) 『回教月刊』（第 2 巻第 4 期）1940 年 3 月、表紙グラビア写真。

27) 第 1 回試験合格者：楊孝荷、劉淑美、楊承蓉など、補欠：孫栄華。第 2 回試験合格者：穆春英など。「実践女中新生榜示掲暁」『回教週報』（第 3 期）1940 年 8 月 30 日。

28) 「実践女中正式開学」『回教週報』（第 4 期）1940 年 9 月 6 日。

29) 「実践女子中学期定挙行学年考試 寒暇期内招考新生」『回教週報』（第 23 期）1941 年 1 月 24 日。1 月 14 日から 18 日の 5 日間に試験を実施し、1 月 19 日（日曜）11 時から修了式。3 週間の冬休み中に入学生を追加募集し、2 月 10 日に開学。編入による追加募集は、中 1・10 人、中 2・10 人、中 3・10 人。「北京実践女子中学校寒暇招生簡章」『回教週報』（第 23 期）1941 年 1 月 24 日。

30) 「北京牛街中国回教総聯合会付設実践女子中学校生徒」『北支』（1942 年 9 月号）10 頁。当時、北京では守旧派と維新派の意見の対立があり、守旧派は、女子学生がベールを被り、手袋をするように主張していたとある（楊少圃「論本市（北京）的回民女子教育」『震宗月刊』〔第 4 巻 3-4 期〕1938 年、10 頁）（王他前掲、218-219 頁）。北京市档案館所蔵資料、J2-2-406-1 参照。

31) 「北京実践女中拡大招生 挙行卒業典礼展覧学生作品歓迎各界参観」『回教週報』（第 44 期）1941 年 6 月 27 日。

32) 「北京実践女中拡大招生 挙行卒業典礼展覧学生作品歓迎各界参観」『回教週報』（第 44 期）1941 年 6 月 27 日。

33) 「実践女中暑期補習班招生」『回教週報』（第 44 期）1941 年 6 月 27 日。

34) 「北京実践女子中暑期招生」『回教週報』（第 46 期）1941 年 7 月 11 日。

35) 「北京実践女中暑期招生」『回教週報』（第 45 期）1941 年 7 月 4 日。2・3 年 25 人であり、編入枠が従来の 20 人から 25 人に拡大している。「北京実践女子中暑期招生」『回教週報』（第 46 期）1941 年 7 月 11 日。「北京実践女中暑期招生」『回教週報』（第 47 期）1941 年 7 月 18 日。

36) 「北京実践女中続招新生」（第 48 期）1941 年 7 月 25 日。「北京実践女中続招新生」『回教週報』（第 49 期）8 月 1 日。「北京実践女中続招新生」『回教週報』（第 50 期）1941 年 8 月 8 日。「北京実践女中続招新生簡章」『回教週報』（第 51 期）1941 年 8 月 15 日。

37）「北京実践女中考取新生榜示」『回教週報』（第49期）1941年8月1日。

38）「北京実践女中続招新生簡章」『回教週報』（第52期）1941年8月22日。「実践女中開学有期」『回教週報』（第52期）1941年8月22日。「実践女中正式開学」『回教週報』（第53期）1941年8月29日。

39）『回教週報』（第47期）1941年7月18日。『回教週報』（第48期）1941年7月25日。

40）「実践女中卒業学生職業出路毫無問題」『回教週報』（第51期）1941年8月15日。

41）「実践女中正式開学」『回教週報』（第53期）1941年8月29日。第49期および第53期に新入生の名簿あり。第2回試験で新たに加わった新入生は、1年生14人、2年生2人。

42）「北京実践女中招生」『回教週報』（第97期）1942年7月17日。新入生100人（2クラス）、2年生編入25人を募集。

43）「実践女中新生掲暁」『回教週報』（第100期）1942年8月7日。新入生の名前あり。補欠11人。

44）「北京市立実践女子中学校招生簡章」『回教週報』（第144期）1943年7月2日。中1・50人、中2・25人、中3・25人の募集。「実践女中挙行始業式」『回教週報』（第152期）1943年9月3日。

45）「実践女中隆重挙行卒業典礼」『回教週報』（第99期）1942年7月31日。卒業生の名前11人が記載。7月6日10時から卒業式を挙行。

46）劉前掲、53-54頁。

47）劉前掲、53-54頁。『回教月刊』（第1巻第6期）1938年11月。「西北中学拡充校舎遷入回聯大楼」『回教週報』（第183期）1944年8月11日。同記事には新入生の名前が記されている。

48）劉前掲、54頁。

49）劉前掲、52頁。

50）紫綺「回教女人的本分」『回教週報』（第79期）1942年3月13日「受普通教育、習学家政、教養子女」とある。

51）「女子教育応走的途径 家政教育使民族復興的力量」『回教週報』（第81期）1942年3月27日。

52）杉本史子「中国近代における家事科教育」関西中国女性史研究会編『ジェンダーからみた中国の家と女』東方書店、2004年、22-23頁。

53）杉本前掲、25頁。

54）拙稿「満洲国におけるモンゴル人女子青年教育——興安女子国民高等学校を中心として」『東アジア研究』（第50号）大阪経済法科大学アジア研究所、2008年、3-17頁。

55）索布多「回顧興安女子国民高等学校建校与発展歴程」索布多主編『興安女高』内蒙古人民出版社、2005年、1-16頁。

56）「実践女中注重体育 初次出師凱旋而帰」『回教週報』（第89期）1942年5月22日。

57）『北支』（第4巻第9号）1942年9月、10頁。バレーボール写真と並んで実践女子中学の女子学生の学習風景の写真があるため、同一中学と考えることができる。

58）「西北中小学校拡大挙行春季運動会 現正積極籌備中」『回教週報』（第136期）1943年4月30日。「西北中小学挙行春運会」『回教週報』（第138期）1943年5月14日。

59）「回聯運動大会充分表現回族青年逢勃生気」『回教週報』（第180期）1944年7月21日。

60）『北支』（1939年7月号）20-21頁。国立北京女子師範大に1938年4月、体育科が設けられたとの写真キャプションあり。

61）　華北交通写真については、松本論文参照（松本ますみ「モンゴル人と「回民」像を写真で記録するということ：「華北交通写真」から見る日本占領地の「近代」」『アジア研究』（交感するアジアと日本　別冊3）静岡大学人文社会科学部・アジア研究センター、2015年、27-54頁）。

62）『北支』（1939年9月号）15頁。同じ登場人物で異なるポーズの写真が『北支』（1943年4月号）7頁にも登場する。

第7章

# 蒙疆政権における回教工作と女子教育
## ──善隣回民女塾を中心として

## はじめに

　本章では、蒙疆政権下での回民に対する日本の教育工作を、特に善隣協会によって回民女子青年のために創設された善隣回民女塾（以下、回民女塾と略称）に焦点をあて検討していくものとする。回民女塾に関して中華人民共和国建国後の中国では、「文化を学ぶという名目で、実際には親日の反共・植民地教育を実施し、女子学生に情報活動をさせることを企図した」とされ[1]、また「日本人は張家口に回民女子学校を開設し、ムスリムの少女に入学を迫ったが、実際のところは芸妓となり、日本の侵略者の慰み者になることを彼女たちに強制した」と厳しく批判されている[2]。

　しかし中国文学者である竹内好（当時、回教圏研究所研究員）は、1942年に回民女塾を訪問しており、「塾長と塾生たちとは、みるからに和やかで、その内に自然の礼譲もあった。ささやかな楽園である」と評価している[3]。本章は、この両者の間に横たわる懸隔を埋め、回民女塾の実像を明らかにすることを課題としていきたい。また回民女塾の検討を通して、日本の回教工作が蒙疆に残したものは何か、日本が関わった人々がその後どのような人生を歩んでいくのかを合わせて検証していくものとする。

## 1　善隣回民女塾の設立

### （1）　善隣協会における回教工作

　西北における回教工作において、西北回教聯合会（西北回聯）とともに重要な役割を担ったのが善隣協会である。善隣協会の前身は1933年に創設された日

蒙協会であり、林銑十郎ら陸軍関係者や財界の支援を受け組織された。日蒙協会は同年、「人道的見地ヨリ比隣諸民族ノ融和親善ヲ図リ相互文化ノ向上ニ寄与スル」という目的から善隣協会へと改称された[4]。

関東軍が蒙疆への勢力拡大を策動する中で、善隣協会はモンゴル人および回民などの少数民族に対する教育、文化、医療工作を担う組織として期待されるようになった。たとえば関東軍参謀部が内蒙工作発動後に出した「対察施策」（1934年）の中で、善隣協会の担任実施するものとして、「①ラマ教徒および回教徒の懐柔利用およびラマ教に対する将来の改善に関する件、②教育に関する件、③病院の開設および診察、④善隣会館の設置および経営」が挙げられていた[5]。

その後関東軍参謀部が出した「対内蒙施策要領」（1935年）の中でも、モンゴル人に対する教育工作はさしあたり善隣協会に担当させるとある[6]。さらに「対蒙（西北）施策要領」（1936年）においては、教育工作、医療工作を進めるために「善隣協会の拡張を図る」とし、必要とされる経費は「協会基本金の外外務省、満鉄及軍よりの補助金に依る」とされた[7]。

善隣協会は、軍と連携しながら民間外交を行っていた。いわば「平和部隊であり、CIAであり、JICA」ともいえる存在であったことを当時の協会関係者が回想の中で語っている[8]。

同協会はもともと主にモンゴル人に対して、教育、医療、牧畜指導などにわたる事業を実施していたが[9]、関東軍がムスリムに対して着目するのと軌を一にして、中国西北部に居住するムスリム、とりわけ回民を視野に入れた新しい事業を展開するようになった。

まず善隣協会は駐蒙軍司令部参謀長の命を受け、1938年、本部を張家口（のちの蒙古聯合自治政府の首都）に移し、井上璞（1879-1941、近衛歩兵第2旅団長など歴任、陸軍中将で予備役）理事長、野副金次郎総務部長が本部に赴任した。こうして善隣協会は本格的に蒙疆地区におけるムスリムに対する文化事業に着手することになった。さらに従来東京で実施されていた事業と分離して、1940年に正式に蒙古善隣協会が創設される。理事長は井上璞から、前川坦吉、さらに土橋一次（陸軍中将、予備役）へと主に軍人が担った[10]。

これらの事業の中では①医療、②教育が中心であり、回民向けとしては、厚

第7章　蒙疆政権における回教工作と女子教育　215

**図 7-1　蒙疆財団法人蒙古善隣協会組織表**

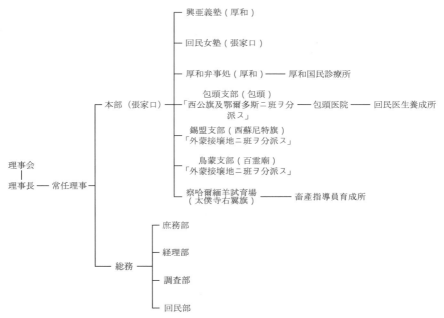

出典：『善隣協会史』395 頁より著者作成。

和、包頭における回民診療所、包頭回民医師養成所のほか本章で取り上げる回民女塾がある[11]。回民診療所は回民のための医療施設である。包頭回民医師養成所は、日本語と基礎学科の授業に加えて実習を行い、簡単な医療知識を備えた医師を育成した。さらに善隣協会は、現地語を習得し、蒙疆および西北地域における日本人工作者を養成する目的で、厚和に興亜義塾を創設した。興亜義塾には蒙古班のほかに、中国語、トルコ語、回教事情などを学ぶ回教班が設けられた（図7-1）。

　また、モンゴルや蒙疆に関する本格的な研究を行う調査機関として、善隣協会調査部を改組して、張家口に西北研究所が置かれ、生態学者である今西錦司（1902-1992）が所長として就任した。西北研究所の研究員としては、文化人類学の石田英一郎（1903-1968、次長）、敦煌学の権威となる藤枝晃（1911-1998）、また京都大学大学院特別研究生で西北研究所の嘱託として梅棹忠夫（1920-2010）

図 7-2　善隣協会蒙古事業図

注：自昭和九年四月　至昭和二十年八月、※印は移管又は閉鎖。
出典：『善隣協会史』裏表紙見開き。

がいた[12]。

　藤枝によれば、土橋中将は、対敵貿易を考えており、その意味で「ショーウィンドとしての回民女塾や診療所、高級学術研究所が必要だった」という[13]。対敵貿易によって情報を収集するため、回民女塾や診療所、西北研究所をカモフラージュの手段として利用しようとする意図もあったのであろう（図7-2）。

## （2）　設立の経緯および主旨

　張家口は、察南自治政府（1937-1939）の首都、かつ蒙古聯合自治政府（1939-1945、察南、蒙古聯盟、晋北の合併で成立）の首都であり、日本と蒙疆政権をつなぐ窓口であった。当時、張家口は蒙古聯合自治政府の首都とはいえ、住民のほとんどは漢族（95.5％）であり、「まったくの漢人の町」であった（写真7-1）。しかし蒙疆政権の誕生後には、日本人も移住してきた[14]。

写真7-1　張家口清河橋

注：花嫁の輿。
出典：北川昌（日本張家口の会会長）提供写真。

写真7-2　張家口モスクにおけるアラビア語教育

注：回教徒子弟ノアラビア文字授業（張家口）。
出典：華北交通写真（京都大学人文科学研究所原板番号3446）、貴志俊彦・白山眞理編『京都大学人文科学研究所所蔵　華北交通写真資料集成』（写真編）、231頁。

　蒙疆政権において、モンゴル人（人口の2.9％）や回民（人口の0.68％）は圧倒的な少数派であったが、それにもかかわらずモンゴル人とともに回民を重視した[15]。商業を営み、他の地域にも幅広いネットワークを持つ回民は、それだけ存在感のある民族だった。また日本軍の中国西北部侵攻のうえでも、重要な役割を果たすことが期待された。

　当時の回民にとって子女の教育は、モスクでクルアーンを学ぶ経堂教育が中心であった（写真7-2）[16]。そのため近代学校の就学率は必ずしも高いものではなく、未就学児童も少なからずいた（第5章表5-1参照）。

　しかしながら、蒙疆政権においては、近代学校教育の普及は重点課題であり、なによりも学校教育を通じて日本の軍事的支配の浸透を図ろうとしていた。そのため、駐蒙軍の特務機関が指導するかたちで、張家口には回民児童のための学校として、回教初級小学校（3校）が設置されていた。回民児童に対する日本語教育は、軍隊の直接の関与によって進められていたのである。

　1938年に同小学校を訪問した回教圏攷究所調査研究部長の小林元によれば、児童の母語である中国語は週5時間、またイスラーム重視の観点から、信仰を主な内容とするアラビア語は週6時間教えられていた[17]。アラビア語が週6時間教えられていたのは、イスラームへの優遇政策の表れとともに、回民に根強く普及しているモスクでの経堂教育への対抗措置と考えることができる。ま

た、中国語、アラビア語に加えて、小学校 3 年生の場合、週 36 時間中 3 時間が日本語の授業に当てられていたという。

さらに蒙疆政権下においては日本語教育を強化するため、1940 年 1 月、「民政部訓令」で中等学校では 1 週 7 時間以上、初等学校では、1 週 6 時間の日本語の授業が規定された。しかしながら、当時の一般的な状況として、実際は極めて少数の初等学校を除いて、日本語教師の不足のため、事実上不可能で実行されていなかった。また、日本語教育に携わっている教員は「新制師範学校、中等学校、臨時教員訓練所の卒業生で、学力が低く、その数も教員総数の今だ 2 割にしかならない状況」だった[18]。蒙疆政権のキーパーソン的存在として期待される回民を日本側に引き入れるためには、まず日本語教育の普及が重要であり、また日本語教育の普及のためには、優れた日本語教師の派遣および養成が急務だったのである。

当時、政権のお膝元である張家口の回教初級小学校の日本語教育は、漢族の教師のためか成績が上がらなかったので、駐蒙軍は善隣協会に同校の日本語教育の刷新を委託した。かねてより善隣協会は特務機関の依頼により、蒙疆で日本語教育の推進に協力してきたという経緯があった。

善隣協会では、指導のできる教師を探していたところ、朝鮮で小学校教育に従事し、定年のために離職した女性教師が蒙疆で教育活動を希望しているとのことだった[19]。これがのちに回民女塾の塾長となる是永章子（1896-1966）である（以下、原則的に是永と略称）。

是永は張家口回教初級小学校（3 校）の日本語教育を担当することになったが、回教小学校の日本語教育にベテランの日本人指導者を当てたことは、回民に対する日本語教育に特に力を入れたことを意味している。日本人の日本語教員は占領下における人材不足の折から貴重な存在だったからである。のちに回教小学校などの回民児童による日本語発表会が張家口や大同など各地で開催されていることも、回民に対する日本語教育が積極的に行われたことを示すものであろう[20]。

是永の赴任後、回教小学校では 1940 年 4 月から小学校の学級を増設することにしたため（3 校で 6 学級）、是永 1 人での指導は物理的に不可能となった。そこで回民の女子青年を集めて日本語の教師を育成することにした。こうして

第7章　蒙疆政権における回教工作と女子教育　219

図7-3　張家口地図

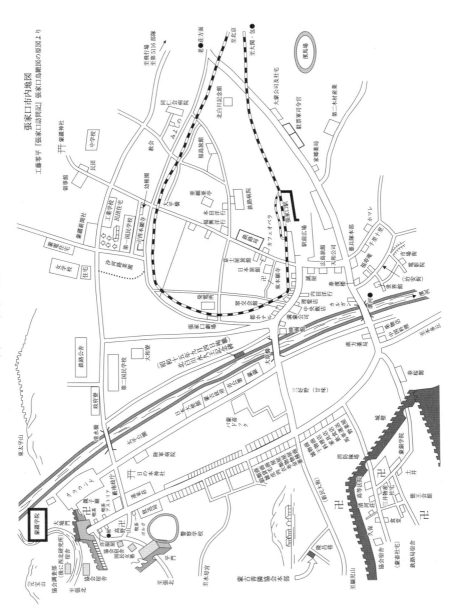

出典：『善隣協会史』vi〜vii頁。

1940 年 1 月、善隣協会は回民女塾を創設した。

　塾生は、駐蒙軍の諒解を得て、厚和、大同、張家口など西北回聯の各支部に手配して女子青年を推薦させ、1 期生 4 人でスタートした。学習期間は 1 年であったが、2 期生からは 2 年とし、うち 1 年は実習にあてることになった。女塾は、当時蒙疆において初めて誕生した、ムスリムの女子青年のための中等教育機関であった。

　設立の主旨は、まず、日本語教師の養成であった。日本の軍事支配の浸透のために日本語教育が重要な課題であり、その成否の鍵となるのは、優秀な日本語教師の育成だったのである。それとともに、当時低い地位に置かれていたイスラーム女性の地位向上のため、良妻賢母でかつ民族復興の理想に覚醒した指導者を養成することも回民女塾の役割として期待されていた。

　女塾は張家口市の平門付近に置かれた（図 7-3 参照）。周囲を高い土塀で囲まれた 500 坪の土地に、教室、寄宿舎、炊事場などが具備されていたという。

　原則として塾長以下寝食起居をともにし、集団訓練を行い、普通学科を教授した。当時、日本では加藤完治（1884-1967）を校長として 1926 年に設立された日本国民高等学校に代表されるような、共同生活と集団訓練による塾風教育が盛んであった。帝大教育学研究室の吉田昇（1916-1979）も、『興亜教育』（東亜教育協会）に農民道場の模範とされる日本国民高等学校といった塾教育を通じての人間形成の重要性を述べ、そのためには人格的接触の重要性を指摘する論文を寄稿している[21]。善隣回民女塾はこうした流れに位置づけられるものと言えよう。

## 2　女塾における教育と生活

### （1）　教育方針

　善隣回民女塾の基本方針は、第 1 に、日本語の日常会話を重視し、教室内において一切中国語の使用を排し、徹底的に日本語による日本語の教育を行うことであった。いわゆる「アテネフランセ式」の語学教育法が採られたという[22]。アテネフランセは、1913 年に日本において創設されたが、フランス語による徹底した教育をその特色としており、上中流階級の若い女性を惹きつけていた。

回民女塾でも、寄宿生活により中国語の環境から隔離し、塾内の起居のすべてにおいても日本人教師と 24 時間生活を共にし、日本語を使用した。現代風に言えば、外国語習得のうえで極めて効果的と考えられているイマージョン教育である（外国語の環境に浸りきった状況で、当該言語を使って他教科も学習する方式）。

　塾生は日本語の読み書きや会話に必死であった。是永の言葉がわからないと教育が受けられないので、日本語が最重要科目となった。当初、是永と塾生は、互いの言葉が通じないため筆談をし、また身振り手振りで意志疎通した。

　あるとき是永が、「ハサミ nalai」と言った（nalai は持ってきなさいの意味、拿来）。ハサの発音は「喝茶 hecha」に似ているし、ミは「米 mi」に発音が似ている。塾生は、日本人の習慣は我々と違って奇妙だ、お茶を飲むときに、ナマの米を食べるなんて、と思いながらも、急いでお茶と米を持ってきた。しかし是永はハサミの代りにお茶と米が出てきたことに面くらい、ただ首を横に振るばかりであった。この種のおかしなことが入塾当初、次々に起こった。あとになってみると笑い話であるが、言葉がわからなかったときには大変であったと、ある塾生は回想している[23]。

　藤枝晃は、戦時中、張家口の西北研究所にいたが、藤枝によれば、もともと朝鮮で小学校の教師をしていた是永は、徹底した同化政策で日本語を普及するという朝鮮のやり方をそのままもってきて、「日本語をメチャクチャに教えこんで」というものであったので、女子学生たちの日本語は上手であったという[24]。

　第 2 に、礼儀作法を厳格にしつけ、徹底した日本人女性としての身のこなし方やふるまいを身につける教育を行った。茶の湯の指導もした。善隣回民女塾の卒業生を中心とする蒙疆女子回教徒訪日視察団が、1943 年に日本を訪問している。そのときに撮影された写真を見ると、膝の上で両手を組んでいる様子など、いかに徹底した礼儀作法の教育がなされたかがわかる（写真 7-3）。

　回民女塾のこうした日常の一つひとつの所作にまでおよぶ教育は、生活をともにしての教育訓練によって「社会性ニ欠ク現地人、殊ニ回教徒ノ生活意識ノ矯正ニ努メ利己心ヲ去リ民族復興ノ理想ニ生クル実践者タラシムル可ク塾生活自体ヨリコレヲ体得セシメ」ることが目的であった[25]。特にムスリムは社会性

写真7-3 蒙疆回教女子訪日視察団

出典：大日本回教協会旧蔵写真資料（訪日蒙疆回教団（女子））、早稲田大学図書館所蔵。

に欠けるため、生活習慣や実践的な行動を改めることで、意識を変革し、蒙疆政権を支える主体として育成することが期待された。しかしながら、民族復興の実践者として育てあげることを理念として掲げながら、実際には「皇国臣民化」を進めたと言えよう。

起居を共にしているので学習のほか、家事や掃除、土掘りや枯れ草取りもあった。回民女塾の塾生はおそらく良家の子女が多いため、自身の家庭で、こうした雑務は自分でする必要がなかったものと思われる。日本式の塾教育の中で、家事、雑務を含めての日常生活訓練が徹底的に行われていた。

## （2） 日常生活・学習内容

塾の日常生活は規則正しいもので、起床は午前6時、就寝は午後10時、授業は午前8時から午後4時までであった[26]。昼寝の時間が1時間あり、午後は実習で付近の小学校で教えた。晩には2時間の自習をし、翌日小学校で教える内容を是永が教えることもあった。

科目には、日本語、中国語、習字、数学、地理、歴史、理科、裁縫、料理、作法、体育、音楽、工芸、教授法などがあり、日本の女子師範学校に準じる学科が教授された。裁縫は是永が日本着物の生地である新大島絣や浴衣地を買い与え、中国服や洋服を縫わせた。料理では、ライスカレーや寿司を、実習を兼ねて調理し会食したが、塾生は小躍りして喜んだという[27]。裁縫や料理が教えられたことは、「良妻賢母」の育成を趣旨とし、家政科を重視する日本の女子中等教育のカリキュラムの反映と考えることができる。

さらに手工、図画、唱歌音楽による情操教育を重視し、紙芝居や劇に取り組んだ。音楽は、「荒城の月」「さくらさくら」「ローレライ」（「なじかは知らねど」で始まる歌詞）「故郷の空」（「夕空晴れて秋風吹く」で始まる歌詞）などの女学生唱歌や童謡、軍歌を教えた。いずれもが、当時の日本人に親しまれた唱歌である。

ただし、歴史は中国史とともにイスラーム圏を中心とする世界史を教えた[28]。当時は中国の学校教育の中でイスラームの歴史を取り上げることなど一般的に皆無であったので、画期的なことであった。そして中国各王朝の興隆にはムスリムの高いレベルの文化も大いにあずかっていることを教えた。是永は当時、日本でようやく出版されるようになってきたイスラーム関係の文献を自分で学びながら、教授したという。

カリキュラムを見ると近代的な知識やムスリムとしての自覚を高める内容が盛り込まれていた点は注目に値しよう。是永が極めて優秀な教育者であったことを物語るものにほかならない。とりわけイスラームについての知識を自分で学び、回民の女子青年たちに、ムスリムとしての自覚や誇りを持たせるというのは、並大抵の教師にはできない偉業とも言える。

1期生のとき、授業はすべて是永が1人で担当した。学習期間が限られているため、是永が重要な箇所を選び、謄写版印刷をして配付した。さらに学生が四六時中離れなかったので、授業の準備は塾生の就寝後であり、深夜1時におよぶこともあった。是永は女塾のほか、3校の回教初級小学校の日本語指導もあり、かなりの負担であった。

1941年4月、日本の内地から今井（保田）静子が来て2期生の手芸、裁縫のほか、小学校の日本語を一部担当したので、是永の負担が少し軽くなった。1942年には是永の又従姉妹の是永俊子（1909年-?、以下、俊子と略称）も補佐として加わった。

### （3） 是永章子・俊子について

塾長の是永章子（本節については、同姓が多いためフルネームとする）は1896年の生まれで[29]、当時40代半ばであった。大分県出身であり、是永氏一族は教育界で活躍した者が多いという[30]。事実、大正時期に大分県で活躍した教員の中に是永訓導の名前がある[31]。

是永章子は母親の是永コマが小学校教員という家庭で育った。母は江戸っ子であるが、大分県豊後高田小学校の教員であり、漢詩、俳句、短歌、民謡などに秀でていた。また父の是永珪章は東京に遊学した経験もあり、家にはオルガンもあるようなハイカラな芸術一家であったという。

是永章子本人も大分県女子師範学校卒業後、朝鮮で仕事をしていた兄に同行し、そこで長年教鞭を執った[32]。一方、是永コマは、1930 年に全羅北道の道庁所在地である全州の小学校に転任し、是永家は朝鮮に移住していた。

　その後、是永章子は朝鮮の小学校を定年で離職するが、「是永コマが東京の芝桜田小学校の生徒だったときに南次郎（1874-1955、大分県豊後高田市生まれ、1936 年に朝鮮総督に就任）と同窓であった関係から、南の紹介で張家口に赴任することになった」という[33]。このように是永章子は、教員一家で育ち、また海外での教職経験も豊富で優秀な教員であったことがうかがえる。外地ではベテランの教員が不足していたため、蒙疆政権では極めて歓迎されたのであろう。また南の紹介で赴任したことから、当初より軍との関係が密接であったとも言える。

　是永俊子は大分県豊後高田市金谷町生まれ、是永俊子の父が、是永章子の父である是永珪章と従兄という関係にあった。大分県立高田高等女学校を卒業後、是永コマ一家の薦めにより 1926 年京城師範学校女子演習科に学んだ。1927 年同師範学校卒業後、全羅北道の新泰仁普通学校小学校教員として 10 年余り働いていた。この間、1930 年に一家をあげて朝鮮に移住していた是永コマの家に寄宿し、家族同様に世話になったという。1940 年に病気のため退職し郷里に戻っていたが、回民女塾を手伝うため 1942 年に大陸の土を踏んだ。当時、30 代の前半であった。

　是永章子は「ひたむきな仕事への情熱」を持つ「稀に見る女傑」であった[34]。また異なる民族を教育する者は、まず相手の風習に溶けこんで気持ちを理解する必要があるということから、いつも中国服をまとっていたという。

　蒙疆新聞の取材に応じて、「いつも支那服をまとっているが信念でも？」の問いに対して、「異民族を教育している者は、先ず相手の風習に溶け込んで心持ちを理解しなければなりません」と答えている。これを聴いた記者は、「女史の教育が形式でなく心の底から日本の道義を理解せしめようとする偉大な心情に発していることを知り頭が下がる思ひ」であったと記している[35]。確かに残されている善隣回民女塾の写真の中の是永は、中国服姿である。是永章子自身、定年退職後に蒙疆で新たな活躍の場を与えられ、また優秀な教え子に囲まれたうえに人々の注目も集めており、回民女塾の教育に全身全霊で取り組んでいたこ

とは想像に難くない（写真7-4）。

ある塾生は是永章子について、「われわれムスリムの女子を慈母のように指導して下さる」と記している[36]。是永俊子も是永章子について、塾生に対して「わが子の如く愛し慈しみ、与えることを惜しまなかった」と述べている[37]。女塾では塾生たちの健康について、つねに心を配り、病気の場合は病院で治療を受けさせた。肺炎の塾生を3日3晩徹夜で看病し、回復したことを喜んで皆で全快祝いをしたこともあった。

写真7-4　善隣回民女塾1期生

注：前列左から3人目が是永塾長、1941年1月。
出典：『善隣協会史』中央グラビア写真。

一方、是永俊子は、「一見楚楚たる女性」であるが、「強い意思と実行力については両者共通」であり、ぐんぐんと突進していく是永章子が外務に対する啓蒙宣伝活動に打ち込むことができたのも、地道にこつこつと積み上げていく是永俊子がいたからであると、善隣協会の職員であった音尾秀夫は回想している[38]。

## （4）　学生

女塾には、1期4人、2期3人、3期11人、4期9人の塾生がおり、1944年4月には5期生が入塾している[39]。塾生は、小学校卒業程度の学力を持つ17〜8歳の女子青年であり、張家口、大同、厚和から来ていた[40]。

塾生の募集は必ずしも容易ではなかった。中国社会では、伝統的に女子に学問は必要ないと言われていた。結婚前の娘は人前に出るものではないという、イスラームの考えも根強かった。さらに自宅を離れての寄宿であり、一家の働き手である女子青年を学校に進学させるのが敬遠されたことや、ムスリム家庭の中で、小学校を卒業した女子青年が非常に少なかったことなど諸事情があったためである。もちろん日本人の経営する塾に子女を送ることへの抵抗もあったであろう。

そのため1期生は5人募集の予定であったが、4人しか集まらず、2期生も当初4人いたが、家事の都合により1人が退塾した[41]。

　ただし集まってきた塾生は、極めて優秀で、良家で進歩的なムスリム家庭の子女が多かった。当時、中国においては女児の小学校卒業者は少ないことに加え、回民家庭において一般的に結婚前の娘を寄宿させることはなく、その事実だけでも開明的な家庭の出身であったことがわかる。また、興安義塾6期生回教班の鵜川龍一によれば、「彼女たちは日本語が大変に上手」で、自分たちの中国語がそれほどではないため、申し訳ないけれども彼女たちに日本語で話してもらったと述懐している[42]。

　女塾は張家口の名物学校となり、多くの訪問者を受け入れている。岩崎民男張家口大使館駐劄特命全権大使[43]が訪問した折に、塾生は「彼らの大理想を淡淡と日本語で発表し、次で〔ママ〕女塾の十訓を全員が日本語で述べた」。岩崎は「彼女らの日本語の巧みさ、記憶力の優秀さ、理想の高遠さに全く驚」き、「同年配の日本の女性とも勝るとも劣らないと感心した」という[44]。さらに塾生は岩崎を、茶の湯でもてなした。岩崎は感銘を受け金一封を送ったが、この寄附金で彼女たちは揃いの和服を作り、官邸で岩崎に踊りを披露した。岩崎は、戦後の回想録の中で、是永の指導力の卓抜さに敬意を表している。

　女塾の卒業生は張家口のほか、包頭、厚和、大同、宣化などの各地の回教小学の日本語教師として赴任した。たとえば張家口回民高級小学校、張家口回教初級第一小学校、張家口回民初級第二小学校、張家口回民初級第三小学校、大同回民初級小学校、厚和市立回部小学校などに配属された[45]。塾生たちは当時、植民地政策下で推進されていた日本語教育の一翼を担うことになったのである（写真7-5）。

　ところで女塾は附属初級科を付設していた（1940年6月開設）。その主旨は、日中戦争のために小学校入学の機会を失った回民の女子に対して、習字、手紙の書き方、唱歌、手芸、裁縫、家事、作法など簡単な教育を施すことにあった[46]。回民の女子青年で勉強をしたいと思っている者はたくさんいたが、学齢をすぎると学ぶことは非常に困難であった。付属初級科の生徒は経済的に困難な家庭の出身者が多く、その意味で回民女塾の附属初級科は、貴重な教育機会を提供したと言えよう（1941年段階で累積20人が学ぶ。在籍6人）。付属初級科の卒業

生（15 歳以上）のうち成績優秀な2人が女塾の3期生として入塾したが、成績は部外入学者より優秀だったという。

回民女塾の学生は13歳以上、17歳以下の女子であり、附属初級科の卒業生のうち成績優秀な者の中には女塾に入塾する者もいた。

このように張家口の回民女塾が大きな成果を上げたため、1942年9月に大同に大同清真女塾が開設された。同女塾は2年の修業期間で、指導は回民女塾で教鞭を執っていた今井静子が担当した。

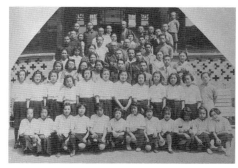

写真7-5　善隣回民女塾および善隣協会関係者

注：是永章子（前から3列目左から4人目）。是永俊子（前から2列目、右端）。塾生は前から3列目、是永の左側。前2列は是永および女塾生が指導している回民小学生か。後ろは善隣協会の関係者およびその家族。
出典：『善隣協会史』中央グラビア写真。

大同清真女塾では、「徹底的に日本式教育を施し、牢固不抜の親日思想を扶植、将来塾生が回教徒の指導をできるように」することを目的とし、日本語、日本婦道、家政、一般常識を教授したという[47]。日本語とともに、良妻賢母を育成するための日本婦道や家政が教育内容の中心を占めていたことがわかる。大同清真女塾に関しては、ほとんど資料が残されていないが、『蒙疆新聞』（1943年6月29日）に、大同回民諸校の日語発表会に、回民小学、青年学校と並んで、清真女塾から2人の参加があったことが記されている[48]。

## 3　塾外における積極的な活動

### （1）　劇の上演と軍隊への慰問

女塾では、是永の主導のもと、塾外においても積極的な活動を展開しており、その中に、紙芝居、演劇、軍隊への慰問活動がある。たとえば童話や時局認識のための紙芝居を選定し、塾生にその技術を習得させて、毎週土曜日に回教小学校において実演した。これは「現在ノ回教社会ハ教育程度低キヲ以テコノ実状ニ即応スルタメ」であった[49]。つまり回民の教育レベルが低いため、紙芝居

というメディアが用いられたと言えよう。当時、ムスリム児童の就学率は10%程度といわれていたが、これで生徒の就学率が向上したという[50]。

またイスラームの歴史、白人のアジア侵略をテーマとして、劇「夜明け前」が創作された。女塾生は、様々な場面でこの劇を上演している。たとえば善隣協会の本部で記念式典が行われたときにも、岩崎特命全権公使（代理）、黒岩義勝中央学院長（中央学院は現地人の中堅官吏、教員の養成機関。蒙疆学院から改称）、森岡正平居留民団長などが、式典のあとに回民女塾の劇を観賞したとある[51]。

また軍隊の慰問活動も活発であり、軍病院における慰問学芸会は、1941年度において張家口1回、大同1回、厚和1回に上っている[52]。奥地の部隊長は、張家口師団司令部に出た折に、そのお礼としてたくさんの土産を塾生に届けてくれたという。なお毎月1回、塾生は日本軍に対して感謝文を奉呈している。

こうした軍隊に対する慰問の中で塾生は、対敵宣伝に類する活動を行っている。女塾では1943年の夏に、方々で戦線慰問を行い、「二つの姿」という劇（張家口に住む妹が重慶にいる姉を偲んで泣くという筋）を上演した。このときの慰問は中国語でやり、マイクで敵前放送した。すると「放送中はすぐ一町向こうの八路軍の陣地は静まり返り、一発も弾丸を打ってこなかった」という（同劇については後述）[53]。

慰問以外にも、兵士の壮行会での劇の上演などに、たびたび女塾の塾生が動員された。たとえば1944年4月には日本人青年12人の壮行会（出陣若人激励演技大会）が開催され、回民女塾の生徒は是永の指揮で合唱、独唱、舞踊を披露し、劇を上演した。

塾生は壮行会で、次のように誓いの言葉を述べている。「私共はこの度、神の兵として晴れの御入隊又は御入校なさる日本のお兄さま方とお誓い致します。……私共は日本のお兄さま方のお心を戴いて正しい回教女性となり大東亜共栄圏建設のためきっときっと力の限り働きます。これが皆様に対するご恩返しだと私共は信じております」[54]。出征兵士が武器を取って戦う相手は、おそらく彼女たちの同胞である中国人であろう。同胞と戦う日本人に対して、塾生をして、こうした誓いの言葉を言わせることこそ植民地教育の本質にほかならない。

張家口市内には在留邦人の通う張家口日本国民学校（第一、第二）や張家口高等女学校などがあったにもかかわらず、回民女塾は何かと駆り出されている。

けなげなイスラームの乙女が日本語で日本人、とりわけ日本人男性のために劇を上演したり歌を唱ったりすることが、励みとなり戦意昂揚に役立つと歓迎されたからである。中国のムスリムが日本軍を支援していることを内外に示す手段としても利用されたのであろう。

彼女たちも参加した「回教徒日語発表会」については、次のような記録が残されている[55]。

この日愛くるしい回教子女達の唇をついて出る日語は発音といひ、音量といひ見事なもので、堂々と抱負、意見を吐露し、また「金銀ブラブラ」「アジアの子ども」「○○軍の歌」とオルガンに合わせて歌ふ平和な姿のいじらしさは審査員や、並いる来賓の胸裡を衝き、非常な感銘を与へて午後4時終了。

まさに愛くるしい「異教徒」がこれだけの日本語を話し日本語の歌を唱うことに審査員である日本人が感銘を受け、心を動かされたからこそ、彼女たちは様々な機会に動員されたのである。

こうした一連の動きは、満洲国において日本人であった山口淑子（1920-2014）が、中国名である李香蘭を名乗り満洲映画協会の映画に出演し、日本人男性に好意を寄せる中国人女性を演じたことを彷彿とさせる[56]。李香蘭は、男性（＝日本の象徴）に寄り添う女性（＝中国の象徴）の役割を演じることで、本人の意図に関わりなく大衆動員や戦意の高揚を図る作用を果たすことになったが、それと同様の構図が、回民女塾の女子学生にも見受けられるのである。

女塾は唱歌などの情操教育を重視したが、そのことがのちに慰問や壮行会に動員されることにつながったと言えよう。またある意味、動員のために彼女たちに宣伝用の唱歌や劇の練習を課していたという側面も否定できないのではなかろうか。

## （2）　現地メディアに紹介された女塾生の活躍

善隣回民女塾の塾生は、1940年に飛行機事故で亡くなった北白川宮殿下の命日にも、北白川記念館で活動を行っており、それが『蒙疆新聞』（1944年5月5日）の記事で、大きく紹介されている。記事によれば、1944年の命日（5月4

写真 7-6　蒙疆新聞に報道された回民女塾

注：北白川記念館での勤労奉仕。
出典：『蒙疆新聞』1944 年 5 月 5 日。

写真 7-7　北白川記念館

出典：絵はがき、北川昌（日本張家口の会会長）提供。

日、筆者注）に、「是永に引率された善隣回民女塾 1、2 年の両生徒 16 人が黒の制服に身を清めて参拝、御写真の御前に最敬礼し、「嗚呼北白川宮殿下」を奉唱し終わって女塾で習った料理春餅を御供え申しあげ」たという。「嗚呼北白川宮王殿下」（二荒侯爵作）は、児童、市民の中でよく歌われていた歌である[57]。

是永の談話によれば、「殿下のご加護をもちまして、女塾の生徒も日一日とよき生徒となり卒業しまして塾を離れた者たちも毎月 4 日といへば殿下の御命日であるとお祈りをささげている」とある（写真 7-6、7）[58]。

女塾生に続いて市内の回民小学校代表も参拝し、次々に参拝者があとを絶たなかったという。まさに、回民だけでなく日本人も含めて、蒙疆政権下の人々にとって回民女塾はロールモデルとしての役割が期待され、その役割を忠実に果たしていたのである。

さらに 1944 年 6 月 11 日には回民商業中学（第 5 章参照）新校舎落成式に善隣回民女塾が出席とある[59]。以上のように、『蒙疆新聞』における回民女塾の記事の多さは目を惹くものがある。

当時、回民の青年男子を対象とした教育機関として、張家口には、回民青年学校があった。にもかかわらず、新聞の記事としてもほとんど登場しないし、また写真の類も残されていない。善隣回民女塾とは対照的である。

一方、北京で発行されていた『回教週報』にも、彼女たちの活躍ぶりが紹介されている。善隣回民女塾では、1 年に数回、見学兼宣伝の旅行があった。た

とえば1942年5月には、是永、今井が引率して女塾の2期、3期生20人が北京を訪問し、北京の中国回教総聯合会で座談会を開催している（8日には北海公園など北京観光、9日に座談会）[60]。

座談会には、中国回教総聯合会主席顧問の三田了一らが出席、趙国楨代理委員長が訓示を行った（ムスリム女性はイスラームの知識を持つことが大切、イスラームは信仰熱心であったため同化しなかった、という内容）。また実践女子中学生も学生代表を派遣して歓迎した。女塾の学生は非常に日本語が流暢であり、日本に留学した中国回教総聯合会の職員（中国回教青年団出身）と日本語で交流したという。第4章で論じた中国回教青年団、第6章で言及した実践女子中学と善隣回民女塾という日本の対回民教育事業の3本柱が、北京で交錯していることに注目したい。

### （3） 活動に対する表彰

こうしためざましい「活躍」が評価されて、回民女塾は各方面から表彰され感謝状が贈られている。たとえば、1943年秋、南京国民政府主席の汪兆銘が蒙疆地区視察に際し、蒙疆における優秀な文化事業3件を表彰したが、その中の一つが善隣回民女塾で、汪主席から金6万元の助成表彰金を授与された[61]。1944年5月19日には、第2回邦内回教徒指導者連絡懇談会が開催され、部外回民指導（福祉）団体である善隣回民女塾に対して蒙疆回教委員会委員長から感謝状が贈呈されっている[62]。

また是永個人への表彰も多かった。1944年3月には、日華親善に貢献したとして是永は南京の大日本帝国大使館より表彰されている。是永の表彰を伝える『蒙疆新聞』の中では、是永のことを「現地女性の慈母」としている[63]。同時に表彰された者に、上海にいた内山完造（1885-1959）がいる。内山完造は、内山書店店主で、魯迅（1881-1936）と交友があったことでも知られる。

帝国大使館からの表彰に先立ち、是永は蒙疆新聞記者に対して、回民女塾では「回教徒を如何にしたら正しく幸福に導き得るかに重点を置いて教育」していると語る。そして大東亜戦争の勝利のためには、団結が必要であり、団結のためには、上の人から用事をいいつかった場合に、ただ一言「はい」と素直に受け取り、また自分が悪いことをした場合には「すみません」と敬虔な気持ち

写真 7-8　現地女性の慈母として報道される是永章子

出典：『蒙疆新聞』、1944 年 3 月 9 日。

で過去を改めることができることが大切としている。また女塾生は、「私達のいふことをよく理解して一所懸命勉強」してくれていると、是永は記者に喜びを表明している。

是永からの指示に素直に「はい」と従う是永―女塾生の関係性は、日本の支配下に甘んじる日本―中国の関係性を端的に示したもの、とも言えよう。

また回民女塾の理想は「東洋平和に参与できる立派な女性、すなわち決戦下物資不足を克服して時局に即応して料理も、裁縫も、勉強も出来る家庭人を作ること」としている。大東亜共栄圏の建設に貢献し、戦時体制を内側から支えることのできる日本的な良妻賢母を育てあげることが、女塾の人間形成の最終的な目標だったのである（写真7-8）。

当初是永は、ムスリムが教徒としての自覚に立ち返ることが、その進歩であるばかりでなく、よき社会人として隣人と交わる道であるという確信を持っていた[64]。そのために、是永は自分がムスリムでないにもかかわらず、日本語の貧しい文献を用いながらもイスラームの歴史などの授業を行う努力をしたのであった。

塾生たちが教規でわからないところがあっても、是永はすぐに丁寧に答え、中国人ムスリムとしての誇りと自覚を持ち、決して卑下することなく胸を張って生きるようにと塾生を指導したという。塾生も是永を「イスラーム女性の指導者である」と慕っていた[65]。いわば、イスラームの理念を唱道する是永を、イスラーム女性の指導者として見なし、是永と同化しながらイスラームとしてのアイデンティティを強化しようとしている。いわば日本とイスラームとの協働的ナショナリズムの確立を目指したとも言える。

しかしこのイスラームの理念に立ち返るということには、漢族と分離しようとする意図が込められていたことに注意しなければならない。そのため、ムス

リムとしての自覚に立ち返るという理念は、いつの間にか大東亜聖戦を勝ち抜くためムスリムとして日本軍に奉仕することへと、巧みにすり換えられていったのではなかろうか。新時代のイスラーム女性を育てることを図りながらも、戦争遂行という中で、塾生ばかりでなく是永自身も結局はコマの一つとして使われてしまったのかもしれない。

### （4） イスラム婦女会での活動

　日本の軍事占領下では、青年団体の組織化を通じて中国の青年層を教化・統制しようとする青年工作が盛んに進められていた。そして蒙疆政権の下では、未婚の女子青年の修養機関として、あるいは女性の動員機関として、「イスラム（伊斯蘭）婦女会」が厚和、大同、張家口など各地に組織されたが、これもその流れに位置づけられるものであろう。回民女塾の卒業生はイスラム婦女会の中心的役割を担うことになった[66]。

　イスラム婦女会設立のきっかけは、1941 年 5 月、回民女塾の塾生一行 9 人（塾長、助手および 1 期生、2 期生 7 人）による、大同、厚和、包頭方面への修学旅行であった。この旅行中に各地のムスリム有力者および女性たちと座談会を開催したが、このとき「回教徒婦女子ノ自覚を促」すため、イスラム婦女会の結成が話し合われた[67]。

　そしてまず、1941 年 11 月、厚和イスラム婦女会が設立された。婦女会の結成は、西北回聯本部並びに厚和支部が関与し、学校の教師など厚和の有力なイスラーム女性が準備委員となった。厚和の陸軍特務機関も資金援助した。また西北回聯の小村不二男の推薦で、婦女会の会長には、東トルキスタン民族独立運動に関与し、その後、蒙疆に亡命中であったパイ将軍の夫人（甄庭蘭、37 歳）が就任した[68]。当時、日本は回教工作の一貫として東トルキスタンの独立運動を支援しており、日本軍の回教工作の前線基地とも言える厚和ならではの陣容である。またイスラム婦女会に対する日本軍および西北回聯の期待の高さもうかがえよう。

　同会の中心メンバーは 20 歳から 30 歳の回民女子であり、会員は 300 人あまりであった[69]。その結成大会が 11 月 15 日に厚和清真寺で開かれた。当日は小倉達次厚和特務機関長、末松巖補佐官、善隣協会の中田善水（興亜義塾担当）、日

**写真 7-9　厚和イスラム婦女協会結成式**

注：後列右から2人目が小村。
出典：『日本イスラーム史』口絵写真。

本の国防婦人会の代表、パイ将軍が出席している。回民女塾1期生で婦女会の幹事兼宣伝班長が、日本語および中国語で感謝の言葉を述べている[70]。また結成式のときに会員および貧民に対して砂糖や小麦粉が配付されるということで、数時間前から人々が集まり、約700人が参加したという（写真7-9）。

日本で発行されていた『蒙古』では、結成式の様子を次のように伝えている。「教義上従来社会的な活動を一切敬遠していた回教婦女子が、新しい時代に目覚め、新秩序の建設に一役買って、活発な銃後活動を開始しようとする厚和イスラム婦女協会の結成式は、11月15日午後2時から蒙疆回教聯合会本部で行はれた。日頃家庭に閉じ籠つていた太々や小姑娘も、今日からは大いに回教精神を発揮し、防共の盾となつて尽しませうと張り切つている」[71]。教義の関係で社会に出ずに、家庭にいたムスリム女性たちを「防共」のために動員してきたことがわかる。

事業としては、日本軍の慰問のほか、貧困家庭の救済や家庭手工業といった生計教育が図られていた[72]。さらに女清真寺の建設が提唱されていたことは注目に値しよう。清真寺は女人禁制の礼拝所であり、それに対して厚和では女性が集まって祈祷できる施設としてのモスクの設置が提唱されていたのである。

1942年になると大同（4月）や張家口（5月）にてイスラム婦女会がそれぞれ結成され、女塾卒業生が中枢的役割を担った[73]。大同のイスラム婦女会の活動は活発で、制服（人民服にたすきがけ）を制定したほか、敬老会や行軍兵士の慰問などの活動を行っている[74]。また清真女寺が建設されることになり、大殿、付属建物の竣工落成式を、1942年9月20日に実施している。さらに、1944年の大同イスラム婦女会創立2周年記念の折りには、婦女会の会合において「宿敵撃滅に戦力増強をさらに強化させるには私たちの日常生活をどしどし決戦型に切替ませうと勝ち抜く決意を昂揚」したという[75]。

事業としては厚和と同様に、日本軍の慰問のほか、貧困家庭の救済や家庭手工業といった生計教育、「節婦孝子の表彰」「模範家庭の提唱」もあった。また「敬老会」に 60 歳以上の老人を招き、会員や清真女塾の塾生が腕によりをかけてご馳走を作り、回民小学の生徒が歌や踊りで老人を楽しませたという[76]。

一方、張家口イスラム婦女会では、是永章子が主任顧問であった[77]。事業としては、「皇軍慰問」「敬老会」「節婦孝子の表彰」のほか、家政教育を重視しており、家政講習会を開催していた。

このように日本軍部はイスラームの女子青年の組織化をねらっていたが、回民女塾の卒業生がその中核的役割を果たしたことを物語っている。また、イスラム婦女会では皇軍への慰問が、主要な活動の一つとされていたことがわかる。

## 4　蒙疆女子回教徒訪日視察団の派遣

### （1）　訪日視察団の派遣

蒙疆では 1938 年から 1942 年までに数回にわたって、ムスリム有力者による蒙疆回教徒視察団が派遣された（第 5 次は 1942 年 10 月、小村不二男引率。第 5 章参照）[78]。派遣の目的は次のようなものであった（第 2 回回教徒訪日視察団資料から）[79]。

1、日本国民の皇室崇拝および国家観念の状況
2、軍備充実国防完璧の状況
3、文化発展整備産業経済、教育に関する状況

以上を視察し、精神物質両文化において世界の最優秀国たるを実感し、日本帝国に依存し、東亜新秩序建設に邁進する精神的基礎を養生す。

これらの訪日団に続いて、1943 年 10 月には蒙疆から初めての女性の訪日団である蒙疆女子回教徒訪日視察団が派遣された。団員は回民女塾の卒業生を中心とする 10 人で構成された[80]。随行の 2 人（塾長の是永章子、蒙古聯合自治政府回教委員会の岩井佑正）を除いた 8 人を見てみると、団員の平均年齢は 23 歳（18歳〜30 歳）、回民善隣女塾卒業生や各地のイスラム婦女会の幹部が多く、張家口

や大同、包頭の回民小学校教員が8人中、6人を占めていた。女子青年たちは、「大東亜戦争下の思想・教育・産業、特に銃後の日本女性の聖戦協力の姿および世界に冠絶たる実力を認識させて日本信頼の念を深めるため」派遣された[81]。

訪日団は10月1日、蒙疆を出発し、満洲、プサンなどを経て5日に東京に到着した。12日に東京を離れ、名古屋、奈良、京都、大阪、神戸、下関、博多などを訪問したのち、帰国の途につき、29日に張家口に帰着した。

その間、東京では、皇居、大東亜省、明治神宮、東京帝国大学、松坂屋、靖国神社、科学博物館、お茶の会（裏千家）、小石川植物園、日本放送協会、下谷黒門国民学校（救護法講習会への参加）、さらに各種の学校や、天文台、鐘紡工場、土浦航空隊（海軍）、航空展なども訪れた。東京女子青年団や在日ムスリムと交流したほか、10月10日には東條英機首相夫人（東條かつ子、1890-1982）の招待を受け首相邸に招かれた[82]。

この時期、中国やアジアの諸国からムスリムの代表団が度々訪日していたが、これらの代表団と同様に蒙疆女子回教徒訪日視察団の場合も靖国神社や明治神宮の参拝、あるいは皇居を訪れての宮城遥拝が日程の中に組み込まれていた（写真7-10, 11, 12, 13, 14, 15）[83]。

彼女たちは、「蒙疆からの初めての女性団体であることに加え、異国の娘が流暢に日本語を話す」ということで、興味の的となり各地で大歓迎された。言葉の壁がないため交流がスムーズであり、東條英機首相夫人に官邸に招待された折には、話がはずみ夫人から引き留められたほどであった。団員は招待を受けたことに感激し、「我らと友邦は生死をともにして大東亜聖戦の完遂のため邁進する」と日本語で誓ったという[84]。

また各地で、日本の女性たちとの交流が行われた。舞鶴高等女学校では、4年生が4年間大切にしていたクラスのマスコットをプレゼントした。蒙古は砂嵐が吹くので、このマスコットは風に当てないように大切に保存すると団員は礼を述べたという。東京女子青年団との交流では、「女子青年団の歌」を習い、帰途の列車で、兵隊が乗車してくるたびにこの歌を歌って皇軍慰問を行ったという[85]。自然と皇軍慰問を行うことが身についていると言えよう。

『蒙疆新聞』によれば、「今日まで派遣された何れの視察団と雖も遠くおよばぬ成果を結んでこのほど帰疆」とある。たしかに、それまでの男性中心の蒙疆

写真 7-10　蒙疆女子回教徒訪日視察団（御茶の会）

注：後列左から3人目は裏千家14代家元・淡々斎宗匠（1893-1964）。後列右から2人目は嘉代子夫人（1897-1980）。

写真 7-11　御茶の会

注：女塾生は是永の指導を受けているためか、お茶を飲む手つきが良い。

写真 7-12　大東亜戦攻略の看板の前での日本人女性との交流

写真 7-13　銀座・三越前で千人針を縫う蒙疆女子回教徒訪日視察団

写真 7-14　東京女子青年団との交流

注：救護法講習会（下谷黒門国民学校）。

写真 7-15　市内見学

出典：10〜15すべて大日本回教協会旧蔵写真資料（訪日蒙疆回教団〔女子〕）、早稲田大学図書館所蔵。

写真 7-16　決戦服を着て街を歩く訪日団

写真 7-17　のぼりを立てて市内見学をする訪日団

出典：写真7-16,17ともに大日本回教協会旧蔵写真資料（訪日蒙疆回教徒〔女子〕）、早稲田大学図書館所蔵。

回教徒訪日団の中で東條首相官邸に招かれた団はなかった。

さらに、それまで5回にわたる蒙疆回教徒訪日団の中で『東京朝日新聞』で取り上げられた団はなかったが、彼女たちは、1943年10月7日と10月12日の2回にわたって登場している。日本で発行された全国紙を使って日本人向けに大々的な宣伝がなされていることに注目したい。

たとえば「蒙疆の乙女」が、東京都女子青年団員と共に、三角巾の訓練、担架操法などを学んだことが記事では紹介されている[86]。また、「国防色の決戦服にリュックサック姿もはつらつ」とした彼女たちの装いは、いかにも華美を廃して臨戦態勢に応じられるような服装である。

「蒙疆女子回教徒訪日視察団」というのぼりを立てて歩いたことも、人々の注目の的であった。ここまで日本の戦時体制に積極的に関与していることがメディアを通じて宣伝されており、まさに日本人の戦意昂揚の手段として活用されていたことが明らかである（写真7-16,17）。

## （2）　訪日視察団の感想

訪日は、張家口で発行されていた日本語紙の『蒙疆新聞』でも大きく扱われ、団員の写真入りの訪日記事が、3日にわたって連載されるほどであった[87]。それによれば、見るもの聞くものすべてが女子青年にとっては、初めてで興奮の連続であったようである。

以下、主に『蒙疆新聞』（一部、『東京朝日新聞』を含む）に掲載された訪日視察団の感想を紹介していきたい（原文の句読点は末尾を含めてすべてカンマである

が、読みやすさを考えて文末は句点としている、写真7-18)。また彼女たちの言葉を借りて日本の支配者側の思惑がどのように示されているのか、見ていきたい。

写真7-18　蒙疆新聞社

出典：『張家口六年会"再見"三十年史』66頁。

### ①支配下の植民地満洲、朝鮮

彼女たちは、日本に来る途中で満洲や朝鮮を経由してきたが、どのような感想を抱いたのだろうか。以下のように彼女たちは述べている。「満洲の地で一面に高粱がはえている農村風景」が広がり、「朝鮮に入ると稲が見事に成長」しているのを見て、涙がとまらなくなった。蒙疆や中国には、「無知な同胞がいるから」、平和で幸福な姿がない。「同胞が心から同甘同苦の精神を発揮すればあんな平和な風景が訪れるのにと残念」に思ったという（SRU）。日本と戦うことは「無知」であるとして、同胞である中国人を批判している。

「朝鮮などは物資が豊富で安い。これは日本の優しい犠牲的な親心から自分は不自由しながらも子どもである東亜の諸国にはどんどん物資を送り出し楽をさせている。ほんとうに涙がでるほどありがたい」（CKT）。つまり、日本の支配下に入ることによって、平和で豊かになることが主張されている（SRU）。

また朝鮮の婦人など今から30年前はほとんど働かなかったが、わずか30年前日本の指導を受けたおかげで、婦人が働くのは常識となったとする。そして「無意味に固守し続けてきた伝統が民族興隆の上にいかに無益であるかを今度の視察で教えられた」という（CKT）。回民女性は男女の別が厳しいため外に出ないが、これが「無意味に固執し続けてきた伝統」であるとして、日本に学んで回民女性も働くべきであるということが述べられている。

### ②富士山への憧れ

富士山を見た時の情景は次のように表現されている。

「憧れの富士山がみられるのも時間の問題となった。一行の騒ぎようと

いったらなかった。名古屋を過ぎた頃からまだかまだかと待った。是永先生が6時半ですからまだ早い、一番に見つけた人にはいいお婿さんを世話してあげるといった。ところが一番に見つけたのは日本の女学生だったので、私達は皆がっかり。お婿さんが欲しかったのではない。あれだけ騒いでいながら心のどこかに油断があった。それだから富士山が第一番に私達に姿を見せてくださらなかった、かと思うとまた悲しくなった。……（中略）……。私は富士山が大好きです。ただ意味なく頭が下がる霊峰の姿。そこに培われゆく美しい日本の人情。これを回教少国民の教育面に反映させていきたいと決心した」（SRU）。

　日本を象徴する富士山への切実なまでの憧れが、述べられている。美しい富士山の下で培われた日本の人情をモデルにして、ムスリムの教育に当たる決意が述べられている。

### ③日本の豊かさ

　彼女たちの感想の中では、日本の内地での物質的な豊かさが、強調されて紹介されている。たとえば『蒙疆新聞』では、駅ごとに米俵が積みあげられ、鐘紡の倉庫には木綿布が積みあげられていたこと、そして、日本は必ず勝つとつぶやいては、幸福感にひたった、ということが掲載されている（RYG）。

　また『東京朝日新聞』には、自分たちは、よほどのことがないと白米は食べられないが、日本では米がふさふさと実っており、これほど多くの米があれば、戦争にも負けないと思った、という感想がある[88]。

　戦時下においても、日本がいかに豊かで物質的に豊富であるのかを見聞きし、日本の勝利を確信したことが描かれている。

### ④優れた日本女性

　彼女たちは日本の女性は強くて優しい人ばかりであると語る。電車の中の子ども連れの母が、彼女たちのことを「蒙古人」とはいはず「蒙古からきたお客さん」と敬意を込めて子どもに対して言ったので、日本女性の善良さが身に沁みたという。

　また関釜連絡船の中で防空演習が行われたが、そのときも警戒警報が鳴るや日本の母は少しも騒がず子どもををしっかりと背にゆわえ係員の指揮に従っていた。「残念ながら回民の母にあの強さはみられない」（RSE）ので、「良い婦人

強い母になるためにはもっと日本語を学んで日本婦人の長所を体得せねばならぬと思った」という。

またほとんど働かない回民の女に比べて朝鮮や日本の女性は、男勝りな働き振りであり、「大東亜の盟主日本」が大きな決戦を続け得るのは、銃後にこうした態勢が整えられているからと、と感じたという（CKT）。

日本の女性は礼儀正しく、非常時にも落ち着いて対応でき、銃後を献身的に支えている。ムスリムの女性は日本女性の良い点に学ぶ必要があると感じた、ということが述べられている。

### ⑤卓越した日本の教育——教育熱心な母、教師の地位の高さ

訪日団の中には、学校の教師が多く、日本の学校教育に対する関心も高いものがあった。また、ある団員は、「学校、児童、家庭の三者のつながりからなる総合教育の実際をみる」ことを希望していたが、日程の都合で見学できずに残念であったと語っている（TFR）。教育の専門家としての高い見識と好奇心の強さがうかがわれる。

彼女たちに言わせれば回民の母は子どもの教育に対して、無関心であり、自分の子どもが通っている学校さえ知らないし、「家において置くとうるさいから学校へやっておけ、金の都合がつかなければやめてしまえ」というのが大部分であるという。しかし日本では、母が自発的に学校に来ていた。こうした教育を受けることのできる日本の子どもは幸福であると、羨ましがっている。

また日本では「先生絶対主義」であり、「偉い地位にある人でも自分の子どもを教育している訓導には鄭重にあいさつをする」という。「世界に冠絶した日本教育の優秀さはここからうまれるのだ」と思うが、自分たちの環境とはあまりにもかけ離れ過ぎた世界であり、これに近づくためには想像もおよばぬ努力が要る、としている。日本の教育の根底には、優れた家庭教育と学校教育があり、世界でも類を見ないほどに卓越した教育であることが述べられている。

### ⑥東條英機首相邸での交流

女塾生は東條英機首相邸に招待され、歓待されている。また東條かつ子首相夫人と話がはずみ、交流に感激した様子が紹介されている。少し長くなるが引用したい。

東條首相官邸のお庭には一面にお芋の葉が青々と茂っている。これは奥さんとお嬢さんの汗の結晶だそうです。ときめく一国の宰相夫人がお芋を作る。私たちが夢にも想像していなかった戦う日本の姿をここでもまた見せられた。キラキラと眼鏡を輝かせながら「どうだね　このお芋を君たちに一つずつあげるから宿に帰って食べなさい」と優しくほほえみかける首相の横顔は新聞、雑誌のお写真で拝見するよりもっともっと親しみやすいと思った。たしかＳさんだったと思うが、お芋を戴いたと喜んで官邸の廊下に駆け込んだ途端に滑り転げました。この時も異国娘の失態を首相一家の方々は笑ってをられた。私たちはほんとうにホット胸を撫で下しました。

お昼御飯を官邸で戴きましたが、その時も奥さんが「東條がさきほど出掛けますときに、回教の人達は豚肉を食べないから気をつけなさいと注意しておりました。豚肉は使っていませんから心置きなくおあがりなさい」といわれました。

勝ち抜くため多忙な国務に奔走する首相がわれわれにこの細やかな心づかひをと思ふと食べかけたご馳走がぐっと咽喉につまるような気がして涙がこみあげて来た。

お土産にいただいた立派な化粧セット、それから宿で食べなさいといって下さったお芋は大切に持って帰りました。化粧セットは絶対に使ひません。気持ちのどこかに緩みがでたときこの化粧セットをいただいた感激を、思い起こすのです。われわれはこれを反省の化粧セットと名づけた。お芋は来春校庭に植えて増やしてゆきます。優しい慈父のような東条首相、私たちはこの方を信じ、この方の指導のもとなら如何なる困難をも突破して国難に挺身出来ると思った（CSE）。


ここでは、人間的で魅力のあふれる人物として東條英機が描かれている。ムスリムは豚肉を食べないとして彼女たちに配慮したこと、おみやげで、化粧セットや芋をくれたことから、東條英機を、「優しい慈父のような」と表現し、「この方の指導のもとなら如何なる困難をも突破して国難に挺身出来ると思った」という。

新聞記事では、彼女たちとの交流を通じて、東條英機のパーソナルな部分を

描き出している。そして彼女たちには、日本人、あるいは回民を含む中国人に対しても、この指導者ために万難を排して戦うという戦意を昂揚させる役割が期待されていることにも注意したい。

彼女たちの寄宿舎での様子が残されているが、カメラマンは、彼女たちの笑顔をクローズアップして映している。彼女たちの笑顔は「日本による秩序・安定・平和の象徴」であり、彼女たちを「名誉大和撫子」化し、日華友好の代表であることを見せていると言えよう（写真7-19）[89]。

**写真7-19 宿での光景**

注：宿（旅館　昌平館）で化粧セットを開けて喜ぶ。手前に見えるのは東條邸でとれた芋だろうか。
出典：大日本回教協会旧蔵写真資料（訪日蒙疆回教団〔女子〕）、早稲田大学図書館所蔵。

また、制服姿の訪日団の一人と化粧をして和服を着用した女性のツーショットの写真が残されている。和服姿の女性は贈られた化粧セットを使って化粧をした訪日団の一員であるようにも推測される。こうしたやらせ写真を撮影するカメラマンの眼差しには、女性を商品化するジェンダー蔑視が端的に示されているように思われる。

### ⑦船酔いへの対処法——是永の精神主義

彼女達にとっては初めての船旅であった。そのため「砂漠とらくだを見て育てられて来た私には青いうねりに無限の神秘を奏でる海が何か魔物のような恐ろしいものに感じられた」という。是永を除いた大陸娘は船酔いで参ってしまった（SGK）。そのとき是永が、女塾生は「まだ真実の心がまえができていない」ためだと言った。是永は、船に乗るとき「自分はこの船の乗務員だ、さあこれから仕事だと、自分に呼びかけて乗った」と語る。

そこで、「帰途はみんなで南洋や北海で戦ふ皇軍勇士が出征する時の気持ちになろうと申し合わせ、手に下げた荷物をこれは鉄砲だ、こっちは手榴弾だそれは鉄かぶとだと思いながら乗船したところ不思議に１人も酔わず、精神力の偉大さが戦場ばかりでなくこんな日常生活のなかにも活かされていることを

体験した」という。そしてこの経験や精神力昂揚を児童教育に生かしたいといった感想が述べられている。

是永の女傑ぶりや、精神論を中心に据えた女塾での教育の実態を示していると言えよう。是永流の精神論によって彼女たちが回民児童の教育に当たることが宣言されている。

以上の感想を見ると、訪日団が記者に何を語ったのかということよりも、日本の為政者が、読者である日本人、中国人にどのような幻想を抱かせたかったのかが、透けてみえてくる。

物質的に豊かな日本、慈父のような暖かさを持つ優れた指導者である東條英機、こうした日本の庇護のもとに入って、我々はこの戦争を勝ち抜かなければいけない、そのためには、銃後を支える優秀な日本女性や、優れた日本の教育に学び戦うという決意が述べられていると言えよう。「異教徒」である彼女たちでさえ、こうした決意をしているわけであり、日本人はさらに発憤すべきであるという戦意昂揚の役目も担っていた。いわば、彼女たちは、広告塔の役割を果たすことが期待されていたのである。

### （3）　帰国後

訪日団は、日本で各地を訪した後、10月29日に張家口に帰着、その後、30日、31日は現地系座談会、11月1日回民高級学校で帰朝報告大会、さらに大同、厚和、包頭で帰朝報告大会を行い、9日包頭で解散という過密スケジュールが組まれ、帰朝報告会が各市で盛大に実施された。訪日報告会については『蒙疆新聞』でも大々的に報じられている。「大東亜戦争遂行中の日本をわれ等はどう見たか、そこで日本に何を学んだか、そしてわれ等はいかにすべきかと西北回教包頭支部では、伊盟、西臨公署、包頭市公署後援の下に、来る7日11時より西北劇場で回教婦女訪日視察団の帰来を待ち報告会を開催、真剣な彼女たちの叫びを聴くと共に、回教青年学生に大東亜に寄与せんとする熱血を昂揚することになった」[90]。

包頭での報告会には、稲森利助包頭特務機関長など来賓30余人と、「大東亜戦下の帝国の実情を知ろうとする」市民千余人が参集したという。そして「戦

時下日本銃後の国民の張り切り方、特に銃後婦女子のめざましい活躍、豊富な物質、想像以上の飛行機量とその訓練ぶり」に驚嘆したという報告がされた[91]。報告会の席上、女塾１期生であり訪日団員のSRUは、「東條首相夫人並びに日本各地の女子青年団の方と交歓しましたが、日本女性の淑さとそのはち切れそうな元気にはわれわれ蒙疆の婦女も宜しく学ぶべきであると痛感し」、蒙疆婦女子の覚醒運動に挺身し、大東亜の立派な婦人としての人格を築き上げるよう努力をすると、決意を述べた。彼女たちは、現地住民を戦時動員するうえで、大きな宣伝効果が期待されたと考えることができる。

その後も、訪日団の団員は多方面で活躍した。MKSは1944年３月、留学生試験に合格し、東京女高師に留学した。1944年８月に一時帰国したMKSは、留日学生座談会に出席し、教育関係者約40人の前で、日本の決戦教育の情況、決戦下の学徒の決意、勤労の実際などを紹介した[92]。

その後も、彼女たちは、たびたび『蒙疆新聞』に登場している。たとえば、SGKは、印度独立への感激を伝える感想文を新聞社に寄稿し掲載されている[93]。善隣回民女塾は、生徒数も少ない塾であったが、さまざまな場面で彼女たちが利用されていたことを示すものであろう。

## 5　ある塾生をめぐって

ところで塾生は女塾で何を学んだのか、卒業後どのような歩みをたどっていくのか、日本の軍事的占領下の女塾で学んだ彼女たちの本当の気持ちはどのあたりにあったか。ここでは女塾の１期生であるTZRに焦点をあてて、考察していきたい。

TZRは1922年の生まれである[94]。1937年の盧溝橋事件の発生後、上級学校に進学するチャンスを失っていた。1940年１月、17歳のときに回民女塾の１期生として入塾している。入塾の動機は、それまでムスリムの女子のための学校で学んだことがなかったので好奇心があったこと、また日本語にとても興味を覚えていたためであったという。

TZRは女塾に入学する前、イスラームについて少しは理解していた。しかし以前は漢族の同級生と一緒であったので、イスラームの歴史についてはまった

く学ぶ機会がなかった。TZRは女塾の教育で、かつてサラセン帝国は強大で文化水準が高かったこと、元朝のとき、ムスリムを各機関で積極的に抜擢したこと、イスラームには輝かしい歴史があるものの、守旧の故に他の民族に遅れをとったことを学んだ。

ところで1940年8月、日本の文部省の視学官が蒙疆における日本語教育の実態調査で訪れた。張家口では中国人小学校のほか、回教初級第一小学校を視察した。このとき、回教初級小学校で、現地人でありながら日本語だけで授業をしていた教師にであう。これは実習をしていたTZRであった。入塾以来1年にもならないのに、流暢な日本語で教育していたことに視学官は驚く。1941年1月の卒業後、TZRは回教小に日本語教師として赴任した。イスラム婦女会の結成にも参加し、幹事として活躍している。

またTZRは、一つの国家あるいは宗教が復興しようとする場合、男性だけに頼るのではなく、女子も責任を果たすべきであるとしている。そのうえで、「友邦の大日本は、艱難辛苦を辞さずイスラーム教徒を助けている」ので、我々は「友邦の好意に背かず、ムスリム女性としての自覚を高め、興亜事業の完成、宗教の復興に向かってともに努力すべきである」と述べている[95]。

1943年秋に貴司山治（1899-1973、プロレタリア文学作家で転向を宣言）が回民女塾を訪問したとき、TZRは日本語教師として女塾で指導に当たっていた。そのとき貴司は、軍隊の慰問でも上演した前述の「二つの姿」という劇を見せられ、少女たちが本当に泣きだしたことに驚かされる。このときの情景を、貴司は次のように記している[96]。


　ちょうど晩飯の支度最中らしかったが、是永先生の号令で、エプロンをつけたままの生徒たち15人を校庭にあつめ"撃滅体操"だと、"米英を打ち倒せ"と叫ぶかけ声だの、恐ろしく露骨な排米唱歌だのをやらせて、最後に彼女たちの劇を見せてくれた。


当時、蒙疆政権の下で、官民の団結を強固にするために興亜協力会が結成され（成紀737年、1942年）、1943年以降、積極的に米英撃滅運動を展開し、「疆内民衆をして米英撃つべしの気概を昂揚せしめ、全邦民参戦協力への精

神的団結をいよいよ強固たらしめた」という[97]。善隣回民女塾の演劇による
慰問活動は、こうした動きに敏感に呼応するものであった。

　……妹を演じるＢという15歳の痩せた少女（著者注：TZRと一緒に日本留
学。しかしあまり日本語ができなかったという貴司の印象）は、途中でほんとう
に泣き出して、顔から手を離せない。是永先生が肩を叩き、頭をなでたりし
て慰めると、Ｂさんはやっと手を離したが、目が真っ赤に泣き腫れている。
みると、他の少女たちもみな半泣きになっている。その少女たちが、Ｂさ
んを取り囲んで慰めると、Ｂさんは、今度は手離しで泣き出し、10人以上の
他の少女たちもＢさんを囲んでみな泣き出した。ワーワーと泣き声を一段と
なってはりあげる。

　TZRは貴司に「芝居をしているうちに、みんなが劇中の人となって、いつも
ああしてオイオイと泣くのです」と語っている。
　是永は、「これを芝居と思わず、娘達の心の中にある分裂した二つのものを察
してやって下さい」と言った。おそらく是永は、満洲・蒙疆は日本の指導を正
しく受けたが、国民党政府や共産党は日本が目指す「王道楽土」建設に頑迷に
抵抗し、そのため国家が分裂し親しい人とも会えない、そういう気持ちから娘
たちは泣いていると考えていたのであろう。
　しかし塾生たちの悲しみは、実は自分の祖国が日本の侵略によって二つに分
裂させられていることにあったのではないか。その悲しみから本気で泣いてい
たのではなかろうか。
　藤枝は、戦時中、張家口の西北研究所にいたが、彼女たちが演じる劇を何度
も見た。一度目は良いものの２度目以降は、「猿芝居」を演じている彼女たちが
かわいそうで見ていられなかった、と戦後の回想の中で言及している[98]。彼女
たちは到る所で、あらゆる機会に、自分の気持ちに反して、自国に進攻した日
本人の戦意を高揚させるため、劇を演じさせられていたのである。
　TZRは1943年10月に派遣された訪日団には参加しなかったが、その代りに
同年11月、女塾２期生のＢとともに日本へ留学した[99]。当初は善隣協会蒙古留
学生部特設予科で学んでいたが、TZRは1944年４月に日本女子大学家政科管

表 7-1　日本女子大家政科管理科カリキュラム

| 毎週教授時数 | | | |
| --- | --- | --- | --- |
| 学科目 | 第一学年 | 第二学年 | 第三学年 |
| 道義 | 2 | 2 | 2 |
| 人文 | 2 | 2 | 2 |
| 教育 | 2 | 2 | 2 |
| 家政 | 10 | 10 | 10 |
| 生理衛生・看護 | 3 | 3 | – |
| 簿記 | – | – | 2 |
| 統計学 | – | 2 | – |
| 経済学 | 2 | – | – |
| 国家学 | 2 | – | – |
| 産業心理 | 2 | – | – |
| 勤労管理 | – | 2 | 5 |
| 産業保健 | – | 2 | – |
| 社会福祉 | – | 2 | – |
| 農村問題 | – | – | 2 |
| 厚生施設・研究実習 | 3 | 3 | 5 |
| （第一班）外国語 | 3 | 3 | 3 |
| （第二班）家政実習 | 3 | 3 | 3 |
| （第三班）文化諸学 | 3 | 3 | 3 |
| 体錬 | 3 | 3 | 3 |
| 修練 | 5 | 5 | 5 |
| 計 | 39 | 41 | 41 |

出典：日本女子大学提供資料。

理科（家政学部社会福祉学科の前身）に入学した（表 7-1）[100]。カリキュラムを見ると、TZR がいかに高度な内容を学習していたのかがわかる（写真 7-20）。

　TZR は日本名を名乗っていたが、留学中に貴司の家に遊びに来て話す機会があった[101]。貴司が「回教民族として大東亜戦争の矛盾を感じないか」と聞いたところ、TZR は「民族としてはイスラムだが国民としては中国人。早く戦いが終わり日本が中国から引き上げてくれ、自分たちの生活に平和が帰ってくることを待ち望んでいる。このことは誰にも言えない」と言っていたという。貴司は、「その時の TZR さんの賢しげ（まま）な微笑の顔を忘れることが出来ない」と記している。

　彼女たちの書いた文章を読むと、表現力も豊かであり、いかに知的な女性であったのかがうかがえる。善隣回民女塾を中心とする訪日団の中で、めがねを

かけている女性が多いことも、その表れであろう。

　彼女たちは、極めて優秀であるため、日本語もまたたく間に習得している。たとえばTZRは4ヵ月という短期間で日本語をマスターして、その後日本女子大にも留学するような優れた女性であった。そうした女性が、藤枝の言葉を借りれば「猿芝居」をやらされていたのである。西北研究所の研

写真7-20　日本女子大学

出典：大日本回教協会旧蔵写真資料（日本の青少年　グラフ第1号）、早稲田大学図書館所蔵。

究者は、イスラームに対して理解があるだけに、彼女たちの猿芝居を、かわいそうに思う反面、時代状況の中でいかんともしがたく考えていた。

　またプロレタリア文学作家から転向したとは言え、日本の軍国主義政策に批判の目を持っていた貴司だからこそ、ここまでの話ができたのであろうが、友邦日本の期待に背かず興亜事業の完成に努力すると表面では述べながらも、TZRにとっては、早く日本が中国から引き揚げて欲しいというのが本音だったのではなかろうか。

　TZRは回民女塾1期生の学生で、是永も大切に育てた。また知日派、親日派であったと考えられる。にもかかわらずTZRは、日本軍の早期撤退を切望していた。TZRは女塾を含めての日本の回教工作が、ムスリムのためといいながら、つまるところ日本の戦争目的にムスリムを利用しているに過ぎないことを見通していたのであろう。日本の回教工作は、日本に一番近い存在であるはずのTZRの心さえつかんでいなかったのである。

## 6　女塾関係者のその後

### （1）　是永章子・俊子

　女塾は、1945年8月の敗戦時に解散となった。俊子によれば、「師と生徒という立場よりも一つのお釜のものを分かち合い、親子の如く睦み合った者たち

写真7-21 第1回善隣会

注：1966年11月10日、湯島斯文会館にて。前列右から6人目が是永、7人目が俊子。
出典：『善隣協会史』グラビア写真。

が、一家離散の運命に会い、別れ別れに散っていかねばならぬ悲しみをお互いの胸にひめ、そのことを口にしなかった」という[102]。

是永章子・俊子は8月20日、急遽張家口の駅に集合せよとの通達を受け取った。塾生たちはおろおろとし、二人のためにご飯を炊いてくると帰宅した。これが塾生たちとの永遠の別れとなった。是永と俊子の後を追いかけて駅に来た学生たちは、柵の外から是永らの姿を血眼になって探した。しかし二人は心を鬼にして身を隠し、「ごめんね」と心の中で思いながら去っていったという[103]。

北京から日本に引き揚げたあと、是永は大分県に在住し、神栄生糸高田工場の女子従業員寮の寮監をしていたが、大分労働基準局の労働監督官として転職した。1966年にかつての善隣協会関係者を集めての第1回の善隣会が東京で開かれ、是永は俊子とともに出席したが、是永は帰途立ち寄った大阪の教え子の家で客死した（写真7-21)[104]。

俊子は引き揚げ後、年老いた父母を抱えての慣れない農作業をしていた[105]。1946年に神栄生糸高田工場の従業員寮の寮監の話があったが、老父母の下を離れられなかったため、是永章子に譲った。のちに章子が大分労働基準局へ労働監督官として転職したので、その後を継ぎ是永俊子は高田工場の寮母になる。中国では善隣回民女塾で、若い女性と一緒に24時間生活を共にしていたが、日本でも寮母として、誠心誠意仕事に打ち込んだようである。しかしながら、1956年高田工場閉鎖と合併に伴い、中津工場に移った。その中津工場の休業、再開、工場火災、復旧作業と、心労は絶えることがなかった。

俊子は戦争のために婚期も逸してしまい、その意味で「戦争犠牲者」であり、孤独の中にただ作歌を友として生きた一生であった[106]。俊子が作歌した短歌には、彼女の人生の重みが映し出されている。『寮母』（歌集）（是永トシコ著）から、いくつか紹介したい。

・鼈甲の花簪をひそやかに手にして想ふ未婚の一生
・寂しさのきはみに独り来し山の湖面にうつる一ひらの雲

　戦争のために一生、独身で過ごさなければならなかった寂寥感が溢れている歌である。また、寮母としての体験や工場閉鎖という人生の儚さが、込められている歌もある。

・ささやかな平安をこそ倖せと思ひつつ生きむ寮母の吾は
・母の日を最良の日としたひ来る子は持たざれど母と呼ばれて
・一粒の繭さへもなき工場を巡れば繭の残り香恋し
・閉鎖せし工場跡に丈競ふ夏草しげく孤り佇つ吾

　こうした中で、俊子は、いつも善隣回民女塾の塾生や関係者のことを懐かしく思い出していた。

・ゆくりなく蒙古に逢ひし人の顔梅雨にこもれば杳く恋しむ
・黄塵の荒ぶ白昼に眉あげて日本語学びし少女思ほゆ
・星清く光る夜半に目覚め居て回教乙女らのアルバムめくる

　善隣回民女塾の思い出や善意の人々との交流の記憶が、俊子にとっては人生の支えであったといえるのではなかろうか。


## （2）　李郁周

　是永と俊子が張家口を離れ、帰国を待ち北京に滞在していたころ、西北回聯副委員長で張家口回聯支部長であった李郁周が民衆裁判で銃殺に処せられたということを聞いたという[107]。

　李は、漢方医の医師であり、回民の有力者であった（1939年に第2次蒙疆回教徒訪日団に参加）[108]。女塾を指導し、その母親も女塾の活動に対して相当の理解があった。ムスリムにとっての正月にあたる開斎節の折にも、是永や、郷里が遠く帰宅できない塾生を自宅に招待し、牛の舌の料理などを御馳走した。

　俊子によれば、日本の敗戦に当たって、李は直ちに是永たちの身を心配して女塾を訪れた。そして民族間の誤解から戦争となったが、我々の子どもの時代には、互いに手と手を取り合って仲良く往来できる時代が来ることを信じている、ムスリムの娘たちが本当にお世話になり感謝している、無事に日本に帰国して欲しい、自分の運命は覚悟しているからと、手を取り涙ながらに述べたと

いう。俊子は、「日本人を訪ねることの不利さをいとわぬ御心情には、感謝して
もしきれないものがあった」と書いている[109]。

対日協力者として中国の勝利を単純に喜べない苦衷、今後の運命に対する諦
念、次の世代に托する希望。短いことばの中に、李の複雑な心境が語られてい
る。その一方で、終戦直後という状況の中で、敗戦国となった日本人を見舞い、
これまで御世話になってきたことへのお礼を律儀に述べる李の誠実さが伝わっ
てくる。

日本の敗戦後、中国各地で対日協力者である漢奸に対する裁判が行われた[110]。
張家口では、1945年8月に共産党の支配下に置かれたのち、蒙古聯合自治政府
副主席の于品卿が人民裁判で裁かれ処刑された。承徳（旧満洲国熱河省）でも回
教協会会長が人民裁判で処刑されたという[111]。また西北回聯包頭支部長をして
いた艾馨の場合は、人民共和国建国後の1951年、反革命罪で処刑されている[112]。
傀儡政権との関与の程度にもよるが、厳しい処遇を受けた者がいたことも確か
である。

## （3） TZR

女塾の卒業生で日本に留学していたTZRは終戦後もしばらくは日本に滞在
していた。TZRのように、蒙疆から来た留学生（モンゴル人、回民が多い）は、
戦後厳しい立場に立たされた。日本人自体が、明日の生活の目途も立たない
日々で、彼らに支援を行おうとする者とていなかった。また、蒙疆からの留学
生は、対日協力者と見なされることを恐れて、中国大使館に支援を求めて行く
こともできなかったという[113]。

TZRは1946年3月31日付で日本女子大学を退学し、まもなくBとともに、
中国に帰国した。その後、貴司はTZRから手紙を受け取った。蒙古に着いた
が女塾には是永がいないので泣いた、こちらでイスラームの食事をするとき、
2年半食べ慣れた日本の料理が恋しくてならないと書かれてあったという。ま
た「日本の方々はみなやさしくて親切でした。私はとてもうれしく、感謝の心
で一杯」ですと、手紙には記されてあった。

その後、TZRの消息は不明である。TZRは1941年頃のある回教小に勤務し
ていた。同僚のうち何人かは、1949年の人民共和国建国後にかけても同小学校

に継続的に勤務しているが、TZR の名前は建国後の教員リストの中に見あたらない[114]。

戦後に日本から帰国後、再び日本に戻ってきた蒙疆からの留学生の伝えるところによれば、かつて日本に留学していた者の中には、厳しい運命に遭遇した者もいたようである。極端な場合には日本に留学していたという理由だけで、故国を占領した兵たちによって惨殺された者があった[115]。また留学生の中には、祖母がつかまえられて村々をひきまわされ民衆に殺されてしまったり、両親が人民裁判でむごい殺されかたをしたりということもあったらしい[116]。

## 7 中華人民共和国での評価

回民女塾の塾生や蒙疆女子回教徒訪日視察団員の記事は、『蒙疆新聞』の紙面をにぎわせていた。しかしその後、歴史の中に埋もれてしまったかのように彼女たちの行方は杳として知れない。そして、人民共和国で出版されている抗日戦争時期のムスリムに関する書籍の中で、抗日に立ち上がった回民が華々しく称揚される一方、彼女たちには、「芸妓」という刻印が押されている。それでは、ここまで厳しく断罪される背景としては、何があったのか。当時の関係者の回想から、その背景を探っていきたい。

### （1） 酒宴での接待

西北研究所にいた藤枝によれば、善隣協会の宴席に回民女塾の学生たちが動員されていたという[117]。彼女たちは外国人でありながら、日本語が上手でなおかつお茶の心得もあり、しぐさや立ち居振る舞いも日本女性を彷彿させる。「顔立ちが大同の仏像に似ている」（西北研究所の石田英一郎談）というエキゾチックな魅力を持ち[118]、なおかつ日本女性的な美徳も合わせ持つ、その意味でまさしく日本人男性の心を捉える存在であった。

張家口の西北研究所に当時、所長として赴任していた今西錦司（当時 40 代）は、戦後直後（1945 年）の回想で、当時、中国に溶け込むことを意識し、中国の女性と共に生活する希望を持っていたことを語っている。そして色白で綺麗な善隣回民女塾の卒業生の 1 人に魅力を感じたこと、そして、回民女塾の卒業生

が、普通の中国人女性とは異なり優しく柔らかい物腰態度であった点に惹かれたことを率直に表現している[119]。

このように若い魅力的な異性として見なされ、日本人男性のお酌をし相手をするために、酒席に呼ばれていたことが人民共和国において「芸妓」、あるいは「日本の侵略者の慰み者」と断罪されることにつながったのであろう。またムスリムは戒律から飲酒が禁止されている。こうした彼女たちを単に若い女性ということから、酒席に呼んだという行為には、女性蔑視のジェンダー観が象徴的に現れている。

さらに宴席のときに酒の肴としてハムが出され藤枝は問題視したが、協会本部の課長は、「ブタ」ではなく「ハム」であるからムスリムの前に出しても大丈夫と言っていたという[120]。回教工作を進めている善隣協会幹部の認識でさえこの程度のものでしかなかったことを藤枝は回憶している。

### （2） 神社での活動

善隣回民女塾の塾生たちが、様々な場面で動員されることが多かったことは、前述のとおりである。藤枝晃の回想録をみていこう。

藤枝が語るところによれば、毎月1日と15日に、蒙古善隣協会理事長の土橋一次中将（1943 年着任）に蒙疆神社参拝のため引っ張り出されたという[121]。音尾秀夫の言葉をかりれば土橋一次は「生粋の武人」であった。

蒙疆神社は、蒙疆の総鎮守であり、祭神は天照大神、明治天皇、国魂大神、白川宮永久王命の4柱である。邦人の進出にともない全邦人を会員とする蒙疆神社御造営奉讃会を設立し、1940 年に起工、1941 年に本殿が落成した[122]。神職は梅田次郎宮司他6人である[123]。梅田宮司は、もともと北白川宮の侍従だったが、宮の霊を慰めるために宮司の資格をとり、蒙疆神社の宮司をしていた。回民女塾の写真にも、梅田宮司が写っていることから、同宮司と回民女塾との関係は親しかったことをうかがわせる（写真7-22, 23）。

そうした関係もあり同神社には善隣回民女塾の卒業生が、見習事務員として勤務していた。そればかりではなく、土橋一次中将は彼女たちを参拝させて御神酒をいただくことを強制していたという[124]。ムスリムである回民を神社で働かせ、神社の参拝を強制したという事実は、明らかにイスラームを冒瀆する行

為であり、反宗教的行為そのものである。塾生の尊厳を深く傷つける行為であったことは言を待たない。これに関してはさすがにイスラームに理解があった西北研究所の藤枝も問題と考えたため、是永と相談して藤枝が善隣協会に働きかけ、神社参拝をしないようにさせたという。

さらに、蒙疆神社の大祭のときに善隣回民女塾の生徒たちは神殿の前で踊りを踊って神社に奉納している。神殿の前で多くの日本の子どもたちやその他の観客に囲まれながら踊っている彼女たちの写真（個人蔵）を見たときに、筆者自身、衆人環視の下でイスラームを信仰しているムスリム女性にこうしたアッラーの神に対する冒瀆行為をさせたことに衝撃を感じざるを得なかった。

写真7-22 蒙疆神社

出典：「故北白川宮永久王殿下記念御写真」蒙疆忠霊顕彰会発行、北川昌（日本張家口の会会長）提供。

写真7-23 善隣回民女塾関係者

注：前列右より3人目梅田次郎蒙疆神社宮司、是永章子塾長、善隣協会前川坦吉理事長代理、2列目および3列目は1期生および2期生か。
出典：『善隣協会史』中央グラビア写真。

ムスリムには、結婚前の若い女性が人前に顔をさらし歌を唱ったり劇を演じるのは恥ずかしいとする考え方も根強く[125]、回民女塾生の行為は、それだけで民族の誇りを傷つけられることにほかならない。1942年に2月初め頃から4月末にかけて華北・蒙疆政権の各地を積極的にまわった竹内好は、日本人の指導者の訴えとして次のように述べている[126]。

　一般の日本人、ことに政治の責任の地位にあるものに、回教に関する常識が欠如していて、事に当たって当惑するということである。その実例もいく

つか聴いた。まことに尤もな話である。回教事情を調査するなら、現地日本人の回教知識の調査も必要な項目だと冗談を云った人があったが、笑って済まされない感じがした。

　まさしく、回民女塾生の戦時動員は、政治的に指導的な立場にある人の無理解が引き起こした災厄と言えよう。それまで長年にわたって大切に培ってきた信頼関係を一瞬で吹き飛ばすようなものであろう。

　回民女塾の塾生たちは、敬虔なムスリムであった。是永俊子の回想によれば、ラマダーンの期間中、女塾生は日中断食の行を行い、水を1滴も飲まず食事も取らなかった。「水すらも飲まぬ断食少女らは回教史読む日本語にて」という俊子の短歌からは、いかに彼女たちの信仰心が篤かったのかがわかる。そして「学業は平常通り続ける健気さであるが、近くの清真寺の光塔から鳴る木鐘の音を、今や遅しと待ち構えていた」という[127]。ラマダーン明けの情景を、俊子は、「断食節終わりの鐘は鳴り止みぬ静かに祈り水のむ乙女」という短歌に残している[128]。同短歌は、昭和61（1986）年宮中の歌会始（お題は「水」）に選ばれている。こうした敬虔なムスリムである回民女塾の塾生に、神社の見習いや、神社での踊りの奉納を強いていたのである。

## （3）　日本軍との関係

　彼女たちは駐蒙軍特務機関関係者との接点も多く、集会や行事で同席することもあった。さらに1943年に訪日団に参加した塾生たちは、東條かつ子首相夫人に官邸に招待され、東條英機が、ムスリムは豚肉を食べないことを夫人に指示したことを聞き、ある団員は感激し、食べかけた御馳走がぐっと咽に詰まるような気がして涙がこみ上げて来た。そして「慈父のような東條首相」の下なら「如何なる困難も突破して国策に挺身できる」と思ったと語っている[129]。

　『蒙疆新聞』に紹介されたこうしたエピソードからは、純情で真摯な彼女たちの姿が伝わってくるが、のちに戦犯として処刑された東條を含めて日本軍関係者との接触がその後、禍根を残すことになったのではなかろうか。強制された結果とはいえ、「芸妓」とレッテルを張られた人間にとって、その後の歩みは平坦ではなかっただろう。特に彼女たちは八路軍への対敵宣伝工作に類する活動

さえしており、日本軍の敗走後、「情報活動」を行ったと非難された可能性も否定できない。

たとえ彼女たちが人民共和国建国後に生き延びたとしても、反右派闘争や文化大革命などの厳しい政治運動の中で、容易ならざる事態に追いつめられたことは、想像に難くない。事実、内蒙古では文革時に、かつて日本に協力した者に対して厳しい糾弾が行われたという[130]。

文革当時は日本との関わりを否定するため、日本占領下で使用された教科書さえ廃棄されたほどである。1943年に日本を訪問した女塾生たちは、東條夫人からおみやげとして化粧セットを贈られている。彼女たちは感激し、絶対に使わず大切にとっておき、気持ちに緩みが出てきたときに取り出して、感激を思い起こそうと誓いあったという。

おそらくこの化粧セットは、その後の彼女たちにとっては災厄を招く以外の何ものでもなかったと思われる。彼女たちは、対敵協力者という汚名を着せられながら、その後の人生を生き続けるしかなかったのではなかろうか。中国における対敵協力者に対する非難の峻厳さは、「水に流す」日本の歴史観とは大きく異なっているからである。

俊子は回想録の中で、塾生たちは結婚してイスラーム女性として幸せに生きているであろうと述べている[131]。これは戦争のため婚期を逃し、自身が戦争の犠牲者でもあった俊子の心からの願望ではあるが、しかしながら、希望的観測に過ぎないだろう。

一般的には、日本占領下に置かれた学校の学生に対して、罪が問われることはなかったようである。ただし、回民女塾の塾生たちの、日本軍への慰問活動や軍関係者との接触の多さは、問題とされた可能性が大きい。


## （4） 知識人女性にとっての汚名

彼女たちは、当時としては、回民の中でもっとも教養の高いインテリ女子青年であった。卒業時に世話になった善隣協会の職員に感謝状をしたためた2期生の手紙を読むと、ただ単に日本語ができて優秀ということだけではなく、礼儀正しさや律儀さ、人格の高潔さもうかがわれる[132]。

以下、手紙を紹介しておきたい。

拝啓

先生、御無沙汰申し上げて居ります。

長い御道中のことで、随分とお労れなさいましたことと存じます。御大事になさいませ。

去る1月11日、私共3名もめでたく卒業させていただきました。

之も一重に、先生のおかげ様でございます。

厚く厚くお礼申し上げます。

卒業式に、協会から前川先生や音尾、中浜、横山先生方も御出下さいましたが、一番私共の御世話になりました先生のお姿のないことが、悲しゅうございました。

先生、この2年間の中に、随分可愛いがっていただきました。色々なおかしをいただきましたが、その時のおいしいあまい味が、まだ口の中に残っているようで、本当においしゅうございます。……

岩崎公使閣下よりも賞状と日本の鏡台を一個いただきました。先生、「奉仕の鏡」と名をつけていただき、朝夕我が心の鏡といたし、ご奉公致す覚悟で御座います。……

先生、どうぞ東京の空から、私共をお導き下さいませ。まだまだお寒さの続きます時、

先生にはくれぐれもお体をお大事になさいませ。

末筆ながら皆様へも宜しく御伝へて下さいませ。

かしこ

野副先生へ

RSE

昭和18年1月22日

蒙疆張家口上堡礼拝寺巷10

善隣回民女塾

このように女塾は、礼儀正しい心のこもった手紙を書けるインテリ女性を育てた。しかしながら彼女たちは、宗教を冒瀆したうえに、対日協力者であり軍隊にも協力をしていた。時代がそうであった、あるいは日本に占領されていた

からどうしようもなかったとはいえ、塾生たちは何かと表舞台に立つことが多かった。彼女たちはそのために熱心に練習もしている。こうした行為は、芸をもって楽しませると言う意味で「芸妓」と同じである。

「芸妓」とはどういった存在なのだろうか。当時日本で発行されていた蒙疆を紹介する雑誌である『蒙古』には、芸妓に対する性病検査の統計が掲載されているが[133]、当時の回民を代表するようなインテリ女性にとって「芸妓」は耐え難いほどの蔑称ともいえる。

つまり善隣回民女塾は、善隣協会の付属とされて、軍部や政府が推進する「国策」実施システムの一翼に組み入れられたのである。そのことが当時の回民女性の中では一流の知識人であった彼女たちに、芸妓という汚名を与え苛酷な運命をもたらしたと言えよう。

## まとめ

蒙疆政権下では、日本語教師の養成のために回民女塾が設立された。回民女塾の実践は、ただ単に塾生に「芸妓」となることを強制したとは言えないかもしれない。そこには、人間と人間との出会いがあり、心の琴線にふれる教師と生徒との暖かい交流があった。また教育に熱心に取り組む教師、真剣に学ぶ塾生の姿があった。女塾での教育を通じて、女学生がムスリムとしての意識を高めている点も指摘できよう。

しかしながら占領下という歴史の流れの中で、教師と学生とが真剣であればあるほど、「芸妓」と後世において厳しい批判を浴びせられる結果を招くことになったのも事実である。

善隣協会で回教工作に関わった野副は、是永章子のことを「日本人の誇り」としている。おそらく教師としての情熱に溢れ、女塾生に惜しみない愛情を注ぎ、誠心誠意、指導に当たった女性であったのだろう。また回民の女子青年たちに徹底した日本語を教え、日本人女性としての身のこなしを教えることにも成功した。しかしこれだけの是永の熱意にもかかわらず、それがかえって塾生や関係者に占領政策が残した重い十字架を背負わせた現実がそこにはある。善意の文化交流が文化侵略に変質し、またこうした暖かい人間同士の関係が引き

裂かれていくことこそ、戦争の本質にほかならない。

　女塾の創設から解散までの一連の経緯は、蒙疆政権下の日本の回教工作の内実をつぶさに示してくれる。駐蒙軍は、中国という国家において排除されてきた少数民族である回民を利用しながら民族分断政策を採ろうとした。そのため特務機関は、回教工作を積極的に展開し、その意を受けた善隣協会は、日本語教師養成のために回民女塾を設立するにいたる。

　そして教師としては極めて優秀であった女性植民者が少数民族女子青年を教育し、植民地支配の中で大きな役割を果たした。その後善隣協会は女塾の学生を日本語教師として植民地政策に協力させるだけでなく、軍隊への慰問や対敵宣伝にも利用した。ムスリムであるにもかかわらず神社に踊りを奉納させることも強いていた。そして日本の回教工作が教徒を手段として利用していたに過ぎないことは、女塾生によっても見透かされていたのである。

　ところで蒙疆における日本の回教工作は華北のそれに比べて、組織的にも強力で活発であったとされるが、その後の反動も大きかったようである。少なくとも北京に置かれた中国回教総聯合会関係者の中で処刑などの厳しい処遇を受けた者は、管見の限りではいない。たとえば中国回教総聯合会の代理委員長であった趙国楨は、人民共和国建国後も健在で、文革前に逝去したという[134]。

　しかし蒙疆では、日本の回教工作が順調に進んだため、西北回聯や女塾を含む回教工作の関係者は、かえって日本の占領政策に関与したとして程度の差はあれ運命に翻弄されることになった。たとえば西北回聯副会長の李郁周は、人民裁判の結果、銃殺されたといわれている。

　西北回聯会長の曹英も、逃亡を余儀なくされた[135]。女塾卒業生のTZRが語ったように、日本軍の撤退は、ムスリムに共通の願いであったにもかかわらず、少なからぬ犠牲者を出し、禍根を残したというのもまた事実である。

　敗戦後、日本人には逃げ帰る所があったが、残されたムスリムには逃げ場もなかった。日本の回教工作が蒙疆に残したものは、傀儡政権への協力を余儀なくされ、その崩壊によって置き去りにされた少数民族の悲劇にほかならなかったのである。そして日本軍部が少数民族と漢族との確執を利用して占領政策を進めようとしたことが、その敗走後、悲劇をより深刻なものにしたと言えよう[136]。

第 7 章　蒙疆政権における回教工作と女子教育│261

　戦前、蒙疆に暮らした日本人の回想録を読むと、青春時代の貴重な一時期で
あった、あるいは生涯において最も生きがいを感じ充実していた、とする記述
が目に付く[137]。日本人にとってみると、蒙疆は「創造する者の誇りと喜びに満
ち」ており、「楽土建設」の理想に燃えた若い日々の生活は、輝きを伴った思い
出として心の中にある。しかしながら、それは現地の人々にとっては、隠しが
たい汚点として残ってしまったと思われる。そのことに対して日本人として無
自覚であってはならないであろう。

　ただ、彼女たちとの心の交流、そして美しい記憶が、戦後の日中友好を下支
えしていた点があることも付言しておきたい。俊子の回想によれば、日本の敗
戦後にムスリムの人々が、不自由なものがないかと、卵や肉や指輪までくれた
こと、引き揚げ時には塾生たちが先生のためにと慌てて御飯を炊きに帰宅した
というが、こうした心の琴線に触れる交流、その記憶がその後の草の根レベル
での日本と中国と関係にに果たした役割を、簡単に切り捨てることはできない
のではなかろうか。

　前述のように女塾を訪問した竹内好は、意外なほど粗末な条件の中で、是永
が不屈の意志を貫いていることに感動し「ささやかな楽園」としている。しか
し女塾は「精神の反射が強烈」であるものの、是永の確信の根拠は不可解であ
り、「何やら割切れない不安なもの」も同時に感じていた[138]。竹内は、是永がイ
スラーム精神の昂揚を唱えながらも、実際には、その信仰心を利用しているこ
とに気づき、その後の女塾生の困難な道のりを予見していたのかもしれない。

　結局、特務機関が進めた回教工作の一翼を担った回民女塾は、国策としての
思想・教育工作の枠を越えることができなかったのである。

**注**

1）　李士栄「関於蒙古善隣協会情況」中国人民政治協商会議内蒙古自治区委員会文史資料
　　研究委員会編『内蒙古文史資料』（第 29 輯）内蒙古文史書店、1987 年、115 頁。
2）　丁宏「日本炮制 "回回国" 的陰謀和各地回族人民的抗日活動」中国抗日戦争史学会・
　　中国人民抗日戦争記念館編『少数民族与抗日戦争』（中国抗日戦争史叢書）北京出版社、
　　1997 年、85 頁。原文は、「日本在張家口等開弁回民女校、強迫大批回民少女入校学習、実
　　施是強迫她们充当歌姈芸妓、供日本侵略者玩弄取楽」。回族簡史編写組『回族簡史』寧夏
　　人民出版社、1978 年、79 頁。
3）　竹内好「北支・蒙疆の回教」『月刊回教圏』（第 6 巻第 8・9 号）回教圏研究所、1942

年9月、36-57頁。

4）「財団法人　善隣協会ノ目的」善隣会編『善隣協会史──内蒙古における文化活動』
（以下『善隣協会史』の引用にあたっては「前掲」省略）日本モンゴル協会、1981年、253
頁。

5）　関東軍参謀部「対察施策」（関参謀第1号）（1934年1月24日）、島田俊彦・稲葉正夫
編『現代史資料・日中戦争1』（8）みすず書房、1964年、469頁。

6）　関東軍参謀部「対内蒙施策要領」（極秘35部の内第5号）（1935年7月25日）前掲『現
代史資料・日中戦争1』492-500頁。

7）　関東軍参謀部「対蒙（西北）施策要領」（1936年1月）前掲『現代史資料・日中戦争1』
545頁。

8）　都竹武年雄（述）、小長谷有紀・原山煌・Philip Billingsley編『善隣協会の日々──都
竹武年雄氏談話記録』（研究叢書22）桃山学院大学総合研究所、2006年、67頁。

9）　野副金次郎「善隣協会の対回教文化事業」『善隣協会史』121-125頁。

10）　理事長は、井上瓂（1941年2月逝去）→前川坦吉（理事長代理→理事長）→土橋一次
（1943年秋〜）。『善隣協会史』365頁、396頁、409頁、412-418頁参照。

11）「昭和16年度蒙古善隣協会事業成績報告書」『善隣協会史』365-395頁。

12）　梅棹忠夫『回想のモンゴル』中央公論社、1991年、19頁、26頁。藤枝晃談、原山煌・
森田憲司編注「西北研究所の思い出──藤枝晃博士談話記録」『奈良史学』（4）1986年、
59頁。

13）　藤枝前掲、87頁。

14）　梅棹前掲、27頁。日本人の居住に伴い、その子どもたちも張家口に移住してきたため、
張家口日本国民第一国民学校（張家口日本尋常小学校から改称）、第二国民学校が創設さ
れた。張家口小学校の出身者の中には、画家・アーティストである池田満寿夫（1934-
1997）もいる（『張家口六年会"再見"三十年史』張家口六年会発行、1999年、182頁）。

15）「民族別戸数人口調査表」『蒙疆年鑑』（成紀739年、昭和19年版）蒙疆新聞社、1943
年、104-105頁。日本人（内地、半島、台湾を含む）4万438人、漢人527万9299人、蒙
古人15万8700人、回人3万7572人、満人1万1021人、外国人379人、無国籍262人、
合計552万7671人。

16）　松本ますみ「華北交通写真にみる日本の「回教工作」と中国ムスリム表象」貴志俊彦・
白山眞理『京都大学人文科学研究所所蔵　華北交通写真資料集成（論考編）』国書刊行会、
2016年、183頁。

17）　小林元「日本語と回民児童」『月刊回教圏』（第2巻第4号）1939年4月、10-19頁。

18）　前掲『蒙疆年鑑』（成紀739年、昭和19年版）374頁。

19）　野副前掲、121-125頁。

20）　回教徒の日本語大会は、1942年6月に大同で開催され、1943年6月に張家口で回教
徒関係の小学校、青年学校などの学生が参加して開催されている。「蒙古情報」『蒙古』
（昭和17〔1942〕年8月号）善隣協会、104頁。『蒙疆新聞』1943年6月17日、6月29日。

21）　吉田昇「塾教育と世界観陶冶」『興亜教育』（第2巻第9号）1943年9月、44-52頁。

22）　野副前掲、124頁。善隣回民女塾における教育方針として、善隣協会回民部長の野副
金次郎は以下をあげている。「1、日語教育は日常会話を主とし、先ず仮名文字を習得さ

せて後、漢字教育に進む。2、礼儀作法を厳にし、躾教育に努めると共に、手工、図画、唱歌音楽による情操教育を行う。3、所謂アテネフランセ方式の語学教育法による、教室内に於て一切現地語の使用を廃し、徹底的に日本語による日本語の教育を行う。」

23)　「我在善隣回民女塾之観感」『回教月刊』（第1巻第3期）西北回聯本部、成吉思汗紀元736（1941）年11月30日、5-8頁。

24)　藤枝前掲、65頁。

25)　前掲「昭和16年度蒙古善隣協会事業成績報告書」369頁。

26)　是永俊子「善隣回民女塾の思い出」『善隣協会史』194-198頁。前掲「我在善隣回民女塾之観感」7頁。

27)　是永俊子「善隣回民女塾の思い出」『善隣協会史』195頁（是永俊子については、同一タイトルで別の本に書いているため、以下、書名も記す）。

28)　竹内前掲、641頁。

29)　蒙疆新聞社「蒙疆・華北人名録」『蒙疆年鑑』（成紀739年昭和19年版）。蒙疆新聞社「善隣協会関係者名簿」『善隣協会史』名簿、7頁。

30)　音尾秀夫「記憶の中の人々」『善隣協会史』231頁。

31)　松本裕司「大正初期の附属小学校と聯合研究会の設立――大分県師範学校附属小学校を中心に」『総合政策』（第9巻第1号）2007年、1-15頁。「訓導公開研究授業 国語 大正7年1月」、授業者として大分県師範学校附属小学校の是永訓導の名前がある（『大分県教育雑誌』〔第395号〕1918年1月1日、27-28頁）。

32)　野副前掲、123頁。是永トシコ『寮母』（歌集）歌帖社、1964年、111-118頁。

33)　南次郎は、鞆絵（ともえ）小学校卒業。現・港区立御成門小学校は、「鞆絵」、「桜田」、「桜」の3小学校の統合により1991年に設立。

34)　音尾前掲、231頁。

35)　『蒙疆新聞』1944年3月9日。

36)　前掲「我在善隣回民女塾之観感」8頁。

37)　是永俊子「善隣回民女塾の思い出」高原千里編集委員会『高原千里――内蒙古回顧録』らくだ会本部、1973年、372頁。

38)　音尾前掲、231-232頁。

39)　『蒙疆新聞』1944年4月22日（5期生）。3期生は当初5名であったが、各地の要望で後に11名に増員した。内訳は張家口6名、大同3名、厚和1名、薩拉斉1名である（前掲「昭和16年度善隣協会成績報告書」369-370頁参照）。

40)　蒙古自治邦政府回教委員会「邦内回教調査概要」1942年、学習院大学東洋文化研究所所蔵資料。俊子の回想によれば2期生が9名と多いが（是永俊子「善隣回民女塾の思い出」194-198頁）、2期で卒業したのは、3名（野副への手紙）。

41)　前掲「昭和16年度蒙古善隣協会事業成績報告書」369頁。

42)　鵜川龍一（興亜義塾・6期生）談。2017年12月10日、国際善隣協会。

43)　岩崎公使の略歴は以下のとおり。陸軍、興亜院蒙疆連絡部長官、歩兵第39旅団長（朝鮮軍）、大東亜省張家口駐剳公使（福川秀樹編著『日本陸海軍人名辞典』芙蓉書房、1999年、70頁）。

44)　岩崎民男「蒙疆回顧録」『清河のほとりで――蒙疆、張家口大使館の思いで』、清河会

事務局、1977 年、19 頁（岩崎民男「回民女塾の感銘」『善隣協会史』153 頁に収録）。

45)　前掲「邦内回教調査概要」。

46)　前掲「昭和 16 年度蒙古善隣協会事業成績報告書」370 頁。

47)　「資料」（昭和 16 年以降）『善隣協会史』403 頁。初出は『蒙古』（昭和 18〔1943〕年 6 月号）。

48)　『蒙疆新聞』1943 年 6 月 29 日。

49)　前掲「昭和 16 年度蒙古善隣協会事業成績報告書」370 頁。

50)　「蒙疆回民教育促進会」（「蒙古情報」）『蒙古』〔昭和 16（1941）年 8 月号〕118 頁。1944 年の報告によれば蒙疆におけるムスリム関係の小学校は全部で 15 校あり、1600 人の児童が就学していた。就学率は 60% で、中国人の小学校よりもかなり高かったという（「蒙古情報」『蒙古』〔昭和 19（1944）年 7 月号〕92 頁）。

51)　「善隣協会のあゆみ」『蒙疆新聞』1944 年 6 月 21 日。

52)　前掲「昭和 16 年度蒙古善隣協会事業成績報告書」370 頁。

53)　貴司山治「回民女塾の姉妹」『善隣協会史』226-227 頁。

54)　『蒙疆新聞』1944 年 4 月 28 日。

55)　「回教徒日語発表会」（「蒙古情報」）『蒙古』（昭和 17〔1942〕年 8 月号）104 頁。

56)　松本ますみ「日本語で歌い話す〈他者〉——李香蘭映画にみる〈東亜〉のジェンダーポリティクス」『敬和学園大学人文社会科学研究所年報（6）』2008 年、85-111 頁。

57)　河合浩孝「池田満寿夫の少年時代（5）」『塞外文化』（日本張家口の会会報）（No.56）2005 年 1 月、45 頁。『塞外文化』（No.39）1999 年 5 月、付録。「鳴呼北白川宮殿下」の歌詞は以下のとおりである。「1、明くるアジアの大空を　護る銀翼はげまして　大御光を天地に　輝かさんと征でましし　鳴呼　若き参謀の宮殿下 ／　2、日本男児の意気高く　超低空の射撃すと　命を的の急降下　莞爾と笑みて統べませる　鳴呼若き参謀の宮殿下 ／　3、竹の園生の御身にて　秋空澄める蒙疆に　神去りましてとこしえに　皇御国を護ります　鳴呼　若き参謀の宮殿下」。

58)　「鳴呼北白川宮殿下　御霊前に供ふ春の餅」『蒙疆新聞』1944 年 5 月 5 日。

59)　「回民商業中学新校舎落成」『蒙疆新聞』1944 年 6 月 14 日。

60)　『回教週報』（第 88 期）1942 年 5 月 15 日。

61)　野副前掲、124 頁。

62)　「教胞を鼓舞激励　蒙疆回教委長　蒋上将来張開催中の成紀 739 年度第 2 回邦内回教徒指導者連絡懇談会出席」『蒙疆新聞』1944 年 5 月 19 日。

63)　「日華親善に貢献　谷大使在蒙二氏らを表象」『蒙疆新聞』1944 年 3 月 9 日。「現地女性の慈母　共栄の子女育英に是永女史挺身」『蒙疆新聞』1944 年 3 月 9 日。

64)　竹内前掲、51 頁。

65)　前掲「我在善隣回民女塾之観感」7 頁。

66)　『蒙疆新聞』1943 年 7 月 13 日。前掲「昭和 16 年度蒙古善隣協会事業成績報告書」370 頁。

67)　前掲「昭和 16 年度蒙古善隣協会事業成績報告書」370 頁。

68)　小村不二男『日本イスラーム史』日本イスラーム友好聯盟、1988 年、204 頁。

69)　前掲「邦内回教調査報告」。

第 7 章　蒙疆政権における回教工作と女子教育 | 265

70) 「厚和伊斯蘭婦女協会結成典礼参加会員極為勇躍為空前未有之盛況」『回教月刊』（第1巻第3期）1941年11月、西北回聯本部、19頁。

71) 「厚和イスラム婦人會」（「蒙疆情報」）『蒙古』（昭和17〔1942〕年1月号）96頁。

72) 前掲「本邦回教徒調査報告」。

73) 前掲「本邦回教徒調査報告」。晋北伊斯蘭婦女協会結成式の挙行（1942年4月19日）。「イスラン婦女會結成」（「蒙古情報」）『蒙古』（昭和17〔1942〕年6月号）103頁参照。

74) 『蒙疆新聞』1942年10月25日、1943年6月17日。「清真女寺竣工」（「蒙疆情報」）『蒙古』（昭和17〔1942〕年11月号）105頁。

75) 「決戦　座談会　伊斯蘭婦女会記念行事　大同」『蒙疆新聞』1944年4月21日。

76) 『蒙疆新聞』1943年6月17日。

77) 前掲「邦内回教調査概要」。

78) 回教徒訪日団には以下がある。① 1938年4～5月訪日。「（駐蒙兵団参謀長）蒙疆地区回教徒訪日視察ニ関スル件」1938年4月11日、（昭和13年「陸支普受」2504）、JACAR（国立公文書館アジア歴史資料センター）、Ref.C07090754800。また別資料に同視察団の訪日が記載されている。「蒙疆地区回教徒一行も来朝」（蒙疆訪日視察団（4月25日～5月1日、26名）と相前後して4月25日～30日まで、20余名（将来有望の中堅人士）が各方面を見学、善隣協会、イスラム文化協会等と交流（『善隣協会調査月報』〔72号〕48頁、1938年5月1日）。1938年4月「蒙疆回教徒訪日団10名歓迎会」の記載が『善隣協会史』年表にもある（414頁）。

　　② 1938年10月訪日。「蒙古聯盟自治政府主催回教徒訪日視察団ノ見学ノ件」、1938年10月1日、（昭和13年「陸支密大日記」第55号）、JACAR、Ref.C04120561300。同視察団は池田徹男アテンド（池田徹男「蒙古の思い出」『思出の内蒙古――内蒙古回顧録』らくだ会、256-257頁、写真あり）。

　　③ 1939年4月～5月訪日。「駐蒙軍参謀長　第2回回教徒訪日視察団派遣ノ件」1939年4月10日、（昭和14年「陸支受大日記」第5号）、JACAR、Ref.C07091124800。

　　その他、1939年11月（回教圏展覧会の時）にも訪問団ありか。第5次（1942年10月）については、小村不二男が同行（小村前掲、110-111頁）。澤井充生「皇居遙拝した回民たち――日本の回教工作にみる異民族への眼差し」『人文学報』（NO.513-3）（社会人類学分野10、首都大学東京人文科学研究科）2017年、107-129頁。

79) 前掲「駐蒙軍参謀長 第2回回教徒訪日視察団派遣ノ件」。

80) 『回教週報』（第158期）中国回教総聯合会、1943年10月29日。

81) 『蒙疆新聞』1943年10月2日。

82) 『回教週報』（第158期）1943年10月29日。北白川宮永久王殿下の胸像除幕式に参列は、『蒙疆新聞』記事。

83) 大日本回教協会旧蔵写真資料「訪日蒙疆回教徒視察団（女子）」。

84) 『回教週報』（第157期）1943年10月22日。

85) 『蒙疆新聞』1943年11月9日。

86) 「颯爽と救護訓練　蒙疆の乙女、西下を前にこの精進」『東京朝日新聞』1943年10月12日夕刊。『蒙疆新聞』1943年10月7日。

87) 『蒙疆新聞』1943年11月7、8、9日。

88) 「日本のお米に感嘆 蒙疆の回教徒女子視察団入京」『東京朝日新聞』1943年10月7日夕刊。

89) 松本ますみ「モンゴル人と「回民」像を写真で記録するということ——「華北交通写真」から見る日本占領地の「近代」」(交歓するアジアと日本)『アジア研究』(別冊3)静岡大学人文社会科学部・アジア研究センター、2015年、52頁(27-54頁のうち)。

90) 『蒙疆新聞』1943年11月6日。

91) 『蒙疆新聞』1943年11月11日。

92) 『蒙疆新聞』1944年8月30日。

93) 「SGK女史に印度回教徒を聴く」『蒙疆新聞』1944年4月14日。

94) 日本女子大学学籍資料。

95) 前掲「我在善隣回民女塾之観感」7頁。

96) 貴司前掲、226-227頁。貴司の訪中に関しては、以下を参照。貴司山治「わが遍歴」『日本プロレタリア長編小説集』(3)三一書房、1955年、231-235頁。『蒙疆新聞』1943年10月5日、1943年11月9日、1943年11月10日。

97) 前掲『蒙疆年鑑』(成紀739年、昭和19年版)289頁。

98) 藤枝前掲、65頁

99) 「協会彙報」『蒙古』(昭和19〔1944〕年2月号)110頁。11月15日に上京。蒙古留学生特設予科、11月30日回教徒女子留学生のため女子部開設授業開始。

100) 日本女子大学籍資料。

101) 貴司前掲、227頁。

102) 是永俊子前掲「善隣回民女塾の思い出」『高原千里』372-374頁。

103) 是永俊子前掲「善隣回民女塾の思い出」『善隣協会史』197頁。

104) 音尾前掲、231-233頁。是永俊子は1926年、京城師範学校女子演習科に入学。朝鮮語の課目に悩まされながらも、1927年に同校卒業後、湖南線(大田〜木浦)の新泰仁普通学校の教師となり朝鮮の小学生の指導に当たった(当時18歳)。俊子によれば、「異民族の人と和していくべき平等感」が培われ、人間的に成長したという(是永トシコ『寮母』(歌集)歌帖社、1964年、111-118頁)。

105) 前掲『寮母』(歌集)111-118頁。

106) 前掲『寮母』(歌集)119頁。「黄塵の」、「星清く」の2首は、前掲『高原千里』374頁。

107) 是永俊子前掲「善隣回民女塾の思い出」『善隣協会史』197頁。

108) 岩村忍『中国回教社会の構造』(下)日本評論社、1950年、55頁。張家口のモスクの郷老として、李の名前があり、医者とされている(岩村1944年調査)。李は第2回回教徒訪日視察団に参加(前掲「駐蒙軍参謀長 第2回回教徒訪日視察団派遣ノ件」)。「回教消息」「蒙疆回団訪日昨午過京返蒙 西北同郷会設宴招待」『回教月刊』(第2巻第2期)1939年7月、67-68頁。

109) 是永俊子前掲「善隣回民女塾の思い出」『善隣協会史』197頁。

110) 劉傑『漢奸裁判』中央公論社、2000年、272頁。処刑に関しては以下参照。稲垣武「漢奸の処刑あいつぐ張家口」『昭和20年8月20日 日本人を守る最後の戦い』光人社、2012年、201-205頁。

111) 益井康一『漢奸裁判史』みすず書房、1977年、286-291頁。承徳では、日本の敗戦後、

共産党の支配下で人民裁判が行われた。被告の中には、元回族連盟会長がいた。「この会長は、戦時中、遼寧省の鉱山に回族を送り込んで働かせ、日本軍には労働奉仕志願者として報告し手柄にした。鉱山では虐待を受けた回族が9人も死んだが、彼らに対する賠償金まで会長が横領したというのだ。人民公審の結果、会長は処刑され、横領金は全部取り戻し、その一部は回族の合作社基金に充てられた」という（291頁）。満洲には満洲回教民族協会が置かれていたので、ここで述べられている回族連盟は回教民族協会のことと思われる（「満洲国回教協会の成立」『月刊回教圏』〔第2巻第1号〕回教圏研究所、1939年11月、9頁参照）。

112）　政治協商会議呼和浩特市回民区委員会〈呼和浩特回族史〉編輯委員会『呼和浩特回族史』内蒙古人民出版社、1994年、351頁。

113）　松崎陽「日本モンゴル協会の沿革」『日本とモンゴル』（第7巻第7号）日本モンゴル協会、1972年10・11月合併号、44頁。

114）　前掲『呼和浩特回族史』150-151頁。

115）　織本重義「モンゴル留学生とともに」『日本とモンゴル』（第14巻第3号）1979年12月、50-53頁。

116）　松崎前掲、44頁。

117）　藤枝前掲、66頁。

118）　石田英一郎談（是永俊子「善隣回民女塾の思い出」『善隣協会史』194-198頁）。

119）　今西錦司「砂丘越え」『遊牧論そのほか』平凡社、1995年（オリジナル、1948年）、270頁。「日本側で経営しているある女学校の卒業生に、一人色白のきれいな娘がいた。日本語が巧みで、どこかの日語の先生をしているという。日本語を使って現地民のあいだにはいってゆけるなら、わたくしとしてこれほどありがたいことはない。彼女が回民の娘であるということなどは、わたくしにとっては何も問題でなかった。……わたくしはさらに許されるならば、彼女といっしょに生活してみたいとも考えた（206頁）。……ひとは回民の娘に振り袖の着物をきせて、踊りを踊らせたりすることに、何の意義があるかといって、よくかげ口をききのであったが、こうした教育をうけたこの学校の卒業生には、その物ごし態度に、どこか普通の中国娘とは違った優しさ柔らかさがあった。そしてあの娘にしても、そこがまずわたくしの心をとらえたのでないと、はっきりいいきれるであろうか。1945年10月6日　北京にて（211頁）」。

120）　藤枝前掲、66頁。

121）　藤枝前掲、66頁。土橋一次中将（予備役、陸士18）、1943年秋着任（「蒙古善隣協会組織・機構表」『善隣協会史』396頁）。土橋一次理事長は1944年に発病し、張家口を去った（音尾前掲、31-32頁）。藤枝は理事長がいなくなってほっとしたと回想で語っている（藤枝前掲、87頁）。

122）　蒙疆神社の造営については、以下のとおり。「全邦人で奉讃会を組織、地区在留の全邦人を会員とする蒙疆神社御造営奉讃会を設立、全邦人の敬神尊崇の念をこの一点に集中して浄財の奉献により東亜民族の精神的拠点として恥しからぬ結構の神社を、先に選定された張家口神社御造営予定地4万坪の敷地に建立する筈である」（「蒙疆神社の御造営」『蒙古』〔1940年4月・5月合巻通巻95号〕196頁）。

123）　前掲『蒙疆年鑑』（昭和19年版）、368頁。梅田宮司は北白川永久王が3歳の頃から

仕えていた（石井今朝之助「私の蒙古時代の想い出」前掲『清河のほとりで』40 頁）。

124）　藤枝がたまたま列車で彼女達と一緒になった時、是非、自分の自宅に来てくれと、次々に招待したというエピソードが残されている（藤枝前掲、91 頁）。藤枝と女塾生の間には交流があったこと、女塾生が気立ての良い親切な女性たちであったことを示すものであろう。

125）　近年に至るまで中国西北部の山岳地域に居住するムスリム（回族）の中には、結婚前の女子が人前にむやみと出るとお嫁のもらい手が無いということから、極端な場合は女児を就学させないこともあった。

126）　竹内前掲、36-57 頁。

127）　是永俊子前掲「善隣回民女塾の思い出」『善隣協会史』196 頁。

128）　昭和 61 年宮中の歌会始のお題は「水」で、大分県の是永俊子が選ばれた（鵜川龍一氏提供情報）。「断食節終わりの鐘は鳴り止みぬ静かに祈り水のむ乙女」（歌集には収録されていない）。「水すらも飲まぬ」は、以下に収録。是永俊子「善隣回民女塾の思い出」『高原千里』374 頁。

129）　『蒙疆新聞』1943 年 11 月 9 日。

130）　CJ 等へのインタビュー、1998 年 5 月 15 日、フフホト清真大寺。

131）　是永俊子前掲「善隣回民女塾の思い出」『善隣協会史』196 頁。

132）　野副金次郎「手紙」『善隣協会史』206 頁。

133）　「支那妓女検黴治療状況」『蒙古』（昭和 14〔1939〕年 5 月号）224 頁。

134）　馬寿千インタビュー、1998 年 7 月 3 日、北京、氏自宅。

135）　澤井充生編著『日本の回教工作とムスリム・コミュニティの歴史人類学的研究』2016年、53 頁。

136）　敗戦後に、傀儡政権の主席であった徳王と蒙古聯合自治政府役人であった池田武夫が別れるとき、池田は徳王から「日本人は敗戦になっても無事に帰れる故国があっていいなあ！」と言われる。「そのとき徳王がもらした一言、そしてあのうるんだ大きな目玉を私は一生わすれることができない」と、池田は後年記している（池田武夫「徳王がもらした一言」『高原千里』568 頁）。

　　徳王は後に外蒙古に亡命したが、中国に漢奸として引き渡され獄中で過ごし、1963 年に釈放されたものの、汚名を背負ったまま 1966 年逝去した。今でも徳王は中国の歴史書において売国奴とされている。また日本にも留学したことのある徳王の長男の都王は、外蒙古で 1952 年に処刑された。

　　結局、日本人には帰るところがあったが、残された少数民族には帰るところとて無く、売国奴の汚名を着せられながらも、そこで生き続けるしかなかったのである（ドムチョクドンロブ著、森久男訳『徳王自伝』岩波書店、1994 年、520 頁参照）。

　　また都王については、「西スニット旗長のドガルソロン（23 歳）は、日本に留学 3 月 17日、東京入りした。その他西スニットの協理台吉スッパンバヤルほか書記 5 名と政府派遣ワンルコンジャップ君らの 9 名である」とある（「徳王御曹司等日本留学」『蒙古』〔昭和 14（1939）年 4 月号〕209-210 頁）。

137）　俊子は「回教徒の方々との交わりを誠心誠意で行い、この方々の戒律を尊重してきた私たちは、決して侵略者ではなかった……物質的なもののすべてを失ったが、精神的

に得た心の財産の重さを今もかみしめて感謝し、私の一生の中で最も充実した生活であった」としている（是永俊子前掲「善隣回民女塾の思い出」『善隣協会史』198頁）。

　ただし蒙疆の蒙古中学で教鞭を執った甲斐弦（後に熊本商大教授）は、その経験を以下のように自省を込めて記述している。概略を紹介したい。

　蒙古中学は蒙古人の子弟対象で全寮制の教育機関であり、会津藩の藩校である日新館、萩の松下村塾などの教育を取り入れていた。学科は日本語を中心とし、歴史、地理その他の普通学科も日本語を用いて行っていた。

　1940年、五原進攻作戦が実施された。その時に日本語の巧みな生徒10数名が通訳として従軍させられ、ひどい扱いを受けた。日本兵には蒙古人と中国人との区別がつかない。そのため水瓶の水を毒味させられたりし、生徒の一人はトラックから下ろされ雪の中を歩いたため足の指が凍傷にかかり、肉が崩れ落ち指の骨だけが残り不倶となった。

　帰ってきてから生徒たちは、日本人に対してはっきりと不信の色を示し始めた。純真であっただけに裏切られた衝撃と怒りは激しかった。帰郷する者が続出し、日本鬼子という落書きが校舎に見られるようになった。結局、日本語通訳を養成して、使い捨ててしまったようなものであり、努力が一瞬にして水泡に帰してしまったのである。

　甲斐は「われわれのあれほどの善意、あれほどの熱情にもかかわらず満州が、蒙疆が、北支が、泥土のごとく崩壊した原因は何であるか。これは冷静に執拗に長い年月をかけて追求さるべき問題である。われわれが蒙疆に残した足跡は果して何であったか。われわれが10年近く在住したことによって現地の民衆は少しでも幸福になったか。私にはまだこの問に対してイエスともノウとも言い切る自信がない。ただ一つ思うことは、民族の名において行動する者は、民族の名において償うべきだということである」と、述べている（甲斐弦「蘇文秀の指」『高原千里』249-254頁）。

138）　竹内前掲、51頁。

## 付　善隣回民女塾関連年表

| 年 | 月 | 事項 |
|---|---|---|
| 1940 年 | 1 月 | 善隣回民女塾開設。1 期生 4 名入塾 |
| | 10 月 | 2 期生 3 名入塾 |
| 1941 年 | 1 月 | 1 期生 4 名卒業 |
| | 5 月 | 大同、厚和、包頭を啓蒙旅行（9 名） |
| | 11 月 | 厚和イスラム婦女会発会 |
| | 12 月 | 3 期生 5 名入塾（後に 11 名に増加） |
| | | （この年、今井静子がスタッフとして加わる） |
| 1942 年 | 2 月 | 回教委員会開庁。同委員会は 41 年 6 月の政府の機構改革に伴い設立準備が進められて来た。 |
| | | 回民女塾生徒の他、来賓として中国イスラム青年会長溥侊も参加 |
| | 4 月 | 大同で晋北イスラム婦女協会（大同イスラム婦女会とも呼称）発足 |
| | 5 月 | 張家口イスラム婦女会の成立 |
| | 5 月 | 是永、今井および塾生 2 期生および 3 期生 20 名、北京を訪問し北京の中国回教総聯合会で座談会を行う（三田了一対応、実践女子中学生とも交流） |
| | 9 月 | 大同清真女寺の竣工 |
| | 10 月 | 日本語発表会で劇「薪」を演じる |
| | 10 月 | 晋北イスラム婦人協会で回教婦人服の制定（モンペにたすき） |
| | 12 月 | 北白川記念館の清掃作業。北白川宮は皇族で陸軍に勤務していたが張家口で殉死 |
| | | （この年、是永俊子がスタッフとして加わる） |
| 1943 年 | 1 月 | 2 期生 3 名卒業 |
| | 4 月 | 大同清真女塾創設 |
| | | 回民女塾第 4 期 9 名入塾 |
| | 6 月 | 大同イスラム婦女会の敬老会。60 歳以上の老人を招き、会員や大同清真女塾の塾生が御馳走、回民小学校の生徒が歌や踊りで楽しませる |
| | 6 月 | 大同の日本語発表会、回民小学校、女塾、青年学校の参加 |
| | 7 月 | 張家口、回教映画会の開催、張家口イスラム婦女協会設立 1 周年記念式典、回民診療所開催。 |
| | 8 月 | 大同で体育週間。回民各団体、青年学校、小学校、女塾の生徒を総動員して行軍を行い、敵味方供養塔或いは忠霊塔付近の雑草刈り |
| | 10 月 | 蒙疆女子回教徒訪日視察団 10 名訪日 |
| | 11 月 | 帰朝報告会（張家口、厚和、包頭など各市において） |
| | 11 月 | 回教徒女子留学生 TZR、OST（引用文を反映して本文では B と表記）が日本女子大留学のため上京 |
| | 11 月 | 回教徒女子留学生のため、女子部を蒙古留学生特設予科に開設 |
| | 12 月 | 映画回教徒の封切り、回民善隣女塾、大同イスラム婦女会の皇軍兵士への慰問の場面などあり |
| 1944 年 | 3 月 | 日華親善に貢献したとして、是永章子に対して在南京大日本帝国大使館より表彰 |
| | 4 月 | 第 5 期入塾式 |
| | 4 月 | 張家口市壮行会で女塾生が劇、独唱、合唱を披露 |
| | 5 月 | 北白川殿下の命日に参拝 |
| | 6 月 | 善隣協会創立 10 周年記念式典にて劇を披露 |

出典：『善隣協会史』、『蒙古』、『蒙疆新聞』より著者作成。

補　論

# 満洲国におけるモンゴル人女子青年教育
## ——興安女子国民高等学校を中心として

## はじめに

　本章の課題は、日本占領下の植民地、「満洲国」におけるモンゴル人女子青年に対する中等教育の実態を明らかにすることにある。対象としては、満洲国下の興安省（興安南省）に設立された省立興安女子国民高等学校を取り上げる。

　興安省はソ連および蒙古人民共和国との国境地帯に位置し、満洲国の中でもモンゴル人が集中的に居住している地域である。学校教育を受けるモンゴル人児童が少ない中で、中等教育機関である興安女子国民高等学校は、モンゴル人女子青年教育のうえでエリート養成の重要な役割を果たしていた。

　では、同校ではいかなる教育が行われ、どのような学生を日本側は育てようとしたのだろうか。日本人の意図に対してモンゴル人女子青年たちは、何を考え学ぼうとしていたのか。補論においては、学校が設立された経緯、教育内容、学生生活、教師と学生との関係、その後の卒業生の人生の歩みなど、その実態に迫っていきたい。

　本書の全体の課題は、日本占領下での少数民族の教育と動員に関して、主に華北および蒙疆で進められた回教工作について検証することであった。ここでは6章および7章で論じた回族女子青年との比較を視野に入れながら、同じ日本の占領下の少数民族女子中等教育という事情はありながらも、満洲国でのモンゴル人女子青年教育はどのような違いがあるのかを見据えつつ論じるものとする。

　満洲国の教育史研究においては、戦後、70年以上が経過し、ここ10年ほどは新しい動きが生まれている[1]。たとえば満鉄付属地や関東州を中心とする地域は資料の整理が進んでいる。また、日本占領下のモンゴル人の教育史研究とし

ては、宝鉄梅、娜荷芽の研究がある。ただし、日本軍の占領政策の一端が明らかになったのに留まっている[2]。その意味で、本章は一定の意義があると考えることができよう。

本章の構成は以下のとおりである。まず興安省について概観し、次に興安省が置かれた東部内モンゴル地域におけるモンゴル人教育の歩み、さらに満洲国建国後の教育制度を検討する。

また興安女子国民高等学校は、興安女学院、興安実業女学校、興安女子国民高等学校という3つの段階を経て発展していったため、各段階における教育を明らかにしていく。最後に同校の卒業生であるデレゲルマ（徳力格爾瑪）について取り上げ、興安女子国民高等学校の卒業生が、当時の日本占領下で何を考え、その後どのような歩みをたどっていくのかを考察する[3]。

本章では、興安実業女学校で教鞭をとった山根喜美子関連資料、あるいは興安女子国民高等学校の卒業生であるデレゲルマへのインタビューなどの一次資料に基づきながら論じていきたい。

## 1 興安省について

東部内モンゴル（ジェリム盟、ジョーウダ盟、ジョソト盟）には、古来、多数のモンゴル人が居住してきた（図補-1）。しかし清朝支配下において漢族の人口増大を背景として、漢族の移住が活発化した。しかし牧畜を営むモンゴル人と農耕民族である漢族では、根本的に利害が対立しており、漢族の開墾によってモンゴル人は生活圏を犯されることになった。清朝はその弊害の大きさから漢族の蒙地移住を禁止したにもかかわらず趨勢はいかんともしがたかった。また辛亥革命後、漢族による大規模な開発が行われ、民族間の矛盾は激化した[4]。

こうした漢族とモンゴル人との民族対立の結果、民国期にモンゴル人の蒙古独立運動が起こり、特に辛亥革命を契機とする外蒙古独立（1911年）に触発されて活発化していた[5]。一方、関東軍は1931年に満洲事変を発動して中国東北部への侵略を開始し、その結果、満洲国が1932年に成立することになった[6]。その際、日本軍は「漢蒙両民族は互に相容れざるの歴史を有する」とし、独立運動を巧みに利用しながら東部内モンゴルを支配下に治め、満洲国の建国にあ

たった[7]。

ところで満洲国の西、モンゴル人が多数居住している東部内モンゴルとその北に位置するフルンボイル（ホロンバイル）には、豊かな牧草地が広がっており、面積で満洲国全体の4分の1、日本の国土ほどの広さを占める地域に、満洲国のモンゴル人の約6割（約63万人）が集住していた[8]。したがって、モンゴル人行政のため、満洲国建国直後の1932年3月には、特殊行政区域として興安省が設置され、中央に興安局という特別の官庁を設けた（のちに興安総署から蒙政部へと再編）。いわばモンゴル人が「民族協和」の理念に基づき、「自治」を行うことを保障する目的で設置されたのが興安省である。興安省は、1934年に興安東・南・西・北の各省に分かれた（1943年に、4省は興安総省に統合）、（図補-2）[9]。

遊牧民族であるモンゴル人の生活は漢族とは大きく異なるため、1932年11月に満洲国政府は「興安各省旗地保全ニ関スル件」を公布し、非開放蒙地での漢族の新規開墾を禁止し、モンゴル人の生活空間を保全しようとした[10]。また産業、経済、文化・教育の面で配慮し、税制・治安維持面でも特別の措置をとった。

満洲国内のモンゴル人は、約108万人（1940年統計）で、満洲国の総人口約4166万人の約2.5％にすぎなかった[11]。それにもかかわらずこうしたモンゴル人に対する優遇政策を採ったのは、中国の支配下にある内モンゴルや、あるいはロシアの強い後押しを受けて誕生したモンゴル人民共和国に居住するモンゴル人工作の意味もあった。ただし、満洲国の建国後には、蒙古独立は蒙古自治に格下げされていった。

## 2　清末から民国期にかけての東部内モンゴル地域におけるモンゴル人教育

### （1）　清末時期

清朝統治下において、教育機関は官学、王府、仏教寺院以外ほとんどなく、「広大な内蒙古草原の牧民は学校教育に無縁のまま、10歳までには一人前の牧童に成長し、モンゴル語であれ漢語であれ文字を読むことなく牧民として一生を終えるのが常であった」という[12]。これは清朝の政策の結果と言えよう。

つまり、清朝政府が漢族の文化との接触を禁じ、盟旗制度下で内モンゴルの

## 図補-1　20世紀前半の東部内モンゴル

出典：楊海英『日本陸軍とモンゴル』中央公論新書、2015年、18頁。

## 図補-2　興安省地図

出典：「最新満洲国詳密大地図」（昭和16年6月20日発行）等を参考に著者作成。

一定の限られた領域に閉じ込め、文化的なものとしてはチベット仏教（かつて
は一般的に喇嘛教〔ラマ教〕と呼称、以下ラマ教）をあてがっておくに留めていた
ためである。こうした施策は、モンゴル大衆への教育普及の妨げになった。

　清朝政府が国策として進めたラマ教の普及は、モンゴルという民族の力を削
ぐうえでも大きな影響を与えてきた。ラマ教においては、家族の中で最低一人
の男子がラマになる。これは羊など家畜の数が限定されており、跡取りの男子
以外に分けることができないという事情もある。しかし結果的に生産人口が少
なくなり生産力が低下するうえ、多くの成年男子が一生をラマで終え、結婚で
きる者が少ないため出生数も減少する。民族としてモンゴルの人口規模の縮小
につながっていった。

　こうして清朝の下でのモンゴル社会は長期にわたって停滞状況に置かれてい
た。教育に関しても大きく立ち遅れることになり、満洲国下において、「モンゴ
ル人は満洲事変以前は、教育が全く無かった」とされている[13]。ただし、清末に
漢族の内モンゴル進出が激しくなってからは、モンゴル人と漢族の雑居地域に
「寺小屋式の私塾も見られ、満・蒙・漢三ケ国語の教科書を使っての教育が行わ
れていた」のである[14]。

　また、漢族の進出が著しい地域において、清末から近代教育に向けての取り
組みが始まっていたことは注目に値しよう。その先駆者として、ハラチン（喀
喇沁、カラチンとも表記）右翼旗のグンサンノルブ王（1871-1930、貢桑諾爾布）を
挙げることができる[15]。

　ハラチン右翼旗は漢族の入植が進んでおり、王は危機感を募らせていた。一
方、日本陸軍は、中国東北部をめぐってロシアと対立し、満洲に隣接していた
東部内モンゴル地域のモンゴル貴族との接近を重要視していた。

　こうした中、義和団事件（1900-1901）後、日本をモデルとして近代学校教育
を導入しようとする動きが起こってきた[16]。グンサンノルブ王は、ハラチン旗
の王府付近に、軍事学校（守正武学堂〔通称は武備学堂〕、1902年）、小学校（崇正
学堂、1902年）、女学校（毓正女学堂、1903年）等の近代学校を創設し、日本人教
習を招いた。武備学堂では、陸軍歩兵大尉伊藤柳太郎および元軍人の吉原四郎
が指導に当たった。また毓正女学堂では河原操子（1875-1945）が2年間教鞭を
執り、その後任として鳥居きみ子が招聘された。鳥居きみ子の夫で人類学者の

写真補-1　河原操子、グンサンノルブ王と妃

出典：『新版蒙古土産』口絵写真。

写真補-2　河原操子と女子学生

出典：『新版蒙古土産』口絵写真。

鳥居龍蔵（1873-1953）も、崇正学堂で男子生徒を指導した。

ところで毓正女学堂設立の経緯は以下のとおりである[17]。グンサンノルブ王は1903年、大阪で開催された第5回国内勧業博覧会に参加した。その折りに、東京実践女学校（1899年設立）初代校長の下田歌子（1854-1936）と会見して女子教育の重要性を認識し、女子教育機関の設立に向けて取り組むことになった。教師として派遣されたのは、河原操子である。河原は下田歌子の勧めで横浜の大同学校での教職を経て、1902年には上海の務本女学堂の教師となっていた。その後、同郷の福島安正（1852-1919）少将の推挙でハラチンへ向かった（写真補-1）。

毓正女学堂は、1903年12月に開設された。学生数は約60人で、14〜17歳の女子青年を中心としていた。3学級編成とし、月から金まで各5時間、土曜は2時間の週27時間、授業を行った。設立当初は女子教育への反対も多かったが、次第に理解が深まり学生が増えた（写真補-2）。河原によれば、学生は日本語は優秀であったが、数学、地理歴史は不得意だったという。園遊会、講話会なども開催され、多くの人々が参加して盛況であった。河原は1906年に帰国する際、3人のモンゴル人の少女（13歳から15歳）を伴ったが、彼女たちは日本に留学した最初のモンゴル人となった[18]。

### (2) 蒙疆政権下における
### モンゴル人女子教育

モンゴル人の教育ということから、ここでは蒙疆政権におけるモンゴル人女性の教育についても言及しておきたい[19]。

蒙疆政権成立の 1938 年に、徳王は日本を訪問するが、その折りに女子教育の重要性に注目する。そして日本女性の姿を見

写真補-3 手芸をする女子家政学校の女子学生たち

出典：『北支』（1943 年 7 月号）16 頁。

て、偉大なる民族を生むのは偉大なる母であるという結論から、女子青年の教育に力を注ぐことになった。こうして 1941 年 1 月、徳王の出身地であるシリンゴル（シリーンゴル）盟西スニトに蒙古家政実験学校が設立された（第 5 章図 5-1 参照）。

同校は徳王が経営し、校長はナスンバイエル、教員は 3 人である[20]。牛 100 頭、羊 400 頭、馬 10 頭、ラクダ 2 頭を所有し、家畜の遊牧のため牧草と水を追って移動する、いわば移動する女学校であり、校舎、宿舎ともにパオである。

同校は学歴不問で、年齢 13～16 歳の女子青年が半強制的な入学で学んでいた。3 年の就業年限で、1942 年の調査によれば、1 年生 24 人、2 年生 36 人であった。教授科目は、知育（蒙古語、算術、蒙習字、図画）、訓育（礼儀、貞操観念の養成）、労作教育（家畜管理、裁縫縫方）である。

なかでも家政教育が重視された（写真補-3）。日本式の良妻賢母を育成することが目指されたのである。また、訓育が重視された。当時、モンゴルを踏査した日本人の記録からは、モンゴル人は性観念がおおらかであることがたびたび指摘されており、「潔い蒙古民族の生みの母として貞操観念の養成」が強く叫ばれたのである[21]。そのため、生徒は、一つのパオに 6～7 人が共同生活を行い、「男子禁制」での教育であった[22]。

教室には祭壇があり、そこにチンギス・ハーン像、その他徳王子息（族長）像が教室の正面に飾られている[23]。当時、モンゴル人はラマ教に帰依していた。しかし、蒙疆政権、および満洲国におけるモンゴル人の支配にあたって、ラマ

**写真補-4　教室の中のチンギス・ハーンの肖像**

出典：『ゴビの砂漠』25頁。

**写真補-5　蒙古家政実験学校の女子学生**

注：相撲見物に来た徳王を出迎える女子学生。胸章にはチンギス・ハーンの肖像。
出典：『ゴビの砂漠』138頁。

教は人口の減少や性道徳の乱れなど問題があるとされていた。そのため、日本統治下においてはチンギス・ハーン神話を復活させ、民族統合のシンボルとして復活させようとした[24]。とりわけ学校教育において、その導入が図られた。

たとえばゴビ砂漠学術探検隊（隊長：多田文男、東京大学理学部中心、1941年7月23日～8月12日）の記録によれば、当時、東ゴビの入口に位置するハナハダスム正白旗の国民学校でも、「東亜の盟主日本を讃える気運が充ち溢れて」おり、チンギス・ハーンの肖像と並んで日本のアイウエオの図が掲げられていた（写真補-4)[25]。

また、同探検隊は、徳王が蒙古相撲を見に来た折に、徳王を迎えるために整列している西スニト蒙古家政実験学校の女学生の写真を撮影している（写真補-5)[26]。解説によれば「一列に整列した女学生たちの顔はゴビの太陽にてらされて黒く輝いている。青い制服は、白い砂に反映して美しい。胸にかかげた胸章には、蒙古の英雄チンギスカンの肖像が刻まれている。彼女たちの胸にはチンギスカンの英雄の血がたぎっているのであろう」とある。胸章にチンギス・ハーンの肖像が刻まれ、モンゴル人としての意識を高める教育がなされていたことがわかる。その後、同校をモデルとして、女子家政学校がシリンゴル盟の各地に設立されるようになっていく[27]。

## 3　満洲国の教育

### （1）　新学制の制定

　満洲国の建国後、満洲国側の資料では初等教育は順調に伸張したとされている。たとえば初等学校についてみれば、1932年に学校数1万1595校、生徒数66万2795人であったところ、1942年には、それぞれ2万1940校、215万9864人に増加したと報告されている[28]。また初等教育の就学率は、1935年に平均23％（興安省のモンゴル人を除外）であった[29]。その後、1937年に男子41.7％、女子15.5％、合計30.2％と伸張している[30]。

　満洲国の建国後、当初は民国期以来の教育制度を踏襲していたが、新しい学制が1937年に公布され、1938年より施行された（図補-3）。

　新学制によれば、初等教育機関として、国民学校（4年）、国民優級学校（2年、国民学校卒業生対象）、中等教育機関として国民高等学校（4年）、さらに高等教育機関として大学（3年、もしくは4年）という教育制度が採られるようになった。

　新学制の導入は、「国是の特殊性に基づき、真に国民教育の徹底を期せんがため」に「根本的に改革」することを目的としていたとされている[31]。改革の要点としては、第1に、国民精神の徹底的体得、第2に国民としての責務を果たし得る知識技能の修得、第3は体力の増進、であった。

　しかし新学制は次のような問題点を含むものであった。第1に、精神教育の重視である。各種学校において道徳教育が重視された。また日本語を必修科目とするとともに、従来の国文（中文、中国語）が満語とされ、中国人に対して日本人へ同化を迫るものとなった。

　第2に、中等教育および高等教育の年限の縮小である。新学制によれば、初等教育（国民学校＋国民優級学校）は6年で変化はないが、中学校はもともと中高合わせて6年であったのが4年に、高等教育は4年から3年となった。満洲事変前よりも合計で3年短縮され、日本の当時の制度と比べると5年も短くなった[32]。植民地支配下において、中等教育および高等教育が軽視されたことを象徴的に示している。

　第3に、中等教育段階での職業教育の重視である。中学（6年）は文科系およ

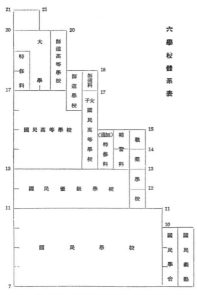

**図補-3　満洲学制系統図**

出典:『学校令及学校規程』康徳4（1937）年、17頁。

び理科系に分かれていたが、中学（普通科）が全廃され実業教育を主な内容とする国民高等学校（4年、農・工・商・水産・商船の職業科）が設立されるようになった[33]。中等教育機関は、高等教育機関への進学準備機関ではなく、あくまでも職業教育といった実務的な内容の教授に留まることになったのである。

### （2）モンゴル人の教育

もともとモンゴル人の教育は清朝の政策の結果、立ち後れていた。そして「1、2の旗で教育を重視しているくらいだが、それも2、3の小学校があるだけである」し、モンゴル人で中等以上の教育を希望する者は漢人の経営する学校に入学し、「蒙古人の中等教育機関としては、奉天の東北蒙旗師範とチチハル蒙旗私立師範しかない」とされていた[34]。

また満洲国建国後、興安総署における初期調査では、初等学校は1934年に75校、教員183人、生徒3588人に留まっていた[35]。さらに、建国直後の調査によれば、モンゴル人の人口の中で、小学生の割合は3.5ミリパーセント、中学生は0.1ミリパーセントに過ぎなかったという[36]。

そのため、興安省では、モンゴル人の教育に対して初等教育機関の増設、中等教育機関の設立、留学生の日本への派遣といった様々な施策が採られた。その背景として、興安地域はソ連および1912年に独立した蒙古人民共和国との国境地帯という戦略的に重要な地域でありながら、人口が希薄なことがあった。その原因として衛生状態の悪さが考えられ、その改善のためにも教育の普及が重視されたのである[37]。

こうして、各旗・各県で小学校が最低1ヵ所建設されることになった。さらに1937年より、蒙旗教育振興助成費が認められ、初中等学校の新設、就学督励

などに努力が払われた。

その結果、『満洲国現勢』（康徳5〔1938〕年版）によれば、興安南省において国民学校140校、1万5433人、国民優級学校28校、2334人、国民学舎（国民学校の設置が困難な地域に設立。修業年限は1～3年の簡便な初等教育機関）82校、3526人、国民義塾（私立の国民学舎。私塾に相当）92校、2682人へと増加した[38]。

一方、中等教育によって実務を担う中堅の育成が目指され、興安南省の省都である王爺廟に中等教育機関が創設された。たとえば1935年に開設された興安学院がある。興安学院はモンゴル人の中堅分子の養成を目的としており、一般中等学校とは別の体系で、国費により賄われていた。中学校への進学者が少ない中で、中学校への進学者はエリートと目されていた。さらに1941年には教員養成のため、師道学校（2年）が建設された[39]。

王爺廟には興安軍官学校もあった。同軍官学校は、満洲国に設置されたモンゴル人のための士官学校でモンゴル青年の精鋭を集めた組織であり、卒業後は満洲国軍の下の興安軍を組織していた。同軍官学校は、興安南省警備軍初代の軍事顧問金川耕作（?-1950）大尉の働きかけで、1934年に鄭家屯に設立され、1935年に王爺廟に移転した[40]。

王爺廟には、この他に、警察学校、興安医学院や小学校も何ヵ所かあり、モンゴル人の民族教育に力が注がれていた[41]。

## 4　興安女学院

### （1）　設立の経緯

以下は、『興安女高』に記載されたソブド（索布多、1期生、元内蒙古教育学院副教授）の論文に依拠しながら、その他の史料で補足しつつ述べていきたい[42]。

興安女学院は、のちに興安実業女学校、さらに興安女子国民高等学校という3段階を経て発展した。毓正女学堂を除外すれば、早い段階に設立されたモンゴル人の女子教育機関である。

もともと興安女学院は、金川耕作大尉の発案で設立された教育機関である[43]。金川は、1932年に興安軍事教官として蒙古部隊の指導に当たった人物であり、1933年より興安軍初代の軍事顧問に任ぜられていた（敗戦後にソ連に抑留され、

1950 年にイルクーツクで病没)。

　金川は「蒙古社会の振興のための教育と衛生」を、口ぐせのように強調していたと言う。そのため、1936 年 3 月、金川の指導で通遼 (興安南省) の軍事部病院がモンゴル人の看護婦生徒 6 人を募集した。看護教育は徳永文子婦長 (松山市出身) が担当し、起居を共にして寺子屋式に教育が行われたという。当時、門外不出のモンゴル人女子青年の募集は非常に困難であり、ある意味で画期的なものであったという。

　こうした看護婦教育をきっかけとして、構想の第二弾として、興安女学院が、1937 年に通遼に創設された (1938 年に王爺廟に移転)。金川以外にも、興安南警備軍指令部のモンゴル人の中に参謀長のナチンションホル (那欽双和爾) のように、女性に教育機会を提供することに賛同する者がいたため、参謀のドグルジャップ (独固爾扎布) が、開設工作に協力した[44]。

　蒙疆政権では駐蒙軍、あるいは軍の意向を受けて善隣協会が設立に関与した学校が少なからずあるが、満洲国において軍隊が設立に関与した学校は、ほとんど類例がない。しかし、当該校はモンゴルの軍官、官僚のために文化教養のある良妻賢母を育成するために軍が関与して設立されたといわれている。開学式典の際に通遼県県長は「王爺廟には興安軍官学校があり、今回、興安女学院ができ大変に良い」、と述べたことが、建学の目的を示しているとソブドは指摘する。興安実業女学校で教鞭を執った山根も、「興安軍 (蒙古兵) の将校夫人等の所謂インテリ女性を育成する目的で、特に日本人式の大和撫子 (大和魂) を吹き込んでほしいと申し入れがあった」とメモを残している[45]。あくまでも良妻賢母の育成が目指されていたのである。

　学校名については紆余曲折があった。初め日本人は、花嫁学校のイメージで学校を開設しようとして、校名を花嫁女学院にしようとした。しかし中国にはこの種の学校はなく、「モンゴル人の娘たちは、こうした学校名を聴くと恥ずかしく、嫌悪感を抱いた」[46]。そのため、学校名を興安女学院にした。

　学校は設立されたものの、モンゴル人や日本人からも「モンゴル女性に教育は必要ない」といった反対があった。当時はモンゴル女性の 90％以上が非識字者であり、ごく少数の上層階級だけが文化知識を有していた。またモンゴル人の場合、散在する小さな部落に居住していたため、学校で学ぶには寄宿舎に居

住する必要があった[47]。しかしながらモンゴル人は伝統的思想の影響で、一般に女児や女子青年を勉強のために家から送り出すことはなかった。さらに当時は初等教育さえも普及しておらず、中等教育機関である興安女学院への入学者は極めて少なかったという事情もある。そのため自発的入学者はおらず、強制的に各旗に割り当てて派遣させた。こうしてホルチン（科爾沁）左翼後旗（科左后旗）が2人、ホルチン（科爾沁）左翼前旗（科左前旗）が4人を派遣し、さらに10数人の軍人の家族およびその他が加わり、1期の学生となった。

学院は通遼市はずれの静かな場所にあった。校舎は中国人家屋を改造した粗末なもので、日本人院長・舎監の宿舎、教員の宿舎兼事務室、台所・食堂、教室および学生宿舎など5間があった。

学生の学費、生活費などは、すべて学院側が支払うことになっていた。条件は非常に恵まれていたにもかかわらず、学生は多くなかった。2回の学生募集で、ようやく学生は20人あまりとなった。

学生の年齢はまちまちで、10歳を少し過ぎたばかりの者もいれば、17、8歳の者もいた。教育程度もばらばらで、非識字者もいれば、小学校2、3年レベル、あるいは4、5年レベルもいた。

ソブドは1期生であったが、ホルチン（科爾沁）左翼前旗（賓図王旗）からの推薦で来ていた。年齢は13歳で、小学校6年生であった。彼女と一緒に来た1期生には、包明月、包瑞蘭がいた。2期生の中には、包丕蘭、包明風がいた。ソブドは、次のように述べる。

私たちは皆初めて家を離れ、初めて汽車に乗り、初めて電灯を見、初めて都市に入り、すべてが新鮮だった。各旗・県から来ている女子青年の生活は、共に学び助け合い、快適であった。しかし時には学校の困難な生活に適応できないと思うこともあった。学生宿舎は日本式の畳で10数名が一緒に住んでいた。食べ物は、トウモロコシのちまき、コーリャン飯、じゃがいも白菜炒めであり、質素だった。学校の規律は比較的厳しく、平時は外出が許されず、用事がある時にだけ、舎監に許可を得て初めて外出できた[48]。

教育内容は主に1、文化課（数学、蒙語文、日語文）、2、技芸課（裁縫、編み

物、調理）、3、文明礼儀を中心としていた。当初、女子学生たちは、日本語がわからなかったが、基本的に授業はすべて日本語によって教授されていた。聞き取れない場合でも、そのまま授業が進んだ。日常生活では通訳がついた。

ソブドは、在学期間中、印象深いことが2つあった。それは、第1に日直をストライキしたことである。学生は、順番で日直をすることになっていた。仕事としては教室の掃除、寄宿舎の清掃があり、これは当然のことであった。しかし、日直は「家政実習」の名目で日本人舎監の小谷家で保母や掃除、炊事をしなければならず、上手にできないと叱責を受けたが、これには我慢できなかった。こうした不合理な制度に不満であったため、ある日、学生たちは抗議のストライキをして日直当番となっても「家政実習」をしないことにした。そして「我々は学習に来たのであり、ただ働きのためではない。こうした制度を廃止しないのであれば家に帰る」と抗議した。学生たちの態度が断固としたものであったので、学校側は制度を取りやめた。学生たちは勝利を歓び、授業に戻ったという。

第2は、クラスでのお見合いである。ある日、日本語の授業を受けていたとき、教員でもあったドグルジャップが2～3人のモンゴル人の軍官を率いてきた。聴講に来たといっていたが、実際には、花嫁候補を見に来たのであった。お相手はクラスの級長である李（仮名）であった。男性側のお相手は、洪（仮名）であった。おそらく、事前に通知されていたのであろう、堂本は李を指名して朗読させ、日本語を披露させた。李はこのお見合いで、結婚することになった。ソブドたちは年齢が小さかったので、こうした事情がよくわからず、奇妙に思った。そこで笑い話に仕立て悪ふざけに洪をまねて劇を演じて、李を居心地悪くさせていた。

このエピソードからは、興安女学院が、軍官の花嫁育成の機関として設置されていたことが見てとれる。学校がお見合いの場となっていたのである。

当時、女学では良妻賢母の育成を趣旨としており、これが女性の天職であるとしていた。李は軍人の妻になり、またその他の学生の何人かも卒業後、軍人の妻になった。しかし彼女たちは良妻賢母になっただけでなく、その後、革命幹部にもなった。日本人が意図したような家庭だけを守っているような従順な良妻賢母にはならなかったのは、その後の経緯から明らかである。

## （2）　教員

　興安女学院は軍隊が設立した学校のため、学院の院長、教師、職員は、司令部の日本軍人および彼らの夫人が兼任した。名誉院長は、満洲興安南警備軍参謀長・ナチンションホル夫人の名金玉であったが、徳永雄一参謀長が院長を兼任し、当初、徳永夫人が舎監となった。また専門教員として２人の日本人がいた。小谷栄一と堂本修である。小谷栄一は大阪外国語学校（大阪外国語大学の前身、蒙古語科）卒業で、モンゴル語が堪能であり通訳を兼ねていた。堂本修は、兵庫県明石女子師範学校出身（山根メモ）で神戸から招いた（堂本は、1942 年頃まで約 5 年間在籍）[49]。　興安女学院で撮影された写真を見ると、軍関係者、およびその妻が多い。軍関係者によって設立され、指導も軍関係者が関与していたことを示すものであろう（写真補-6）。

　蒙語文はモンゴル語で教えられた。授業を担当したのは、小谷であり、軍官のドグルジャップも、蒙語文教師を兼任していた。技芸課は、徳永参謀長夫人、大沢副官夫人、戒能夫人ら軍人の妻たちが指導した[50]。これは技術の訓練が主で、日本語ができなくても修得できた。

　また編み物、洋裁、調理も習い、毛糸の靴下・セーター編みや簡単な被服制作もできるようになった。同校では、裁縫を重視し、通遼駅付近の南洋服装店の優れた男性技師が指導したので、いろいろなものが縫えるようになったという[51]。

　学生たちが最も喜んだのは調理であり、作った料理をおいしく食べた（日本占領下の女学校で学んだ他の女性へのインタビューでも、調理実習についてはいい思い出となっているようである）。ただし、指導者たちは授業が終わると帰っていったため、あまり接触せず、気持ちのうえでの交流もなかったとソブドは述べている。

　最も多く接したのは、日本人の女性教師の堂本修である。彼女は数学、日本語、音楽を担当し、教材も自編した。ソブドによれば「修養を積んだ教育者」である堂本は、極めて熱心に授業を行い、重要な点や難しいポイントを反復的に教授し、わかるまで説明してくれた。堂本は授業の時に、日本の帝国主義がいかにいいのか、という話は全くせず、日本ファシストを讃えることはなかったとソブドは記述している。他の先生（特に男性の先生）には、不満もあったが、

### 写真補-6　通遼県興安女学院（1937-1938 年）

出典：『興安女高』口絵写真。

堂本は押しつけがましい話はせず、その点が多くの女子学生から好感を持たれていたようである。だからこそ、文化大革命後、交流が復活したといえる。

また、堂本は性格が穏和であり態度が優しく、学生のことを熱愛していた。堂本は舎監として朝から夜まで学生と食事、体操、労働、寝食を共にし、学生との接触が非常に多く影響力も大きかった[52]。たとえば夜中に1、2度起きて学生たちのふとんをかけるなど、親身に世話をした。また、彼女自身の生活は貧しかったが、病気の学生のために薬や水をもってきて看病した。家庭が困難な学生が休みに家に帰るお金がないときには、乏しい月給の中から交通費を出していた。

堂本は、1度、日本に帰国したことがある。しかし、再び戻って教鞭を執った。この間の事情を『満洲日日新聞』は次のように記している。

「零下40度の王爺廟の名ばかりの校舎、……、流石に女性、教育の困難さに幾度か失望落胆、堂本女史の如きは一度は帰国したが"先生は日本にかへられましたが、本当にまた来ますか、若し来なかったら、皆が一緒で日本に迎へに行きます、それでも来て貰へないなら、わたし達は皆家にかへり学校へは来ません"との50人の女学生の名前を並べた、たどたどしい思慕の手紙を寄せられ再び渡満したという」（1939年12月13日）[53]。

堂本の父親は早くに世を去り、母が働いて子どもたちを育てた。家は貧しく大学に行けなかったので、経費のかからない師範学校に進学した。彼女が満洲国に来て教師となったのは、老母を養うためである。当時の日本では、裕福な家庭の女性は女学校に進学し、早めに嫁ぐのが一般的であった。一方、成績が

優秀でありながら家庭が貧しい女子青年たちの中には、師範学校に進学する者が少なからずいた。こうした師範学校卒業女性にとって、教師となり教鞭を執ることは、生計を支えると共に一つの自己実現の道でもあったと考えられる。

堂本は生活費を倹約しながら、毎月、母に送金していた。母親は非識字者であったが、娘と手紙をやりとりするため独学で文字を学び、手紙を書けるようになった。堂本は、毎日、母親に手紙を書いていた[54]。いつも母親から手紙が来ると、飛びあがらんばかりに喜んだ。学生たちも、堂本を囲んで「お母さんはお元気ですか？　何が書いてあるのですか？」と聞いた。学生たちも次第に堂本の母親に心を寄せていたのである。このあたりの回想を見ると、堂本と女子学生とは教師と生徒という上下関係ではありながらも、離れた所に住む母を思う娘同士として、対等の関係で心を通わせている部分があるように思れる。

堂本の熱心な教育のおかげで、学習は次第に軌道に乗った。日本語の日常用語を修得し、短文を書けるようになり、日本語で簡単な劇も演じることができるようになった。堂本は授業のときに正確な発音を厳しく求めた。そのため、堂本に指導を受けた学生は日本語が非常に良くできた。

教員のほとんどが日本人で授業の大部分が日本人によって行われていたうえ、蒙語文の授業でさえ日本人が担当していた。さらに、学生全員が寄宿生で堂本が日常生活を共にしていたため、四六時中日本語を使用する環境にあった。女子学生たちの日本語能力は急速に高まったと思われる。張家口にあった善隣回民女塾の是永章子と同じ役割を、堂本は果たしたと考えることができる。

堂本の提案によって生徒は制服を着用することになった。制服の上衣は紺色の海軍服、下はスカートであった。制服は、戒能夫人が指導して生徒に手縫いをさせて仕上げたという[55]。モンゴル人の女子青年が制服を着用するのは、これが初めてであった。また髪の毛は皆おかっぱにした。こうして学生たちは農牧村の木訥な娘から面目を新たにした。また堂本は学生たちに簡単な日本の和服を作ったが、学生たちはこれを着て特に喜んだらしい。

堂本と女子学生たちが一緒に撮影した写真が『興安女高』に掲載されているが、「あの時代に共に学び生活した教師と生徒の深い情愛の真実が映し出されている」と、ソブドは記している[56]。後日談であるが、当時の女子学生たちと堂本は、1987年から1991年にかけて3回フフホトで再会を遂げることになる。

写真補-7　第2期卒業生と堂本修（1939年12月24日）

注：興安実業女学校時代。山根提供の写真（写真補-17）とは、同じ場面での撮影であるが、前列、後列の学生が入れ替わっている。写真を撮影するにあたって、配慮されていることがわかる。
出典：『興安女高』口絵写真。

当時の女子学生たちは、熱烈に歓迎したとの回想が『興安女高』には残されている（堂本は1993年に逝去）。

『興安女高』に掲載されている写真は、堂本が保存していた写真をリプリントして、彼女たちが再会したときに持参したという。当時採集した押し花を大切にとっていて、かつての教え子に見せてくれたというエピソードも、『興安女高』に掲載されている。堂本にとって教員としてモンゴル人女子学生と一緒に過ごした日々は、忘れられない大切な思い出の一コマだったのであろう（写真補-7）。

## 5　興安南省省立興安実業女学校

1938年4月に興安女学院は、軍隊が学校を維持するのは困難ということから興安南省に移管され、校名も興安南省省立興安実業女学校となった。学制も2年と規定されることになり、軍人および軍人の妻による教育がなくなった。小谷、堂本の2人の教師は23人の学生を連れて通遼から興安南省の省都の王爺廟（現在のウランホト市）に移り、新しい学校で生活を開始した（写真補-8）。

王爺廟は、もともと人口4,000人の小さな街であった。その後、1935年に省都として定められ、興安南省公署などの行政機関のほか、興安学院、興安陸軍軍官学校などが置かれ、興安地区の政治、軍事、経済、文化の中心となっていった[57]。

しかし当時は、「新京から汽車で14時間かかり、1日1回しか汽車が通らず」、うら寂しい所であった。「街には子豚が子犬の様にぶらぶらして居り、朝は鶏の鳴き声ではなく小豚の泣き声で目をさましました」という[58]。

学校は王爺廟興隆街に設置されたが、街には道路が1本しかなく、学校は荒涼とした僻地にあった。新しい学校は、臨時に民家を借りたもので、校門はあったものの、部屋はぼろで夏には雨漏りが、冬にはすきま風が吹きこんでいた。教室2室、事務室と、台所兼食堂があった。冬には教室にストーブが置かれていたものの、寒くて授業中手が凍えて文字が書けず、足は痛いほどであった。学校の条件は劣悪で苦しく、特に都会から来た女子学生には耐え難いものだった。

写真補-8　興安実業女学校第2期生卒業式

注：撮影1939年12月24日。前列中央は興安省省長、その左がガンジュルジャップ（興安軍校校長）、その左が金川、後列左から2人目が堂本、向かってその右後ろが小谷。最後列右から4人目が山根。ガンジュルジャップは、川島芳子（1907-1948、スパイとして処刑）の夫。
出典：山根提供。

　修業年限は康徳6年度（昭和14〔1939〕年）段階では2年間であった[59]。しかし、「興安南省立興安実業女学校康徳7年度入学学生募集要項」によれば、康徳7年度（昭和15〔1940〕年）募集生からは3年の予定となっている。また同募集要項では、「1学級50名を募集（蒙古系に限定）。入学資格は、学費を納めることができる者、国民優級学校卒業あるいは、同等以上の学力と認められるもの。成績が特に優秀な場合には、国民学校卒業でも入学が許可される。応募者が募集定員を超えた場合には選考を行う。二月中旬、入学予定」とされている。在学中は全員が寄宿舎に居住することになっていた。

　入学資格として、学費を納めることができる者となっていたが、実際には、学生に対して、蒙民厚生会の学生補助金があり、毎年140元5角を受け取ることができた。そのため学費5.5元、寄宿舎費77元、衣服30元、教科書5元、旅行費11元、実習材料費10元、学友会費2元の経費を賄えた。つまり、学費・生活費だけでなく、教科書、制服（夏・冬）、実習材料、学用品なども無償であり、学生は優遇されていた。

　また、募集定員を満たしていなかったため、入学試験は免除された。僻地で生活条件が厳しいことがが不人気の理由と考えられる。それでも学生は増加

写真補-9　山根喜美子

注：山根はいつもこうした中国服であったという
出典：山根提供。

し、授業はレベルに応じて2クラス編成で行われていた。『満洲帝国学事要覧』（康徳7〔1940〕年）によれば、学生数は1年生50名、2年生26名とされている[60]。

　カリキュラムとしては、1年時に国民道徳（2）、算術（7）、蒙古語（5）、満語（5）、日本語（10）、図画（1）、音楽（1）、家事（1）、裁縫（2）、手芸（4）、園芸（2）、体育（2）、以上合計週42時間を学んだ。園芸は、花卉蔬菜栽培、家畜の飼育を内容としていた。また2年時では、国民道徳（2）、算術（7）、蒙古語（4）、満語（4）、日語（10）、図画（1）、音楽（1）、家事（3）、裁縫（2）、手芸（2）、園芸（2）、体育（2）、合計週40時であった[61]。2年になると、蒙古語、満語、手芸の時数が減少し、家事が増加している。全体としては、日本語の時間数が多いこと、また女子に対する実務的訓練を重視して、家事、裁縫手芸の時間数が多いことが、カリキュラムの特色である。家事、裁縫、手芸などの教科が多いのは、日本の女子中等教育の特徴でもある（表補-1）。

　教職員は、2人から11人に増加した（名誉校長はモンゴル人）。内訳はモンゴル人2人、漢族3人、日本人6人であった。小谷は主に教学工作を担い、堂本は数学、音楽、日本語を教えた。蒙古語はタスシャブ（塔斯紹布）が、満語（漢語）は王桂馥がそれぞれ担当した[62]。

　山根喜美子は1939年3月、京都府立女子専門学校（高等教育機関に相当）を卒業し、当時の満洲国（興安軍）の募集で、一番日本人の少ない土地を希望して、蒙古語（モンゴル語）を全然知らないまま単身、同年に赴任した[63]。山根は踊りと家事を教えた（写真補-9）。

　蒙古語・満語（漢語）以外の科目はすべて日本語で教えたが、山根によれば、「約3ヶ月でお互いの意志が通じるようになり、2ヶ年で当時の高等小学卒業の学力を身につける事ができ、日本各地（富山、山梨等）の女子師範に留学させた」とある[64]。そのほか、長岡女子師範、福島女子師範、松本女子師範など師範

補論　満洲国におけるモンゴル人女子青年教育｜291

表補-1　実業女学校カリキュラム

| 学年 | 国民道徳 | 算術 | 蒙古語 | 満語 | 日本語 | 図画 | 音楽 | 家事 | 裁縫 | 手芸 | 園芸 | 体育 | 週合計 |
|---|---|---|---|---|---|---|---|---|---|---|---|---|---|
| 1 | 2 | 7 | 5 | 5 | 10 | 1 | 1 | 1 | 2 | 4 | 2 | 2 | 42 |
| 2 | 2 | 7 | 4 | 4 | 10 | 1 | 1 | 3 | 2 | 2 | 2 | 2 | 40 |

出典：「偽満興安省立興安実業女学校学則」より著者作成。

系の学校に留学した者が少なからずいた。

　興安南省省立興安実業女学校では日本人教員が多く、教授言語は日本語であった。山根は翌年に同校を退職し、撫順の日本人女学校（撫順高等女学校）に移るが、その後もモンゴル人女子学生と文通を続けた。その時の手紙が山根の元に残されているが、モンゴル人女子学生の手紙は日本語として文章が立派なことに加えて、書いた文字が非常に達筆なことに驚くばかりである（写真補-13,14 参照）[65]。

　3 期生のデレゲルマは 1990 年にフフホト市の商業代表団として日本を訪問した際、通訳も兼ねたが、日本語が標準的でモンゴル人とはわからないと言われたという[66]。

## 6　興安南省省立興安女子国民高等学校

　興安南省立興安実業女学校は、興安地帯における女子教育の殿堂として強化され、1941 年 4 月に、興安南省立興安女子国民高等学校に改められることになった。

　女子国民高等学校の目的は、「国民道徳の涵養、特に婦徳を重視し、国民精神を修練し、身体を鍛え、女子に必要とされる知識・技能を授け、労働の習慣を養い、良妻賢母を養成すること」（女子国民高等学校令、一条）にあるとされた。また「修業年限は 4 年」（七条）で、入学資格は「国民優級学校卒業者または年齢満 13 歳以上でそれと同等の学力を持つ者」とされていた（1938 年 1 月 1 日より施行）[67]。

　女子国民高等学校は数が少なく、特に興安南省立興安女子国民高等学校は、初めて興安南省に設立された女子国民高等学校である[68]。その後、興安南省の、

写真補-10　興安女子国民高等学校全体写真（1941年7月）

出典：『興安女高』口絵写真。

省立女子国民高等学校は2校となっている（両校合わせて教師数は13人、学生数は223人）[69]。同校はモンゴル女子青年の中堅層を養成する教育機関として、重要な役割を担っていたのである（写真補-10）。

当初、興安女子国民高等学校の学制は3年であった。入学試験を導入し、新しく1クラス41人の学生を募集したので、3学年、3クラス編成となり、学生は96人となった。

校長は黒柳秀雄という日本人であり、蒙古語を理解した。教職員は24人となり、その中でモンゴル人の教師が6人（8人）、漢族教師が4人（5人）、日本人教師は11人（8人）、職員は3人であった（カッコ内は、山根メモ）。校舎として王爺廟鉄道のわきに3棟の平屋が新しく建設された。校長室、事務室、総務室、教務室、教室、舎監室、学生宿舎、台所などがあった。しかし学校には塀がなく、ある深夜に泥棒が学生宿舎に押し入り、学生たちが大騒ぎした。学校の周囲には人家がなく、列車の汽笛以外何も聞こえず、夜にはオオカミの声さえ聞こえた。

学校の東側には畑を作り、ジャガイモ、白菜などの野菜を育て、学生に労働を教える基地とするとともに学生食堂の食事を補った。学生宿舎は、菊寮と蘭

### 表補-2　女子国民高等学校カリキュラム

| | 国民道徳 | 教育 | 国語(満語) | 国語(日本語) | 地理歴史 | 数学 | 理科 | 実業(実習) | 実業(講義) | 家事(実習) | 家事(講義) | 裁縫手芸(手工も含む) | 図画 | 音楽 | 体育 | 合計 |
|---|---|---|---|---|---|---|---|---|---|---|---|---|---|---|---|---|
| 第1学年 | 2 | 0 | 3 | 6 | 4 | 3 | 4 | | 2 | 2 | 2 | 5 | 1 | 2 | 2 | 38 |
| 第2学年 | 2 | 0 | 3 | 6 | 4 | 3 | 4 | | 2 | 2 | 2 | 5 | 1 | 2 | 2 | 38 |
| 第3学年 | 2 | 2 | 3 | 6 | 0 | 0 | 0 | 3 | 2 | 4 | 3 | 8 | 1 | 2 | 2 | 38 |
| 第4学年 | 2 | 2 | 3 | 6 | 0 | 0 | 0 | 3 | 2 | 4 | 3 | 8 | 1 | 2 | 2 | 38 |
| 師道科 | 2 | 実習 23　講義 6 | 0 | 0 | 0 | 0 | 0 | 4 | 3 | 0 | 0 | 0 | 0 | 2 | 0 | 40 |

出典：「女子国民高等学校規定」より著者作成。

寮とに分かれ清潔であった。2列のベッドの間に机と椅子があり、夜間の自習や食事のときに使った。夜の就寝前に舎監の教師が来て点呼し、その日の総括（規律遵守、衛生）を行い、10時に消灯となった。学校の規律は比較的厳格で、平時には外出できず、用事があるときには休みを申請しなければならなかった。日曜の外出は門限があり、外泊は不可だった。

　カリキュラムも全面的に整備され、国民道徳、蒙古語、国語（満語＝漢語、日本語）、数学、物理、化学、生理衛生、地理、歴史、体育、音楽、家事（料理、裁縫）、勤労奉仕、礼儀作法などの科目があり、国家規定の統一教材を使用した。

　満洲国における「女子国民高等学校規定」（1937年）では、学科目として、国民道徳、教育、国語（満語、日語）、歴史、地理、数学、理科、実業、家事裁縫、手芸、図画、音楽、体育、週合計38時間と定められている。それぞれの教科の時間数は表補-2のとおりである[70]。ただし興安女子国民高等学校の場合、他の満洲国の女子国民学校とは異なり、国語（満語、日本語）に加えて蒙古語が教授された。

　学校は一定の規模に発展したが、教学設備は皆無で、授業時に教師には1冊の本、黒板、チョークがあるだけであった。物理、化学は、黒板に図を描き、語文の教師は教科書だけで授業を行った。家事では料理、裁縫を教えた。音楽・体育教師の指導の下、女子バレーボール隊、鼓笛隊が組織された。各種の活動には制服着用で参加した。鼓笛隊のパレードは壮観で社会各界の注目を集めていた。

　全校の教職員は30人あまりとなった。当時、教師も増加して教師の中に大

学卒業生も少なからずおり教育の質も向上した。ただし、興安実業女学校で教鞭をとっていた山根は、「創立当時のような少人数教育ができなくなったので同校を辞職し、撫順の日本人女学校に移った」という[71]。

1942年に興安女子国民高等学校は、正規の4年制普通中学となり、入試で53人の新入生を迎えた。またモンゴル人の教員を養成するため、1943年に1年制の師道科を付設したが、学生数は10数人であった。

当時は同校の最も発展していた時期であった。学生の資質においても明らかな変化が生まれた。在校生は4学年、4クラス150人ほどで、すでに、民族の特性を生かしたモンゴル人の女子学校となっていた。

## 7 『満洲日日新聞』に紹介された二人の女性教師

### (1) 記事

堂本、山根については、当時、満洲で発行されていた『満洲日日新聞』にも紹介されている（「胎動する蒙古魂・女学生の巻」1939年12月12日、13日）[72]。同紙の山口特派員は、「50名の蒙古娘」の生活を堂本、山根に取材して記事を執筆している。日本側がどのようなまなざしをモンゴル女子青年に向け、二人の女性教師たちの行動にいかに期待を寄せていたのかがうかがえるため、2日にわたる記事をそのまま引用しよう（読みやすさを考えて、句点を挿入）。

①日本語も覚えてモダンな生活

入学によって日本人に初めて会ひ、教科書、黒板、オルガンなど初めて見た娘達は、この驚異の世界にただ眼を瞠るだけで栄螺のやうに口を閉じて語らうとせず、ただ先生達の洋服、眼鏡、皮靴等をじろじろ見るばかり。従って蒙古服一つを女学生用のセーラー服にぬぎ換へさせるだけでも容易な術ではない。更に包の中での彼女達の生活を、新しい組織的な寄宿舎生活、学校生活に変更させることに並々ならぬ努力の拂はれなければならぬことは未開民族の指導にあたる人の等しく共通に痛感するところで、譬へば素足を他人に見せることを嫌ふ蒙古娘達は入学当時靴下を穿いたまま就寝する。また寝巻といふものを使用せず、靴下を穿いた儘素ツ裸で寝る習慣をもった娘達は、

舎監の女先生の寝巻を見て、"それは何か"と口々に尋ねたものである。また
この民族は高音と長音を判別する能力がないため、内地の女学生たちなら恥
かしがると思はれるような大声で、調子外れの歌を唱ふ。草原、砂漠生活の
生んだ習性である。

　だがかうした無智の娘達も先生達のよき指導により牛乳で顔を洗つた原始
的な化粧方法をクリームに代へ、鏡を見ることを覚え1週間に1度は風呂と
いふものに入り、洗面器で顔を洗ひドッジボールの習慣が靴下をとる恥しさ
を消し先生達と同じように寝巻を着て就寝。3ヶ月もすれば日本語の片言を
しゃべりオルガンによる週1時間の音楽で単音唱歌の"日本の歌"、"蒙古の
歌"、"満洲の歌"を一宛覚え、嫉妬心、虚栄心を生まれた時から忘れている
12歳から19歳までの娘達はいまでは蒙古の親達にすら話すことをしない女
の生理問題、結婚問題を日本の先生達に話す程の思慕と可憐さが生まれて来
た。

　この可愛い娘達が自習の時間窓べに倚り添ひ、校舎の上を流れる夕焼雲に
向かひ"ジンギスカン出征の唄""馬□の唄"および蒙古女性の間に一番ひろ
く唄はれているヴフイン　イヒンユ□ン　ソルガツクスン、ダゴラル（母訓
女）を唄っている時日本の女先生達は走り寄って彼女らの頭を抱きしめたい
程の感情の嵐に襲はれる。

　母訓女の歌詞によって蒙古母性のよさを道徳的な心の持ち方を知ろう。

　（『満洲日日新聞』1939年12月12日）。


②相寄る女の魂―尊し限りなき愛で導く二女性　青春を日本に棄てて

　けふ13日から算へてカッキリ37年前（？）の明治36年（1903年）12月13
日、風飄々たる北京東直門から内田公使らの激励の言葉におくられつつ、単
身轎に乗り途さへ判らぬ内蒙古喀喇沁（カラチン）王府へ教育顧問として入
り、沖、横川等の決死の特別任務班をしてよくその任務を果たせしめた河原
操子女史の行動は日露戦争秘史を繙くものをしていま猶感激せしめるが、そ
の河原操子女史の歩んだ荊の道を37年後の今日雄々しくも歩む二人の日本
女性のあることを忘れてはならない。菊の寮、蘭の寮と名前だけは優しいが、
本当は泥でこねあげた蒙古づくりの低い家屋に住み、26歳と24歳の若さと

美貌を捨て 50 名の蒙古娘の教育に全生涯を捧げる蒙古女学院の堂本しう、山根喜美子の両女先生がそれだ。

　明石の女子師範学校卒業後、西宮小学校に 4 年奉職、康徳 5 年（1938 年、著者注）の春 4 月単身通遼の女学院に奉職した堂本女史、本年 6 月京都府立女子専門学校を卒業、民生部の斡旋とはいへ自ら蒙古人教育をもとめて飛込んだ山根嬢。感傷的な内地娘などが想像もつかないやうな困難な異民族指導に自らを投じ、蒙古人同様のまづい高粱飯を食ひ、泥の家にすみ、カンの上に起き臥し白粉も衣服も叩き捨てて、ただ愛と熱の教育生活に生きる両女性の態度こそ行動上の興亜運動である。先生のお部屋の掃除、障子張り、カンの修理等に嬉々として働く蒙古娘。その御褒美に“春雨”“□の花”等の優しい日本舞踊を教える両女史。女の魂と魂に通ずる日蒙のまごころが、やがて蒙古の全家庭へ流れこみ、10 年後の解放の力強い芽生えを父に、夫に子どもに植え付けるであらうことを、ひしひしと感じないわけには行かなかった（『満洲日日新聞』1939 年 12 月 13 日）。

## （2）　記事に描かれたモンゴル女子青年および女性教師への期待

『満洲日日新聞』に掲載された記事について、その特色を見ていこう。第 1 に、モンゴル人の未開性を強調するような内容である。夜就寝時に寝間着を着ないとか、牛乳をクリームの代わりに使用している、といった内容が記載されている。モンゴル人の女子学生を、「未開の民族」「無智」「原始的化粧方法」「嫉妬心、虚栄心を生まれた時から忘れている」と見なすまなざしには、モンゴル人を立ち後れた民族として一段下に見る、日本人の奢りが端的に示されている。ただし、これは堂本、山根が語ったというよりも、二人から聞いた話を、岩崎特派員が日本人受けするような表現で脚色している可能性も高い。

　第 2 に、若い未婚の女性が個人の幸せを考えず犠牲的精神で、酷寒のモンゴル国境地帯でのモンゴル人の生活習慣を矯正し、教育活動に身を捧げるというストーリーが描かれている。二人の女性教師は「26 歳と 24 歳の若さと美貌を捨て」、「白粉も衣服も叩き捨てて、ただ愛と熱の教育生活に生きる」存在として描かれている。そして、うら若き日本の乙女が未開の地に出かけ、無智のモンゴル人に近代教育を与えることで、文明を持った民族として彼らを生まれ変

わらせていくという日本人好みの物語が、象徴的に提示されているように思われる。

第3に、河原操子と二人の日本人女性を重ね合わせて、その役割に期待を寄せていることがある。記事の中には、沖禎介(1874-1904)、横川省三(1865-1904)が出てくるが、彼らは日露戦争の当時、特別任務班の班員としてロシア軍の輸送路破壊工作に従事し、ラマ僧に変装して満洲に潜伏していたところ逮捕され、ハルビンで銃殺刑に処せられた人物である。ハラチンで教鞭を執っていた河原操子は、外モンゴル人、ロシア人などもが入り乱れるこの地域における情報を日本側に提供したほか、沖、横川がハラチン王府に立ち寄ったときに受け入れた[73]。ある意味で、スパイ活動に従事する人物を支援する役割を果たしていた。こうした河原操子の歩んだ道を、二人の日本人未婚女性教師が歩もうとしている、という筋書きである。

写真補-11、12　沖禎介の遺書

注：沖縄の父親宛。
出典：山根提供。

二人がどのように考えていたのかはともかく、河原操子のような働きをすることを少なくとも周囲は期待していることが、記事からうかがえる。事実、山根は、沖、横川の遺書の写しを所有していたが、当時、満洲の辺疆の地で教育に当たる者には、渡されたものと推測される（写真補-11, 12）。

第4に、学校での教育の内容として一貫して重要視されていることとして、部屋の掃除、カンの修理、障子張りがあり、いわば主婦がやるべきような家事を、喜んでやっていることが示されている。また、彼女達が歌っていた母訓女は、「1、身をもつて教え汝らを育み来れり、2、娘よ嫁ぎ行かば父母を敬ふべし、3、夫は妻を信ずるものなれば、妻は夫の心に従順なれ、4、子は宝なり、

よく教え、よく学ばしめよ」を内容としている。まさに嫁ぎ先の父母に仕え、夫に従順に従い、子どもをしっかり教育するといったモンゴル版の良妻賢母である。

彼女たちは将来良妻賢母となることが期待されており、だからこそ母訓女を唱うことが奨励されたのであろう。さらにこうした良妻賢母教育を受けた彼女たちが、将来築くことになる家庭で日本とモンゴルとの、友好精神を伝えることへの期待も述べられている。しかしながら、ソブトによれば、前述のとおり家政実習での名目での家事に女子学生が反発してストライキを行ったという。

それでは、実際の状況はどういったものであったのだろうか。女子学生たちは、ただ単に日本人教師に従順に従っていたのだろうか。日本側が求めるような良妻賢母に収まったのだろうか。日本の女性教師が育てた女子学生たちのその後の歩みから見ていきたい。

## （3）　日本の女性教師が育てた留日モンゴル人女性教師たち

興安女学院の卒業後、日本に留学していたモンゴル人の女子青年が1944年の春師範学校卒業など日本での学業を終えて帰国後、興安女子国民高等学校で教鞭を執った。その中に、ソブド、洪巨成、博（包）丕栄、ハスゲレル（李淑芝）、烏松高娃らがいた。

ソブドらは日本でモンゴル人が亡国の奴隷となった恥辱を痛感し、祖国や民族が弱ければ、国外でも蔑視されることを認識した。そのため、「モンゴル民族の振興をはかり、祖国の強大化に自分の青春とエネルギーを傾けること」が共通の願いであった[74]。

彼女たちは帰国して母校の発展を見て心から喜ぶとともに、自分の民族から人材を養成し、モンゴル民族文化を振興しようと思い、教師人生のスタートを切った、という。

ソブドは1年生の日本語と舎監を担当した。また授業を通じて祖国・民族を愛し、モンゴル民族の振興のため学習に努力するように学生を導いた。民族の言語、文字を学び、「チンギス・ハーン出征の歌」など民族の歌を歌い[75]、学生の民族感情を呼び起こさせるように努力したと、回想録の中で述べている。

同校はモンゴル人の学生も増え、モンゴル人の教員（日本入学帰国生も含めて）

も増えたため、モンゴルの女子学校としての様相を強めていった。また都市部から入学するモンゴル人は母語が漢語であり、入学当初、モンゴル語も日本語もわからないという学生もいた。学校においては「日本語週」が設けられて日本語しか話すことができず、モンゴル語はおろか漢語などもってのほかであった。そして、教室や寄宿舎で日本語以外を話した場合には、罰金箱にお金をいれなければいけなかった。それに反発する女子学生も少なからずいたという[76]。

　また、満洲国の他の学校同様に、大日本帝国の一員として日本人と同様に天皇への忠誠心を形のうえで示すこと、具体的には行事に際しての神社の参拝、食事前の天皇への感謝の言葉、宮城遙拝が厳格に求められていた。これに対する反発も大きかったようである。

　当時、ソブドの心の中にはチンギス・ハーンがいて、モンゴル人民共和国に行きたいと思っていたし、ときには学生を連れてチンギス・ハーン廟（1944年に建設、王爺廟北山）を参拝した。

　ところで、モンゴルの一般人はラマ教を信仰しており、チンギス・ハーン崇拝は普及していなかったことを、小長谷有紀は指摘する[77]。こうしたチンギス・ハーン崇拝については、日本に留学した経験のあるモンゴル人知識人たちによる自律的な動きがあり、その訴求力を満洲国や蒙疆政権が利用したという[78]。ソブドも、日本留学であり、留学におけるモンゴル人留学生との交流を通じて、チンギス・ハーン崇拝を強め学生たちに広めていったことがうかがえる。

　この頃になると食料も不足しがちで、また勤労動員も増えていった。勤労奉仕の中には、傷病兵の衣服の洗濯・繕いものがあり、そのため病気に罹患する学生もいて、嫌がられていたという[79]。

　その後、興安女高は、1945年8月のソ連軍の満洲国への侵攻と日本軍の敗戦によって、その短い歴史を閉じることになった[80]。しかしながら、この興安女高で養成された女子青年たちは、その後のモンゴル現代史のうえで教員、研究者、医者、軍人、官僚など、様々な方面で活躍することになった。

## 8　山根喜美子とモンゴル人女子学生の文通

　山根が興安実業女学校で教鞭をとったのは、実質的には1939年から1940年

### 写真補-13, 14　山根喜美子に送られた手紙

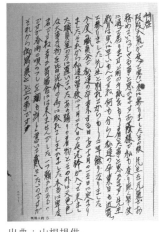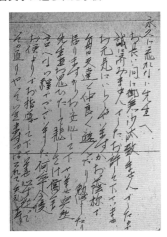

出典：山根提供。

の約1年間であり、その後山根は撫順高等女学校（日本人女学校）に移る。しかし、その後も山根と学生たちとのあいだ（興安女子国民高等学校在学生・他校進学者・日本留学生から撫順、あるいは日本帰国後の山根）で頻繁に手紙のやりとりが行われている。いわば手紙を書くことで日本語学習が継続的に行われ、交流が長く続いていたとも言える。手紙をもとにしながら、彼女たちの学業状況や、また留学した者は日本でどのような生活を送っていたのか、その一端を明らかにしたい（写真補-13, 14）[81]。

山根の元に残された手紙は、かなりの分量であるが、その一部を紹介する。引用は原文そのままである。ところどころ文法的な誤りもあるが、堂本と山根に習ったのは2〜3年程度であり、日本の師範学校に進学した学生が一部いたものの、多くは日本への留学経験がまったくないことを考えると、驚くべきほどの日本語能力の高さと思われる。句読点のない手紙も多いが、原則的にそのまま引用する。

### （1）興安女高から撫順にいる山根へ
#### ①語学検定試験について
　　山根先生様へ

暫くご無沙汰致しまして誠に申し訳が御座居ません　お達者ですか　私もお陰様で元気よく勉強して居ります故　何卒御安心下さいませ　学校の試験と語学検定の都合で大変長い間先生に手紙を出しませんでした　本当に済みません　何卒お許し下さいませ　……

　　また23日に興安学院で語学検定試験をしました　お陰様で大分答へが出来ましたが、まだ自信が有りません　問題は皆で5つです（一番は仮名づけです）（2番が日語を満語になほします）（3番が2番と反対です。）（4番は問題が間違って書いてあってそれを正しい文になほします）（5番が問題の言葉を使って15字以上の短文を作ります。15字以上だったら字が20、30になってもいいでせう　それに私は15字以内と思って皆15字以内に作りました。問題が皆で5つでせう、一つの問題が20点です。65点で合格しますが短文の所が皆間違ひましたから屹度合格が出来まいと思ひます。今は悲しくて悲しくて何にもしたくないのです。

　　王爺廟の町の運動会が29日です。本校は全体で団体体操を一つします。今一寸練習して居ります。

　　又日本人の女の先生も一人いらっしゃいました　お名前は高山清美と言ひます　大変優しい先生です　また男の先生も二人いらっしゃいました。一人は蒙古の人です。一人は日本人です。王先生も本月の16日に御結婚式をなさいました。

　　……王爺廟では先日防空演習が有りました。公主嶺（著者注：現在の吉林省四平市）にも有りましたか。此方はもうすっかり暖かくいなってとの（ママ）23日蒸し暑くてたまりませんです。公主嶺はどうですか。お身体を大切になさいませ。では今日はそれ丈で失礼致します。

　7月7日

　　　　　　　　　　　　　　　　　　　　　　　　　　かしこ

　　　　　　　　　　　　　　　　　　　　　　　　学生 HMH


## ②近況報告　泥棒が侵入

　拝啓

　天気が変わって寒い冬にまいりました　その後先生を元気でお務めてい

らっしゃる事と思ひます　お陰様で私も変わり無く学校に通って居ります　前の手紙をもう着いた事と思ひます　先生歳月は実に早いものですね　何もわからん私達の卒業日も近寄ってまいりました　先生と別れてからもう2年あまりになりました　今度の職員会で私達の卒業する日を12月15日に定まりました　それから私達の学校に10月28日の夜　泥棒が入ってきました　職員室の方に置いていたあの踊りの着物とその外に色々な大事な者を皆泥棒の為に取られてしまひました　本当に卑怯者ですね　幸ひ寄宿舎には来ませんでした　一つ願ひがあるのですが　春雨の歌のフシを詳しく書いていただきたいのですが　それから御写真と以上の事です

では御大事になさいませ　左様奈良

生徒 KHT

山根先生

康徳 8 （1941）年 11 月 13 日

## ③漢字カナ混淆文

拝啓

　長イ間御無沙汰致シマシテ誠ニ申シ訳ガ御座居マセン　何卒御許シテ下サイマセ　一望七百里ノ黄野ガ瞬ク間ニ淋シイ冬ハ深ナリ（ママ）　御元気ノ事デセウ　私モ御陰様デ勉強シテイマス　何卒御安心下サイマセ

　昨日私ハ職員室ニ入ッテ机ノアル手紙ヲ見ルト先生ノ書イタ手紙ガ見エテ目ニ涙イッパイニナッテ何モイエナクナッテ帰ッテキマシタ　ソレカラ自分ガヨク考ヘテ見ルト長イ間手紙ヲ出サナカッタト始メテ自分ガ失礼ナ事バカリシテイタト分カッテ大変恥ズカシカッタンデス　コレヨリモ先生ノ方カラ私事ニ何ナリゴ心配シテ居ル事デセウトシミジミ考ヘマシタ　今ハ先生ト遠クハナレテ居マスガソレデモ前ノ様ニ御導キクダサル事ヲ願ッテオリマス

　又新校舎ガ出来デモウ移ッテキテ新シイ教室デ勉強シテ居ルノデス　此ノ上ニ又来年カラ国民高等女学校ト言ウ名前ヲ改メルノデス　ソレデ私ハ大変嬉シイト思ッテオリマス……

　先生私ハ朝晩先生ト一同ニ居夕事ヲ思イダシタラ胸ガ一ッパイニナッテ

キテ何ヲシヨウト思ッテテモデキナクナリマス　時々夢デモ一同二居ル夢バカリ見マス　目ヲサマシテ見ルト一人シカイナイノデ非常二淋シイ様ナ感事ガシマス　此ンナ時ハ沢山アリマス　コン学期カラ勉強ガ少シイヤナ気ガシテドウモシカタガナイデス　夏休ノ成績ニハ優ガ二ツシカモラハナカッタンデス　数学ヤ色々ナ他ノガ皆ナ可ニナッテイマス　此学期モソウデセウトオ思ッテオリマス

　　私ハ羽ガ無イ事ニ大変ツマラナイトオ思ッテイルノデス　鳥ノ様ナ羽ガアッテ何処ニデモスグニ飛ンデイッテ見テクルコトガ出来ルケド人デスカラドウモソンナ事ハ出来ナイカラ　只一人デ悲シイ中ヲフンデ過ギル外ハアリマセン　淋シクナッテキタ時ハ先生ノ御写真ヲ出シテ見テイマス　モウ授業ガ始マルノデ今日ハコレデ失礼致シマス　何卒御身ニ大事ニシテ下サイマセ

敬具

　山根先生へ

生徒　KHT

康徳7（1940）年11月20日


## （2）卒業後、他の学校に進学した女子学生から

### ①撫順の山根へ

暫く御無沙汰致しました　お変わりは御座居ませんか。お陰様で元気ですから御安心下さいませ。私は今年の2月2日にC女高の4年生に転学して来ました。暇がなくて転学の一回もしらせなかった事は本当に申し訳が御座居ません。

　先生、一つお嬉しい事を報らせ致しましょう。本月の23日から修学旅行をする事になりました……28日に奉天から出発して、10:37分の汽車で撫順に着きます　撫順で、直城子、露天掘り、大山坑と所どころに参観する事になって居ります。15:33の汽車で奉天に戻ってきます……若し先生と面会したら本当に無情のお嬉しい事で御座居ます。

SRN

## ②再会し、世話になったことへの礼状

山根先生様へ

お見送りどうも有難う御座いました 撫順駅でお別れ致してから暫く御無沙汰致しました お変わりは御座居ませんか ……旅行のお陰で先生の処を寄ってお陰様で貴校を十分に参観する事が出来たのは本当に無上の楽しみで御座居ます 今迄夢にも思はなかった、あの撫順の貴校のあの優しい日本のお友達と面会が出来て色々と雑談が出来たこと 今迄に一言も話しなかった顔面も知らない諸先生方に紹介して下さった時に 此の無知識の生徒をあんなに親切にして下さった事は 私にとっては楽しみ以上の喜びで御座います 無意無思の中に日蒙親善が益々深くなり

SM


## ③お懐かしい先生へ　学生から

拝啓

……Hと私二人の書いた手紙を先生御見になりましたのでせうか この頃は先生からお返事がありませんので 先生が何うしたのでせうと私達は心配して居ります　此の頃は大変寒くなって参りますから先生余程ご身体をお大事になさいませ

この間先生とお会って楽しかった事を思ひ出したら　今でも本当になつかしくて堪りません　先生の御恩を何時迄も忘れる事が出来ません　……

11月14日　　CHより

山根先生へ


## （3）日本で学ぶ留学生から撫順の山根へ
## ①写真送付への要望、再会への期待

忘れない先生様

暫くご無沙汰致しまして本当に済みませんでした　先生御元気ですかね 私は毎日元気で勤労奉仕をやっていますから御安心して下さいませ　今年夏休みが有ります。十日間です　私も家へかえります　非常に嬉し事でしょうね

また旅行が有ります　本国です　大連　旅順　哈爾浜　チチハル　奉天　新京　撫順　またその他も有ります……先生の処も行きます　それは何より嬉しい事です　今から楽しみ待って居ります　先生とあう事が出来ますので嬉しくてたまりません……

　　先生の御写真は私の処に一枚も有りません　非常に残念な事と思ひます　先生の御写真は私に一枚を下さいませんか　お願ひ致します　三、四日を待って私も写真をうつしますから先生の処を送りますからそれので以てて下さいませ　今から先生の御写真を楽しみに待って居りますから送って下さいませ　先生お願ひします

ではもう勉強を始まりますから　　これで失礼と致します

返事を下さいませ

学生　HY

先生様（8．7．8と山根日付記入）（康徳 8〔1941〕年）


## ②写真拝受の御礼

先生さま

お手紙有難うございました

先生の御写真を見て涙を流して拝見いたしまして嬉しくて何にも言はれずに喜びでえした　その時ちょうど昼のごはんでしたので　嬉しくて御飯もたべられませんでした 先生の熱心と御指導をすっかり明って　又色々な世話になって下さいまして一緒に忘れられません 死に迄っても忘れません 信じにして居ります

又卒業の日はまだ決まっていません　きめたら直ぐ手紙をだしますから先生いらっしゃった学校は日本人ですか満人ですか 何年迄に卒業しますか知らせて下さいませ　私は上の学校にいきたいと思っています　内の学校は 3 年で卒業でしょう 又外の学校の 4 年にはいりたいです 先生にお願ひしてお考えて下さいませ　何れの学校でもおいいですから直ぐ返事を下さい

忘れない先生へ

SE・BY

**③女子師範に留学した女子学生から中国にいる山根へ**

　　　川辺のねこやなぎの芽もふくらみ梅の香もほんのりとほころび始めて今
まで固くとざされていた万物の芽もふくらみを見せ 再び春は私達のまわ
りに訪れて参りました。

　　おなつかしい先生　御元気でいらっしゃいましたか。長い間御無沙汰致
しました。先生二封葉書拝見致しまして返事もださないので本当に済みま
せんです。先生御許し下さいませ ……　去年の冬休み先生と会ふ事でき
ずに本当残念でした。

　　先生　3年前の今頃私達先生とあの寒い風の下で　大陸地興安嶺王爺廟
に「興女」という学校で一緒に生活したのね。あの頃思ひ出すのは誠にな
つかしいわ。先生　満洲語の「燕燕」という歌もう歌えるでせう。私今東
京におります。6日に女子師範へ帰りになりますから 先生は私に手紙を
下さる時女師へ下さいませ。楽しみに先生の手紙を待っています。
大変乱文乱筆で失礼致します。又書きますから　先生のお便りを待ってお
ります。ごきげんよう
山根喜美子先生　さようなら　4月4日　U

　　以上の手紙で見てきたように、山根が興安女校を1940年に去ったあとも、山
根と女学生との間で文通が続けられていた。興安女校から、撫順の高等女学校
にいる山根の元へ、さらには、福島、松本など日本に留学した学生から、撫順
にいる山根の元へ、何百キロという距離を超えて手紙のやりとりが行われてい
た。

　　手紙の文面には、以下のことが提示されているように思う。

　　第1に、日本語能力の高さは驚くべきものがあることがわかる。日本に留学
したわけでもない学生であっても、博士課程で学ぶ現在の中国人留学生に匹敵
するような文章を書く女子学生もいる。このことから、彼女たちがモンゴル人
女性の中でとりわけ優秀な学生を集めた精鋭部隊であったことがうかがえる。
また、興安女学院、および興安実業時代は少人数で、堂本・山根といった熱意
のある日本人教員が24時間起居を共にしたこともあるだろう。そのため、興
安女高の卒業生の中には、上級学校に進学したほか（女子師道大学）、日本に留

学した者（山梨、福島、長岡、松本の各女子師範）も少なくない。

　第2に、継続学習への意欲が語られていることである。興安女校で学ぶだけではなく、さらに上級学校へ進学をしたいという勉学意欲の強さが示されている。また日本留学への憧れも語られている。これは、満洲国においては、漢語で授業を行う学校が主流を占めていたため、満洲国内で進学するうえで漢語が問題となった、という事情もある。

　別の学校に進学したが、「漢語だけの授業のため難しい、日本に留学したい」といった内容の手紙もある。興安実業の学生の中には、農村部出身のモンゴル人学生で、もともと母語がモンゴル語で漢語ができない学生も少なくなかった。彼らは興安実業女学校（あるいは興安女高）の在学時にはまだいいものの、満洲国での上級学校や他の学校への進学は難しい点があったようである。日本に留学しないかぎり、日本語の有用性はないものの、かといって日本への留学は、狭き門であった。

　第3に、日本に留学した学生の手紙には、日本で学ぶことができるようになった喜びが表されている。学校に行くのは、彼女たちにとって、魅力であり、日本で教育が受けられることに感激している。また、日本人が親切に世話をしてくれることに対して感謝していることを、山根に伝えている。

　しかしながら、留学生の中には、日本人の家庭に住み込み、家の手伝いをしながら、学校に通っている者もいて、日本人に対する感謝の念を表明しながらも、家事をさせられることに対して、「女中として使われている」「主人に怒られた」「眠くてたまらない」「仕事ばかりやらされて勉強もできない。これでは落第してしまう」という不満を感じている部分もあったように見受けられる（こうした手紙が山根の元に残されている）。

　日本人一般の家庭では、女性が家事をするのは当然であり、女学校や師範学校に通っていた女子も、家では家事に従事するのは、あたりまえであった。日本人の側からすれば、家に住まわせ、食事を与えて、学校にまで送り出して教育を受けさせている、ここまで良い条件を提供していて、何の不満があろうかと考えるのが普通であろう。また、モンゴル人女性が小さいことにこだわらないため、遅刻をしたりモノを壊したりするところも鼻についたのかもしれない。しかしながら、モンゴル人女性の場合、教育を受けた女性が家事や雑用に従事

することに対する強い抵抗感があったようにも思われる。

　このあたりの認識のずれは見過ごされがちである。しかし、モンゴル人女性たちが、憧れの日本に来さえすればどうにかなるという日本に対する幻想を抱いていたとしても、安い労働力として使われ尊重されていないという気持ちになった可能性も否定できないのではなかろうか。

　第4に、山根への切々たる思いが語られていることである。山根に世話になった、山根の写真が欲しい、淋しくなったら先生の写真を見る、山根の手紙を待ちのぞんでいる、手紙を受け取って小躍りしている、山根の手紙を見て涙したという山根への憧れ、溢れんばかりの思慕の気持ちが手紙には示されている。教師冥利に尽きると言えよう。だからこそ、山根はこの手紙を終生大切に保存し、最後は満洲国教育史研究者である槻木瑞生に託したのであろう。

## 9　デレゲルマと興安女高

### （1）　出生から興安女高校在学時代

　デレゲルマは、1926年、ジェリム盟ホルチン左後旗ジャラガランの新興地主の家庭に生まれた[82]。幼少時に2年間、私塾で学んだのち、次兄とともに故郷を離れて王爺廟に来て、王爺廟第三小学校で学んだ。その当時、紺色の海軍式の制服着用の興安実業学校の女学生に憧れ、1938年に同校に入学した[83]。しかし正式な学生ではなく、1年間の予備教育のあと、試験で正式な学生になるかどうか決まることになっていた。試験の結果次第では退学しなければならなかったため、日夜苦学した。学校は毎晩10時に消灯と決められていたが、ふとんの中で、懐中電灯で勉強を続け深夜になってからようやく寝た。1年あまりの学習で追いつき、1939年に正規の学生になることができた（3期生）。

　デレゲルマにとって、女高で学んだ3年間の思い出はいろいろある。まず日本語週である。日本語週に学生は日本語しか話せず、漢語やモンゴル語を話すと罰金が課せられた。教室や宿舎には箱が置いてあり、漢語や蒙古語を話すたびに、銅銭をいれなければならなかった。学生たちはこれが不満で、自分たちを亡国奴にしていると思った。しかし日本語だけを話させるのというのは実質的には不可能で、日本語週は効果がなかったという別の卒業生の回想もある[84]。

補論　満洲国におけるモンゴル人女子青年教育｜309

　デレゲルマが最も嫌だったのは、３度の食事のたびに、手を合わせて日本の
天皇へ感謝の気持ちを唱えなければならないことであった。また教師は定期的
に学生を神社に連れて行き参拝させた。しかしながら、デレゲルマは心の中で
は、チンギス・ハーンに対して祈祷をし、モンゴル民族が発展を遂げ、自分の
民族の主人公になることを願ったという。日本占領下の教育においては、天皇
への忠誠心を形で示すことが強制された。それが、食事の前のいただきますの
挨拶であり、神社での礼拝であった。

　日本占領地においては、朝鮮における生徒の神社参拝がよく知られるところ
である[85]。日本への忠誠心を示すため、神社の参拝が、被支配民族の青少年に
対して強制されてきた。大日本帝国の支配下においては、日本人であろうと、
中国人であろうと、朝鮮人であろうと、中国の少数民族であろうと、すべての
民族が一律に、神社の参拝をし、祭られている神（明治天皇、あるいは天照大神な
ど）への礼拝が求められたのである。

　デレゲルマの記述から、満洲国においても少数民族に対して、神社の参拝が
強制されていたこと、それに対する反発が強かったことがわかる。しかしなが
ら、彼らモンゴル人は、形のうえでは日本人同様の礼拝をしながら、心の中で
は、チンギス・ハーンを拝んでいたことが、明らかである。神社での参拝は、
反感が強く、却って彼らの民族意識を高める効果があったことを示すものであ
ろう。

　次のようなエピソードも残されている。デレゲルマは神社の神殿の中には何
があるのか、疑問に思った。好奇心からある日曜日、一人で王爺廟の北山に行
き、神社（王爺廟神社：天照大神・明治天皇が祭神）[86]の神殿の前で、周囲に誰もい
ないことを確認して、大胆にも神殿に入った。しかし、鋤に近い鉄器（三種の神
器の剣のことか？）があるだけで、その他は何もなかった。

　すぐに外に出たが、神社を管理している日本人が慌てて飛んでくるのを見て、
臨機応変に銅銭を取り出し、賽銭箱を探しているように装った。日本人は、「ば
かやろう。神殿に入っただろう」と怒鳴ったが、手の中の銭を見せ賽銭を入れ
ようとしていたと説明して、難を逃れた。心の知れた同級生に話したところ、
「神社の中は誰も入ってはいけない所。特に外国人は発見されれば捕らえられ、
重い者は処刑される」と言われたという。神殿に入り覗いてみたという大胆さ

には驚かされる。

女高に在学中、デレゲルマは興安学院、興安軍官学校、師道学校の数人の仲間と秘密会議を開き、どのようにモンゴル民族の復興を図るかを相談したことがあった。集会の時には、チンギス・ハーン像を机の上に飾り、自分たちの決意のほどを表したという。

ところで、楊海英によれば、興安軍官学校の学生の一部は、1945年の日本敗戦時に、日本人教官の殺害に関与している。モンゴル民族のために誠心誠意、教育に当たっていた教員をなぜ、殺害したのかという思いは、日本人関係者には根強いものがある。しかしながら、日本敗戦後のモンゴル民族の復興や国家建設という悲願は、日本的な義理人情をはるかに凌駕するものがあったのではなかろうか[87]。

当時、学校では日本語通訳の試験を学生に受験させ、合格できれば日本に留学できた。デレゲルマは留学したいと思っていたし、教師やクラスメートも勧めた。しかし、通訳になることに反感を持ち受験しなかった。

## （2）　興安女高卒業後

卒業後、デレゲルマは1942年に瀋陽第二女子国民高等学校（奉天省）の4年生に編入した。興安女高は、日本語で授業を行っていた関係で、学生の漢語のレベルは必ずしも高いとはいえず、一般的に漢語で授業を行っていた満洲国の現地系の中等教育機関に編入するのは難しかった。デレゲルマが優秀であったことを示すものであろう。同校はカリキュラムが揃った学校で内容も高度であった。デレゲルマは日本語がクラスの中で最もよくできたが、数学は友人や先生方の助けでどうにか卒業できた。卒業後、南満医科大学（著者注：満洲医科大学か）を受験した。しかし政治（国民道徳のことか？）のテストで、「最も崇拝しているのは誰か」という問題があり、日本の天皇と書くべきところ、チンギス・ハーンと書いた。そのため思想不良で不合格となった。「モンゴル人が自分の祖先を崇拝できずに外国の天皇を崇拝しろというのか」と思い、反日思想はさらに強固なものとなったという。

翌年、再び医科大学の受験を目指した。医者となってモンゴル民族のために病気を治療し、民族の振興に貢献したいと考えていたためである。1年間の補

習の後、日本の九州医科大学（著者注：九州高等医学専門学校のことか）への入学が許可され出国を準備していた。しかし「アメリカが日本の九州を爆撃している」と兄から止められ留学をやめた。

1945 年に興安総省では開魯女子国民高等学校を開設することになり、蒙古語と音楽の教師を募集していたので応募し、臨時教員として採用された。しかし半年もたたない時期に時局は一層混迷を深め、1945 年 8 月のソ連軍の満洲進攻に伴い、実家に帰宅した。帰宅する際、汽車は日本の軍人と彼らの家族の引き揚げ用となり、中国人は乗車できなかったため、兄に馬車で連れ帰ってもらった。

1945 年の 8 月 15 日に日本は無条件降伏をした。その後、デレゲルマは内モンゴル人民革命青年団（後に中国新民主主義青年団と改称）に参加した。1946 年にモンゴル

写真補-15　土地改革に参加していたころのデレゲルマ

注：写真中央にデレゲルマ、その右隣に夫のトブシン。
出典：デレゲルマ提供。

写真補-16　中華人民共和国建国後のデレゲルマ

注：韶山にて、夫のトブシンと共に。
出典：デレゲルマ提供。

人の青年活動家として将来が嘱望されていたトブシンと結婚、1947 年、夫婦共に中国共産党に加入した。47 年、デレゲルマは王爺廟で開催された内モンゴル第 1 回人民代表大会（自治政府予備会議）の時に参議員に選ばれた。その後、トブシンと共に興安盟ジャライト（扎賚特）旗で土地改革を行い、ジャライト旗音徳爾区の初めての女区長となった。そして中華人民共和国の建国のために尽力した（写真補-15, 16）。

建国後は、内モンゴル婦聯常任委員会委員・宣伝部長、中国共産党内モンゴ

ル党委員会婦女委員などを歴任した。デレゲルマだけでなく、興安女高出身の学生は、1945年の日本への勝利、さらに1949年の中華人民共和国建国後、各界で重要な役割を担っていった。

　しかしながら、付言すれば、内モンゴルは文化大革命の嵐が吹き荒れた地域であった。多数のモンゴル人の幹部が内モンゴル人民党の活動に関わり独立工作を行ったという理由で、虐待され命を失った。デレゲルマの夫のトブシンも反右派闘争の時に右派と断定され、文革中には牢獄に入れられるなど、文化大革命終結までの約20年にわたって不遇の日々を送った。デレゲルマも、夫のトブシンが右派とされたため、文革中に迫害された。文革後、粛清の動きが収まり名誉回復したデレゲルマは、再びフフホト市第四毛紡工場長・党委員会書記、フフホト市外貿局・商業局局長・同党委員会書記、中国共産党フフホト市委員会第5期委員、市政治協商会議常任委員などの要職を歴任し、1986年に退職している[88]。

## まとめ

　興安女子国民高等学校は、1937年、興安女学院として満洲国通遼に創設されたモンゴル人女子青年の教育機関である。興安女学院は、興安南省警備軍の軍事顧問であった金川耕作大尉の発案で設立された。1938年になると同校は興安南省に移管され興安実業女学校となり、通遼から王爺廟に移転した。さらに1941年に同校は興安女子国民高等学校となり、興安各省を代表するモンゴル人女子中等教育機関として学生数も増え発展を遂げた。

　同校は、軍関係者の発案で創設されており、日本側としては、当初、興安軍官学校のモンゴル人士官の妻になるような良妻賢母の育成を目的としていた。その後、名称を変更し組織を改編したものの、その本質は変わらなかった。興安女子国民高等学校のカリキュラムには家事科があり、また、神社の参拝も強制されていたのである。

　植民地における教育実践は、被支配者に対して支配者への同化を迫るものとして、否定すべきものである。興安女高においても、日本の統治者側はモンゴル人女子青年をあくまでも植民地支配の道具として利用しようとしたに過ぎな

かった。

しかし女子青年たちは日本側の意向に決して従順であったわけではなかった。日本の軍事支配下にありながらもモンゴル人の復興を強く願い、その力を蓄えるために勉学に真剣に取り組んでいた。表面的には日本人に従っていたが、不合理と思われることには抗議することもあった。神社の神殿の中を覗くという大胆な行動にも驚かされる。また秘密裏にモンゴル人の青年たちで集会を開催したりもした。日本の近代教育を、いわば道具として利用しながら、自民族の復興の機会を窺っていたと言えよう。

モンゴル人の場合、隣国に独立国であるモンゴル人民共和国が存在していたことが、大きく作用していたように思われる。民族の独立を目指していたため、回民に比して、日本が持ち込もうとした方式や規則に対して距離をおいていたのではなかろうか。反発も強いものがあった。

写真補-17　2期生の卒業式（1939年12月24日）

出典：山根提供。

写真補-18　フフホトにて約50年後の再会（1994年7月28日）

注：前列中央（黒い服着用）が山根喜美子。
出典：山根提供。

こうして同校で養成された多くのモンゴル人の女子青年は、1945年の日本敗戦後に民族振興への強い思いを抱いて革命運動に積極的に参加し、中華人民共和国の建国に尽力した。さらに1949年の中華人民共和国建国後には、内モンゴルの建設のうえで力を発揮し、モンゴル女性運動の先駆者となったのである。

ただし、日本の植民地下にありながら、モンゴル人の女子青年の教育に親身に当たった堂本修や山根喜美子のような女性教師がいたこと、そして女子学生との間に人間と人間との交流があったことを、同時に指摘しておきたいと思う。

当時の女子学生たちは、その回想の中で、日本占領下であっても女性教師たちが決して押しつけがましい発言をしなかったことを指摘している。

　山根は帰国後、戦後は洛北高校、山城高校の家庭科の教員として教鞭を執る。

　堂本や山根は、約50年の歳月を経たのち、内モンゴルのフフホトを再び訪れ、当時の女子学生たちと再会を果たした。多くの関係者が集まり大歓迎されたという。世話になった教師のことを終始忘れずに記憶に留めていたモンゴル女性たちの温かさとともに、教師と学生との真摯な交流は、数十年の歳月を経ても人々の心に火をともし続けることを、興安女高の実践は教えてくれるのではなかろうか（写真補-17, 18）。


追記

　本稿の執筆にあたっては、デレゲルマ女史、その夫君であるトブシン先生には貴重な資料の提供とともに、数回にわたるインタビューの機会を与えて頂いた。また槻木瑞生先生は山根喜美子関連資料を提供して下さった。これらの資料がなければ、本章は執筆されることがなかったと思う。3人の方々に心から謝意を表明したい。


注

1）　槻木瑞生「満洲教育史」教育史学会編『教育史研究の最前線』日本図書センター、2007年。槻木瑞生「満洲教育史研究のフロンティア――いま満洲教育史が直面している問題」『東アジア研究』（第44号）2006年、3-19頁。

2）　①宝鉄梅「満洲国および蒙疆政権におけるモンゴル人教育に関する研究」（新潟大学大学博士〔文学〕、2005年9月20日）、②娜荷芽（ナヒヤ）「近代内モンゴルにおける文化・教育政策研究：1932-1945」（東京大学博士〔学術〕2012年9月27日）。

3）　デレゲレマについては、以下を参照。①徳力格爾瑪「回憶興安女高的三年」索布多主編『興安女高』内蒙古人民出版社、2005年、62-69頁、②徳力格爾瑪『坎坷歴程幸福晩年』自費出版資料、出版年不明（1990年代か）。

4）　米内山庸夫『蒙古及び蒙古人』目黒書店、1943年、239-240頁。加藤六蔵編『蒙古事情』満洲事情案内所、1940年、9-13頁。ラティモア著、後藤富男訳『満洲に於ける蒙古民族』善隣協会、1934年、71-88頁。

5）　善隣協会調査部編『蒙古大観』（昭和13年版）改造社、1938年、241頁。吉田公平「満洲に於ける民族問題」『満蒙』（第20年12月号）満蒙社、1939年12月、38-56頁。

6）　山室信一『キメラ――満洲国の肖像』中央公論社、1993年、330頁。

7）　「漢蒙両民族は互に相容れざるの歴史を有するも、五族の中核たるべき日本人の熱烈

なる指導により漸を追ひて融合提携せしめ以て有色人種の大同団結を促進す」。「蒙古民族指導の根本方針」（満洲国政府、昭和11年5月20日）稲葉正夫・小林竜夫・島田俊彦編『現代史資料・満洲事変』（11）みすず書房、1965年、948頁。

8）「康徳7年12月末現在（昭和15年）人口調査（国務院興安局調査科編）」坂田修一編輯『興安蒙古』満洲事情案内所発行、1943年、折り込み図表。「満洲の大部分は蒙人の土地であるうえ、ここに居住する人口は106万人で一番多く（外蒙70万人、内蒙30万人、ソ連40万人、その他100万人。著者注：世界的に見るとモンゴル人の中で満洲国、特に興安地域に居住する者が最も多いの意味）、いわば満洲は蒙古人にとって大切なふるさとと言える」（斉藤実俊「興安軍の壊滅」蘭星興安会私達の興安回想編集委員会『私達の興安回想』蘭星興安会、1999年、55-58頁）。

9）　森久男「蒙古独立運動と満洲国興安省の成立」『現代中国』（73号）1999年、102-111頁。興安省の行政は、以下の様に改編。1932年3月：興安局成立。同年8月：興安局が興安総署へ。1933年4月：興安総署の下に興安東・南・北分省。同年5月：西分省の成立。1934年12月：興安総署が蒙政部へ。興安東・南・北・西省の誕生。1943年10月：興安各省が興安総省へ統合、省都は王爺廟（《名木斯来扎布》口述、包彦等整理「興安省的由来、演変及其組織機構」中国人民政治協商会議内蒙古自治区委員会文史資料委員会編『偽満興安史料』〔内蒙古文史資料第34輯〕内蒙古文史書店、1989年、8頁）。

　　また各省の人口は以下のとおりである。西省76万3701人、東省19万9530人、南省102万6635人、北省13万2426人（『満洲年鑑』〔昭和19年版、康徳11年〕、満洲日日新聞社、1943年出版、1940年臨時国勢調査による、32頁）。

　　興安省については、鈴木仁麗『満洲国と内モンゴル——満蒙政策から興安省統治へ』明石書店、2012年、464頁参照。同書は興安省についての優れた分析であり、36頁あたりに略史あり。

10）　塚瀬進『満洲国——「民族協和」の実像』吉川弘文館、1998年、109-111頁。土地政策については、広川佐保『蒙地奉上——「満州国」の土地政策』汲古書院、2005年、344頁参照。

11）　全国人口4166万672人。その内、モンゴル人108万1634人。興安四省人口199万2336人、モンゴル人62万7563人。興安南省に最も多くのモンゴル人が居住しており、その数は42万8088人に上っていた。「康徳7年12月末現在（昭和15年）人口調査（国務院興安局調査科編）」坂田前掲、折り込み図表。

12）　白岩一彦「内蒙古における教育の歴史と現状（中）」『レファレンス』（531）国立国会図書館調査立法考査局、1995年4月、36-82頁。

13）　文教部学務司編「満洲国少数民族教育事情」康徳元（1934）年、157頁（監修「満洲国」教育史研究会〔代表海老原治善〕『「満洲・満洲国」教育資料集成』〔12、少数民族教育〕エムティ出版、797-977頁）。

14）　白岩前掲、56-57頁。

15）　内モンゴル・ジョソト盟の盟長でハラチン旗の札薩克群王でもあったグンサンノルブ（貢桑諾爾布）については、呉恩和・邢復礼「喀亜喇沁親王貢桑諾爾布」中国人民政治協商会議内蒙古自治区委員会文史資料委員会編『内蒙古近現代王公録』（内蒙古文史資料第32輯）1988年、1-29頁参照。

16) 白岩前掲、56-57 頁。

17) 一宮操子『新版蒙古土産』蜻文社、1944 年、313 頁（河原操子『カラチン王妃と私』芙蓉書房、1969 年、305 頁）。その他、毓正女学については、以下を参照。①小軍「二十世紀初頭における内モンゴル東部地区の教育事情に関する一考察——ハラチン旗の学校建設を事例に」（新保敦子編『国際シンポジウム　グローバリゼーションの下での少数民族女性のエンパワーメント　報告書』2007 年、299-306 頁）、②娜琳高娃「蒙古族第一所近代女子学校——毓正女学堂」前掲『興安女高』199-216 頁。③宝金華「内モンゴルにおける近代女学堂の成立——毓正女学堂の規則と実態を中心に」『アジア教育』(7) 2013 年、67-79 頁。②では河原のことを、スパイという役回りを果たした点を断罪すると同時に、近代学校教育の導入に尽力した点を評価している。

18) 河原操子と共に日本に留学した 3 人のモンゴル女子学生の写真が残されている（「河原操子女史と蒙古女学生」『教育界』（第 5 巻第 5 号）1906 年 3 月。近代アジア教育史研究会『近代日本のアジア教育認識・資料編』（第 12 巻中国の部 (4)）222 頁収録）。

19) 劉迎春（Tsetsen）「1930-40 年代の日本人の記録から見るモンゴル人女性観——蒙疆地域の日常生活を中心に」『女性学年報』（36 号）2015 年、106-137 頁。

20) 関野房夫「蒙古人教育の実状 (2)」『日本語』(2-4) 1942 年 4 月、52-59 頁。

21) 内藤潮邦「蒙古民族教育文化論 3」『興亜教育』（第 2 巻第 10 号）1943 年 11 月、51-56 頁。

22) 『蒙疆新聞』1944 年 1 月 18 日。

23) 内藤前掲、51-56 頁。

24) 小長谷有紀「チンギス・ハーン崇拝の近代的起源——日本とモンゴルの応答関係から」『国立民族学博物館研究報告』（第 37 巻第 4 号）2013 年、425-447 頁。

25) ゴビ砂漠学術探検隊編『ゴビの砂漠』目黒書店、1943 年、191 頁。宮内重蔵・読売新聞写真部撮影、澤寿次・読売新聞記者解説。写真「蒙古の国民学校」(25 頁)、写真解説「絶対に信拝するチンギスカンの肖像と並んで日本のアイウエオの図を掲げた教室の正面」(160 頁)。

26) 「蒙古の女学生」ゴビ砂漠学術探検隊前掲、138 頁（写真）、190 頁（解説）。

27) 「女子家政学校調査表」『蒙疆年鑑』（成紀 739〔昭和 19〕年版）、1943 年出版、174 頁。シリンゴル盟・錫林郭盟（合計 10 旗）：教員 26 人、生徒 197 人。うち西スニット旗：教員数 5 人　生徒 50 人。

28) 「初等学校累年比較表（公私立）」『大満洲帝国年鑑』。武強主編、任興・趙家驥・沙宝祥副主編『東北沦陥十四年教育史料』（第 1 輯）吉林教育出版社、1989 年、63 頁。

29) 満洲帝国民生部『第四次満洲帝国文教年鑑』康徳 5 (1938) 年、17 頁（「満州国」教育史研究会『満州・満州国』教育資料集成　1 期』エムティ出版、1992 年、復刻版）。同統計によれば、ハルビン特別市：36％、奉天省：35％、興安南省：41％（ただし漢族のみ）、である。

30) 皆川豊治『満洲国の教育』（建国読本第六冊）満洲帝国教育会、1939 年、151 頁。

31) 『満洲』（康徳 8〔1941〕年版）、満洲新聞社、1940 年 12 月、239 頁。

32) 主編王野平、副主編滕健・黄利群『東北十四年教育史』吉林教育出版社、1989 年、63-66 頁。「蒙古族教育史」中国少数民族教育史編委会『中国少数民族教育史』（第 2 巻）雲南教育出版社、広西教育出版社、広東教育出版社、1998 年、87 頁。

補論　満洲国におけるモンゴル人女子青年教育｜317

33)　前掲『満洲』（康徳 8〔1941〕年版）244 頁。

34)　皆川前掲、181-184 頁。前掲文教部学務司編「満洲国少数民族教育事情」。

35)　「興安総署初期調査略表　康徳元年」内蒙古教育志編委会、『内蒙古教育史志資料』（1-上）内蒙古大学出版社、1995 年、133 頁。原載は、『赤峰事情』1937 年。

36)　建国後、小学校 79 校、学生 3860 人、教師 280 人。中学校は 2 校だけで、学生総数は 300 人。モンゴル人の人口に対しては、万分の 1〜2 にすぎないとしている（前掲『満洲国少数民族教育事情』）。

37)　ヴァルタア・ハイシヒ著、楊井克巳訳「興安蒙古における教育・衛生指導」『蒙古』（1941 年 9 月号）善隣協会、50-59 頁。

38)　満洲国通信社出版部『満洲国現勢』（康徳 5〔1938〕年版）235 頁。初等教育機関の種類については前掲『満洲年鑑』（昭和 19 年版）246 頁。

39)　1938 年に蒙民習芸所、1939 年に育成学院（4 年）ができた。「科右前旗中学教育」内蒙古教育志編委会前掲（1-下）658 頁。原載は『科爾沁右翼前旗志』（第六篇）〈文化・教育〉。

40)　興安軍官学校については、坂田前掲、266-270 頁参照。楊海英『日本陸軍とモンゴル——興安軍官学校の知られざる闘い』中央公論社、2015 年、263。楊海英『チベットに舞う日本刀——モンゴル騎兵の現代史』文藝春秋、2014 年、414 頁。
　　「金川顧問は昭和 8 年 4 月、興安軍事教官に任ぜられ、蒙古部隊の指導に当たった。昭和 8 年興安南省警備軍の創設に伴い興安軍初代の軍事顧問に任ぜられた。昭和 9 年には鄭家屯に興安軍官学校を設立し、特務機関長を勤めした。……日蓮宗派に属し、法華経を極め、石原莞爾将軍を尊敬していた。昭和 13 年に蒙古忠魂塔を建立後、日本に赴任したが、野田顧問がノモンハン事件にて負傷したため、昭和 14 年 8 月に第九軍管区顧問に復帰した。敗戦後ソ連に抑留され、昭和 25 年 12 月 30 日イルクーツクで病没。行年 59 歳。会津藩士の血を引く金川の墓碑は、会津若松にある」（戒能伍郎「興安軍略史」前掲『私達の興安回想』20-21 頁）。
　　また、軍官学校については、鈴木健一「満洲国における日系軍官養成問題——新京軍官学校を中心に」『古稀記念満洲教育史論集』山崎印刷出版部、2000 年、227-244 頁参照。

41)　索布多「回顧興安女子国民高等学校建校与発展歴程」前掲『興安女高』1-16 頁。以下、特に断らない場合には、本論文からの引用である。

42)　索布多前掲論文、1-16 頁。

43)　戒能前掲、20-21 頁。

44)　索布多前掲論文、2 頁。

45)　山根メモ。

46)　索布多前掲論文、2 頁。

47)　民生部教育司編『満洲国教育概況』満洲帝国教育会、1942 年、126-127 頁。監修「満洲国」教育史研究会（代表海老原治善）『「満洲・満洲国」教育資料集成』（5、教育要覧類Ⅱ）エムティ出版、1993 年に収録。

48)　索布多前掲論文、4 頁。

49)　戒能前掲、20-21 頁。

50)　戒能前掲、20-21 頁。

51) 武優娜「足跡」前掲『興安女高』31 頁。1960 年の自然災害の時にこどもたちのために洋服を造ることが必要で、裁縫の技術が役に立ち、生活を豊かにしてくれたと回想している。同氏は、興安女学院が花嫁学校といわれていたため、1 年で退学、他の学校に転学。

52) 「興安南省訓令第 502 号」内蒙古教育志編委会前掲（1-上）、316-317 頁。原載は、『興安南省公報』（第 21 号）1938 年 9 月 20 日。舎監は、寄宿舎・食堂の秩序の維持、寄宿舎などの衛生、寄宿制の健康増進、寄宿制の日常生活礼儀および規律の訓練、課外生活の指導を行うとある。

53) 『満洲日日新聞』2127 号（1939 年 12 月 12 日）、2128 号（1939 年 12 月 13 日）。

54) 徳力格爾瑪（デレゲルマ）「回憶興安女高的三年」前掲『興安女高』62-69 頁。

55) 戒能前掲、20-21 頁。

56) 索布多前掲論文、6 頁。

57) 「興安南省簡況」前掲『偽満興安史料』13 頁。

58) 山根メモ。

59) 「偽満興安省立興安実業女学校康徳 7 年度入学学生募集要項」内蒙古教育志編委会前掲（2）、1995 年、455-456 頁。原載は『興安南省公報』（第 59 号）1939 年 10 月。

60) 『満洲帝国学事要覧』康徳 7（1940）年 9 月、76-77 頁。槻木瑞生編『アジアにおける日本の軍・学校・宗教関係資料』（『満洲帝国学事要覧・第 3 巻』）龍渓書舎、2011 年。

61) 「偽満興安省立興安実業女学校学則」内蒙古教育志編委会前掲（2）、454 頁。原載は『興安南省公報』（第 42 号）1939 年。

62) デレゲルマは蒙古語担当教師を包先生としている。

63) 山根メモ。

64) 山根メモ。

65) 山根メモ。

66) 徳力格爾瑪前掲論文（2005）。デレゲルマ・インタビュー、1998 年 5 月 14 日、2005 年 8 月 29 日、フフホト、氏自宅。

67) 「女子国民高等学校会」民生部教育司『学校令及学校規程』康徳 4（1937）年、37-41 頁（「満州国」教育史研究会『「満州・満州国」教育資料集成』（第 3 巻教育法規）エムティ出版、1993 年、327-331 頁）

68) 『中等程度以上各種教育施設一覧』1941 年度（6 月 1 日現在）民生部、33 頁。

69) 前掲『満洲国現勢』（康徳 10〔昭和 18〕年版）225 頁。「全国公私立各種中等学校数表」（1941 年 12 月調査）前掲『満洲年鑑』（昭和 19 年版）247-248 頁。のちに、興安東省の扎蘭屯、興安北省の海拉爾、興安西省の開魯に女子国民高等学校が開設された（徳力格爾瑪前掲論文、62 頁）。

70) 「女子国民高等学校規定」前掲『学校及学校規程』156-176 頁。

71) 『興安女高』には、女子国民高等学校の教員として山根の名前がいっているが、山根が教鞭をとったのは、興安実業女学校である（1940 年には、撫順の学校。手紙記録から）。

72) 『満洲日日新聞』1943 年 12 月 12 日。「胎動する蒙古魂①〜⑦」1939 年 11 月末から 12 月にかけて掲載、文と写真：岩崎特派員。

73) 「雪中梅」前掲『新版 蒙古土産』196-217 頁。

74) 索布多前掲論文、10-11 頁。

75) 出征の歌の歌詞は以下のとおりである。出征の歌／1、十万の精鋭軍をひっさげて
アジ（原文は「チ」に点々）ヤ洲をば　征服せん　奮闘せよ！遠征軍の兄弟達よ　十万の
郷土軍よ奮戦あれ／2、二十万の精鋭軍をひっさげて　南北二国（世界）を征服せん　ホ
ンゴル・シフル・グッチン・テグスの四英雄よ　二十万の精兵をもって速やかに戦勝を期
せ！。北川昌提供資料（2017年12月9日）。

　　北川昌によれば、張家口日本国民学校の小学生も、さかんにこの歌をモンゴル語で唱っ
たという。日本とモンゴルとの友好の象徴としても、この歌が占領下の学校教育の中で
普及していたことがわかる。小長谷前掲、441頁参照。

76) 金良「興安女子国民高等学校概況」前掲『興安女高』60-61頁。

77) 小長谷前掲、425-447頁。

78) 田中剛「成吉思汗廟の創建」現代中国研究センター研究報告『20世紀中国の社会システ
ム』京都大学人文科学研究所、2009年、113-139頁。

79) 斉日「興安女高的"勤労奉仕"」前掲『興安女高』93頁。

80) 興安省は、ソ連軍による日本の引き揚げ者の大量虐殺である葛根廟事件が発生した地
域である。興安街命日会『葛根廟事件の証言――草原の惨劇・平和への祈り』新風書房、
2014年。

81) 手紙（山根所有）。山根の元に残されたモンゴル女子学生の手紙は、山根が興安実業
女学校で教鞭をとった期間から考えると2期生、3期生の手紙が多いように思われる。
本来ならば、掲載にあたり手紙を書いた御本人の許可を得たかったが、関係者が高齢で
あることに加え、手紙で使われている名前と現在の通称（『興安女高』での名前）が異な
るということもあり、特定が困難であった。今後の調査に期したい。また、手紙のなか
には山根の字で添削されたものもある。女子学生の日本語のブラッシュアップのために
送り返すつもりだったものの、返送がされないまま山根の手元に残ったと思われる。

82) 徳力格爾瑪『坎坷歴程幸福晩年』。

83) 徳力格爾瑪前掲論文（2005）。

84) 沙蘭「歳月中抹不去的記憶」前掲『興安女高』178頁。都市部出身の学生の中には、モ
ンゴル人でありながら、蒙古語も、日本語も話せない学生がいた。彼女たちは、いつも中
国語（漢語）を話していたという。

85) 樋浦郷子『神社・学校・植民地――逆機能する朝鮮支配』京都大学学術出版会、2013
年、372頁。

86) 前掲『満洲年鑑』（昭和19年版）267頁。

87) 楊海英（2014）前掲、楊海英（2015）前掲参照。モンゴル総軍軍官学校（フフホト）
出身者の語るところによれば、「日本人教員を殺したことが悪かったかどうか」ではなく、
「日本人教員を殺害した方が、（日本占領下から革命に参加したということで）政府から
支給される年金額が高く、病院でも優遇されること」が話題となっていた。混乱してい
る時代状況の中で、日本人教員殺害計画に参加した（革命に参加した）と申告した場合
も、優遇措置を受けることができているという（関係者インタビュー、2016年9月18日、
フフホト）。

88)「興安女高一部卒業生経歴」前掲『興安女高』241頁。楊海英『墓標なき草原――内モ
ンゴルにおける文化革命・虐殺の記録』（上）岩波書店、2009年、81-122頁。

## 付 興安女高卒業生・在学生経歴

| 番号 | 名前 | 学歴 | 職位 |
|---|---|---|---|
| 1 | 索布多<br>(包明珠) | 興安実業女学校第1期卒業生<br>日本国新潟県長岡女子師範学校本科卒業 | 内蒙古教育学院管理系副教授 |
| 2 | 洪巨成 | | 興安女高教師<br>東蒙古自治政府委員、内蒙古工会女工部部長、1967年"文化大革命"で死亡 |
| 3 | 王貴貞 | 興安実業女学校第1期卒業生 | 小学教師、呼和浩特市交通局呼哈鉄路管理ステーション幹部。 |
| 4 | 長平<br>(索布道) | 興安実業女学校第2期卒業生 | 生涯、医療工作に従事 |
| 5 | 武優娜 | 興安実業女学校に1年在学、後に他校に転学<br>中国人民大学馬列主義政治学系大学院卒業 | 内蒙古五金交電化工公司副経理 |
| 6 | 哈森格日楽 | 興安実業女学校第2期卒業生 | 生涯、医療工作に従事 |
| 7 | 烏雲娜 | 興安女高学生 | 全国政治協商会議第6期委員 |
| 8 | 金良 | 興安女高第3期卒業生<br>日本への留学経験あり | 呼倫貝尔盟政治協商会議第5期常務委員 |
| 9 | 德力格尔瑪 | 興安女高第3期卒業生 | 内蒙古婦聯常委、宣伝部長、中共内蒙古党委婦女委員、呼和浩特市第四毛紡厰、毛条厰厰長、共産党委員会書記、呼和浩特市財務副主任、中共呼和浩特市委五期委員、市政協常任委員、工委主任を歴任。1986年離休。庁局級待遇 |
| 10 | 烏达巴拉 | 興安女高第3期卒業生<br>満洲国立女子師範大学（女子師道大学）1945年卒業 | 阿拉善盟政治協商会議第2期常任委員 |
| 11 | 斉日（儒勒瑪） | 興安女高4年生 | 中共党員、北京中央民族語文翻訳局に勤務 |
| 12 | 烏雲必力格 | 興安女高4年生 | 内蒙古婦女聯合会副主任 |
| 13 | 格日楽 | 興安女高3年生 | 内蒙古青年職合会委員 |
| 14 | 格日勒図 | 興安女高3年生 | 呼和浩特市糖廠会計 |
| 15 | 蘇清蓬（満达日娃） | 興安女高3年生 | 呼倫貝尔盟、文化局局長、文化系統総支書記 |
| 16 | 関彩雲<br>(哈森格日楽) | 興安女高3年生 | 在哲里木盟地区の小学校で教員として勤務 |
| 17 | 烏雲 | 興安女高2年生 | 内蒙古家庭教育協会副主任 |
| 18 | 烏雲<br>(烏雲格日楽) | 興安女高3年生 | 内蒙古日報社資料室 |
| 19 | 包景貨 | 興安女高3年生 | 牙克石林業局党校副書記兼校長 |
| 20 | 鄭淑琴 | 興安女高2年生 | 内蒙古人事局幹部処処長 |
| 21 | 斯熱歌 | 興安女高1年生 | 中央《民族団結》雑誌社編集部主任 |
| 22 | 呼思楽 | 興安女高1年生 | 内蒙古社会科学院研究室主任 |
| 23 | 薩木夏 | 興安女高1年生 | 中央司法部公証律帰司処長 |
| 24 | 沙蘭<br>(都泰) | 興安女高1年生 | 牙克石市政治協商会議第2期委員会常務委員 |
| 25 | 額尔登其其格 | 興安女高1年生 | 内蒙古広播電視大学弁公室主任、人事処処長 |
| 26 | 吉日木図<br>(包桂芳) | 興安女高2年生 | 内蒙古医学院附属医院副主任医師 |
| 27 | 莎仁其其格 | 興安女高1年生 | 呼倫貝尔盟法院副院長、公安処主任 |
| 28 | 金波 | 興安女高卒業生 | 内蒙古自治区商業庁副庁長、内蒙古自治区政治協商会議第5、第6期常任委員 |

出典：「原興安女高部分同学簡歴」『興安女高』239-248頁より著者作成（掲載順）。

# 結　章

## 1　問題の所在

　本研究の目的は、日中戦争時期の日本占領下における中国少数民族の青少年に対する教育と戦時動員の実態を明らかにし、占領政策が個々の人生やアイデンティティの形成に与えた影響を解明するとともに、中華人民共和国建国に向かう激動の時代に中国社会にもたらした変化の諸相を描くことにあった。とりわけ、日本軍が中国回民に組織的に実施した回教工作に焦点をあてて論じてきた。

　歴史的に見れば20世紀に入り辛亥革命によって清朝が倒れ、漢族による統一政権である中華民国が成立した。しかしながら政権は不安定で、特に1910年代後半から1920年代にかけては、軍閥混戦による農村破壊が著しく、それに加えて自然災害も深刻であった。1927年には南京国民政府が樹立されるものの、共産党との内戦を抱え、不安定な状況が継続していた。

　一方、1931年の満洲事変以降、関東軍は「満洲国」を建国し、それだけには留まらず華北分離工作を発動して中国における分割統治を進めた。さらに内蒙古の中国からの分離を画策した内蒙工作によって、1936年には蒙古軍政府を樹立し、内蒙古から新疆に至るまでの中国西北部を支配下に治めることを企てた。立て続けに拡大戦略をとり、中国の懐部分である内陸部への侵攻を図ったと言えよう。

　中国西北部は中央アジアから続く、ムスリムの集住地域である。新疆にはウイグル人が、また甘粛や寧夏には回民が住んでおり、かなりの勢力であった。また日中戦争当時、回民は中国の西北部のみならず、華北や蒙疆に居住していた。

日本軍部は民族分断政策により漢族を牽制するため、さらに中国西北部への軍事侵攻にムスリムを利用しようと企図して、華北、蒙疆の日本占領下において回教工作を発動した。同工作は、宗教や生活習慣の違いに由来する漢族とムスリムとの確執を利用しながら、漢族を牽制し民族分断を押し進めようとした政策でもあった。

　清朝末期の回民起義およびその弾圧以来、回民は社会的に抑圧された存在であった。しかしながら、清末にメッカを訪れ、あるいは日本に留学し、イスラームの近代化に目覚めた知識人が、帰国後、中国国内でイスラーム改革運動を進めようとしていた。ムスリムとしてのアイデンティティとともに、中国に生きる国民としてのアイデンティティ強化への胎動が生じていたのである。そのため、回教工作は、当初から矛盾をはらむものであったと言えよう。

　総じて本研究の課題は、日本占領下での中国少数民族の教育と動員について回民を中心として検証し、回教工作の果たした逆機能ともいえる役割を考察していくことにあった。こうしたテーマは、具体的に以下の4つの問題意識に基づいている。

　第1は、日本軍はどのようなかたちで、回民を中心とする少数民族の青少年を教育し、戦時動員しようとしたのか、具体的な施策や実施の状況を究明することである。とりわけ、これまで正面から論じられることがほとんどなかった少数民族女子青年の教育と戦時動員についての検証を試みた。また従来、取り上げられることが少なかった学校外の活動や学校教育以外の社会教育という視点から検証したいと考えた。

　第2に、占領下に生きる人々が、日本側の策動に対して、いかに対峙し生き抜いていったのか検討することである。日中戦争、その後の共産党と国民党との内戦といった状況は極めて混沌としており、人々は様々な選択を迫られてきた。こうした占領下、かつ複雑に錯綜する時代の中で、ある部分では日本側の施策を受容しながらも、一方では回避したり、拒絶するところもある。従来は「対日協力」というかたちで片付けられてきたものを、丁寧に繙きたいと思った。

　第3は、日本側の占領政策が中国国民としてのアイデンティティの形成や総体としての中国社会へ変化をもたらしていく諸相を、検証することである。占領政策やその策動の中で、回民がムスリムでありながら中国国民であるという

ダブル・アイデンティティをいかに確立したのか、それが結果的に中華人民共和国の建国にどうつながっていくのか、その道筋を具体的に明らかにし個人と社会とのダイナミックな関係を描きたいと考えた。個々人の変容は、どのように社会に影響を与えるのか、という問いに対する探求でもある。

第4に、占領政策にともなう日本人との邂逅が、占領下を生きる人々のその後の人生に、どのようなインパクトを及ぼしているのか、回教工作者－回民、教師－生徒といった人間の出会いが果たす作用を、解き明かしていくことである。これは、換言すれば日本側による善意の文化交流が、なぜ結果的に被害を及ぼすことになるのかの解明ともいえる。日本の軍事占領のもとで、草の根レベルで担当者が真摯に取り組んだ活動が変容を余儀なくされ、少数民族を手段として利用し、結果的にそのことが彼らに悲劇をもたらしていく、その有り様を描いていくことも、本論の重要なテーマであった。

総じて、支配と抵抗というマクロの二分法的な視角ではなく、錯綜する時代状況の中で人々の多様な生き方をミクロの視点から実証的に論じてみたいという願望が本書執筆の出発点にあった。

以下では、まず第2節で各章の要約をしながら、第3節で全体を通しての考察を述べていく。

## 2　各章のまとめ

### （1）　日本軍のアジア侵攻と回教と工作

第1章では日本の軍事支配下におかれた朝鮮、台湾等における日本の宗教政策について検証し、神社参拝の強制と、それにともなう文化摩擦や民衆の抵抗について論じた。

次に日本の帝国拡大にともなうイスラームへの関心の高まりと、日本国内における回教工作の動向に焦点をあてて検討した。具体的にみるならば、1938年には陸軍参謀本部および右翼の支援の下、首都東京に東京回教礼拝堂が設立された。また国内における回教工作の中心機関として大日本回教協会が組織された。ただし、同協会による回教工作は、その初期の段階からムスリムに対する浅薄な理解に基づいていたことを解明した。

第2章では、民国時期および日中戦争時期における中国の回民と日本の回教工作について検証した。なぜ、日本軍は回教工作を発動したのか、その時代背景を探るため、まず、大漢族主義を標榜する国民党政権における少数民族認識や教科書に現れた少数民族へのまなざしについて考察した。さらに、国家統一の観点から同化主義を採る国民党のイスラーム政策を、少数民族自治尊重を全面に出す中国共産党のイスラーム政策と比較しながら論じた。

日本軍が回教工作を企てた国際的な状況としては、1931年の満洲事変以降、満洲国を建国し、中国における分割統治を進めていたことがある。日本軍は民族分断政策により漢族を牽制するため、さらに中央アジアから続くムスリムの居住地域である中国西北部への軍事侵攻を視野に入れて、積極的な回教工作を発動した。

こうして日本占領下の北京において、盧溝橋事件の翌年の1938年にムスリムの組織である中国回教総聯合会が、北支那方面軍特務機関のテコ入れによって設立された。ここでは、中国回教総聯合会の組織および諸事業について概観しつつ、日本側の統制政策のため、回民の生業が却って圧迫されていた実態を明らかにした。

## （2）　中国回教総聯合会の回教工作と教育

第3章では、日本占領下の北京における回民教育について論じた。清末以来、北京では回民知識人の先駆者が近代的な学校を建設し、教育を通じて回民の地位向上を希求しようとしていた。こうした矢先、盧溝橋事件が勃発した。日本の華北への軍事侵攻は、イスラーム改革運動の中で軌道に乗り始めた近代的な回民教育に、困難と挫折とをもたらしたのである。

イスラーム系小学校の中には、閉鎖されたり、統廃合されたりしたところが少なくなかった。回民の経済的困窮も深刻であり、児童・生徒は就学の機会を失った。

しかしその一方で、日本の軍事的支配という過酷な情況で、回民知識人を中心に宗教共同体を保護し後代を育てるため、イスラーム色を強めた小学校を設立する動きが広がった。こうした小学校の設立に対して、中国回教総聯合会側は、反共に役立つということで奨励した。イスラームの信仰を、反共の砦とし

て利用しようと企図したのである。

ただし教育のイスラーム化が主張され、イスラームの振興が唱道されることで、回民は日本占領下にもかかわらず、ムスリムとしてのアイデンティティを強めていった。

当時、華北占領地の教育機関においては文化工作の一貫として日本語教育が強制的に推進されており、大日本帝国への文化統合が図られていた。そのためイスラーム系の学校でも日本語や修身が必修科目として導入された。しかしながら、これらはあくまでも形式的なものに留まり、実際は浸透を図ることができなかった。回民の抵抗が根強かったことを示すものであろう。

また日本が華北占領下で強制的に進めていた宮城遥拝に関しても、唯一神であるアッラーしか礼拝してはならないというイスラームの教義を持つ回民の反発は著しいものがあり、中国回教総聯合会の幹部は宮城遥拝を拒否したことが第3章では明らかにされた。

日本が華北占領地で行った文化工作の本来の目的は、親日思想を注入し日本に対する抵抗精神を砕くことにあった。しかし回民たちは、こうした日本の文化工作に対してイスラームを盾に対抗し、イスラームを信仰する民族としての誇り守るためには、日本の文化工作に抵抗することも辞さなかったのである。

第4章では、華北における中国回教総聯合会によるイスラーム青年工作を、中国回教青年団に焦点をあてて検証し、青年団における軍事教練を中心とする訓練内容、訓練終了後の進路、勤労奉仕と青年団の活動停止について論じた。あわせて、青年団終了後に、中国回教総聯合会に就職し、その後、日本に留学生した青年について取り上げながら、回教青年団への参加の理由、その後、回教総聯合会を離れて共産党の側につくまでの思想的経緯を明らかにした。

同青年団では軍事教練が多く、ムスリムの軍隊を作ることを目的としていたといっても過言ではない。また一般的に回教青年団の参加者は回民の中でも比較的に経済的な余裕のある家庭の出身であったが、勤労奉仕の名のもとに満洲に派遣され、炭坑での作業という過酷な労働まで強いられていた。

たとえイスラーム青年の側に、中国回教総聯合会や青年団に対する何らかの期待があったとしても、現実はことごとく期待を裏切るものだったのである。こうして青年団員の募集は困難となり、青年団は実質的に解散へと追いやられ

ていく。

　もともと日本軍部は、ムスリムは反共の立場に立つものと考え、反共勢力として共産党に立ち向かい中国侵略の尖兵になることを期待して、回教工作を展開した。しかしながら、華北における一連の回教工作は、かえって回民の反発を招き、国民党よりも抗日の姿勢を明確に示していた共産党の側に、むしろイスラーム青年を駆り立て、逆効果でさえあった。

　特に中国共産党は、日中戦争時期に中国西北部に本拠地を構え、回民に対する少数民族政策を積極的に押し進め、独自の民族である「回族」として認めていた。共産党は社会的にマージナルな存在であったムスリムに対して、政治上の諸権限を与え社会的地位を高めることで、自らの側に引き寄せたのである。その意味で、日本の軍事侵略および回教工作が回民をして回族という民族に昇華させたと考えることもできる。

　第5章では、蒙疆政権での西北回教聯合会を中心とした回教工作と青年教育を取り上げた。蒙疆政権での回教工作は、華北におけるそれとは様相を異にしている点がある。まず第1に、蒙疆政権においては、回民に対する優遇政策が採られ、政府の行政組織の中に回民に関する業務を管轄する回教委員会が設けられたことである。この点、華北においては、中国回教総聯合会があったとはいえ、あくまでも民間組織である。回民の側に政治的な地位向上の要望がありながらも、要求を満たすことはなかったのと対照的である。

　また、日本側がモスクへの光塔の建設に協力したことも、後々まで回民の心に残ることになった。

　第2に、蒙疆政権では教育を重視し、回民児童のために新たに学校を設立したり、回民青年学校においても学科目を盛り込み、回民の青年に対して教育の機会を提供していることである。同校ではカリキュラムにアラビア語を取り入れていることが示すように、イスラームの独自性を尊重している部分もある。これは北京の中国回教青年団が軍事訓練を重視していたのとは、異なっている。

　こうした一連の施策のため、蒙疆政権下において日本人と回民との関係は、比較的良好であったと思われる。しかし日本軍部が蒙疆で進めた回教工作は、ムスリムに対する優遇の姿勢を示しながらも総体的に見れば謀略にほかならず、日本軍の西北への勢力拡大に回民青年を利用したにすぎなかった。

また蒙疆における日本の回教工作は、華北のそれに比べて活発であったため、その後の反動も大きかった。敗戦にともなう日本軍の撤退は、ムスリムに共通の願いであったにもかかわらず、西北回聯関係者で処刑されたものを含め、少なからぬ犠牲者を出した。日本の回教工作が蒙疆に残したものは、政権の崩壊によって置き去りにされた少数民族の悲劇にほかならなかったのである。

### （3）　日本占領下の回民女子中等教育

　第6章では、日本占領下の北京に設立された回民女子青年のための中等教育機関である実践女子中学について論じた。中国回教総聯合会は青少年への教育を重視し、回民女子のための中等教育機関である実践女子中学を設立した。

　中国回教総聯合会は、『回教週報』といった活字メディアを使って、同校の学生募集を何度も行い、女子中等教育を推進しようとしていた。しかしながら、女子学生の募集は困難であった。十分な資金も教員スタッフもいないところで、いくら学生募集をしても学生を集めることはできなかった。

　また、実践女子中学の重要な教育目標の一つとして良妻賢母の育成があり、教育内容としては、家政を重視していた。日本的な女子中等教育を導入し、職業訓練的な家政科を設けて学生募集を図ろうとしていたものの、それが回族の求める教育とは乖離していたのである。日本側の思惑どおりには、女子教育が進展しなかったことを、活字メディアは如実に伝えていると言えよう。

　第7章においては、蒙疆政権下の張家口において、日本語教師養成のため善隣協会によって設立された善隣回民女塾を取り上げて論じた。指導者である是永章子による指導の実態、女塾における教育および生活の様子、また塾外における積極的な活動、蒙疆回教女子訪日視察団の日本訪問についても検証した。また、塾生自身が、女塾での活動をどのように考えていたのか、中国や日本に対してどのような思いをもっていたのかという点から考察した。

　回民女塾の実践には、心の琴線にふれる教師と学生との暖かい交流があったと、当時、同塾を訪問した中国文学者の竹内好は述べている。また、指導者の是永は、自らイスラームの歴史について学びながら教え、塾生たちにムスリムとしての誇りを持つように指導を行っている。こうした教育を通じて、塾生が過去のイスラームの栄光に思いを馳せ、ムスリムとしての意識を覚醒させてい

る点も指摘できよう。

　ただし女塾の学生は軍隊への慰問や共産党軍への対敵宣伝にも動員されたほか、卒業後に回民小学校での日本語教師として占領政策へ協力させられた。またイスラム婦女会の中核メンバーとして軍隊の慰問活動を担うことも要請された。また、一部の卒業生は、訪日団に参加しているが、東條英機の家で歓待されプレゼントをもらって感激したこと、東條の指導のもとに国難に挺身するといった決意表明が、当時の新聞に大きく取り上げられている。戦意昂揚の役割を果たすことが期待されたからである。

　戦争という歴史の流れの中で、教師と学生とが真剣であればあるほど、後世において厳しい批判を浴びせられる結果を招くことになったのも事実である。日本敗戦後、そして中華人民共和国建国後、彼女たちの行方は杳として知れない。こうした沈黙の中に、彼女たちが戦後、背負うことを余儀なくされた苛酷な運命が暗に示されているのではなかろうか。

## （4）　満洲国におけるモンゴル人女子中等教育

　補論では、日本占領下の少数民族女子中等教育について比較検討するため、満洲国におけるモンゴル人女子中等教育を、興安女子国民高等学校を取り上げて論じた。

　興安女子国民高等学校は、1937年に日本軍関係者が関与して設立した学校であり、当初、興安軍官学校のモンゴル人士官の妻になるような良妻賢母の育成を目的としていた。興安女子国民高等学校のカリキュラムにも家政科があった。また、神社の参拝も強制された。

　しかし女子青年たちは日本側の意向に決して従順であったわけではなかった。日本の軍事支配下にありながらもモンゴル人の復興を強く願い、その力を蓄えるために勉学に真剣に取り組んでいた。表面的には日本人に従っていたが、不合理と思われることには抗議し、秘密裏にモンゴル人の青年たちで集会を開催した。

　モンゴル人の場合、隣国に独立国であるモンゴル人民共和国が存在していたことが、大きく作用していたように思われる。民族の独立を志向していたため、日本が持ち込もうとした方式や規則に対して距離をおいていた。反発も強いも

のがあった。学校はある意味で近代化の揺籃としての機能を果たし、彼女たち
は日本の近代教育をいわば道具として利用しながら、自民族復興の機会を窺っ
ていたと言えよう。

こうして同校で養成された多くのモンゴル人の女子青年は、1945年の日本敗
戦後に民族振興への強い思いを抱いて革命運動に積極的に参加した。さらに
1949年の中華人民共和国建国後には、内モンゴル建設のうえで力を発揮して、
モンゴル女性運動の先駆者となったのである。

## 3 考察

全体を通じての論考の中で明らかになったのは、以下のとおりである。

### （1） 日本の回教工作と回民

日本軍部は民族分断政策により漢族を牽制するため、さらに中国西北部への
軍事侵攻にムスリムを利用しようと企図して、主に華北、蒙疆といった日本占
領下において「回教工作」を発動した。日本軍部はムスリムが、反共勢力とし
て共産党に立ち向かい中国侵略の尖兵になることを期待していた。

そのため日本軍はムスリムの団体である北京に中国回教総聯合会を設立し
た。中国回教総聯合会では、回民の社会的地位向上を主な目的とする事業を展
開した。しかし、結果的には統制政策を強化し、回民の生業を奪うことにも繋
がっていた。

また、中国回教総聯合会ではとりわけ青少年に対する教育や団体訓練を、重
点事業として重視した。日本流の訓練重視の青少年教育の移入である。そのた
め、北京において中国回教青年団が組織された。また西北回聯のもとで、張家
口、厚和などに青年学校が組織された。

中国回教青年団は将来的にはムスリムの軍隊を組織することを視野に入れな
がら、軍事教練や日本語教育を実施した。回民青年は、自らの社会的地位の向
上や就職の斡旋などを希望して参加していた。しかしながら、実態は満洲の炭
鉱への勤労動員など、希望にそぐわないものであり、結果的に回教青年団は解
散へと追いやられていく。

日本軍の回教工作には基本的な部分でのムスリムに対する理解の不十分さがあるように思われる。つまり日本が回教工作の主な対象とした回民は、宗教的にはイスラームを信仰しているが、母語は漢語であり漢族と文化的基盤を共有していた。

　確かに漢族と回民との間には、歴史的に形づくられてきた民族間の確執があったものの、回民が日本の側に立つことは基本的にはあり得なかったのである。日本軍部による回教工作は、失敗するべくして失敗したと言えよう。

## （2）　ムスリムとしてのアイデンティティの強化と日本側への静かな抵抗

　近代以降の回民の歩みという文脈から見れば、日本の軍事侵攻は、当時、イスラーム改革運動の中で軌道に乗り始めた近代的な回民教育に、困難と挫折とをもたらすものでしかなかった。財政難から回民小学校が次々に閉校に追い込まれた。

　しかし回民は日本の軍事占領下という苛酷な状況で、宗教共同体を守り後代を育てるため、むしろイスラーム色を強調した小学校を設立した。日本側も回民を懐柔するため、黙視するほかなかった。日本側は親日思想を注入するために、こうした学校で、日本語教育などの文化工作を展開しようとしたが、立ち消えになった。

　つまり彼らは日本の回教工作を逆手に取りながら、中国に生きるムスリムとしてのアイデンティティの強化を図り、そのことで日本軍の文化工作への抵抗の姿勢さえ示していた。そこには単なる支配ー従属では片づけられない、屈折した抵抗とでも表現すべきものがうかがわれるのである。

　また一般的に日本占領下で日本側の施策に協力した者に対しては、漢奸、あるいは回民の場合には、回奸として烙印が押され、戦後、関係者は身を潜めるようにして暮らしてきた。しかし資料を詳細に検討していくと、対日協力者とされた人物に関しても、占領下という状況からコミュニティに暮らす住民の安全保障、あるいは利益保護という側面からの協力や受容であり、軍事支配下にあっても自分たちの誇りを最後まで保とうと尽力したケースも少なくない。漢奸、回奸として一概に断罪すべきではないと考える。

## （3）　回民のダブル・アイデンティティの形成と中華人民共和国の建国

　日中戦争当時、中国ではムスリムをめぐって国民党、共産党、さらに日本軍が三つ巴となって積極的なイスラーム工作を行っていた。西北を中心として居住するムスリムの趨勢が、日中戦争勝利のため、それだけ重要だったからである。

　日本の軍事力を背景とした強制的なムスリムの組織化は、かえって独自の宗教・文化を堅持しながらも中国に帰属する一民族としての意識を覚醒させ、ナショナリズムを高揚させるという逆説的な役割を果たした。換言すれば、中国に生きる回族としての自覚が高まると同時に、中国への帰属意識も強まり、彼らは「中国人」へと参画していったのである。いわば、ムスリムとしてのアイデンティティとともに、中国国民としてのアイデンティティというダブル・アイデンティティを持つようになっていく。その意味で、日本の軍事侵略および回教工作が、回民をして回族という民族に昇華させるうえで一定の役割を果たしたとも考えられる。

　当時、国民党は日本の侵略と日本側からの回教工作に対抗して、独自の回教政策を打ち出し回民の組織化を図っていた。しかしながら、国民党は、民族の統一を図る立場から大漢族主義を採り、回民を独自の民族としては認めていなかった。

　一方、中国の西北部に根拠地（＝旧解放区）を定めていた共産党は、旧解放区の周辺に居住していた回民への関心を高めていた。そして回民を独自の少数民族である回族として承認し、彼らに政治的諸権限を与え、社会的地位の向上を図った。その結果、共産党はマイノリティである中国人ムスリムをも自分の勢力範囲に収めていったのである。

　この場合、回民の側の主体的な選択が働いていることに注目すべきであろう。当時の状況から見れば、彼らの選択肢として日本側に協力するあり方もあった。しかしながら、彼らは日本側には靡かず、中国国民として生きる道を選び取った。

　その後、共産党が日中戦争勝利のうえで大きな役割を果たし、さらに最終的に国民党に勝利を収め中華人民共和国を建国したことを考えるならば、回民がキャスティング・ボードを握るキーパーソンであったこと、そして中国の周縁

に位置するマイノリティを掌握し得た者こそが、中国の統一に成功し、歴史の扉を開いたことを我々に呈示しているのではなかろうか。

### （4） 日本とイスラーム世界との出会いと忘却

日本にとって、イスラームやイスラームを信仰する諸民族は、地理的な理由もあって、疎遠な存在であった。しかし帝国の拡大と日本軍の中国侵攻、「大東亜共栄圏」建設に向けての軍事的策謀が直接の契機となって、異民族との接触が生まれ、イスラームという未知の領域に対する関心が高まっていく。日本がイスラームという異質な世界に目を向けるようになったのは画期的であった。

しかし戦時下における回教工作は、あくまで政治的謀略であった。イスラームとの出会いが、日本軍の大陸侵攻にともなう策謀の中で進められたのは、日本にとって不幸なことであり、日本の回教工作は失敗に終わった。

その結果、日本側は回教工作を忘却の彼方に押しやり、現在でもイスラームに対しては、旧態依然のステレオタイプな理解に留まっている。たとえばアラビアというと「アラビアンナイト」、またイスラームというと「砂漠の宗教」を少なくない人が連想するのではなかろうか[1]。さらに「コーランか剣か」という言葉に象徴されるような、武力でイスラームを押しつける不寛容なイメージがあり、現代社会でのイスラーム原理主義およびそれへの批判に連なるものと言えよう。

しかしながら、これらは欧米発のイスラーム像であることに注意しなければならない。たとえば、イスラームは実はメッカ、メジナという都市から生まれた宗教である[2]。イスラームが広まったときアラビアには、すでにキリスト教徒も、ユダヤ教徒もゾロアスター教徒もいた。イスラームは、非常に寛容な宗教であり、イスラーム世界は、異なる宗教の信者がいることを前提として成り立っているのである。

けれども記憶を忘却した日本人は、相変わらずヨーロッパ発のゆがんだイスラーム・イメージを持ち続けている。回教工作は、結果的に負の遺産をもたらすことになったのである。

## （5）　少数民族女子中等教育と戦時動員——善意の交流から敗戦後の悲劇へ

　日本占領下においては少数民族女子への中等教育を重視しており、回民女子を対象として北京においては実践女子中学、蒙疆政権においては善隣回民女塾が設立された。

　日本側は、占領下において青少年の組織化と戦時動員を積極的に推進したが、とりわけ、善隣回民女塾の塾生は、軍の壮行会での劇出演や、軍隊への慰問に動員された。ムスリムにもかかわらず神社で見習い職員としての勤務や奉仕も強制され、宴席での接待も求められた。占領地における少数民族女性については、従来あまり脚光を当てられることはなかったが、そこには為政者側の少数民族、そして女性に対しての二重の差別意識が感じられる。

　またメディアに数多く露出し、日本側為政者の言いたいことを彼女たちに代弁させ、そのことで戦意を昂揚しようとしている。彼女たちはいわば、日本占領地における被支配民族の優等生であり、広告塔であった。しかしながら、日本の敗戦後、「芸妓」という汚名冠せられ、その後の人生に暗い影を落としたことは、明記されるべきであろう。

　日中戦争の被害については、加害者側の日本と、被害者側の中国との非対称性を指摘する研究者もいる[3]。日本にとっては単なる軍事的な紛争であったのかもしれないが、中国にとっては既存社会における旧秩序の破壊であり物理的、心理的に大きな傷跡を残した。回民女塾についても、教師の側と学生の側とが受けた打撃の非対称性について留意すべきであろう。

　ところで、日本の内蒙古工作において民間団体である善隣協会は、善隣回民女塾の運営など、重要な役割を果たしていた。善隣協会の目的は、善隣精神による友好交流の促進であり、その職員であった音尾は、「善隣協会の真の喜びは善隣友好の相手を常に目的として取り扱うことであり、悲しみは善隣友好の相手を手段として取り扱うこと」と記している[4]。そして「常に内蒙古の蒙古民族・回民等異民族に対し愛情を持って臨んだ」としている。

　たしかに、善隣協会の諸事業においてたとえば善隣回民女塾の教師である是永のように直接の担当者は愛情を持って臨んだであろうし、人々の暖かい交流の記録は、今読み返してみても心を打つものがある。しかしながら、結果的には、相手を手段として利用していたからこそ、是永章子の熱意にもかかわらず、

日本の敗戦後、塾生や回民関係者は対日協力者として苛酷な運命にさらされることになったのではなかろうか。

　日本人は敗戦後、日本に帰ることができたが、少数民族には帰るところもなかった。日本軍の協力者の中には、戦後、処刑された者もいるし、文革時に、日本の対敵協力者として、厳しい批判に曝された者もいる。こうした事実は、日本人として、決して忘れてはならないことであろう。

## （6）　近代学校教育を道具として利用したモンゴル人女性

　一方で、モンゴル女子青年たちは、日本の近代教育を道具として逆に利用した。学校は近代化の揺籃である。満洲国におけるモンゴル系の学校では、チンギス・ハーンを中核としてのモンゴル族の団結を目指していたところもあった。日本の教育を受けることで、彼女たちは近代知識を学ぶとともにモンゴル人意識を高めていった。中華人民共和国建国後も、文革中の荒波はあったものの、モンゴル人女性の代表として、社会の中で活躍していった。

　植民地における教育実践は、被支配者に対して支配者への同化を迫るものとして、否定すべきものである。ただし、日本の植民地下にありながら、堂本修や山根喜美子のような女性教師がいたことを、同時に指摘しておきたいと思う。戦争を前にして個人には何ができるのか、植民地・占領地があっけなく崩壊していった原因の追及とともに、今後の課題として考えていく必要があるが、その場合、生徒を尊重し主義主張を押しつけることはなかった、そして手紙というかたちで文通を続けた二人の女性教師の姿は、示唆を与えてくれているように思う。だからこそ文革後、50年という長い歳月を経ながら交流が復活し、かつての教え子たちは内蒙古を訪問した教師を暖かく迎え入れたという。

　世話になった教師のことを終始忘れずに記憶に留めていたモンゴル人女性たちの情の深さとともに、教師と学生の誠意溢れる交流は、数十年の歳月を経ても人々の心に灯火をともし続けることを、興安女高の実践は教えてくれる。こうした日本人とモンゴル人との交流は、日本人にとっては救いとも言えるのではなかろうか。

## 4　今後の課題

　本論を締めくくるに際して、本書の中での解明が不十分であった点、今後に残された研究上の課題を述べていきたい。

### （1）　ナショナリズムの行方

　歴史的に見れば清末における王朝システムの崩壊で、中国の民衆は国家に対する求心力を失っていた。また中国においては階級間の格差が大きかったうえ、多数の民族を抱え、文化的な差異も決して小さくなかった。

　しかし明らかに敵対的な他者と対峙することで、中国の民衆は単一の国民として自己を規定していった[5]。こうして日中戦争の過程で中国の領域内に居住する民衆は、他者への反動から、階級、民族、あるいは地域の違いを越えて、中国に愛国心を持ち、中国人としてのアイデンティティを確立するようになったのである。

　さらに、日中戦争勝利ののち、国家統合へ向けての大きなうねりの中で、中華人民共和国が建国されることになったが、外敵と対峙することでの一体感の形成、といったナショナリズムが醸成されたあり方は、以後、社会主義を掲げる中国の独特の国民意識や帰属感の特徴を形づくった[6]。

　つまり中国という多様で異質な存在を抱えている国家において、内部矛盾を顕在化させることなく国家統合を図るためには、外敵の存在が必要不可欠だったのである。そのため、人民中国建国後においても、朝鮮戦争、中ソ国境紛争、中越戦争など、対外的な摩擦が生じてきたことは、周知の事柄である。また現在、日本と中国との間に、教科書問題、歴史認識問題、靖国参拝問題など、日中戦争に端を発した様々な問題がくすぶり続けているのも、中国におけるナショナリズムの形成のされ方と深く関与していると言えよう。

　しかしながら現在、中国は一帯一路構想を打ち出し、世界の超大国を目指している。これまでのような19世紀以来の帝国主義の侵略や日中戦争の中で培われてきた総力戦体制におけるナショナリズムの在り方ではなく、超大国としての姿を示す段階に来ているのではなかろうか。

今後、中国におけるナショナリズムがどのような方向に進んでいくのか、19世紀後半から現在、そして未来を見通した研究をしていきたいと考える。

## （2）　中華人民共和国におけるエスニック・マイノリティ

日本の回教工作は、回民を初めとする少数民族を、結果的に中国共産党の側に立たせる作用を果たした。しかしながら、人民中国建国後に少数民族が歩んだ道のりは、決して平坦なものではなく、漢族との間に多くの問題が横たわってきた。

たとえば、本論で論じてきた回民について言えば、日中戦争時期に注目され、共産党から独自の文化を持った民族である回族として認められ、社会的な地位も向上した。 また建国当初は、一般的に他の宗教に対しては、教会や寺廟の土地没収という厳しい政策が採られたが、回族に対しては、比較的寛容でモスクの土地没収に対して慎重な政策が実施されたという。これは日中戦争時期に回民が共産党に協力したための配慮と考えられている。

さらに回族の多かった寧夏省は、1958年に寧夏回族自治区として編成されることになった。こうした自治区の再編成は、全国的に少数民族地域において、内蒙古自治区、新疆ウイグル自治区等の自治区が成立した動きに沿ったものであり、少数民族の優遇政策を展開する意味があったといわれる。確かに寧夏回族自治区内では、回族の幹部が積極的に登用されてきた。

しかしながら、1958年は同時に、寧夏において激しい宗教弾圧が行われた年でもあった。宗教制度の改革という名のもとに、モスクが閉鎖され、同年以前には1895所あった寧夏のモスクが、1960年には109所に激減している[7]。宗教指導者の逮捕も相次いだ。また文革中に、寧夏にあったモスクのほとんどが徹底的に破壊され、指導者の中には処刑された者もいたという。

こうした宗教弾圧や迫害が直接あるいは間接に、回族に対する教育にも影響を与えてきた。たとえば親が逮捕・投獄されたため、小学校に就学できない児童がいたのは確かな事実であり、教育上の格差が存在してきた[8]。

中華民国建国から日中戦争を経て今日に至るまでの約1世紀のあいだ、政権が国民党から共産党へと、経済体制が資本主義から社会主義、さらに改革開放路線のもとで社会主義市場経済へと変わったものの、依然として地域間格差、

民族間格差は解決が待たれている。また現在、市場経済化が進み貧富の格差が深刻化する危惧もある。だからこそ教育に横たわる格差を是正し、そのうえで社会に存在する不平等を克服すること、少数民族の文化、宗教をいかに尊重できるのかは、21世紀における重要な課題となろう。

エスニック・マイノリティのとらえ方について、近代中国を代表するオピニオンリーダーである梁啓超は、日本の内村鑑三の影響を受けているともいわれている。20世紀以降のの回民（回族）を含めたエスニック・マイノリティの在り方を、多元文化尊重という立場から検証することが必要であると思われる。

今後、清末から、民国期、日中戦争、そして人民共和国建国後といった長いタイムスパンから、中国のエスニック・マイノリティ、とりわけマイノリティ女性の教育と人生について、激動の中国近現代史の中で日中の比較の観点から、描いていきたい。

## （3） 時代を超えた交流の姿

日中の交流史に関わって、今後は、人間の一生をトータルに見る研究をしていきたいと考える。たとえば戦前の回教工作は謀略そのものであったが、中華回民総聯合会の顧問であった三田了一のように、戦後は日本のイスラーム界を背負った人物がいる。小村不二男にしても、戦前は、特務機関のために回教工作を直接に担っていたが、敬虔なムスリムとして一生を終えた。三田や小村といった回教工作の日本人関係者が、中国人ムスリムとの交流を通じて、「日本人」を越える存在になり、戦後の日本イスラーム界を支えることになったのは注目できる。

戦前、中国大陸で暮らしていた植民者についても、占領地では意識的にも無意識的にも支配者であった。しかしながら、戦後においては大陸での生活を懐古し、当時の人間的な交流や現地の人々から受けた温情に思いを寄せ、親中国派として日中友好を推進してきたのは、まさに彼らの存在だった。日中国交回復後にたびたび中国を訪れ、現在、日中関係が厳しい状況になっても、中国ファンとして暖かい視線を送り続けていることは、見過ごすことはできまい。

また戦時下において父親が軍人として中国と戦ったにもかかわらず、戦後は一貫して草の根の立場から日中友好を支え、日中の留学生の交流に尽力した人

物もいる。

　今後、戦前、戦後にかけての 1 人の人間の一生を全体として見据えた研究、さらに、次世代に継承される日中の交流の在り方を検証してみたいと考える。


## （4）　資料上の課題

　本書においては資料面の制約から、華北および蒙疆占領地における回教工作や少数民族教育の実態など、考察するうえで限界があったのは確かであろう。ミクロ分析を重視する場合、資料の収集は何よりも重要である。

　そのため政府の公文書を丁寧に検討するほか、特に関係者インタビューを粘り強く、また早急に進める必要性があろう。日本占領下で教育を受け、その経験について語ることができる関係者は、すでに 80 歳代以上の高齢になろうとしている。本書執筆の時の流れの中で、鬼籍に入られた方も少なくない。まさに時間との戦いであることを、筆者は切実なものとして感じている。

　今後は女性やエスニック・マイノリティなど社会の周縁に置かれた人々の声に真摯に耳を傾けつつ、より精緻で多角的な日中比較教育史を再構成すること、これは筆者に残された大きな課題であると考える。


**注**

1）　鈴木規夫『日本人にとってイスラームとは何か』筑摩書房、1998 年、58 頁。こうしたイスラーム理解は、和辻哲郎に拠るといわれる。和辻は風土を、モンスーン（東アジア、南アジア）、砂漠（アラビア、アフリカ、蒙古）、牧場（ヨーロッパ）に分けて考えた。

2）　佐藤次高・鈴木薫編『都市の文明イスラーム』講談社、1993 年、257 頁。

3）　田嶋信雄「国際シンポジウム「和解への道——日中戦争の再検討」参加記」『近現代東北アジア地域史研究会 NEWS LETTER』（27 号）2015 年、34 頁。台湾中央研究院のシンポジウム趣意書（黄自進）。

4）　音尾秀夫「回憶 善隣協会」善隣会『善隣協会史』日本モンゴル協会、1981 年、34 頁。

5）　リンダ・コリー著、川北稔監訳『イギリス国民の誕生』名古屋大学出版会、2000 年、397 頁。

6）　奥村哲『中国の現代史——戦争と社会主義』青木書店、1999 年、218 頁。「社会主義体制とは、相対的に後進的な諸国における、『帝国主義の侵略』に対処する総力戦の態勢であり、中国の場合、日本の侵略が決定的な転換点になった。まさしく、日本に侵略があとに遺したものだったのである」（6 頁）。

7）　周瑞海『寧夏回族自治史略（1936-1988）』寧夏人民出版社、1993 年、124 頁。張承志『回教からみた中国——民族・宗教・国家』中央公論社、192 頁。

8） 拙稿「少数民族地区における社会変動と人間形成」『現代中国』（第71号）現代中国学
会、1997年、38-50頁。

340

## 主要参考文献一覧

　A 日本語（あいうえお順）、B 中国語（ピンイン順）、C 英語（アルファベット順）の順番
に記載する。

A　日本語
A-01：日本語一次史料
**早稲田大学イスラム文庫所蔵資料**
大日本回教協会旧蔵写真資料「訪日蒙疆回教団（女子）関係」「東京回教礼拝堂関係」等。
大村謙太郎「時局の急変転に際して回教問題を回顧す」〈大日本回教協会勉強会講話〉、1945
　　年 8 月 18 日。
大日本回教協会旧蔵資料「大日本回教協会語学講座聴講者名簿」日付無し。
大日本回教協会旧蔵資料「日本内地回教事情概略調査表 教徒数」1941 年 6 月。
中国回教総聯合会『支那に於ける我が回教対策に就て』。
中国回教総聯合会『回教工作カラ見タ華北施政ノ一断面』、1941 年 7 月序。

**国立公文書館アジア歴史資料センター**
「（駐蒙兵団参謀長）蒙疆地区回教徒訪日視察ニ関スル件」、1938 年 4 月 11 日、（昭和 13 年
　　「陸支普受」第 2504 号）、Ref.C07090754800。
「蒙古聯盟自治政府主催回教徒訪日視察団ノ見学ノ件」、1938 年 10 月 1 日、（昭和 13 年「陸
　　支密大日記」第 55 号）、Ref.C04120561300。
「駐蒙軍参謀長　第 2 回回教徒訪日視察団派遣ノ件」、1939 年 4 月 10 日、（昭和 14 年「陸支
　　受大日記」第 5 号）、Ref.C07091124800。

**学習院大学東洋文化研究所**
蒙古自治邦政府回教委員会「邦内回教調査概要」1942 年。

**その他**
『映像の証言　満州の記録』全 30 巻、満洲映画協会、テンシャープ、1995 年。
山根喜美子関連資料（写真、メモ、手紙）。

A-02：日本語二次史料（刊行史料）
A-02-01：単行本
青江舜二郎『大日本宣撫官──ある青春の記録』芙蓉書房、1970 年。
阿部洋『米中教育交流の軌跡──国際文化協力の歴史的教訓』霞山会、1985 年。
阿部洋『中国近代学校史研究──清末における近代学校制度の成立過程』福村出版、1993 年。
阿部洋（研究代表）『戦前日本の植民地教育政策に関する総合的研究』（平成 4・5 年度科学
　　研究費補助金研究成果報告書）1994 年。
阿部洋『「対支文化事業」の研究──戦前期日中教育文化交流の展開と挫折』汲古書院、

2004 年。

阿部洋編『日本植民地教育政策史料集成（台湾篇）』（全 119 巻）龍渓書舎、2010-2017 年。

蘭信三編『中国残留日本人という経験——「満洲」と日本を問い続けて』勉誠出版、2009 年。

一宮操子『新版　蒙古土産』靖文社、1944 年（河原操子『カラチン王妃と私』芙蓉書房、1969 年）。

伊藤栄蔵『大本——出口なお・出口王仁三郎の生涯』講談社、1984 年。

板垣雄三『歴史の現在と地域研究——現代中東への視角』岩波書店、1992 年。

稲垣武『昭和 20 年 8 月 20 日——日本人を守る最後の戦い』光人社、2012 年。

稲葉正夫・小林竜夫・島田俊彦編『現代史資料・満洲事変 続』(11) みすず書房、1965 年。

井上久士編『華中宣撫工作資料』（十五年戦争極秘資料集⑬）不二出版、1989 年。

アブデュルレシト・イブラヒム著、小松香織・小松久男訳『ジャポンヤ——イスラム系ロシア人の見た明治日本』第三書館、1991 年。

今西錦司『遊牧論そのほか』平凡社、1995 年（オリジナル、1948 年）。

岩村忍『中国回教社会の構造』（上）日本評論社、1949 年。

岩村忍『中国回教社会の構造』（下）日本評論社、1950 年。

臼井勝美・稲葉正夫『現代史資料・日中戦争 2』(9) みすず書房、1964 年。

碓井雅久『社会教育』（教育学叢書 16）第一法規、1970 年。

内村鑑三『興国史談』警醒社書店、1900 年（『内村鑑三全集』(7) 岩波書店、1981 年所収）。

梅棹忠夫『回想のモンゴル』中央公論社、1991 年。

江口圭一『日中アヘン戦争』岩波書店、1988 年。

呉允台『日韓キリスト教交流史』新教出版社、1968 年。

王柯『東トルキスタン共和国研究——中国のイスラムと民族問題』東京大学出版会、1995 年。

大串隆吉『青年団と国際交流の歴史』有信堂、1999 年。

岡田春生『新民会外史——黄土に挺身した人達の歴史』（前編）五稜出版社、1986 年。

小熊英二『〈日本人〉の境界——沖縄・アイヌ・台湾・朝鮮植民地支配から復帰運動まで』新曜社、1998 年。

奥村哲『中国の現代史——戦争と社会主義』青木書店、1999 年。

治集団司令部『秘 全ジャワ回教状況調査書』（南方軍政関係資料 5）昭和 18（皇紀 2603）年、龍渓書舎復刻版、1991 年。

回教圏攷究所『回教圏史要』四海書房、1940 年。

加々美光行『中国の民族問題——危機の本質』岩波書店、2008 年。

加藤久『記録回教圏展覧会 全世界回教徒第一次大会来朝回教徒視察団』大日本回教協会、東京イスラム教団、1940 年。

加藤博『イスラーム世界の危機と改革』（世界史リブレット 37）山川出版社、1997 年。

加藤六蔵編『蒙古事情』満洲事情案内所、1940 年。

貴志俊彦・白山眞理編『京都大学人文科学研究所所蔵　華北交通写真資料集成』（写真編、論考編）国書刊行会、2016 年。

岸本美緒・宮嶋博史『世界の歴史 12　明清と李朝の時代』中央公論社、1998 年。

姜渭祚（キョウ・イソ）著、沢正彦・轟勇一訳『日本統治下朝鮮の宗教と政治』聖文舎、1976年。

金吉堂著、外務省調査部訳『支那回教史』生活社、1940年。

金瑛実『満洲間島地域の朝鮮民族と日本語』花書院、2014年。

倉沢愛子『日本占領下のジャワ農村の変容』草思社、1992年。

栗原清『極秘　中国回教問題の重要性につき諸賢に訴ふ』中国回教総聯合会、1943年6月。

敬和学園大学戦争とジェンダー表象研究会『軍事主義とジェンダー──第二次世界大戦期と現在』インパクト出版会、2008年、206頁。

小池長之『日本宗教の常識100』日本文芸社、2001年。

小池健治・西川重則・村上重良『宗教弾圧を語る』岩波書店、1978年。

興亜院華北連絡部『北支における文教の現状』新民印書館、1941年7月。

興亜宗教協会『華北宗教年鑑』（第一次版）興亜院華北連絡部内興亜宗教協会、1941年。

興安街命日会『葛根廟事件の証言──草原の惨劇・平和への祈り』新風書房、2014年。

高原千里編集委員会『高原千里──内蒙古回顧録』らくだ会本部、1973年。

国立教育研究所編『お雇い日本人教習の研究──アジアの教育近代化と日本人』（『国立教育研究所紀要』〔第115集〕）1988年。

小島勝・木場明志『アジアの開教と教育』（龍谷大学仏教文化研究叢書3）法蔵館、1992年。

小林元『回回』博文館、1940年。

ゴビ砂漠学術探検隊編『ゴビの砂漠』目黒書店、1943年。

駒込武『植民地帝国日本の文化統合』岩波書店、1996年。

駒込武『世界史の中の台湾植民地支配──台南長老教中学校からの視座』岩波書店、2015年。

小村不二男『日本イスラーム史』日本イスラーム友好連盟、1988年。

コリー、リンダ著、川北稔監訳『イギリス国民の誕生』名古屋大学出版会、2000年。

是永トシコ『寮母』（歌集）歌帖社、1964年。

近藤喜博『海外神社の史的研究』明世堂書店、1943年。

斉紅深著、竹中憲一翻訳『「満州」オーラルヒストリー──〈奴隷化教育〉に抗して』晧星社、2005年。

在北京大日本大使館文化課『北支における文化の現状』新民印書館、1943年。

嵯峨井建『満洲の神社興亡史──日本人の行くところ神社あり』芙蓉書房、1998年。

坂田修一編輯『興安蒙古』満洲事情案内所発行、1943年、折り込み図表。

坂本勉編著『日中戦争とイスラーム──満蒙・アジア地域における統治・懐柔政策』（慶應義塾大学東アジア研究所叢書）慶應義塾大学出版会、2008年。

坂元ひろ子『中国民族主義の神話──人種・身体・ジェンダー』岩波書店、2004年。

佐久間貞次郎『回教の動き』春日書房、1938年。

佐藤正導『日中戦争──ある若き従軍僧の手記』日本アルミット、1992年。

佐藤次高・鈴木薫編『都市の文明イスラーム』講談社、1993年。

佐藤由美『植民地教育政策の研究──朝鮮・1905-1911』龍渓書舎、2000年。

佐野通夫『日本の植民地教育の展開と朝鮮民衆の対応』社会評論社、2006年。

実藤恵秀『中国人日本留学史稿』日華学会、1939年（さねとう・けいしゅう『中国人日本留学史』くろしお出版、1960年）。

主要参考文献一覧　343

澤井充生編著『日本の回教工作とムスリム・コミュニティの歴史人類学的研究』（平成
　25〜27年度科学研究費補助金基盤研究(c)・研究代表澤井充生・研究成果報告書）2016
　年。
島田俊彦・稲葉正夫編『現代史資料・日中戦争1』(8) みすず書房、1964年。
下村宏『満支の文化工作（宗教問題に就いて）』（第90回講演集）啓明会、1939年。
神社新報政教研究室『増補改訂近代神社神道史』神社新報社、1986年。
神社本庁『神社本庁十年史』神社本庁、1956年。
杉田英明『日本人の中東発見——逆遠近法のなかの比較文化史』東大出版会、1995年。
鈴木健一『古稀記念 満洲教育史論集』山崎印刷出版部、2000年。
鈴木住子『チャードルの女』日本週報社、1959年。
鈴木仁麗『満洲国と内モンゴル——満蒙政策から興安省統治へ』明石書店、2012年。
鈴木規夫『日本人にとってイスラームとは何か』筑摩書房、1998年。
清河会『清河のほとりで——蒙疆、張家口大使館の思いで』清河会事務局、1977年。
石剛『植民地支配と日本語——台湾、満洲国、大陸占領地における言語政策』三元社、1993
　年。
関野房夫『中華民国教育事情』育英書院、1943年。
善隣会編『善隣協会史——内蒙古における文化活動』日本モンゴル協会、1981年。
善隣協会調査部『蒙古大観』（昭和13年版）改造社、1938年。
宋恩栄編著、王智新監修・監訳『日本の中国侵略植民地教育史2 華北編』明石書店、2016
　年。
孫文著、安藤彦太郎訳『三民主義』（上）岩波書店、1957年。
孫文著、島田虎次訳『三民主義』（世界の名著64）中央公論社、1972年。
大東亜回教研究所『時局ト回教問題』1944年。
大日本回教協会『回教圏展覧会出品目録』大日本回教協会、1939年。
大日本回教協会『回教公認が我が国民に与へる影響に就ての問答』1939年。
大日本回教協会調査部『回教要覧』大日本回教協会、1943年
大日本回教協会調査部『第八十一回帝国議会に於ける回教問題の審議』大日本回教協会、
　1943年。
大日本回教協会（松島肇）『世界回教徒対策の必要性に就て』1939年。
大日本回教協会（松島肇）『大日本回教協会の使命に就て』1939年。
高津彦次『蒙疆漫筆』河出書房、1941年。
竹中憲一『「満州」における教育の基礎的研究』（全6巻）柏書房、2000年。
竹中憲一『「満州」植民地日本語教科書集成』（全7巻）緑蔭書房、2002年。
竹中憲一『「満州」植民地中国人用教科書集成』（全7巻）緑蔭書房、2005年。
田澤拓也『ムスリム・ニッポン』小学館、1998年。
張家口六年会『"再見"三十年史』張家口六年会発行、1999年。
張承志『回教から見た中国——民族・宗教・国家』中央公論社、1993年。
趙寿玉（チョー・スオク）証言、渡辺信夫聞き手『神社参拝を拒否したキリスト者』新教出
　版社、2000年。
陳姃湲『東アジアの良妻賢母論——創られた伝統』勁草書房、2006年。

塚瀬進『満洲国――「民族協和」の実像』吉川弘文館、1998 年。

槻木瑞生（研究代表）『「大東亜戦争」期における日本植民地・占領地教育の総合的研究』平成 10・11・12 年度科学研究費補助金研究成果報告書、2001 年。

槻木瑞生『アジアにおける日本の軍・学校・宗教関係資料：第 1 期〜第 4 期』〈『満洲帝国学事要覧』（第 1 期・2011）、『満洲国留日学生録』（第 2 期・2012）、『日本留学中国人名簿関係資料』（第 3 期・2014）、『日本佛教団（含基督教）の宣撫工作と大陸）』（第 4 期・2012）〉龍溪書舎、2011 年、2012 年、2014 年。

辻子実『侵略神社――靖国思想を考えるために』新幹社、2003 年。

都竹武年雄（述）、小長谷有紀・原山煌・Philip Billingsley（編）『善隣協会の日々――都竹武年雄氏談話記録』（研究叢書 22）桃山学院大学総合研究所、2006 年。

東亜研究所『国民党支那の教育政策――特にその民族主義的傾向を中心として』（資料；乙第 34 号 c）1941 年。

東京回教学校『東京回教学校十周年記念写真帳』1937 年。

東京回教団『日本に信倚する回教徒』1929 年。

戸部良一『ピース・フィーラー――支那事変和平工作の群像』論創社、1991 年。

ドムチョクドンロブ著、森久男訳『徳王自伝』岩波書店、1994 年。

中田吉信『回回民族の諸問題』アジア経済研究所、1971 年。

新田光子『大連神社史――ある海外神社の社会史』おうふう、1997 年。

日本近代資料研究会編『日本陸海軍の制度・組織・人事』東京大学出版会、1971 年。

樋浦郷子『神社・学校・植民地――逆機能する朝鮮支配』京都大学学術出版会、2013 年。

樋口士郎・竹内義典『北京回教徒ニ関スル調査報告』（北支調査資料第 13 輯）満鉄北支経済調査所、1939 年。

広川佐保『蒙地奉上――「満州国」の土地政策』汲古書院、2005 年。

福川秀樹編著『日本陸海軍人名辞典』芙蓉書房、1999 年。

防衛庁防衛研修所戦史室『戦史叢書　北支の治安戦〈1〉』朝雲出版社、1968 年。

益井康一『漢奸裁判史』みすず書房、1977 年。

松本ますみ『中国民族政策の研究――清末から 1945 年までの「民族論」を中心に』多賀出版、1999 年。

満洲航空史話編纂委員会『満洲航空史話』満洲航空史話編纂委員会、1972 年。

「満洲国」教育史研究会（代表海老原治善）『「満洲・満洲国」教育資料集成』（全 23 巻）エムティ出版、1993 年。

満洲国通信社出版部『満洲国現勢』（康徳 5〔1938〕年版、康徳 10〔1943〕年版）。

満洲帝国民生部『第四次満洲帝国文教年鑑』康徳 5（1938）年。

『満洲』（康徳 8 年版）満洲新聞社、1940 年 12 月。

『満洲年鑑』（康徳 11〔昭和 19〕年）満洲日日新聞社、1943 年。

三田了一『支那に於ける我が回教対策に就て』中国回教総聯合会、出版年不明。

三田了一・竹内義典『北支那回教事情』満鉄北支経済調査所、1941 年。

皆川豊治『満洲国の教育』（建国読本第六編）満洲帝国教育会、1939 年。

宮本延人『日本統治時代台湾における寺廟整理問題』天理教道友社、1988 年。

民生部教育司編『満洲国教育概況』満洲帝国教育会、1942 年、126-127 頁。監修「満洲国」

教育史研究会『「満洲・満洲国」教育資料集成』（5、教育要覧類Ⅱ）エムティ出版、1993
年に収録。

蒙疆新聞社『蒙疆年鑑』（成紀739〔昭和19〕年版）蒙疆新聞社、1944年。

毛里和子『周縁からの中国――民族問題と国家』東京大学出版会、1998年。

百瀬侑子『知っておきたい戦争の歴史――日本占領下インドネシアの教育』つくばね舎、
2003年。

森久男『日本陸軍と内蒙工作――関東軍はなぜ独走したか』講談社、2009年、291頁。

山口猛『満州の記録――満映フィルムに映された満州』集英社、1995年。

山室信一『キメラ――満洲国の肖像』中央公論社、1993年。

山本一生『青島の近代学校――教員ネットワークの連続と断絶』晄星社、2012年。

山本有造編『「満洲国」の研究』緑蔭書房、1995年。

湯本昇『中央アジア横断鉄道建設論――世界平和への大道』東亜交通社、1939年。

楊海英『墓標なき草原――内モンゴルにおける文化大革命・虐殺の記録』（上・下）岩波書
店、2009年

楊海英『チベットに舞う日本刀――モンゴル騎兵の現代史』文芸春秋、2014年。

楊海英『日本陸軍とモンゴル――興安軍官学校の知られざる闘い』中央公論社、2015年。

横山宏章『中国の異民族支配』集英社、2009年。

米内山庸夫『蒙古及び蒙古人』目黒書店、1943年。

らくだ会本部『思出の内蒙古――内蒙古回顧録』らくだ会本部、1975年。

ラティモア著、後藤富男訳『満洲に於ける蒙古民族』善隣協会、1934年。

蘭星興安会私達の興安回想編集委員会『私達の興安回想』蘭星興安会、1999年。

柳炳徳・安丸良夫・鄭鎮弘・島薗進『宗教から東アジアの近代を問う――日韓の対話を通し
て』ぺりかん社、2002年。

劉傑『漢奸裁判』中央公論社、2000年。

レヴェント、シナン『戦前期・戦中期における日本の「ユーラシア政策」――トゥーラン主
義・「回教政策」・反ソ反共運動の視点から』（早稲田大学モノグラフ107）早稲田大学出版
部、2014年。

渡部宗助（研究代表）『日本植民地教育史研究』平成9年度文部省科学研究費補助金研究成
果報告書〈日本占領下の中国教育に関する日中共同研究企画〉1998年。

渡部学・阿部洋編『日本植民地教育政策史料集成（朝鮮篇）』（全69巻＋別巻〔総目録・解
題・索引〕）龍渓書舎、1987-1991年。


A-02-02：論文

浅田喬二「まえがき」大江志乃夫・浅田喬二・三谷太一郎・後藤乾一・小林英夫・高崎宗
司・若林正丈・川村湊『統合と支配の論理』（岩波講座　近代日本と植民地4）岩波書店、
1993年、まえがきⅩⅧ頁。

安藤潤一郎「日本占領下の華北における中国回教総聯合会の設立と回民社会――日中戦争期
中国の「民族問題」に関する事例研究へ向けて」『アジア・アフリカ言語文化研究』（第87
号）2014年、21-81頁。

飯塚正人「イスラムとニッポン」『季刊歴史読本ワールド（特集：イスラムの謎）』（第5巻

第3号）新人物往来社、1994年8月、28-34頁。

李仁夏（イ・インハ）「植民地下朝鮮のキリスト教」小池健治・西川重則・村上重良『宗教
　弾圧を語る』岩波書店、1978年、213頁。

井岡暾一「日本のイスラム学——昭和13年」『イスラム世界』（21）日本イスラム協会、
　1983年、70頁。

池田徹男「蒙古の思い出」『思出の内蒙古——内蒙古回顧録』らくだ会本部、1975年、
　256-257頁。

磯田一雄「皇民化教育と植民地の国史教科書」大江志乃夫・浅田喬二・三谷太一郎・後藤乾
　一・小林英夫・高崎宗司・若林正丈・川村湊『統合と支配の論理』（岩波講座　近代日本と
　植民地4）岩波書店、1993年、113頁。

板垣雄三「地域を組み換えて生きる」『歴史の現在と地域研究——現代中東への視角』岩波
　書店、1992年、4頁。

井村哲郎「『満洲国』関係資料解題」山本有造編『「満洲国」の研究』緑蔭書房、1995年、
　535-605頁。

碓井正久「社会教育の概念」長田新監修『社会教育』（教育学テキスト講座第14巻）お茶の
　水書房、1961年、37-38頁。

于逢春「「満洲国」及び「蒙疆政権」のラマ教僧侶教育政策」教育史学会『日本の教育史学』
　（第45集）2002年、199-217頁。

王柯「近代における日本と新疆（東トルキスタン）——イスラムとの出会い」山内昌之編著
　『中央アジアと湾岸諸国』朝日新聞社、1995年、261頁。

大塚豊「日本占領下の中国における教職員と学生」『戦前日本の植民地教育政策に関する総
　合的研究』（平成4・5年度科学研究費補助金研究成果報告書、研究代表者：阿部洋）国立
　教育研究所、1994年、165-174頁。

大森直樹「「大東亜共栄圏」下の青少年運動」小金井市誌編纂委員会『小金井市誌編纂資料』
　（第30編）小金井市教育委員会、1992年、47-70頁。

大森直樹「植民地支配と青年教育」『日本社会教育学会紀要』（NO.28）日本社会教育学会、
　1992年、90-100頁。

大森直樹「植民地における青年教育政策の展開」『国際教育研究』（第11号）東京学芸大学
　海外子女教育センター国際教育研究室、1991年、30-68頁。

織本重義「モンゴル留学生とともに」『日本とモンゴル』（第14巻第3号）1979年12月、
　50-53頁。

甲斐弦「蘇文秀の指」高原千里編集委員会『高原千里——内蒙古回顧録』らくだ会本部、
　1973年、249-254頁。

片岡一忠「光緒二十一・二十二年の甘粛の回民反乱について」（上）『大阪教育大学紀要』
　（第Ⅱ部門、第27巻第2号）1978年、53-77頁。

片岡一忠「光緒二十一・二十二年の甘粛の回民反乱について」（下）『大阪教育大学紀要』
　（第Ⅱ部門、第27巻第3号）1979年、119-138頁。

片岡一忠「日本におけるイスラーム研究小史」『大阪教育大学紀要』（第Ⅱ部門、第29巻第1
　号）1980年10月、21-42頁。

蒲生礼一「インタビュー　大久保幸次と回教圏研究所あれこれ　その(2)大村謙太郎にきく」

主要参考文献一覧 | 347

『月刊回教圏』（復刻版、資料）69-79 頁。

蒲生礼一他「座談会 日本におけるイスラム学の歩み」『イスラム世界』（第 2 号）日本イスラ
　　ム協会、1964 年、65-75 頁。

「河原操子女史と蒙古女学生」『教育界』（第 5 巻第 5 号）1906 年 3 月。

近代アジア教育史研究会『近代日本のアジア教育認識・資料編』（第 12 巻中国の部(4)）龍
　　渓書舎、2002 年、222 頁。

祁建民「占領下の蒙疆の教育」植民地教育史研究会編『植民地教育史認識を問う』（植民地
　　教育史研究会年報 2）晧星社、1999 年、83-91 頁。

祁建民「蒙疆政権における旗県郷村教育の実際」渡部宗助・斉紅深編『日中教育の回顧と展
　　望――第 3 回日本侵華殖民教育国際学術研討会報告書』国立教育研究所、2000 年、
　　139-150 頁。

祁建民「蒙疆政権の教育政策」『日本植民地教育史研究――日本侵華植民地教育史国際学術
　　研討会報告』国立教育研究所、1998 年、113-119 頁。

祁建民「蒙疆政府年表」『県立長崎シーボルト大学国際情報学部紀要』（第 8 号）2007 年、
　　249-270 頁。

貴司山治「わが遍歴」『日本プロレタリア長編小説集』（3）三一書房、1955 年、231-235 頁。

木場明志・桂華淳祥「中国における真宗大谷派開教」小島勝・木場明志編著『アジアの開教
　　と教育』法蔵館、1992 年、40 頁。

カーリド・木場「アル・ハッジ・ムスタファ小村先生の思い出」『アッサラーム』（第 78 号）
　　イスラミック・センター・ジャパン、1998 年 10 月、39 頁。

栗原清「回教及び回教徒」『北支』（1942 年 9 月号）40 頁。

黄東蘭「清末・民国期地理教科書の空間表象――領土・疆域・国恥」並木頼寿・大里浩秋・
　　砂山幸雄編『近代中国・教科書と日本』研文出版社、2010 年、233-265 頁。

黄奮生編「2 内蒙盟旗自治運動実記」日本モンゴル協会『日本とモンゴル』（第 15 巻第 1
　　号）1980 年 3 月、52 頁。

高本康子「昭和期の真言宗と「喇嘛教」――田中清純を中心に」『群馬大学国際教育・研究
　　センター論集』（第 11 号）2012 年、15-28 頁。

小長谷有紀「チンギス・ハーン崇拝の近代的起源――日本とモンゴルの応答関係から」『国
　　立民族学博物館研究報告』（第 37 巻第 4 号）2013 年、425-447 頁。

小林元「日本語と回民児童」『月刊回教圏』（第 2 巻第 4 号）1939 年 4 月、10-19 頁。

小林寧子「インドネシア・ムスリムの日本軍政への対応」倉沢愛子編著『東南アジア史の中
　　の日本占領』早稲田大学出版部、2001 年、223-258 頁。

駒込武「異民族支配の〈教義〉」大江志乃夫・浅田喬二・三谷太一郎・後藤乾一・小林英夫・
　　高崎宗司・若林正丈・川村湊『統合と支配の論理』（岩波講座 近代日本と植民地 4）岩波
　　書店、1993 年、138 頁。

小村不二男「巨星・故三田了一先生――形影あい伴う四十五年を偲んで」（上）『アッサラー
　　ム』（第 30 号）イスラミックセンター・ジャパン、1983 年 9 月、74-79 頁。同（中）、第
　　31 号、1984 年 2 月、102-107 頁。同（下）、第 32 号、1984 年 7 月、100-105 頁。

小村不二男・アルハジー・ムスタファ「日本におけるイスラーム界の今昔」『アッサラーム』
　　（第 36 号）1986 年 9 月、16-17 頁。

是永俊子「善隣回民女塾の思い出」善隣会『善隣協会史』日本モンゴル協会、1981 年、194-198 頁。

是永俊子「善隣回民女塾の思い出」高原千里編集委員会『高原千里——内蒙古回顧録』らくだ会本部、1973 年、372 頁。

佐藤尚子「汪兆銘傀儡政権下の教育」『大分大学教育学部紀要』(第 16 巻第 2 号) 1994 年、389-398 頁。

澤井充生「皇居遙拝した回民たち——日本の回教工作にみる異民族への眼差し」『人文学報』(NO.513-3 社会人類学分野 10) 首都大学東京人文科学研究科、2017 年、107-129 頁。

島善高「国立新民学院初探」『早稲田人文自然科学研究』(第 52 号) 早稲田大学社会科学部学会、1997 年、1-58 頁。

島田大輔「昭和戦前期における回教政策に関する考察——大日本回教協会を中心に」『一神教世界』(第 6 号) 同志社大学一神教学際研究センター、2015 年、64-86 頁。

島田大輔「「全方位」回教政策から「大東亜」回教政策へ：四王天延孝会長時代の大日本回教協会」『次世代アジア論集：早稲田大学アジア研究機構「次世代アジアフォーラム」研究成果報告論文集』(8) 2015 年、3-26 頁。

清水敏「包頭の回教」善隣会『善隣協会史』日本モンゴル協会、1981 年、406 頁。

白岩一彦「内蒙古における教育の歴史と現状（中）」『レファレンス』(531) 国立国会図書館調査立法考査局、1995 年 4 月、36-82 頁。

新保敦子「少数民族地区における社会変動と人間形成」『現代中国』(第 71 号) 現代中国学会、1997 年、38-50 頁。

新保敦子「日中戦争時期における傀儡政権と社会教育」『日中教育の回顧と展望——第 3 回日本侵華殖民教育国際学術研討会報告書』(1999 年・大連) 平成 12 年度文部科学研究費補助金基礎研究 (B)・研究代表者：渡部宗助、2000 年 12 月、167-178 頁。

新保敦子「中華民国時期 (1912-1949 年) における国家統合と社会教育の研究」(博士論文、2002 年、早稲田大学リポジトリ)。

杉本史子「中国近代における家事科教育」関西中国女性史研究会編『ジェンダーからみた中国の家と女』東方書店、2004 年、22-23 頁。

鈴木賢「中国のイスラーム法」千葉正士編『アジアにおけるイスラーム法の移植』成文堂、1997 年、39-103 頁。

鈴木健一「内蒙古における日本の教育政策」『近畿大学教育論叢』(第 5 巻第 2 号) 1994 年、15-25 頁。

関野房夫「蒙古人教育の実状(2)」『日本語』(第 2 巻第 4 号) 1942 年 4 月、52-59 頁。

善隣協会「昭和 16 年度蒙古善隣協会事業成績報告書」(自昭和 16 年 4 月至昭和 17 年 3 月)『善隣協会史』1981 年、365-395 頁。

孫文著、林要三訳「臨時大総統就任宣言」孫文研究会『孫文選集』(第 3 巻) 社会思想社、1989 年、46 頁。

大日本回教協会調査部「発刊に際して」『回教世界』(第 1 巻第 1 号) 大日本回教協会調査部、1939 年 4 月、1 頁。

大日本回教協会業務部「明日の世界勢力 回教圏展覧会 開催と盛況と成果について」『回教世界』(第 1 巻第 9 号) 1939 年 12 月、87-101 頁。

大本営陸軍部「時局に応ずる対支謀略に関する指示」（1937 年 12 月）稲葉正夫『現代史資料・大本営』(37) みすず書房、1967 年、400-402 頁。

竹内好「北支・蒙疆の回教」『月刊回教圏』（第 6 巻第 8・9 号）1940 年 1 月、36-57 頁。

田中剛「成吉思汗廟の創建」現代中国研究センター研究報告『20 世紀中国の社会システム』京都大学人文科学研究所、2009 年、113-139 頁。

槻木瑞生「大陸布教と教育活動——日中戦争下の日語学校覚書」『同朋大学論叢』（第 64・65 合併号）同朋大学同朋学会、1990 年、295-314 頁。

槻木瑞生「書評 鈴木健一著『古稀記念 満洲教育史論集』について」『アジア教育史研究』（第 10 号）アジア教育史学会、2001 年 3 月、78 頁。

槻木瑞生「アジアにおける日本宗教教団の活動とその異民族教育に関する覚書」『同朋大学佛教文化研究所紀要』（第 22 号）2002 年、1-21 頁。

槻木瑞生「満洲教育史」教育史学会編『教育史研究の最前線』日本図書センター、2007 年。「満洲教育史研究のフロンティア——いま満洲教育史が直面している問題」『東アジア研究』（第 44 号）2006 年、3-19 頁。

津吉孝雄「高垣信造師との出会い」小村不二男『日本イスラーム史』日本イスラーム友好連盟、1988 年、481-495 頁。

「支那における回教徒の現状」『東亜』（第 12 巻第 4 号）東亜経済調査局、1939 年 4 月、5-16 頁。

内藤潮邦「蒙古民族教育文化論 3」『興亜教育』（第 2 巻 10 号）1943 年 11 月、51-56 頁。

娜荷芽（ナヒヤ）「近代内モンゴルにおける文化・教育政策研究：1932-1945」（東京大学博士〔学術〕2012 年 9 月 27 日）。

仁井田陞「北京の回教徒商工人と其の仲間的結合」『月刊回教圏』（第 7 巻第 6 号）1941 年 8 月、2-27 頁。

西雅雄「中国共産党の少数民族政策」『蒙古』（昭和 16〔1941〕年 3・4 月号）101-110 頁。

並木頼寿「清末民国期国文・国語教科書の構想について」（遺稿）、『中国研究月報』（第 64 巻第 2 号〔744 号〕）2010 年 2 月、33-49 頁。

野副金次郎「善隣協会の対回教文化事業」善隣会『善隣協会史』日本モンゴル協会、1981 年、121-125 頁。

野原四郎「中共の少数民族政策」中国研究所編『現代中国辞典』現代中国辞典刊行会、1952 年、249 頁。

ハイシヒ、ヴァルタア著、楊井克巳訳「興安蒙古における教育・衛生指導」『蒙古』（昭和 16〔1941〕年 9 月号）50-59 頁。

橋口菊「社会教育の概念」小川利夫・倉内史郎編『社会教育講義』明治図書、1975 年、46 頁。

花井みわ「満洲移住の朝鮮人女性」生田美智子編『女たちの満洲——多民族空間を生きて』大阪大学出版会、2015 年、254-278 頁。

馬場公彦・宮脇淳子・村田雄二郎・楊海英「清朝と辛亥革命」楊海英編『王朝から「国民国家」へ——清朝崩壊 100 年』（『アジア遊学』148 号）勉誠出版、2011 年、17-32 頁。

菱木政晴「東西本願寺教団の植民地布教」大江志乃夫・浅田喬二・三谷太一郎・後藤乾一・小林英夫・高崎宗司・若林正丈・川村湊『統合と支配の論理』（岩波講座 近代日本と植民

地4）岩波書店、1993年、157-175頁。

藤枝晃談、原山煌・森田憲司編注「西北研究所の思い出――藤枝晃博士談話記録」『奈良史学』（4）1986年、65頁。

文教部学務司編「満洲国少数民族教育事情」康徳元（1934）年、157頁（監修「満洲国」教育史研究会〔代表海老原治善〕『「満洲・満洲国」教育資料集成』（12　少数民族教育）エムティ出版、797-977頁。

宝鉄梅「満洲国および蒙疆政権におけるモンゴル人教育に関する研究」新潟大学大学院現代社会文化研究科博士論文、2005年。

宝金華「内モンゴルにおける近代女学堂の成立――毓正女学堂の規則と実態を中心に」『アジア教育』（7）2013年、67-79頁。

堀井弘一郎「新民会と華北占領政策」（上）『中国研究月報』（1993年1月号）1-20頁。同（中）、1993年2月号、1-13頁。同（下）、1993年3月号、1-6頁。

堀内正樹「移動を常態とする社会――マグレブの人々の生活と意識」梶田孝道編著『ヨーロッパとイスラム』有信堂高文社、1993年、286頁。

松崎陽「日本モンゴル協会の沿革」『日本とモンゴル』（第7巻第7号）日本モンゴル協会、1972年10・11月合併号、44頁。

松長昭「東京回教団長クルバンガリーの追放とイスラーム政策の展開」坂本勉編著『日中戦争とイスラーム――満蒙・アジア地域における統治・懐柔政策』慶應義塾大学出版会、2008年、179-232頁。

松室孝良「皇国の大陸政策と支那に於ける回教徒問題に就て」『イスラム』（第2輯）イスラム文化協会、1938年1月、10-11頁。

松本ますみ「日本語で歌い話す〈他者〉――李香蘭映画にみる〈東亜〉のジェンダーポリティクス」『敬和学園大学人文社会科学研究所年報』（6）2008年、85-111頁。

松本ますみ「孫中山の「徹底した民族主義」――近代的統一への幻想」王柯編『辛亥革命と日本』藤原書店、2011年、220頁。

松本ますみ「モンゴル人と「回民」像を写真で記録するということ：「華北交通写真」から見る日本占領地の「近代」」『アジア研究』（交感するアジアと日本　別冊3）静岡大学人文社会科学部・アジア研究センター、2015年、27-54頁。

松本ますみ「華北交通写真にみる日本の「回教工作」と中国ムスリム表象」貴志俊彦・白山眞理編『京都大学人文科学研究所所蔵　華北交通写真資料集成』（論考編）国書刊行会、2016年、174-192頁。

松本裕司「大正初期の附属小学校と聯合研究会の設立――大分県師範学校附属小学校を中心に―」『総合政策』（第9巻第1号）2007年、1-15頁。

森久男「蒙古軍政府の研究」『愛知大学国際問題研究所紀要』（第97号）1992年9月、79-116頁。

森久男「関東軍の内蒙工作と蒙疆政権の成立」大江志乃夫・浅田喬二・三谷太一郎・後藤乾一・小林英夫・高崎宗司・若林正丈・川村湊編『植民地帝国日本』（岩波講座　近代日本と植民地1）岩波書店、1992年、139-159頁。

森久男「蒙古独立運動と満洲国興安省の成立」『現代中国』（73号）1999年、102-111頁。

森本武夫「東京モスクの沿革」『アッサラーム』（第20号）イスラミックセンター・ジャパ

ン、1980 年 12 月、76-80 頁。

安井三吉「日本帝国主義とカイライ政権」『講座中国近現代史』（第 6 巻）東京大学出版会、1978 年、164-165 頁。

安井三吉「抗日戦争時期解放区の少数民族問題」『新しい歴史学のために』（NO.156）民主主義科学者協会京都支部歴史部会、1979 年、1-11 頁。

八巻佳子「中華民国新民会の成立と初期工作状況」藤井昇三編『1930 年代中国の研究』アジア経済研究所、1975 年、349-394 頁。

八巻佳子「新民合作社運動による大衆動員」『歴史公論』（第 6 巻第 2 号）雄山閣、1980 年 2 月、103-110 頁。

山崎典子「日中戦争期の中国ムスリム社会における「親日派」ムスリムに関する一考察——中国回教総連合会の唐易塵を中心に」『中国研究月報』（第 65 巻 9 号〔763 号〕）2011 年、1-19 頁。

吉田公平「満洲に於ける民族問題」『満蒙』（第 20 年 12 月号、1939 年 12 月）満蒙社、38-56 頁。

吉田豊子「中国共産党の少数民族政策」『歴史評論』（1996 年 1 月号）歴史科学協議会、44-62 頁。

吉田昇「塾教育と世界観陶冶」『興亜教育』（第 2 巻第 9 号）1943 年 9 月、44-52 頁。

米内山庸夫「蒙古人と支那人」『蒙古』（昭和 15（1940）年 9 月号）2-14 頁。

劉迎春「1930-40 年代の日本人の記録から見るモンゴル人女性観—蒙疆地域の日常生活を中心に—」『女性学年報』（第 36 号）日本女性学研究会、2015 年、106-137 頁。

柳聖旻「日帝強占期の韓国宗教と民族主義」柳炳徳・安丸良夫・鄭鎮弘・島薗進『宗教から東アジアの近代を問う——日韓の対話を通して』ぺりかん社、2002 年、234-254 頁。

若林正丈「一九二三年東宮台湾行啓と「内地延長主義」」大江志乃夫・浅田喬二・三谷太一郎・後藤乾一・小林英夫・高崎宗司・若林正丈・川村湊『帝国統治の構造』（岩波講座 近代日本と植民地 2）岩波書店、1992 年、87-119 頁。

鰐淵和雄「イエメン王国フセイン王子の訪日と日本における回教公認問題」『アッサラーム』（第 78 号）イスラミックセンター・ジャパン、1998 年 10 月、19-33 頁。


A-02-03：日本語逐次刊行物

『回教世界』第 1 巻第 1 号〈1939 年 4 月〉～第 3 巻第 10 号〈1941 年 10 月〉、大日本回教協会。

『季刊回教事情』第 1 巻第 1 号〈1938 年 5 月〉～第 4 巻第 3 号〈1941 年 12 月〉、改造社。

『月刊回教圏』（『回教圏』）第 1 巻第 1 号〈1938 年 7 月〉～第 8 巻第 9 号〈1944 年 10 月〉〈東京ビブリオ復刻版、1986 年〉、回教圏研究所。回教圏研究所は、1938 年に回教圏攷究所として設立、1940 年に回教圏研究所と改称。本文では回教圏研究所の表記を原則的に用いる。

『新民運動』1941 年～1943 年、中華民国新民会。

『北支』第 1 号〈1939 年 6 月〉～第 51 号〈1943 年 8 月〉東洋文庫全文データベース。華北交通株式会社資業局資料課加藤新吉編、第一書房。復刻版　加藤新吉編『日本侵占華北資料〈北支〉撮影雑誌』（7）綾装書局。

『蒙古』（前身は『善隣協会調査月報』）第1号〈1939年4月〉～第99号〈1940年8月〉、第7巻第9号（100号）〈1940年9月〉～第11巻〈1944年7月〉、善隣協会。

『満洲日日新聞』1935年8月7日～1943年12月31日、満洲日日新聞社。

『蒙疆新聞』1942年10月2日～1945年8月5日、蒙疆新聞社。

『塞外文化』（『会報張家口』）第1号〈1987年4月〉～第80号〈2013年2月〉、1992年1月号より『会報張家口』から『塞外文化』へと改称、日本張家口の会。

A-02-04：日本語事典項目
「神仏習合」「神仏分離」『世界大百科事典』平凡社、1953年。

B　中国語
B-01：中国語一次史料
**北京市档案館所蔵資料**
「北京市市立牛街学校職教員概況調査表（31年度）」、1942年、J4全宗3目録290巻25頁。
「北京市私立西北第一小学職教員概況調査表（31年度）」、1942年、J4全宗3目録290巻。
「在中国回教総聯合会曽任小職員的向共産党提供的有関該会概況及北平回民情況的材料」、1945年7月1日、J2-2-406-1分類c663。
「私立樹民小学校課程預計及授課時間表」「高級第2学年第2学期時間割」（「北京私立樹民穆徳聖法等小学関於校董会改組、校長更動及学籍名簿表、課程表、教職員一覧表請鑑核給北京特別市教育」、中華民国27年7月北京市教育局複製、J4全宗3目録239巻46頁。
「北京私立穆徳小学新任理事名簿」、J4全宗3目録239巻48頁。

**第二歴史档案館所蔵資料**
「日偽北京臨時政府内政部」全宗号2015（1938-1940）。
教育総署総務局統計科編「10、各省市社会教育機関統計分表」『民国二十八年度華北教育統計』、1940年10月、全宗号2021案巻号重21。
教育総署総務局統計科編制「29学年度華北教育統計」、1941年12月、全宗号2021案巻号718。
「北京市特別市公署函達回教聯合会組織経過情形」、全宗号2015（内政部）案巻号56。
「河北省立第一新民教育館概況調査表」、全宗号2021案巻号717、2021案巻号718。
「華北各省市県二十九年度 社教実施概況」、全宗号2021案巻号718。
「青島特別市私立商業補習学校日語学校31年春季概況表」、1942年3月、全宗号2021案巻号718。
「各省市事変後尚未恢復之各級学校概況統計一覧表」（小学）、北京特別市教育局、1940年6月、全宗号2021案巻号231。
「山東省公署諮為該省公私立各社会教育機関及学校凡冠有民衆字様者一律改称新民諮請査照備案由」、1939年1月28日、全宗号2017案巻号232。

**早稲田大学イスラム文庫**
「敬愛的回教同胞」広東回教自治会、1940年2月10日。

B-02：中国語二次史料（刊行史料）

B-02-01：単行本

北京地方維持会編『北京地方維持会報告書』（下）1938 年。

北京市档案館編『日偽北京新民会』光明日報社、1989 年。

陳育寧主編『寧夏通史・近現代巻』寧夏人民出版社、1993 年。

丁国勇『寧夏回族』寧夏人民出版社、1993 年。

徳力格爾瑪『坎坷歴程幸福晩年』、自費出版資料出版年不明（1990 年代か）。

国民政府軍事委員会政治部編印『敵偽的奴化教育』1941 年。

華北社会教育協進会編『華北社会教育概覧 民国三十年度』、1942 年。

回族簡史編写組『回族簡史』寧夏人民出版社、1978 年。

蔣息嶺・沈白英・施松椒『新生活国語教科書』大東書局、1933 年版。

教育部編『教育法令彙編』（第 1 輯）1936 年。

教育部編『中華民国二十二年度 全国社会教育統計』商務印書館、1936 年。

教育部統計室『中華民国二十四年度 全国教育統計簡編』商務印書館、1938 年。

金海『日本在内蒙古植民統治政策研究』社会科学文献出版社、2009 年。

金吉堂『中国回教史研究』成達師範学校出版部、1935 年。

科爾沁右翼前旗志編纂委員会『科爾沁右翼前旗志』内蒙古人民出版社、1991 年。

劉東声『北京回民教育史略』北京市回民学校、1999 年。

劉東声・劉盛林『北京牛街』北京出版社、1990 年。

劉憲曽・劉端芬『陝甘寧辺区教育史』陝西人民出版社、1994 年。

民族問題研究会『回回民族問題』民族出版社、1980 年。

《内蒙古教育志》編委会編『内蒙古教育史志資料』（第 1 輯・第 2 輯）内蒙古大学出版社、
　　1995 年。

陝西省民族事務委員会『陝甘寧辺区民族宗教資料選編』陝西人民出版社、1991 年。

索布多主編『興安女高』内蒙古人民出版社、2005 年。

孫懿『民国時期蒙古教育政策研究』黒龍江教育出版社、2013 年。

王野平主編、滕健・黄利群副主編『東北十四年教育史』吉林教育出版社、1989 年。

武強主編、任興・趙家驥・沙宝祥副主編『東北沦陥十四年教育史料』（第 1、2 輯）吉林教育
　　出版社、1993 年。

呉忠礼『寧夏近代歴史紀年』寧夏人民出版社、1987 年。

楊敬之『日本之回教政策』商務印書館、1943 年。

閻蘋・張雯主編『民国時期 小学語文教科書評介』語文出版社、2009 年。

閻蘋・張雯主編『民国時期 小学語文課文選粋』語文出版社、2009 年。

伊斯蘭百科全書編輯委員会編『伊斯蘭百科全書』四川辞書出版社、1994 年。

余振貴『中国歴代政権与伊其蘭教』寧夏人民出版社、1996 年。

張洪祥『近代日本在中国的殖民統治』天津人民出版社、1996 年。

張懐武主編『近現代回族愛国闘争史話』寧夏人民出版社、1996 年。

趙如珩『中国教育十年』大紘書院、1943 年。

鄭菊英・高瑩編『北京近代教育行政資料』北京教育出版社、1995 年。

鄭菊英・李誠編『北京近代小学資料』（上）（下）北京教育出版社、1995 年。

354

鄭清蘭・沈言・喩秀芳・耿申編『北京近代教育記事』北京教育出版社、1991 年。

政治協商会議呼和浩特市回民区委員会〈呼和浩特回族史〉編輯委員会『呼和浩特回族史』内蒙古人民出版社、1994 年。

中国少数民族教育史編集委員会編『中国少数民族教育史』（第 1 巻）雲南教育出版社、広西教育出版社、広東教育出版社、1998 年。

中国少数民族教育史編集委員会編『中国少数民族教育史』（第 2 巻）雲南教育出版社、広西教育出版社、広東教育出版社、1998 年

中国第二歴史檔案館編『中華民国史檔案資料匯編』（第 3 輯教育）江蘇古籍出版社、1991 年。

中国第二歴史檔案館編『中華民国史檔案資料匯編』（第 5 輯第 1 編教育(1)(2)）江蘇古籍出版社、1994 年。

中国第二歴史檔案館編『中華民国史檔案資料匯編』（第 5 輯第 2 編教育(2)）江蘇古籍出版社、1991 年。

中国抗日戦争史学会・中国人民抗日戦争紀念館編『抗日戦争与中国少数民族』北京出版社、1997 年。

中国人民政治協商会議内蒙古自治区委員会文史資料委員会編『偽満興安史料』（内蒙古文史資料第 34 輯）内蒙古文史書店、1989 年。

中華民国新民会中央指導部『新民会定県指導部工作経過概況（民国 27 年度）』1939 年。

周瑞海『寧夏回族自治史略（1936-1988）』寧夏人民出版社、1993 年。

朱有瓛編『中国近代学制史料』華東師範大学出版社、1983 年。

庄俞・沈頤編纂、高風謙・張元済校訂『共和国教科書新国文』貴州人民出版社、2013 年。

B-02-02：論文

德力格爾瑪「回憶興安女高的三年」『興安女高』内蒙古人民出版社、2005 年、62-69 頁。

丁宏「日本炮制"回回国"的陰謀和各地回族人民的抗日活動」中国抗日戦争史学会、中国人民抗日戦争記念館編『少数民族与抗日戦争』（中国抗日戦争史叢書）北京出版社、1997 年、85 頁。

丁徳普「中国伊斯蘭女子教育」『月華』（第 6 巻第 16 期）1934 年、17-18 頁。

郭秀峰「汪偽時期的"新国民運動"」中国人民政治協商会議江蘇省委員会文史資料研究委員会編『江蘇文史資料選輯』（第 12 輯）江蘇人民出版社、1983 年 6 月、179-186 頁。

哈莜萍「回教的女子教育」『月華』（第 8 巻〔集〕第 15 期）1936 年、3-4 頁。

李超然「女子教育的我見」『正道』（第 4 巻第 5 号）1934 年、14-15 頁。

李士栄「関於蒙古善隣協会情況」中国人民政治協商会議内蒙古自治区委員会文史資料研究委員会編『内蒙古文史資料』（第 29 輯）内蒙古文史書店、1987 年、115 頁。

劉東声「成達師範学校校史述要」『回族研究』（1993 年第 2 期）61-75 頁。「成達師範学校校史述要（続）」『回族研究』（1993 年第 3 期）71-78 頁。

劉沢国「我的学校」『回教週報』（第 116 期）1942 年 11 月 27 日。

馬国靖（初二）「新月女中学生所負的使命」『月華』（第 8 巻第 36 期）1936 年、3 頁。

馬文「談談女子教育的目的」『回光』（第 1 巻第 10 号）1939 年、31 頁。

馬湘（成達師範学校師範部・4 年級）「回教的婦女教育原則及其最近応有之目標」『月華』（第 7 巻第 12 期）1935 年、9-12 頁。

牧夫「従北京回教会到中国回教総聯合会」中国人民政治協商会議北京市委員会文史資料研究
　　委員会編『文史資料選編』（第 32 輯）北京出版社、1987 年、107-121 頁。
名木斯来扎布口述、包彦等整理「興安省的由来、演変及其組織機構」中国人民政治協商会議
　　内蒙古自治区委員会文史資料委員会編『偽満興安史料』（内蒙古文史資料第 34 輯）内蒙古
　　文史書店、1989 年、8 頁。
娜琳高娃「蒙古族第一所近代女子学校──毓正女学堂」索布多主編『興安女高』内蒙古人民
　　出版社、2005 年、199-216 頁
彭年「日寇控制下的偽「回聯」」中国人民政治協商会議北京市委員会文史資料研究委員会編
　　『日偽統治下的北平』北京出版社、1987 年、299-302 頁。
彭年「北京回族教育八十年」『回族研究』（1997 年第 1 期）寧夏社会科学院回族伊斯蘭教研究
　　所、31-49 頁。
彭年（提供資料）「近百年北京回族教育綜述」（1988 年脱稿）『回族教育研究』全国民族中学
　　教育協会、1998 年、47-48 頁
粟洪武・李景蘭・田建栄・朱智斌「回族教育史」中国少数民族教育史編集委員会編（韓達主
　　編）『少数民族教育史』（第 1 巻）広東教育出版社、雲南教育出版社、広西教育出版社、
　　1998 年、1-181 頁。
索布多「回顧興安女子国民高等学校建校与発展歴程」索布多主編『興安女高』内蒙古人民出
　　版社、2005 年、1-16 頁。
孫中山「与巴黎《巴黎日報》記者的談話」『孫中山全集』（第 1 巻）1911 年、561-562 頁。
呉恩和・邢復礼「喀亜喇泌親王貢桑諾爾布」中国人民政治協商会議内蒙古自治区委員会文史
　　資料委員会編『内蒙古近現代王公録』（内蒙古文史資料第 32 輯）内蒙古文史書店、1988
　　年、1-29 頁。
呉懋功・王質武「日軍占領時期的包頭回族人民」包頭市民族宗教志編修弁公室・政協包頭市
　　東河区文史委員会合編『包頭回族資料』1987 年 9 月、49 頁。
楊敬之「北方回教同胞的抗戦情緒」『月華』（第 12 巻第 22-27 期合併号）月華報社、1940 年
　　9 月 25 日、13-19 頁。
楊少圃「論本市（北京）的回民女子教育」『震宗月刊』（第 4 巻 3-4 期）1938 年、10 頁。
仰一「談操縦下的北京牛行」『回教月刊』（第 1 巻第 6 期）1938 年 11 月、14-15 頁。
尹伯清「王浩然阿衡伝」李興華・馮今源編『中国伊斯蘭教史参考資料選編』（上）寧夏人民
　　出版社、1985 年、610 頁。
趙振武「三十年来之中国回教文化概況」『禹貢半月刊』（第 5 巻第 11 期）15-28 頁。

B-03：中国語逐次刊行物
『回教月刊』（『回教』）第 1 巻第 1 期〈1938 年 4 月〉～第 2 巻第 4 期〈1940 年 3 月〉、中国回
　　教総聯合会華北聯合総部（北京）。
『回教週報』第 1 期〈1940 年 8 月〉～第 194 期〈1945 年 3 月〉、回教週報社（北京）。
『教育公報』第 13 期〈1939 年 7 月〉、教育部総務局文書科公報室（北京）。
『西北回教聯合会会報』後に『西北鐘声』『回教月刊』と名称変更。『西北回教聯合会会報』3
　　期（1939 年）、『回教月刊』（1 巻から 3 巻、1941 年～1944 年）、西北回教聯合会本部（厚
　　和）。

『新民報』1938 年 1 月 1 日～1940 年 10 月 30 日、新民報社（北京）。

『月華』第 1 巻第 1 期〈1929 年 11 月 5 日〉～民国 37 年 4/6 月号〈1948 年 4 月～6 月〉、月華
　報社（北平）。

B-04：中国語事典項目

邱樹森編『中国回族大詞典』江蘇古籍出版社、1992 年、315-316 頁。

楊恵雲主編『中国回族大辞典』上海辞書出版社、1993 年、124 頁。

C. 英語

*China Million*, China Inland Mission, ロンドン大学 SOAS 所蔵.

Broomhall,Marshall, Islam in China,a neglected problem, London: Morgan & Scott,Ltd,

Philadelphia : China Inland Mission,1910, p. 215.

Li Narangoa and Robert Cribb, *Imperial Japan and National Identities in Asia, 1895-1945*,
　London ; New York : Routledge Curzon, 2003, p. 371.

## あとがき


　本書は、2002 年、筆者が早稲田大学大学院教育学研究科に提出し、博士学位（教育学）を授与された博士論文「中華民国時期（1912-1949 年）における国家統合と社会教育の研究」を再構成し、大幅に加筆・修正したものである。

　博士論文は、すでに早稲田大学リポジトリに収録されているが、民国期の社会教育史を中心としたテーマ設定であった。本書においては、博士論文の中で、特に重要と思われる日本占領下の少数民族への教育および戦時動員に焦点をあて、新しい資料を補ったうえで加筆し、博士論文後に執筆した論文と合わせて出版することにした。

　本書は、以下の発表論文によって構成されている。すでに発表された論文に関しては、掲載を許可して下さった関係者・関係機関の皆様に心から感謝したい。


・「日中戦争時期における日本と中国イスラム教徒——中国回教総聯合会を中心として」『アジア教育史研究』（第 7 号）アジア教育史学会、1998 年、15-26 頁。
・「蒙疆政権におけるイスラム教徒工作と教育——善隣回民女塾を中心として」『中国研究月報』（第 615 号）中国研究所、1999 年、1-13 頁。
・「西北回教聯合会におけるイスラム工作と教育」『学術研究』（教育・社会教育・体育学編）（第 48 号）早稲田大学教育学部、1999 年、1-17 頁。
・「日本占領下の北京における回民教育」竹中憲一・渡部宗助編著『教育における民族的相克——植民地教育史論』東方書店、2000 年、231-262 頁。
・「日本占領下の華北におけるイスラム青年工作——中国回教青年団をめぐって」『早稲田教育評論』（第 14 巻第 1 号）早稲田大学教育総合研究所、2000 年、133-150 頁。
・「日中戦争時期における少数民族政策と教育——日本の回教工作をめぐって」

『「大東亜戦争」期における日本植民地・占領地教育の総合的研究』（平成 10、11、12 年度科学研究費補助金研究成果報告書、研究代表：槻木瑞生）2001 年、129-147 頁。

・「日本軍占領下における宗教政策——中国華北のイスラーム教徒をめぐって『学術研究』（教育・社会教育学編）（第 52 号）早稲田大学教育学部、2003 年、1-15 頁。

・「満洲国におけるモンゴル人女子青年教育——興安女子国民高等学校を中心として」『東アジア研究』（第 50 号）大阪経済法科大学、2008 年、3-17 頁。

・「中華民族意識の形成に関する一考察——教科書に描かれた領土及びエスニック・マイノリティの分析から」『学術研究』（人文科学・社会科学編）（第 61 号）2012 年、31-52 頁。

・「日本軍占領下の北京における少数民族と女子中等教育——実践女子中学に焦点をあてて」『1920 年代から 1930 年代中国周縁エスニシティの民族覚醒と教育に関する比較研究』（2012〜2014 年度科学研究費補助金研究成果報告書、研究代表：松本ますみ）2014 年、60-73 頁。


　博士論文の執筆から、すでに約 15 年がたとうとしている。この間、回教工作については、優れた実証的な研究が生まれている。戦時下の回民、モンゴル人の教育についても、研究が本格化している。

　しかしながら、日本占領下の少数民族に対する教育、とりわけ少数民族の女性という観点からの分析については、まだまだ蓄積が不十分であるように思われる。本書が植民地教育史、中国少数民族教育史、日中教育交流史に何らかの貢献ができるとするならば、望外の幸せである。

　本書の執筆に当たっては、じつに多くの方々から様々な恩恵を被ってきた。その意味で、本書は私とお世話になった諸先生、学友との共同の営みのうえに成り立っている。このことへの感謝は筆舌に尽くしがたいが、紙幅の関係もあるので、以下、特にお世話になった方のお名前を挙げつつ、感謝の意を表明したい。

　まずなによりもまず、故横山宏先生（国立教育研究所、早稲田大学）に心からの感謝を捧げたい。先生は筆者に中国語を教え、中国教育の道に導き、北京師

範大学留学への道を開いてくださった文字どおりの恩師である。横山先生との出会いがなければ、今の私はいなかったであろう。

　また中国教育史の専門家である故斉藤秋男先生、阿部洋先生には、大学学部以来、指導を受けてきた。東京大学教育学部時代以来の指導教員で恩師の故碓井雅久先生には、心から感謝を申し上げたい。藤沢市教育委員会の故諸節トミエ先生も公私にわたって何かと励まして下さり、筆者にとっては特筆すべき恩人である。

　宋慶齢日本基金会の故武田清子先生、久保田博子先生、中国宋慶齢基金会の故王丹丹さんにも大変に感謝している。宋慶齢日本基金会の寧夏支援プロジェクトによって、私は初めて回族と関わることになった。このプロジェクトによる回族の方々との出会いがなければ、日本の回教工作について書くことはなかったと言える。

　中国イスラーム研究を牽引し、日本における中国イスラーム研究の開拓者とも言える松本ますみ先生（室蘭工業大学）は、イスラームについても中国ムスリムについても初心者であった筆者に適切なアドバイスをしてくれ、たびたびフィールドワークにつきあって下さった。

　その他、槻木瑞生先生（同朋大学名誉教授）からも個別的に何度もご指導を賜ったほか、重要な一次資料の提供を受けた。資料の収集の面では、早稲田大学中央図書館の小林邦久さんはじめとする図書館員の方々にお世話になった。北川昌さん、鵜川龍一さん、梅森貞さんからも貴重な情報の提供をしていただいた。

　一方、中国においては、北京師範大学の顧明遠先生、司蔭貞先生、蘇真先生、高奇先生、故王煥勲先生、故毛礼鋭先生に心から感謝申し上げたい。北京師範大学での1981年から83年にわたる2年間の留学経験は、筆者にとって、何より貴重なものである。植民地教育史研究の面では、中央教育科学研究所の宋恩栄先生、遼寧師範大学の王桂先生にお世話になった。

　こころよくインタビューに応じて下さった方々には感謝してもしきれないほどである。北京では、彭年先生や馬寿千先生に、フフホトではトブシン先生、デレゲルマ先生に複数回インタビューに応じていただいた。

　お世話になった方の中には故人となられた方も少なくない。故劉東声先生に

インタビューをしたときにも、すでに腎臓の病に冒されていたが、長時間にわたってインタビューに快く応じて下さった。劉東声先生が日本占領下での中学生活について語って下さったことは、貴重な歴史上での証言であるとともに、論文を書くうえでの大きな励ましとなった。

筆者の主なインタビューは、1990年代に行われている。実際に日本占領下に生き、その時代を語ることができた人々が、70代から80代と高齢とはいえ、まだ健在であったのは、あとから考えると極めてラッキーなことであった。

出版にあたっては早稲田大学文化推進部にお世話になった。早稲田大学中央図書館が所蔵している資料を使っての研究であり、早稲田大学から学術出版として出版していただけること、本当にありがたい。大日本回教協会旧蔵写真資料の本書への掲載にあたってもご許可を頂いたこと感謝している。編集にあたっては、早稲田大学出版部の今井智子さんにお世話になった。図表や参考文献の作成においては、筆者の研究室の中国人留学生である李雪さん、王茜茜さんが、論文の最終チェックにあたっては、山口香苗さんと野田美由紀さんが手伝ってくれた。

こうした数え切れないほどの方々の厚情と励ましのうえに、本書は執筆されている。お名前を挙げた方にも、お名前を挙げることができなかった方々にも、心より御礼申し上げたい。本当にありがとうございました。

思えば私自身の中での日中戦争へのこだわりというのは、陸軍航空士官学校60期生であった父親の存在が大きいと言えるかもしれない。父は操縦分科に属し、終戦間際に航空機の訓練のため舞鶴から満洲に渡ろうとしていた。たまたま乗船していた船が魚雷によって沈没し、命辛々舞鶴に戻ってきたところで終戦を迎えた。

運が悪ければこのときに命を失っていたかもしれないし、仮に戦争が長引くことがあれば、特攻隊として出撃していたかもしれない。紙一重で戦時下を生きながらえてきたわけである。

父がもし命を落としていれば私は、この世に存在することはなかったであろう。その意味で偶然与えられた生命への感謝と、再び中国とは戦争をしたくないという気持ちが、私自身の研究の上での出発点であり、心の支えであった。

最後に、この研究を締めくくるに際して、家庭においても研究面でも文字ど

おり献身的に支援してくれた夫・小林哲也、またいたらぬ母親に辛抱強くつき
あってくれた二人の息子に、心からの感謝を捧げたい。


　　2018 年 8 月

　　　　　　　　　　　　　　　　　　　　　　　　　　　　新保敦子

# 事 項 索 引

## ◆あ

鳴呼北白川宮王殿下　　230
愛路少女隊　　123
愛路少年隊　　123
アテネフランセ式　　220
アヘン戦争　　1
アホン（宗教指導者）　　89
アラシャン（阿拉善）　　68
阿拉善王府（アラシャン旗）　　67
アラビア語　　103, 169, 217
安重根義士記念館　　30
毓正女学堂　　275
イスラーム改革運動　　190
イスラーム改革運動（中国）　　89
イスラーム改革運動（中東）　　91
イスラーム系小学校　　96, 103
イスラム学会　　36
イスラム婦女会　　174, 233
慰問活動　　227, 228, 247
ウイグル人　　70, 71, 72
内モンゴル人民革命青年団　　311
内モンゴル人民党　　312
運動会　　206
延安民族学院　　65
王爺廟　　288, 281
王爺廟神社　　309
大分県女子師範学校　　224
大隈講堂　　38
大本教　　27
オチナ（額済納）　　68

## ◆か

回　　2
回回　　2
改革派　　90

回教委員会　　164
回教勤労奉仕隊　　143
回教月刊　　16, 38, 133, 135, 140
回教圏研（攷）究所　　26
回教圏攷究所　　36, 103
回教圏展覧会　　41, 44
回教工作　　2, 10, 33, 54, 72, 260
回教国　　69
回教師範学堂　　92
回教週報　　16, 143, 189
回教小学校（広州）　　43
回教初級小学校　　246
回教初級小学校（張家口）　　217, 223
回教青年学校　　172
回教青年学校生　　173
回教西北総監部　　164
回教世界　　44
回教徒少年団（厚和）　　170
回教徒日語発表会　　229
回教農科中学校（厚和）　　171
回教民族説　　109
開齊節　　173
懐聖寺　　42
回族　　2
回文教義課本　　112
回民　　2
回民課本　　110
回民起義　　90
回民小学校（蒙疆政権）　　167
回民商業中学　　230, 171
回民商業中学校（張家口）　　171
回民診療所　　215
回民（教）青年学校　　139, 169, 179
回民青年訓練班（包頭）　　172
回民反共少年団　　113
回民蜂起　　61

開魯女子国民高等学校　311
学生成績展覧会　200
学務専員　102
家政教育　204, 205
家政実習　284
河南省清化県　145
華北交通　8, 123, 207
華北交通写真　8, 207
河北省定県　128
河北省定県新民教育館　131
河北省定県新民青年訓練所　127
華北政務委員会　53, 102
華北政務委員会教育総署　102
華北分離工作　1, 65
華北聯合総部　76, 78
カラチン　295
樺太神社　25
簡易小学　95
漢回　2
漢奸裁判（人民裁判）　176
官国幣社　27
関東軍　1, 214
関東神宮　25
広東回教自治会　42, 77
官幣大社　27
北支那回教事情　75
北支那方面軍　72, 73
北白川記念館　229
北白川宮永久王記念館　31
帰朝報告大会　244
牛街　92
牛街小学　94, 98
旧教　90
牛業公会　79
宮城遙拝　32, 45, 236
経堂教育　89, 189
協和会　126, 135
共和国教科書新国文　56, 57
勤労奉公制度　143
京師公立第三十一高等・初等小学校　94

京師清真第一両等学堂　93, 94
京城師範学校　224
月華　191
月刊回教圏　15, 36
建国神廟　31
建国忠霊廟　31
賢妻良母　192, 195
憲兵訓練所　141
興亜回教青年団　145
興亜義塾　175, 215, 226
興亜協力会　246
興安学院　281, 288, 310
興安軍官学校　281, 310
興安省　272, 273
興安女高　288
興安女子国民高等学校　271
興安総省　273
興安南省立興安実業女学校　288
興安南省立興安女子国民高等学校　291
興安陸軍軍官学校　288
皇軍慰問　235
興蒙委員会　164
厚和イスラム婦女会　174
厚和回教青年学校　179
厚和清真大寺　173, 233
光塔（厚和清真大寺光塔）　173
国民高等学校　279, 280
国民党第一次全国代表大会宣言　62
国立外国語専科学校　102
国立中央大学　63
黒龍会　39
五原進攻作戦　69, 180
五族共和　55, 56, 62
五馬　68
五馬聯盟　71
ゴンバイ　91

◆さ

察南自治政府　1, 159, 216
三・一独立運動　29

山東省徳県長官　146
三民主義　55
三民主義青年団　129
実践女子中学　189
社会教育課　125
社会教育研究会　125
社会と教化　125, 126
ジャライト（扎賚特）旗　311
宗教団体法　40
塾風教育　220
小学規程　95
植民地教育史研究　7, 8, 9
植民地教育史研究年報　8
女子国民高等学校規定　293
女子国民高等学校令　291
女子師道大学　306
女子師範学堂章程　205
神栄生糸高田工場　250
辛亥革命　53
新教　90
新京神社　45
新月女子中学　192
新国文教授法　58
新生活国語教科書　59
神仏判然令　27
晋北自治政府　1
新民会　126, 127, 132, 135, 149
新民学校　131
新民教育館　130, 131, 132
人民裁判　172, 252
新民青少年団　123
新民青少年団中央統監部　128
瀋陽第二女子国民高等学校　310
崇実専門学校　28
崇正学堂　275
スーフィー教団　91
清真女寺　234
成達師範　93, 99, 109
成達師範学校　92
青年学校（日本）　137

青年訓練所　125, 170, 129, 137
西北回教聯合会　159
西北回教聯合会会報　165
西北回聯　139, 163, 172, 172, 260
西北学院　105, 106
西北研究所　215, 253
西北公学　95
西北第一小学　94, 97, 98, 104, 193
西北中学　97, 105, 192
西北保商督弁公署　164, 169
西北聯合総部　76, 77
陝甘寧辺区　64, 65
全世界回教徒第一次大会　44
宣撫工作　28
陝北公学　65
善隣会　250
善隣回民女塾　213, 220
善隣回民女塾附属初級科　226
善隣協会　36, 213
善隣協会蒙古留学生部特設予科　247
勧共滅党運動　131
壮行会　228
外蒙古独立　272

◆た

体育　206
大漢族主義　53, 54, 62
対察施策　66, 162, 214
大同清真女塾　227
対内蒙施策要領　66, 214
台南長老教中学　30
大日本回教協会　26, 39, 39, 40, 41, 71
大日本回教協会旧蔵写真資料　11
大日本青年団　125
大日本帝国大使館　231
大日本連合青年団　125, 129
太平採炭所　143
対蒙（西北）施策要領　66, 67, 162, 214
対蒙施策要領　162
台湾神宮　30

台湾神社　25, 30
高田高等女学校　224
短期小学　95, 98
地方改良運動　124
チャイナ・インランド・ミッション　190
中央アジア横断鉄道　68
中華ソビエト共和国憲法大綱　63
中華平民教育促進会　128
中華民国史檔案資料匯編　15
中華民国政府（汪兆銘）　53
中華民国臨時政府　53
中華民国臨時大総統宣言書　55
中国回教救国協会　63
中国回教史研究　109
中国回教青年学会会報　194
中国回教青年団　73, 77, 112, 123, 132, 170
中国回教総聯合会　54, 63, 72, 73, 75, 78,
　105, 112, 148, 149, 150, 163
中国共産党　153
中国青少年団　123
中国同盟会　55
駐蒙軍　69, 71, 159, 163, 214, 260
張家口回教初級小学校（張家口）　218
張家口高等女学校　228
張家口日本国民学校　228
長期抵抗に応ずる対支謀略計画要綱　66
朝鮮神宮　25, 28, 30, 28
朝鮮連合青年団　123
長老派（韓国）　28
チンギス・ハーン　277, 278
チンギス・ハーン出征の歌　298
成吉思汗紀元　162
通遼　282
鄭家屯　281
定県実験　128
帝国協和会青少年団　123
東京朝日新聞　238, 240
東京回教印刷所　35
東京回教学校　34
東京回教団　34

東京回教礼拝堂　34, 37, 40
東京女高師　245
東部内モンゴル　272, 273
徳王　278

◆な

内面指導　75
内蒙工作　1, 65, 71
南京国民政府　1
南洋神社　25
西スニト蒙古家政実験学校　278
日独航空路計画　67
日蒙協会　213
日中教育交流史　12
日本イスラーム史　160
日本語　103, 169
日本語教育　217, 218
日本国民高等学校　220
日本語週　308
日本語発表会　218
日本女子大学　247
日本人ムスリム　35
日本青年館　125
熱河作戦　66

◆は

廃仏毀釈　27
ハラチン　297
ハラチン右翼旗　275
汎イスラーム主義　35
反右派闘争　257
東トルキスタン・イスラム共和国　69
東トルキスタン独立運動　69, 174, 179, 233
撫順高等女学校　300
普通学務局第四課　124
フルンボイル　273
文化大革命　257, 312
米英撃滅運動　246
北京回教会　152
北京回民教育史略　90

北京市私立樹民小学校　　101
北京市立実践女子中学校招生簡章　　198
北京神社　　116
防共学　　138, 140
亡命ウイグル人　　174
穆光小学　　108, 110, 111, 113, 114
北支　　15
穆徳小学　　111, 114
北平地方維持会　　100
穆民小学　　111
母訓女　　295

◆ま

満洲映画協会　　229
満洲回教協会　　164
満洲回民厚生会　　143
満洲航空会社　　67
満洲国　　1
満洲帝国学事要覧　　290
満洲日日新聞　　286, 294, 296
民衆学校　　130
民衆教育館　　130
民衆教育館（新民教育館）　　102
民族区域自治　　64
民族自決　　62
明治神宮　　45, 126
明治神宮参拝　　45
メッカ　　35
メッカ巡礼　　91, 92
メッカ訪問　　150
蒙回師範学校　　92
蒙疆回教委員会　　231

蒙疆回教徒視察団　　235
蒙疆回教徒訪日視察団　　174, 176
蒙疆回教聯合会　　164
蒙疆回民教育促進会　　167
蒙疆学院　　170
蒙疆汽車会社　　169
蒙疆女子回教徒訪日視察団　　174, 221, 235
蒙疆神社　　31, 254
蒙疆神社御造営奉讃会　　254
蒙疆新聞　　15, 160, 238, 245
蒙疆政権　　2, 159, 161
蒙疆聯合委員会　　1, 159
蒙古　　15
蒙古家政実験学校　　277
蒙古軍政府　　1, 159
蒙古自治邦政府　　159
蒙古中学校　　162
蒙古聯合自治政府　　2, 159, 162, 163, 216
聯盟自治政府　　1
蒙古聯盟自治政府　　159
蒙民厚生会　　289

◆や〜わ

靖国神社　　45
ラマ教（喇嘛教）　　31, 275
理藩院　　54
良妻賢母　　195, 227, 232, 282
寮母　　250
臨時政府　　72, 102, 123
盧溝橋事件　　96, 99, 106, 123, 147
早稲田大学　　38

# 人 名 索 引

## ◆あ

青木潔　175
アブデュルケリム王子　69
アブドゥフ，ムハンマド　91
阿部洋　7, 12
蘭信三　16
アル＝フセイン王子　37
安藤潤一郎　11, 77
晏陽初　128
石田英一郎　215, 253
石本寅三　69
井筒俊彦　36
伊東忠太　42
稲森利助　244
犬養毅　37
井上璞　214
イブラヒム，アブデュルレシト　35, 37, 172
今井（保田）静子　223, 227
今西錦司　215, 253
岩崎民男　226, 228
殷同　115
臼杵陽　11
内山完造　231
于品卿　159, 252
幼方直吉　36
梅棹忠夫　215
梅田次郎　254
閻錫山　190
王浩然　91, 92, 93, 94
王瑞蘭　45, 76, 78, 115, 196, 203
王曾善　193
汪兆銘　102, 167, 231
大久保幸次　36
大隈重信　33

## ◆か

大谷光瑞　42
大村謙太郎　47
沖禎介　295, 297
小倉達次　173, 175, 172, 233
小澤開作　126
オスマン　174

## ◆か

艾馨　163, 164, 173, 176, 178, 184
夏恭　159
片岡一忠　11
加藤完治　220
金井章次　159
金川耕作　281, 282
河原操子　275, 297
貴志俊彦　8
貴司山治　246, 248, 249
北白川宮殿下　31, 254, 229
喜多誠一　73
木場明志　9
ギブシー，アル　37, 40
金吉堂　109, 110, 111, 114, 143
栗原清　115, 151
クルバンガリー，ムハンメッド・アブデゥルハイ　33, 37
黒柳秀雄　292
グンサンノルブ王　275
乾隆帝　55
小島勝　9
小谷栄一　285
呉桐　177, 185
小長谷有紀　299
小林元　36, 103, 104, 165, 217
駒込武　25
小村不二男　160, 172, 173, 175, 178, 179, 233

呉懋功　177, 185
是永章子　218, 223, 224, 231, 232, 235, 235,
　243, 249, 250, 259
是永コマ　223, 224
是永俊子　223, 224, 249, 250, 256

◆さ

斉紅深　8
坂本勉　11
実藤恵秀　12
澤井充生　11
四王天延孝　40
茂川秀和　73, 138, 141
島田大輔　11
下田歌子　276
謝枋得　196
周作人　102
蔣介石　61, 63
蔣輝若　164, 176, 184
白山眞理　8
末松巌　169, 173, 233
鈴木住子　174
鈴木朝英　36
盛世才　70
瀬下清　37
曹英　163, 176, 260
宋恩栄　8
蘇体仁　102
ソブド　205, 281, 283, 284, 285, 298
孫縄武　95, 105, 193
孫文　4, 55, 79

◆た

ダーウィン，チャールズ　55
高垣信造　75, 107, 113, 140, 203
高橋吉生　107
竹内好　36, 76, 164, 255, 261
竹中憲一　8
田坂興道　45
田沢義鋪　125

田中逸平　35
店田廣文　11
淡々斎宗匠　237
趙国槇　115, 116, 196, 201, 203, 231, 260
チンギス・ハーン　278, 299, 309, 310
槻木瑞生　7, 9
土橋一次　214, 216, 254
津吉孝雄　104, 138
テーラー，ハドソン　190
デレゲルマ　291, 308, 309, 310, 311, 312
唐易塵　142, 203
東條かつ子　236, 241, 256, 257
東條英機　69, 236, 242, 256
湯爾和　102
堂本修（しう）　285, 286, 287, 294, 296
頭山満　34, 38, 39, 42
徳王　159, 160, 162, 277, 278
徳永雄一　285
ドグルジャップ　282, 284
トブシン　311, 312
鳥居きみ子　275
鳥居龍蔵　276

◆な

中田善水　233
中田吉信　11
ナチンションホル　282, 285
娜荷芽　9
ニヤーズ，ホージャ　70, 174
根本博　126
野副金次郎　214
野原四郎　36
乗杉嘉寿　125

◆は

パイ将軍　174, 233
馬麒　68
白崇禧　63, 95
馬鴻逵　64, 68, 68, 95, 149
馬鴻賓　68

橋口幸村　138
馬寿千　116
馬松亭　92, 193
花井みわ　10
馬福祥　95, 193
馬歩青　68
馬歩芳　68
林銑十郎　39, 174, 214
馬鄰翼　93, 193, 194
馬連良　111
平沼騏一郎　40
溥儀　38
福島安正　276
溥傑　38
傅作義　68
藤枝晃　215, 221, 247, 253, 254
ブルームホール　61
宝鉄梅　9
彭年　104

**◆ま**

前川坦吉　214
松井岩根　38
松田寿男　36
松室孝良　71
松本ますみ　11
三田了一　75, 113, 151, 175, 203, 231

南次郎　224
森有礼　124, 207
森村市左衛門　37

**◆や―わ**

山岡光太郎　35
山口淑子　229
山崎典子　11
山田寅次郎　35
山名次郎　124
山根喜美子　290, 294, 296, 299
山本一生　9
楊新民　105, 193, 196
楊明遠　78
横川省三　297
横山順　44
吉田昇　220
リ，ナランゴア（Li Narangoa）　9
李郁周　163, 176, 184, 251, 251, 260, 164
リダー，ムハンマド・ラシード　91
劉迎春　10
劉仲泉　105, 193
劉東声　106
レヴェント，シナン　11
魯迅　231
渡部宗助　7
渡辺学　8

# Muslims in China under Japanese occupation:
# The ethnic minority policy and women's education in the North China and Mongol Military Governments

### Atsuko SHIMBO

The primary aim of this study is to clarify the education and employment of Chinese minority youth under the Japanese occupation (1937-1945) during the Japan-China War. The secondary aim is to clarify the influence that the occupation policy of the Japanese puppet governments had on the formation of the identity of these minorities. The main target minority of the study is the Hui people.

The final focus is on the "Muslim campaign" carried out on the Hui people by the Japanese Army controlled Mongol Military Government and the Northern China Military Government via the official association called the All China Muslim League, established in 1938.

The All China Muslim League thought highly of military training for Hui youth, leading to the establishment of the Young Muslim Association in Beijing, China, in 1938. However, the organization was not successful. Not only did very few people wish to join, but young members often rebelled against the Japanese teachers and disobeyed their orders.

The Hui people resisted the Muslim campaign of the Japanese military. They established a double identity as both Chinese and Muslim. They stood by the Chinese Communist Party and fought against Japan. This was an important factor in establishing their Chinese identity.

The Japanese Army also fostered and mobilized young minority girls to support the war. This study looks at the Zenrin Hui Women's Private School, which was a secondary school for girls under the Mongolian puppet government, and explains the actual process of military conscription. The Japanese army used the girls for propaganda purposes with Chinese audiences, and for entertainment of the Japanese troops. They performed plays and sang songs promoting the Japanese Army. However, the Japanese military authorities doubly discriminated against the women, for being women, and for being a minority race.

Female Mongolian students of Koan Girls' High School in Manchuria sometimes fought against Japanese rule and, after the foundation of the People's Republic of China, graduates played active parts in government and other institutions.

After the Chinese victory, many of the local people who pushed forward the Muslim Campaign, with the best of intentions, were heavily criticized and called collaborators. However, they often revolted against the Japanese Army.

著者紹介

新保　敦子（しんぽ　あつこ）

東京大学大学院教育学研究科博士課程教育行政学科社会教育専攻（単位取得中退）。
現在　早稲田大学教育・総合科学学術院教授。

主な著書・論文
『教育は不平等を克服できるか』共著　岩波書店 2010年
『我的教師之路』（中国語）編著　教育科学出版社（北京）　2014年
『中国エスニック・マイノリティの家族──変容と文化継承をめぐって』編著
国際書院　2014年
『超大国・中国のゆくえ5　勃興する「民」』共著　東大出版会　2016年
The Lifestyle Transformation of Hui Muslim Women in China: A Comparison of
Modern and Islamic Education, SHIMBO Atsuko, *Journal of Contemporary East Asia
Studies*, Routledge, 28, April 2017, pp.1-21.

早稲田大学学術叢書 53

日本占領下の中国ムスリム
──華北および蒙疆における民族政策と女子教育

2018年10月25日　　初版第 1 刷発行

著　者……………新保　敦子
発行者……………大野　髙裕
発行所……………株式会社　早稲田大学出版部
　　　　　　　　169-0051 東京都新宿区西早稲田 1-9-12
　　　　　　　　TEL 03-3203-1551　　http://www.waseda-up.co.jp
装　丁……………笠井　亞子
印刷・製本…………精文堂印刷株式会社

© Atsuko Shimbo 2018 Printed in Japan　　ISBN978-4-657-18701-7
無断転載を禁じます。落丁・乱丁本はお取替えいたします。

# 刊行のことば

1913（大正2）年、早稲田大学創立30周年記念祝典において、大隈重信は早稲田大学教旨を宣言し、そのなかで、「早稲田大学は学問の独立を本旨と為すを以て　之が自由討究を主とし　常に独創の研鑽に力め以て　世界の学問に裨補せん事を期す」と謳っています。

古代ギリシアにおいて、自然や社会に対する人間の働きかけを「実践（プラクシス）」と称し、抽象的な思弁としての「理論（テオリア）」と対比させていました。本学の気鋭の研究者が創造する新しい研究成果については、「よい実践（エウプラクシス）」につながり、世界の学問に貢献するものであってほしいと願わずにはいられません。

出版とは、人間の叡智と情操の結実を世界に広め、また後世に残す事業であります。大学は、研究活動とその教授を通して社会に寄与することを使命としてきました。したがって、大学の行う出版事業とは大学の存在意義の表出であるといっても過言ではありません。これまでの「早稲田大学モノグラフ」、「早稲田大学学術叢書」の2種類の学術研究書シリーズを「早稲田大学エウプラクシス叢書」、「早稲田大学学術叢書」の2種類として再編成し、研究の成果を広く世に問うことを期しています。

このうち、「早稲田大学学術叢書」は、アカデミック・ステイタスの維持・向上のための良質な学術研究書として刊行するものです。近年の学問の進歩はその速度を速め、専門性の深化に意義があることは言うまでもありませんが、一方で、複数の学問領域の研究成果や手法が横断的にかつ有機的に手を組んだときに、時代を画するような研究成果が出現することもあります。本叢書は、個人の研究成果のみならず、学問領域を異にする研究者による共同研究の成果を社会に還元する研究書でもあります。

創立150周年に向け、世界的水準の研究・教育環境を整え、独創的研究の創出を推進している本学において、こうした研鑽の結果が学問の発展につながるとすれば、これにすぐる幸いはありません。

2016年11月

早稲田大学